Schaum's Outline
Überblicke/Aufgaben

Finanzmathematik

Theorie und Anwendung

FRANK AYRES, JR., Ph.D.
Formerly Professor and Head,
Department of Mathematics
Dickinson College

Übersetzung und deutsche Bearbeitung:
Dr. Reinhard Michel, Universität Köln

McGraw-Hill Book Company GmbH
Düsseldorf · New York · St. Louis · San Francisco · Auckland · Bogotá
Johannesburg · London · Madrid · Mexico · Montreal · New Delhi
Panama · Paris · São Paulo · Singapore · Sydney · Tokyo · Toronto

Titel der englischsprachigen Originalausgabe: „Theory and Problems of Mathematics of Finance"

ISBN 0-07-092029-0

Lektorat: Rita G. Fischer Verlagsbüro, Frankfurt am Main
Produktion: HAAG + HERCHEN Verlagsbüro GmbH, Frankfurt am Main 1
Satzherstellung und Reproduktion: Satzstudio Frohberg, Freigericht
Druck und Bindung: Grenzland-Druckerei Rock & Co, Wolfenbüttel
Printed in Germany

Vorwort

Das vorliegende Buch dient als Ergänzung der Standard-Lehrbücher oder als Vorlage für eine Vorlesung über Finanzmathematik. Ferner eignet es sich auch sehr gut als Nachschlagewerk sowie als Grundlage für ein Selbststudium.

Jedes Kapitel beginnt mit einer genauen Aufstellung der benötigten Definitionen und Prinzipien, die durch erläuternde Beispiele ergänzt werden. Danach folgen Aufgaben mit Lösungen sowie Ergänzungsaufgaben verschiedenen Schwierigkeitsgrades. Die Aufgaben mit Lösungen dienen zur Illustration und Vertiefung der Theorie; sie akzentuieren die Feinheiten, ohne deren Kenntnis sich bei Studenten oft große Unsicherheiten zeigen, und frischen die grundlegenden Prinzipien auf, was für ein effizientes Lernen unumgänglich ist. Viel Wert wurde darauf gelegt, das vorliegende Material sowohl einfach als auch kompakt darzustellen. Bei den Aufgaben mit Lösungen werden viele Beweise der Sätze geführt sowie benötigte Formeln hergeleitet. Die große Auswahl der Ergänzungsaufgaben gibt schließlich einen vollständigen Überblick über den in jedem Kapitel behandelten Stoff. Im Anschluß an das letzte Kapitel sind dann noch einmal Aufgaben im Überblick aufgeführt.

In den ersten drei Kapiteln wird ein Abriß der für das Verständnis der übrigen Kapitel benötigten Rechenmethoden gegeben. Als Anwendungen haben wir in diesen drei Kapiteln: Rabatt und Skonto sowie die einfachen Methoden der Abschreibung eines Anlageguts. Da u.U. einige Leser keinen Taschenrechner zur Verfügung haben werden, diskutieren wir in Kapitel 1 die Methode der abgekürzten Multiplikation, welche sich bei allen folgenden Berechnungen als nützlich erweist. Ferner werden in diesem ersten Teil des Buchs die grundlegenden Regeln für die Anzahl der für eine genaue Rechnung erforderlichen Kommastellen der Tabellenwerte angegeben.

Wegen ihrer wachsenden Bedeutung werden Teilzahlungen und Ratenkäufe detailliert behandelt. Ferner haben wir Wert darauf gelegt, die allgemeine Form einer Zeitrente genau zu behandeln. Wir führen sie hierbei mit Hilfe äquivalenter Zinssätze auf den einfachen Fall zurück.

Dieses Buch enthält wesentlich mehr Stoff als in einem Einführungssemester behandelt werden kann. Dadurch ist es vielseitiger einsetzbar, eignet sich sehr gut als Nachschlagewerk und dient der Anregung für ein vertieftes Studium des hier betrachteten Gebiets.

Der Autor ist der Financial Publishing Company für die Erlaubnis, Teile ihrer Zinseszins- und Rentenabellen zu übernehmen und auf acht Dezimalstellen zu runden, zu Dank verpflichtet. Ferner möchte er hier die Gelegenheit wahrnehmen, der Schaum Publishing Company für die vorzügliche Zusammenarbeit zu danken.

Frank Ayres, Jr.

Vorwort zur deutschen Ausgabe

Der Aufbau des vorliegenden Bandes „Finanzmathematik" der Reihe „Schaum's Outline-Überblicke/Aufgaben" gleicht im wesentlichen dem der bereits erschienenen Bände: Jedes Kapitel beginnt mit einer knappen und präzisen Behandlung der Theorie. Die Beispiele und die Aufgaben mit ausführlichen Lösungen, die sich anschließen, sind nicht nur ausgewählt worden, um die Theorie auszubauen, sondern auch um die Grundbegriffe zu üben und die weiteren Anwendungsmöglichkeiten zu illustrieren. Dadurch erweist sich das Buch u.a. auch als gute Grundlage für ein Selbststudium des vorliegenden Stoffgebiets.

Um den Preis der deutschen Ausgabe möglichst niedrig zu halten, haben wir bei den Beispielen und Aufgaben die jeweiligen Beträge in Dollar belassen. Dies erübrigte eine notwendige Umrechnung der einzelnen Zahlen; andererseits wird das Verständnis der Theorie und der Ergebnisse durch das $-Zeichen sicherlich nicht geschmälert.

Reinhard Michel

Inhaltsverzeichnis

INHALTSVERZEICHNIS

Kapitel 1

Das Rechnen mit Zahlen

Die ZAHLEN $1, 2, 3, 4, 5, 6, 7, 8, 9, 10, 11, 12, 13, 14, 15, \ldots$

heißen *natürliche Zahlen*, da sie sich auf natürliche Art und Weise beim Prozeß des Abzählens ergeben.

Um zwei dieser Zahlen zu addieren, etwa 5 und 7, beginnen wir bei 5 (oder mit 7) und zählen sieben (bzw. fünf) Zahlen weiter, was 12 ergibt. Da es keine größte natürliche Zahl gibt, ist die Summe zweier natürlicher Zahlen immer eine natürliche Zahl, d.h. Addition ist innerhalb der natürlichen Zahlen immer möglich.

Ziehen wir 5 von 7 ab, so beginnen wir bei 7 und zählen fünf Zahlen zurück, was 2 ergibt. Allerdings ist die Subtraktion innerhalb der natürlichen Zahlen nicht immer durchführbar. So können wir 7 nicht von 5 abziehen, da wir unter 5 nur vier natürliche Zahlen haben. Man erweitert deshalb den Bereich der natürlichen Zahlen um gewisse Zahlen, die links davon (unterhalb) liegen, nämlich 0 (die Null) und die negativen ganzen Zahlen $-1, -2, -3, -4, -5, \ldots$ Die neuen Zahlen zusammen mit den natürlichen Zahlen (die wir auch positive ganze Zahlen nennen, geschrieben $+1, +2, +3, +4, +5, \ldots$) bilden eine Menge

$$(a) \qquad \ldots, -8, -7, -6, -5, -4, -3, -2, -1, 0, +1, +2, +3, +4, +5, +6, \ldots$$

die sozusagen keinen Anfang und kein Ende besitzt. Innerhalb dieser Menge von Zahlen kann man nun stets die Operationen Addition und Subtraktion (d.h. nach rechts bzw. links abzählen) durchführen.

Wir addieren die Zahlen $+7$ und -5, indem wir bei $+7$ beginnen und fünf Zahlen zurückzählen (zurück wegen -5); dies ergibt $+2$. Wir können auch von -5 ausgehend sieben Zahlen nach rechts weiterzählen, um $+2$ zu erhalten.

Um $+7$ von -5 zu subtrahieren, beginnen wir bei -5 und zählen sieben Zahlen rückwärts (gegen die Richtung, die durch das Vorzeichen von $+7$ angedeutet wird); dies ergibt -12. Um -5 von $+7$ zu subtrahieren, beginnen wir bei $+7$ und zählen fünf Zahlen nach rechts weiter (gegen die Richtung, die durch das Vorzeichen von -5 angedeutet wird); dies ergibt $+12$. Wie zählt man $+7$ von $+5$ ab? Wie -5 von -7 oder -7 von -5?

Abzählen ist natürlich nicht die geeignete Rechenmethode, um obige Operationen innerhalb der ganzen Zahlen auszuführen. Wir wollen im folgenden einige „Vorzeichenregeln" bei Rechenoperationen angeben. Dazu benötigen wir zunächst den Begriff des *Absolutbetrags* einer ganzen Zahl. Der Absolutbetrag

von 0 ist 0

von $a \neq 0$ ist $\begin{cases} a, \text{ falls } a \text{ positiv ist} \\ -a, \text{ falls } a \text{ negativ ist} \end{cases}$ ($a \neq 0$ bedeutet „a ist ungleich 0".)

Es ergeben sich nun folgende Regeln:

Regel 1. *Man addiert zwei Zahlen gleichen Vorzeichens, indem man ihre Absolutbeträge addiert und vor das Ergebnis das gemeinsame Vorzeichen schreibt.*

Zum Beispiel gilt

$$+7 + (+5) = +(7+5) = +12$$
$$-6 + (-9) = -(6+9) = -15$$

Regel 2. *Man addiert zwei Zahlen verschiedenen Vorzeichens, indem man vom größeren Absolutbetrag der beiden Zahlen den kleineren abzieht und vor das Ergebnis das Vorzeichen der Zahl mit dem größeren Absolutbetrag schreibt.*

Zum Beispiel gilt

$$+13 + (-5) = +(13-5) = +8$$
$$+4 + (-18) = -(18-4) = -14$$

Regel 3. *Man subtrahiert eine Zahl, indem man ihr Vorzeichen umkehrt und dann addiert.*

Zum Beispiel gilt

$$14 - (-6) = 14 + 6 = 20$$
$$-8 - (-9) = -8 + 9 = 1$$
$$-8 - (7) = -8 + (-7) = -15$$

Wegen

$$3(2) = 2+2+2 = 6 = 3+3 = 2(3)$$

nehmen wir an, daß

$$(+3)(+2) = +6, \quad (+3)(-2) = -6, \quad \text{und} \quad (-3)(+2) = -6$$

Es bleibt, das Produkt zweier negativer Zahlen zu betrachten, etwa $(-3)(-2)$. Wegen $-3 = -(+3)$ haben wir $(-3)(-2) = -(+3)(-2) = -(-6) = +6$. Wir formulieren also

Regel 4. *Man multipliziert [dividiert] zwei Zahlen miteinander [durcheinander]*, wobei Division durch 0 nicht erlaubt ist, *indem man die entsprechende Operation mit den Absolutbeträgen der Zahlen durchführt und vor das Ergebnis ein + setzt, wenn beide Zahlen dasselbe Vorzeichen besitzen, und ein –, wenn sie verschiedene Vorzeichen besitzen.*

Wir haben die obigen Regeln an ganzen Zahlen illustriert; sie gelten jedoch auch für Brüche und irrationale Zahlen, die wir weiter unten betrachten werden.

Siehe Aufgabe 1.

GEWÖHNLICHE BRÜCHE. Bei den in Aufgabe 1 durchgeführten Divisionen erhält man als Ergebnis stets wieder eine ganze Zahl. Wir haben zum Beispiel noch kein Symbol, das das Ergebnis der Division von 3 durch 4 darstellt. Um auch solche Divisionen durchführen zu können, müssen wir unsere Menge von Zahlen ein zweites Mal erweitern. Dies geschieht durch Einführung zusätzlicher Symbole (Zahlen), der *gewöhnlichen Brüche*, die wir mit Hilfe eines schrägen Bruchstriches notieren; etwa $1 \div 2 = 1/2$, $3 \div 4 = 3/4$, $-2 \div 3 = -2/3, \ldots$

Es seien a und b zwei verschiedene natürliche Zahlen. Liegt die Zahl a in obiger Aufzählung (a) links von der Zahl b, so sagen wir „a ist kleiner als b“ und schreiben dafür $a < b$. Liegt a rechts von b, so sagen wir „a ist größer als b“ und schreiben dafür $a > b$. Gilt $a < b$, so heißt der Bruch a/b *echt*, sonst heißt er *unecht*. Als echte Brüche a/b haben wir:

1/2
1/3 2/3
1/4 2/4 3/4
1/5 2/5 3/5 4/5
1/6 2/6 3/6 4/6 5/6
. . . .
. . . .

Es seien c/d und e/f zwei echte Brüche. Wie kann man nun entscheiden, ob $c/d = e/f$, $c/d < e/f$, oder $c/d > e/f$? Dieses Problem führt uns zu einer wichtigen Rechenregel für Brüche:

Regel 1. *Der Wert eines Bruches ändert sich nicht, wenn man Zähler und Nenner mit derselben [durch dieselbe] Zahl multipliziert [dividiert].*

Zum Beispiel gilt

$$\frac{1}{3} = \frac{2}{6} = \frac{4}{12} \qquad \text{und} \qquad \frac{8}{20} = \frac{4}{10} = \frac{2}{5}$$

Wegen Regel 1 lassen sich mehrere gegebene Brüche so notieren, daß sie denselben Nenner besitzen; z.B. lassen sich $\frac{1}{3}, \frac{2}{5}$ und $\frac{3}{10}$ als $\frac{10}{30}, \frac{12}{30}$ und $\frac{9}{30}$ oder $\frac{20}{60}, \frac{24}{60}$ und $\frac{18}{60}$, usw. schreiben. Also gilt $\frac{3}{10} < \frac{1}{3} < \frac{2}{5}$ da $\frac{9}{30} < \frac{10}{30} < \frac{12}{30}$.

Will man Brüche addieren bzw. voneinander subtrahieren, so müssen alle denselbern Nenner besitzen. Unter allen möglichen Nennern dieser Art gibt es immer einen kleinsten, den sogenannten *Hauptnenner.* Im obigen Beispiel ist 30 der Hauptnenner.

Regel 2. *Die Summe [Differenz] zweier Brüche mit demselben Nenner ist ein Bruch, dessen Nenner dieser Nenner ist und dessen Zähler sich als [Differenz] der Zähler ergibt.*

Zum Beispiel gilt:

$$\frac{3}{5} + \frac{1}{4} = \frac{12}{20} + \frac{5}{20} = \frac{12+5}{20} = \frac{17}{20}$$

und

$$\frac{2}{3} + \frac{3}{2} - \frac{5}{4} = \frac{8}{12} + \frac{18}{12} - \frac{15}{12} = \frac{8+18-15}{12} = \frac{11}{12}$$

Regel 3. *Das Produkt zweier oder mehrerer Brüche ist ein Bruch, dessen Nenner das Produkt aller Nenner und dessen Zähler das Produkt aller Zähler ist.*

Zum Beispiel gilt:

$$\frac{2}{3} \cdot \frac{5}{4} \cdot \frac{9}{10} = \frac{2 \cdot 5 \cdot 9}{3 \cdot 4 \cdot 10} = \frac{3}{4}$$

Regel 4. *Den Quotienten zweier Brüche kann man mit Hilfe von Regel 1 berechnen, indem man mit dem Hauptnenner beider Brüche erweitert.*

Zum Beispiel gilt:

$$\frac{22}{7} \div \frac{12}{5} = 35 \cdot \frac{22}{7} \div 35 \cdot \frac{12}{5} = \frac{5 \cdot 22}{7 \cdot 12} = \frac{5 \cdot 11}{7 \cdot 6} = \frac{55}{42}$$

und

$$\frac{\frac{2}{3} - \frac{1}{2}}{\frac{3}{4} + \frac{1}{3}} = \frac{12 \cdot \frac{2}{3} - 12 \cdot \frac{1}{2}}{12 \cdot \frac{3}{4} + 12 \cdot \frac{1}{3}} = \frac{8-6}{9+4} = \frac{2}{13}$$

Siehe Aufgabe 2.

Ein DEZIMALBRUCH ist ein Bruch, dessen Nenner eine Zehnerpotenz ist; also etwa 6/10, 11/100 und 125/1000. Im allgemeinen werden *Dezimalbrüche* in Dezimalschreibweise notiert; in unserem Fall also 0,6, 0,11, 0,125. Um einen gewöhnlichen Bruch als Dezimalzahl zu schreiben, teilen wir einfach den Zähler durch den Nenner. Dabei können zwei Fälle auftreten:

(i) Die Division geht nach endlich vielen Schritten auf; etwa $\frac{1}{4} = 0{,}25$ und $23/8 = 2{,}875$. Es handelt sich hier um eine *abbrechende Dezimalzahl.*

(ii) Die Division bricht nicht ab; etwa $1/3 = 0{,}33333\ldots$ und $2/7 = 0{,}28571428571428\ldots$ Dies sind nicht abbrechende Dezimalzahlen. Im ersten Fall ist die Zahl *periodisch* mit der Ziffer 3, im zweiten Fall mit der Ziffernfolge 285714.

Die ganzen Zahlen einschließlich der gewöhnlichen Brüche heißen *rationale Zahlen.* Die sogenannten *irrationalen Zahlen* (wie $\sqrt{2}, \sqrt[3]{5}, \pi$) sind Zahlen, die sich nicht als gewöhnliche Brüche schreiben lassen.

In diesem Buch werden wir mit Dezimalzahlen rechnen. In den meisten Tabellen sind sie nach dem Komma achtstellig. Damit sind die Werte i.a. nicht exakt, sondern auf die entsprechende Stellenzahl „gerundet". Zum Beispiel ergäben die Zahlen

(*1*) 1,0829586432 (*3*) 1,284453125

(*2*) 1,053424119375 (*4*) 1,045678375

die (gerundeten) Werte

(*1'*) 1,08295864 (*3'*) 1,28445312

(*2'*) 1,05342412 (*4'*) 1,04567838

Dabei runden wir in diesem Buch gemäß folgender Regel (Computer-Regel):

(*a*) Erhöhe die letzte in Betracht gezogene Ziffer um 1, wenn die vernachlässigte Zifernfolge 5000 . . . übersteigt.
(*b*) Lasse vernachlässigte Ziffernfolgen, die weniger als 5000 . . . sind, weg.
(*c*) Ist die vernachlässigte Ziffer genau 5, so bleibt die letzte in Betracht gezogene Ziffer, falls sie gerade ist, und wird um 1 erhöht, falls sie ungerade ist.

In (1) sind die vernachlässigten Ziffern 32, d.h. kleiner als 50, damit wird (*b*) angewandt. In (2) sind die vernachlässigten Ziffern $9375 > 5000$, also wird (*a*) angewandt. In (3) und (4) ist die vernachlässigte Ziffer 5; in (3) ist die Ziffer davor gerade, wird also beibehalten, während sie in (4) ungerade ist und damit um 1 erhöht wird.

Siehe Aufgabe 3.

Das RECHNEN mit DEZIMALZAHLEN. Außer das man beim Rechnen mit Dezimalzahlen auf das Dezimalkomma achten muß, besteht zum Rechnen mit ganzen Zahlen ein kleiner Unterschied.
Beim Addieren und Subtrahieren schreiben wir die Zahlen so untereinander, daß die Kommas in einer Reihe stehen.

Beispiel 1.

(*a*) Addiere 32,5, 1,34, und 0,27.

$$\begin{array}{r} 32{,}5 \\ 1{,}34 \\ 0{,}27 \\ \hline 34{,}11 \end{array}$$

(*b*) Subtrahiere 42,63 und 128,4.

$$\begin{array}{r} 128{,}40 \\ 42{,}63 \\ \hline 85{,}77 \end{array}$$

Die Anzahl der Dezimalstellen eines Produkts ist gleich der Summe der Dezimalstellen der Faktoren.

Beispiel 2.

(*a*) $6{,}8 \times 0{,}4 = 2{,}72$ (*b*) $2{,}76 \times 0{,}3 = 0{,}828$ (*c*) $0{,}02 \times 0{,}04 = 0{,}0008$

Die Anzahl der Dezimalstellen eines Quotienten zweier Dezimalzahlen ist gleich der Differenz der Dezimalstellen von Dividend und Divisor (dabei kann man je nach gewünschter Rechengenauigkeit den Dividenden durch Nullen nach der letzten Dezimalstelle ergänzen).

Beispiel 3.

(*a*) $1{,}32 \div 1{,}2 = 1{,}1$ (*b*) $14{,}1 \div 5{,}6 = 14{,}1000 \div 5{,}6 = 2{,}518$

Die dabei auftretende Unsicherheit (wieviel Nullen man im Dividenden ergänzen muß) läßt sich vermeiden, wenn man Dividend und Divisor so mit einer Zehnerpotenz erweitert, daß der Divisor ganzzahlig wird (Regel 1 für Brüche), und dann die Division durchführt.

Beispiel 4.

(*a*) $1{,}32 \div 1{,}2 = 13{,}2 \div 12 = 1{,}1$ (Hier haben wir beide Zahlen mit 10 multipliziert.)

(*b*) $14{,}335 \div 1{,}25 = 1433{,}5 \div 125 = 1433{,}500 \div 125 = 11{,}468$

ABGEKÜRZTE MULTIPLIKATION. Oft werden wir Produkte berechnen, etwa AB oder ABC, in denen die Zahl A zwei Stellen hinter dem Komma besitzt (Dollar und Cent), während B und C achtstellige Tabellenwerte sind. Das Ergebnis (Dollar und Cent) soll auf zwei Stellen hinter dem Komma korrekt sein.

Beispiel 5.

Berechne bis auf zwei Stellen hinter dem Komma genau:

$$523{,}68 \times 2{,}29724447.$$

Wir haben

$$\begin{array}{r|l} 2{,}29724 & 447 \\ 523{,}68 & \\ \hline 183779 & 5576 \\ 1378346 & 682 \\ 6891733 & 41 \\ 45944889 & 4 \\ 1148622235 & \\ \hline 1203{,}020984 & 0496 \end{array}$$

Nun besitzt das Produkt 10 Stellen hinter dem Komma; es wird auf 2 Stellen gerundet: 1203,02. Besitzen wir einen Taschenrechner, so ist die große Anzahl von Stellen hinter dem Komma kein Problem. Rechnen wir das Produkt jedoch wie oben „zu Fuß" aus, so besteht der dringende Wunsch, sich die Arbeit zu erleichtern. So taucht sofort die Frage auf, ob wirklich alle Stellen von 2,29724447 nötig sind. Dies ist natürlich nicht der Fall. Wir bemerken zunächst, daß sicherlich die Ziffern rechts des Längsstriches weggelassen werden können. Was bedeutet das nun?

Die letzte Zeile bei obiger Multiplikation ist $5 \times 2{,}29724447$, die darüber $2 \times 2{,}29724447$, wobei die letzte Ziffer rechts des Längsstrichs steht, die nächste $6 \times 2{,}2972444$, wobei die letzten beiden Ziffern weggelassen werden, usw. Wir führen die Multiplikation jetzt noch einmal durch. Anstatt mit den Hiffern des Faktors 52368 nacheinander von rechts nach links zu multiplizieren, beginnen wir jetzt mit der 5. Wir berechnen also zuerst $5 \times 2{,}29724447$, danach $2 \times 2{,}2972447$ und runden

$$\begin{array}{r}
2{,}2972\dot{4}\dot{4}\dot{4}\dot{7} \\
523{,}68 \\
\hline
1148622235 \\
45944889 \\
6891733 \\
1378346 \\
183779 \\
\hline
1203020982
\end{array}$$

die letzte Ziffer: Wir rechnen $2 \times 7 = 14$, behalten 1 im Kopf (lassen die 4 also weg), berechnen $2 \times 4 + 1 = 9$ und schreiben die 9 an die letzte Stelle; weiter dann $2 \times 4 = 8$, usw. Als nächstes betrachten wir $3 \times 2{,}2972444$: Wir rechnen $3 \times 4 = 12$, runden die 2 ab und behalten 1 im Kopf (wir zeichnen auf die letzte 4 einen Punkt), $3 \times 4 + 1 = 13$, schreiben 3 in die letzte Spalte und behalten 1 im Kopf, $3 \times 4 + 1 = 13$, usw. Haben wir alle diese Produkte addiert (letzte Zeile), so können wir jetzt natürlich nicht mehr die Dezimalstellen der Faktoren addieren. Unser Produkt liegt jedoch etwa zwischen 2×523 und 3×524, d.h. es besitzt 4 Stellen vor dem Komma. Damit ergibt sich wie oben 1203,02.

Siehe Aufgabe 4

Die Frage, wie man einen Tabellenwert abrunden könnte, läßt sich nicht ohne weiteres beantworten. In Aufgabe 4(*a*) sehen wir, daß man die richtige Lösung erhält, wenn man mit 2,29724 statt 2,29724447 rechnet, d.h. mit 5 Dezimalstellen. Dies ist die Anzahl der Ziffern von 52368 (wenn man also mit Cents rechnet). In einem späteren Kapitel werden wir dies als „Regel" formulieren. Sie ist natürlich nicht narrensicher, aber der Fehler dabei ist klein.

Das VERHÄLTNIS zweier Größen in derselben Einheit ist ihr Quotient.

Beispiel 6.

(*a*) Das Verhältnis von 15 zu 105 ist $\frac{15}{105} = \frac{1}{7}$.

(*b*) Das Verhältnis von 136 zu 16 ist $\frac{136}{16} = \frac{17}{2} = \frac{8{,}5}{1}$.

(*c*) 1956 war der Nettogewinn der Firma *X* gleich \$ 45826, der Umsatz \$ 343695. Das Verhältnis von Nettogewinn zu Umsatz war also

$$\frac{45\,826}{343\,695} = \frac{1}{7{,}5}.$$

Siehe Aufgabe 5

Eine PROPORTION (Verhältnisgleichheit) ist die Gleichheit zweier Verhältnisse, etwa $\frac{a}{b} = \frac{c}{d}$.

In dieser Proportion heißen *a* und *b* die *äußeren Werte*, *b* und *c* die *mittleren Werte.* Es gilt offenbar

$$ad = bc$$

d.h. in einer Proportion ist das Produkt der äußeren Werte gleich dem Produkt der inneren Werte.

Beispiel 7.

Löse nach x auf: $\frac{x}{26} = \frac{108}{702}$

Wir setzen das Produkt der beiden äußeren Werte ($x \cdot 702$) gleich dem Produkt der beiden inneren Werte ($26 \cdot 108$):

$$702x = 26 \cdot 108. \quad \text{Also:} \quad x = \frac{26 \cdot 108}{702} = 4.$$

Beispiel 8.

Eine bestimme Kapitalanlage von \$ 4000 bringt einen Gewinn von \$ 240. (*a*) Wie groß ist der Gewinn bei einer Anlage von \$ 7000 (*b*) Wieviel muß man anlegen, um einen Gewinn von \$ 600 zu erzielen?

(*a*) Es ei x der gesuchte Gewinn. Wir setzen die jeweiligen Verhältnisse von Gewinn zu Anlage gleich:

$\frac{x}{7000} = \frac{240}{4000} = \frac{3}{50}$. Also gilt

$$50x = 3 \cdot 7000 \quad \text{, d.h.} \quad x = 3 \cdot 140 = \$420$$

(*b*) Es sei y der gesuchte Anlagebetrag. Wie in (a) ergibt sich

$$\frac{600}{y} = \frac{240}{4000} = \frac{3}{50}$$

Also: $3y = 600 \cdot 50$, d.h. $y = 200 \cdot 50 = \$10\,000$.

ABSCHREIBUNG berücksichtigt die Wertminderung von Anlagegütern (Gebäude, Maschinen, usw.) aufgrund ihrer Abnutzung. Um das betrachtete Anlagegut am Ende seiner Nutzungszeit ersetzen zu können, kann eine Firma jährlich einen bestimmten Teil ihres Gewinns in einen Fonds, den sogenannten *Wertminderungsfonds*, abführen. Die in den einzelnen Jahren dem Fonds gutgeschriebenen Beträge nennen wir *Abschreibungsbeträge*. Der *Buchwert* des Anlageguts in einem bestimmten Jahr ist die Differenz von Anschaffungskosten und dem Kontostand des Wertminderungsfonds. Der *Restbuchwert* (am Ende der Nutzungszeit) ist der *Schrottwert* des Anlageguts.

Als einfachste Methode bietet es sich an, ein Anlagegut *linear abzuschreiben*, d.h. in jährlich gleichen Raten, verteilt über die Nutzungsdauer.

Beispiel 9.

Eine Maschine zum Preis von \$ 4000 besitze eine Nutzungsdauer von 6 Jahren und dann einen Schrottwert von \$ 400. (*a*) Bestimme den jährlichen Abschreibungsbetrag. (*b*) Stelle in einer Tabelle die jährliche Veränderung des Wertminderungsfonds und des Buchwerts dar.

(*a*) Wertminderung insgesamt = Kosten − Schrottwert

$$= 4000 - 400 = \$3600$$

Durchschnittliche jährliche Wertminderung $= \frac{3600}{6} = \$600.$

(*b*) Da die jährliche Wertminderung \$ 600 ist, wächst der Fonds jedes Jahr um diesen Betrag und der Buchwert nimmt jährlich um diesen Betrag ab. Wir stellen dies in folgender Tabelle dar:

Alter	Abschreibungs-betrag	Betrag im Wertminderungsfonds	Buchwert am Ende des Jahres
0	0	0	4000
1	600	600	3400
2	600	1200	2800
3	600	1800	2200
4	600	2400	1600
5	600	3000	1000
6	600	3600	400

Eine genauso einfache jedoch realistischere Methode ist es, bei Maschinen die jährliche Wertminderung aufgrund der Nutzungszeit (Arbeitszeit in Stunden) oder der von ihr hergestellten Stücke des entsprechenden Jahres zu berechnen und zwar im Verhältnis zur Gesamtnutzungszeit bzw. zur hergestellten Gesamtstückzahl.

Beispiel 10.

Eine Maschine für $ 2250 hat eine Nutzungszeit von 60 000 Stunden und danach einen Schrottwert von $ 450. (*a*) Bestimme die Wertminderung pro Arbeitsstunde der Maschine. (*b*) Stelle den Buchwert der Maschine für die ersten vier Jahre tabellarisch dar, wenn in den einzelnen Jahren folgende Arbeitszeiten (in Stunden) gegeben waren: 4000, 3800, 4500, 4750.

(*a*) Wertminderung insgesamt = Kosten − Schrottwert

$$= 2250 - 450 = \$1800$$

Wertminderung pro Arbeitsstunde $= \frac{1800}{60\,000} = \$0{,}03.$

(*b*)

Alter	Arbeits-stunden	Abschreibungs-betrag	Betrag im Wertminde-rungsfonds	Buchwert am Ende des Jahres
0	0	0	0	2250
1	4000	120	120	2130
2	3800	114	234	2016
3	4500	135	369	1881
4	4750	142,50	511,50	1738,50

Beispiel 11.

Eine Maschine, die $ 2250 kostet, kann insgesamt 120 000 Einheiten produzieren und hat dann einen Schrottwert von $ 450. (*a*) Bestimme die Wertminderung pro hergestellter Einheit. (*b*) Stelle den Buchwert der Maschine für die ersten 4 Jahre tabellarisch dar, wenn in den ersten vier Jahren folgende Stückzahlen produziert wurden: 16 000, 19 000, 21 000, 18 000.

(*a*) Wertminderung insgesamt = Kosten − Schrottwert

$$= 2250 - 450 = \$1800$$

Wertminderung pro produzierter Einheit $= \frac{1800}{120\,000} = \$0{,}015.$

(*b*)

Alter	Produzierte Einheiten	Abschreibungs-betrag	Betrag im Wertminde-rungsfonds	Buchwert am Ende des Jahres
0		0	0	2250
1	16 000	240	240	2010
2	19 000	285	525	1725
3	21 000	315	840	1410
4	18 000	270	1110	1140

PROZENT. Der Ausdruck *Prozent,* geschrieben %, beinhaltet Hundertstel; 25 % etwa ist also nichts anderes als 25/100 bzw. 0,25 bzw. $\frac{1}{4}$.

Beispiel 12.

(*a*) Wir sagen: *M* berechnet 15% bei der Eintreibung von Schulden.
Wir meinen damit: Für je $ 100, die *M*, eintreibt, berechnet er $ 15.

(*b*) Wir sagen: Eine gewisse Kapitalanlage bringt jährlich 6% Zinsen.
Wir meinen damit: Je $ 100, die angelegt werden, bringen jährlich $ 6 Zinsen.

Jede Dezimalzahl läßt sich einfach in Prozent umschreiben, indem man das Komma zwei Stellen nach rechts rückt und das Symbol % anfügt, etwa

$$\frac{1}{2} = 0{,}50 = 50\%; \quad \frac{1}{8} = 0{,}125 = 12{,}5\%; \quad \frac{11}{4} = 2{,}75 = 275\%;$$

$$3 = 3{,}00 = 300\%; \quad \frac{9}{8} = 1{,}125 = 112{,}5\%$$

Wollen wir umgekehrt Prozent als Dezimalzahl schreiben, so lassen wir das Prozentzeichen weg und setzen das Komma zwei Stellen nach links, etwa

$$75\% = 0{,}75 = 3/4; \quad 8\% = 0{,}08; \quad 5\tfrac{1}{4}\% = 0{,}0525;$$

$$154\% = 1{,}54; \quad 1000\% = 10$$

Beispiel 13.

Wir können nun Aufgabe 8 folgendermaßen lösen:

Gegeben ist: $\dfrac{\text{Gewinn}}{\text{Anlage}} = \dfrac{240}{4000} = 0{,}06 = 6\%$, d.h. 6% Gewinn.

(*a*) $\dfrac{\text{Gewinn}}{\text{Anlage}} = \dfrac{x}{7000} = 0{,}06;$ also $x = 7000(0{,}06) = \$420.$

(*b*) $\dfrac{\text{Gewinn}}{\text{Anlage}} = \dfrac{600}{y} = 0{,}06;$ also $0{,}06y = 600$, d.h. $y = \dfrac{600}{0{,}06} = \$10\,000.$

Zu beachten ist, daß wir von Prozent sprechen, aber immer mit den entsprechenden Dezimalzahlen rechnen.

Siehe die Aufgaben 6–11.

Ein **RABATT (WARENSKONTO)** ist ein Nachlaß auf den Listenpreis eines Artikels. Dieser wird immer in Prozent des Listenpreises gegeben.

Beispiel 14.

Der Listenpreis einer Waschmaschine ist $ 275 und der Rabatt 40%. Wie groß ist der Rechnungspreis (Listenpreis – Rabatt)?

***Erste Lösung*:**
Der Rabatt ist $275(0{,}40) = \$110.$
Der Rechnungspreis ist $275\text{-}110 = \$165.$

***Zweite Lösung*:**
Ein Rabatt von 40% auf A ergibt ein Saldo von $(1 - 0{,}40)A = 0{,}60A$, d.h. 60% von A. Der Rechnungspreis ist also $275(0{,}60) = \$165.$

Wird zwei bez. mehrmals Rabatt gegeben, so muß man die entsprechenden Abschläge nacheinander berechnen.

Beispiel 15.

Eine Firma gibt mehrere Rabatte von 20%, 10% und 5%. Bestimme die Kosten (den Rechnungspreis) einer Bestellung zum Listenpreis von $ 3250.

***Erste Lösung*:**

Listenpreis	=	3250		
Erster Rabatt	=	3250(0,20)	=	650
Erster Saldo	=	3250 − 650	=	2600
Zweiter Rabatt	=	2600(0,10)	=	260
Zweiter Saldo	=	2600 − 260	=	2340
Dritter Rabatt	=	2340(0,05)	=	117
Dritter Saldo	=	2340 − 117	=	$2223
	=	Rechnungspreis		

Zweite Lösung:

$$\begin{aligned} \text{Listenpreis} &= 3250 \\ \text{Erster Saldo} &= 3250(0{,}80) &= 2600 \\ \text{Zweiter Saldo} &= 2600(0{,}90) &= 2340 \\ \text{Dritter Saldo} &= 2340(0{,}95) &= \$2223 \\ &= \text{Rechnungspreis} \end{aligned}$$

$$\text{bzw. Rechnungspreis} = 3250(0{,}80)(0{,}90)(0{,}95) = \$2223$$

Siehe Aufgabe 12.

Ein SKONTO (KASSASKONTO) ist ein Nachlaß auf den Rechnungspreis bei Barzahlung innerhalb einer bestimmten Frist.

Beispiel 16.

Die Firma in Aufgabe 15 gibt bei Barzahlung innerhalb von 10 Tagen nach Rechnungsdatum ein Skonto von 2%. Welcher Betrag muß bei der Bestellung in Aufgabe 15 innerhalb dieser Frist bezahlt werden?

$$\begin{aligned} \text{Rechnungspreis} &= 2223 \\ \text{Skonto} &= 2223(0{,}02) &= 44{,}46 \\ \text{Zu zahlender Betrag} &= 2223 - 44{,}46 &= \$2178{,}54 \end{aligned}$$

Siehe Aufgabe 13.

GEWINNSPANNE. Die Differenz zwischen Verkaufs- und Einkaufspreis eines Artikels für den Einzelhändler ist sein Gewinn. Es ist üblich, die Gewinnspanne in Prozent des Verkaufspreises anzugeben.

Beispiel 17.

Zu welchem Preis soll ein Einzelhändler, dessen Gewinnspanne 40% ist, einen Artikel, den er für \$ 10,60 einkauft, wiederverkaufen? Es sei S der Verkaufspreis; dann gilt

Verkaufspreis – Gewinn = Einkaufspreis

$$\begin{aligned} S - 0{,}40\,S &= 10{,}60 \\ 0{,}60\,S &= 10{,}60 \\ S &= \$17{,}67 \end{aligned}$$

Siehe die Aufgaben 14–15

Aufgaben mit Lösungen

1. Vollziehe nach:

(*a*) $7 + (-3) + 2 - (-4) = 7 - 3 + 2 + 4 = 10$

(*b*) $5 - (-2) + 0 - 4 = 5 + 2 - 4 = 3$

(*c*) $7(-2)(5) = -(7 \cdot 2 \cdot 5) = -70$

(*d*) $6(-3)(4)(-2) = +(6 \cdot 3 \cdot 4 \cdot 2) = 144$

(*e*) $12 \div (-4) = -(12 \div 4) = -3$

(*f*) $-20 \div (-5) = +(20 \div 5) = 4$

2. Führe die folgenden Rechnungen durch:

(*a*) $\frac{3}{4}+\frac{2}{3}+\frac{1}{2} = \frac{9}{12}+\frac{8}{12}+\frac{6}{12} = \frac{9+8+6}{12} = \frac{23}{12}$

(*b*) $1+\frac{5}{8}-\frac{7}{24} = \frac{24+15-7}{24} = \frac{32}{24} = \frac{4}{3}$

(*c*) $12\frac{2}{5}-7\frac{1}{3}+5\frac{5}{6} = \frac{62}{5}-\frac{22}{3}+\frac{35}{6} = \frac{372-220+175}{30} = \frac{327}{30} = \frac{109}{10}$

(*d*) $\frac{2}{3}\cdot\frac{5}{4}\cdot\frac{6}{7} = \frac{2\cdot 5\cdot 6}{3\cdot 4\cdot 7} = \frac{5}{7}$

(*e*) $2\frac{1}{2}\cdot 3\frac{1}{5}\cdot 5\frac{3}{4} = \frac{5}{2}\cdot\frac{16}{5}\cdot\frac{23}{4} = 2\cdot 23 = 46$

(*f*) $\frac{2}{5}\div\frac{3}{10} = \left(10\cdot\frac{2}{5}\right)\div\left(10\cdot\frac{3}{10}\right) = 4\div 3 = \frac{4}{3}$

(*g*) $\frac{5}{18}\div\left(-\frac{5}{3}\right) = 18\cdot\frac{5}{18}\div 18\left(-\frac{5}{3}\right) = 5\div(-30) = 1\div(-6) = -\frac{1}{6}$

(*h*) $\frac{1/5-2/3}{3/10-5/6} = \frac{30(1/5)-30(2/3)}{30(3/10)-30(5/6)} = \frac{6-20}{9-25} = \frac{-14}{-16} = \frac{7}{8}$

3. Schreibe als Dezimalzahl, auf 2 Stellen genau: (*a*) 17/8, (*b*) 175/8, (*c*) 3245/152.
Wir berechnen den Quotienten bis zur dritten Dezimalstelle und runden anschließend.

(*a*) $\frac{17}{8}$ = 2,125 exakt, d.h. 2,12

(*b*) $\frac{175}{8}$ = 21,875 exakt, d.h. 21,88

(*c*) $\frac{3245}{152}$ = 21,348...,d.h. 21,35

4. Bestimme auf zwei Dezimalstellen genau:
(*a*) 523,68 × 2,29724 (*b*) 487,36 × 0,01487

```
   2,29724          487,36
    523,68         0,01487
   -------         -------
   1148620           48736
     45945           19494
      6892            3898
      1378             341
       183         -------
   -------           72469
   1203018
Lsg. 1203,02     Lsg. 7,25
```

5. Ein Schuhgeschäft mit durchschnittlichem Lagerbestand im Wert von \$ 30000 erwirtschaftete 1959 bei einem Umsatz von \$ 120000 einen Gewinn von \$ 36000. Bestimme das Verhältnis von (*a*) Umsatz zu durchschnittlichem Lagerbestand, (*b*) Gewinn zu Umsatz

(*a*) $\frac{\text{Umsatz}}{\text{Lagerbestand}} = \frac{120\,000}{30\,000} = 4$; das Verhältnis ist 4 zu 1.

(*b*) $\frac{\text{Gewinn}}{\text{Umsatz}} = \frac{36\,000}{120\,000} = \frac{3}{10} = \frac{1}{3\frac{1}{3}}$; das Verhältnis ist 1 zu $3\frac{1}{3}$.

6. Bestimme:

(*a*) 4% von 725 — 725(0,04) = 29
(*b*) 175% von 800 — 800(1,75) = 1400
(*c*) $2\frac{1}{2}$% von \$ 35 640,80 — 35 640,80(0,025) = \$891,02
(*d*) $\frac{3}{4}$% von \$ 12 000 — 12 000(0,0075) = \$90,00

7. Wieviel Prozent von

(*a*) 40 ist 20 $\frac{20}{40} = \frac{1}{2} = 50\%$

(*b*) 31 ist 620 $\frac{620}{31} = 20 = 2000\%$

(*c*) \$1500 ist \$75 $\frac{75}{1500} = 0{,}05 = 5\%$

(*d*) \$2500 ist \$137,50 $\frac{137{,}50}{2500} = 0{,}055 = 5\frac{1}{2}\%$

8. Bestimme x, falls 7% von x gleich 5,25 ist.

Wir haben $0{,}07x = 5{,}25$; also: $x = \frac{5{,}25}{0{,}07} = 75.$

9. (*a*) 25% welcher Zahl ist 20? $\frac{20}{0{,}25} = 80$

(*b*) $3\frac{1}{2}$ % welchen Betrags ergibt \$ 42? $\frac{42}{0{,}035} = \$1200$

(*c*) 125% welchen Betrags ergibt \$ 531,55? $\frac{531{,}55}{1{,}25} = \$425{,}24$

10. Bei einer Investition von \$ 2500 hatte M einen Gewinn von \$ 131,15. Wieviel Prozent waren dies?

Das Problem ist: Wieviel Prozent von \$ 2500 sind \$ 131,15?

$$\frac{131{,}25}{2500} = 0{,}0525 = 5\tfrac{1}{4}\%$$

11. Ein Rechtsanwalt klagte 90% einer Forderung von \$ 300 ein und beanspruchte 15% der sich ergebenden Summe als Honorar. Wieviel Geld erhielt der Kunde?

Der Rechtsanwalt erhielt $300(0{,}90) = \$270.$

Sein Honorar war $270(0{,}15) = \$40{,}50.$

Der Kunde erhielt also $270 - 40{,}50 = \$229{,}50.$

12. Ein Unternehmen kaufte 10 Radios zu \$ 37,50 minus 20% und 12 Radios zu \$ 60 minus 10%. Gib den Rechnungspreis an.

Kosten der 10 Radios $= 375(1-0{,}20) = 375(0{,}80) = 300.$

Kosten der 12 Radios $= 720(1-0{,}25)(1-0{,}10) = 720(0{,}75)(0{,}90) = 486.$

Rechnungspreis $= 300 + 486 = \$786.$

13. A.T. Baker kaufte 4 Fernseher zu \$ 400 minus 15% Rabatt und dann noch einmal 10% Vorzugsrabatt. Die Rechnung war auf den 15. März datiert, wobei bei Zahlung innerhalb 10 Tagen ein Skonto von 3% angeboten war. Wieviel bezahlte er am 23. März?

Rechnungspreis $= 1600(1-0{,}15)(1-0{,}10) = 1600(0{,}85)(0{,}90) = \$1224.$

Gezahlte Summe $= 1224(1-0{,}03) = 1224(0{,}97) = \$1187{,}28.$

14. Wie groß ist der Verkaufspreis eines Ries Papier, das den Händler \$ 2,70 kostet, wenn im Verkaufspreis ein Gewinn von $33\frac{1}{3}\%$ enthalten ist?

Es sei S der Verkaufspreis. Wegen

Verkaufspreis = Kosten + Gewinn gilt $S = 2{,}70 + \frac{1}{3}S$

$S - \frac{1}{3}S = \frac{2}{3}S = 2{,}70$,d.h. $S = \frac{3}{2}(2{,}70) = \$4{,}05$

15 Zeige: Ein Gewinn von 40%, bezogen auf den Verkaufspreis eines Artikels ist äquivalent zu einem Gewinn von $66\frac{2}{3}\%$ bezogen auf die Kosten des Händlers.

Kosten = Verkaufspreis − Gewinn $C = S - 0{,}40S$

Also: $C = 0{,}60S = \frac{3}{5}S$ bzw. $S = \frac{5}{3}C = C + \frac{2}{3}C$.

Damit folgt, daß der Gewinn $\frac{2}{3}\ C$ bzw. $66\frac{2}{3}\%$ der Kosten ist.

Ergänzungsaufgaben

16. Berechne

(*a*) $5 + (-3)$
(*b*) $6 - (-2)$
(*c*) $-8 + (-6)$
(*d*) $-10 - (-4)$
(*e*) $7 - (-2) + 0 + (-5)$
(*f*) $9(-12)$
(*g*) $5(0)$
(*h*) $(-8)(-10)$
(*i*) $(-8)(-10)(-5)$
(*j*) $15 \div (-5)$
(*k*) $-30 \div (-3)$
(*l*) $-80 \div (5)$

Lsg. (*a*) 2, (*b*) 8, (*c*) −14, (*d*) −6, (*e*) 4, (*f*) −108, (*g*) 0, (*h*) 80, (*i*) −400, (*j*) −3, (*k*) 10, (*l*) −16

17. Betrachte im einzelnen die Zahlen

−9, −6, −3, 0, 3, 6, 9, 12, 15 und

(*a*) addiere 5
(*b*) addiere −4
(*c*) subtrahiere 6
(*d*) subtrahiere −2
(*e*) multipliziere mit 6
(*f*) multipliziere mit −5
(*g*) dividiere durch 3
(*h*) dividiere durch −1
(*i*) dividiere durch −3

18. Berechne:

(*a*) $\frac{3}{8} + \frac{2}{3} + \frac{7}{12}$
(*b*) $2 - \frac{3}{4} - \frac{7}{8}$
(*c*) $9\frac{1}{4} - 2\frac{3}{4} - 3\frac{1}{2}$
(*d*) $\frac{5}{3} \cdot \frac{3}{4} \cdot \frac{6}{7}$
(*e*) $\frac{22}{3} \cdot \frac{5}{33} \cdot \frac{18}{25}$
(*f*) $4\frac{1}{4} \cdot 2\frac{1}{2} \cdot 5\frac{1}{5}$
(*g*) $\frac{4}{9} \div \frac{8}{27}$
(*h*) $\frac{2}{5} \div \frac{4}{15}$
(*i*) $\frac{3/4 - 2}{1/5 + 3}$

Lsg. (*a*) 13/8, (*b*) 3/8, (*c*) 3, (*d*) 15/14, (*e*) 4/5, (*f*) $55\frac{1}{4}$, (*g*) 3/2, (*h*) 3/2, (*i*) −25/64

19. Runde auf zwei Stellen genau:
(*a*) 11,3825, (*b*) 9,6472, (*c*) 185,245, (*d*) 22,255, (*e*) 8,295
Lsg. (*a*) 11,38, (*b*) 9,65, (*c*) 185,24, (*d*) 22,26, (*e*) 8,30

20. Schreibe als Dezimalzahl, auf zwei Stellen genau:

(*a*) $\frac{91}{16}$, (*b*) $\frac{11}{6}$, (*c*) $\frac{35}{8}$, (*d*) $\frac{185}{7}$

Lsg. (*a*) 5,69, (*b*) 1,83, (*c*) 4,38, (*d*) 26,43

21. Bestimme auf zwei Stellen genau:

(*a*) $122{,}58 \times 15{,}26536$
(*b*) $3250 \times 0{,}082685$
(*c*) $1125 \times 1{,}795856$
(*d*) $1775 \times 0{,}116029$

Lsg. (*a*) 1871,23, (*b*) 268,73, (*c*) 2020,34, (*d*) 205,95

22. Bestimme jeweils mit Hilfe der linearen Methode die jährliche Rücklage und gib in einer Tabelle die Buchwerte der einzelnen Jahre an:

(*a*) Anschaffungspreis \$ 1750 und Schrottwert \$ 150 nach 5 Jahren
(*b*) Anschaffungspreis \$ 65000 und Schrottwert \$ 5000 nach 10 Jahren.

Lsg. (*a*) \$320, (*b*) \$6000

23. Eine Maschine zum Preis von \$ 3000 hat nach einer Gesamtnutzungszeit von 20000 Stunden einen Schrottwert von \$ 600. Die Nutzungszeiten der ersten 5 Jahre waren: 1800, 2200, 2000, 2500, 2400. Gib tabellarisch die Buchwerte der einzelnen Jahre an.

24. Eine Maschine zum Preis von \$ 3000 kann insgesamt 125000 Einheiten produzieren und besitzt danach einen Schrottwert von \$ 500. Die Stückzahlen der ersten 5 Jahre waren: 15000, 12500, 10000, 14000, 17500. Gib tabellarisch die Buchwerte der einzelnen Jahre an.

25. Schreibe als Prozent:

(*a*) 0,05	(*e*) 0,76375	(*i*) 1/5	(*m*) 8
(*b*) 0,08	(*f*) 0,54545	(*j*) 1/6	(*n*) 1,25
(*c*) 0,055	(*g*) 1,2575	(*k*) 5/8	(*o*) 7,2
(*d*) 0,082	(*h*) 2,3784	(*l*) 7/8	(*p*) 17,5

Lsg. (*a*) 5%, (*b*) 8%, (*c*) $5\frac{1}{2}$%, (*d*) $8\frac{1}{5}$%, (*e*) $76\frac{3}{8}$%, (*f*) 54,545%, (*g*) $125\frac{3}{4}$%, (*h*) 237,84%, (*i*) 20%, (*j*) $16\frac{2}{3}$%, (*k*) $62\frac{1}{2}$%, (*l*) $87\frac{1}{2}$%, (*m*) 800%, (*n*) 125%, (*o*) 720%, (*p*) 1750%

26. Schreibe als Dezimalzahl:

(*a*) 4%	(*e*) 0,5%	(*i*) $1\frac{3}{4}$%
(*b*) 10%	(*f*) 0,75%	(*j*) $2\frac{1}{8}$%
(*c*) 62%	(*g*) $\frac{1}{4}$%	(*k*) $87\frac{1}{2}$%
(*d*) 85%	(*h*) $\frac{3}{8}$%	(*l*) 127,5%

Lsg. (*a*) 0,04, (*b*) 0,1, (*c*) 0,62, (*d*) 0,85, (*e*) 0,005, (*f*) 0,0075, (*g*) 0,0025, (*h*) 0,00375, (*i*) 0,0175, (*j*) 0,02125, (*k*) 0,875, (*l*) 1,275

27. Bestimme:

(*a*) 3% von 200	(*d*) 18% von \$ 4000	(*g*) 2% von \$ 5000
(*b*) 5% von 800	(*e*) $4\frac{1}{2}$% von \$ 12500	(*h*) 3% von \$ 12000
(*c*) 12% von \$ 3000	(*f*) $33\frac{1}{3}$% von \$ 21720	(*i*) 10% von 20% von \$ 250,000

Lsg. (*a*) 6, (*b*) 40, (*c*) \$360, (*d*) \$720, (*e*) \$562,50, (*f*) \$7240, (*g*) \$7, (*h*) \$18, (*i*) \$5000

28. Wieviel Prozent von

(*a*) 20 ist 10?	(*d*) \$4800 ist \$168?
(*b*) 10 ist 20?	(*e*) \$1664 ist \$35,36?
(*c*) \$1200 ist \$108?	(*f*) 0,28 ist 0,0056?

Lsg. (*a*) 50%, (*b*) 200%, (*c*) 9%, (*d*) $3\frac{1}{2}$%, (*e*) $2\frac{1}{8}$%, (*f*) 2%

29. (*a*) 20% welcher Zahl ist 9?
(*b*) $12\frac{1}{2}$% welcher Zahl ist 9?
(*c*) 2% welchen Betrags ist $ 400?
(*d*) $6\frac{1}{4}$% welchen Betrags ist $ 2000?
(*e*) $3\frac{1}{2}$% welchen Betrags ist $ 183,75?
(*f*) $5\frac{1}{4}$% welchen Betrags ist $ 275,10?
Lsg. (*a*) 45, (*b*) 72, (*c*) $20 000, (*d*) $32 000, (*e*) $5250, (*f*) $5240

30. Ein Staat erhebt eine Verkaufssteuer von 4%. Bestimme die Steuer auf einen Wagen, der $ 3500 kostet.
Lsg. $ 140

31. Ein Geschäft bietet auf seine Artikel 10% Rabatt. Wieviel kostet ein mit $ 125 ausgezeichneter Artikel; wieviel kostet er, wenn 4% Verkaufssteuer erhoben wird? *Lsg.* $112,50, $117

32. Bei einer Auktion wird ein Aufgeld von 10% berechnet, auf den sich ergebenden Betrag eine Steuer von 4%. Wieviel kostet ein Gegenstand, der für $ 250 ersteigert wurde? *Lsg.* $ 286

33. Ein Händler kauft einen Artikel für $ 20 und verkauft ihn für $ 32,50. Drücke seinen Gewinn in Prozent aus.
Lsg. $62\frac{1}{2}$%, $38\frac{6}{13}$%

34. X sei 25% weniger als Y. Wieviel Prozent ist Y mehr als X? *Lsg.* $33\frac{1}{3}$%

35. Ein Mann gab für Benzin, das 14 Cent pro Gallone kostet, $ 147 aus. Bestimme den Preis derselben Menge Benzin, wenn er für die Gallone 16 Cents bezahlt hätte. *Lsg.* $ 168

36. Bestimme den Rechnungspreis:
(*a*) Listenpreis = $ 750 abzüglich 40% Rabatt.
(*b*) Listenpreis = $ 750 abzüglich 30% und 10% Rabatt.
(*c*) Listenpreis = $ 750 abzüglich 20%, 10% und 10% Rabatt.
(*d*) Listenpreis = $ 750 abzüglich 15%, 15%, 5% und 5% Rabatt.
Lsg. (*a*) $450, (*b*) $472,50, (*c*) $486, (*d*) $489,05

37. Welcher einmalige Rabatt entspricht den einzelnen Rabatten in Aufgabe
(*a*) 36(*b*), (*b*) 36(*c*), (*c*) 36(*d*)?
Lsg. (*a*) 37%, (*b*) 35,2%, (*c*) 34,793%

38. Zwei konkurrierende Firmen haben auf einen Artikel denselben Listenpreis. Die eine bietet Rabatte von 25% und 15%, die andere von 20%, 10% und 10%. Welches Angebot ist vorzuziehen?

39. In einer Rechnung über $ 3000, datiert 1. Juni, werden folgende Zahlungsmöglichkeiten angeboten: Ein Skonto von 5% bei Barzahlung innerhalb von 10 Tagen und 2% bei Barzahlung innerhalb von 30 Tagen. Welcher Betrag wurde bezahlt am (*a*) 10. Juni, (*b*) 29. Juli?
Lsg. (*a*) $2850, (*b*) $2940

40. Bestimme die innerhalb der angegebenen Frist zu zahlenden Beträge:

	Listenpreis	Rabatt	Skonto
(*a*)	$2500	25%	3% innerhalb von 10 Tagen
(*b*)	$5000	20%, 10%	2% innerhalb von 10 Tagen
(*c*)	$3750	25%, 10%, 5%	5% innerhalb von 30 Tagen
(*d*)	$7500	30%, 5%, 5%	2% innerhalb von 15 Tagen

Lsg. (*a*) $1818,75, (*b*) $3528, (*c*) $2284,46, (*d*) $4643,36

41. Ein Bekleidungsgeschäft kauft Anzüge für $ 60 ein und zeichnet sie so aus, daß es, auf den Verkaufspreis bezogen, eine Gewinnspanne von 40% besitzt. Bestimme den Verkaufspreis. *Lsg.* $ 100

Kapitel 2

Exponenten und Logarithmen

EXPONENTEN. In der Schreibweise von $a \cdot a \cdot a \cdot a \cdot a \cdot a$ als a^6 heißt a die *Basis* und 6 der *Exponent.* Der Exponent ist in diesem Fall eine positive Zahl, die wir rechts etwas über die Basis schreiben und die angibt, wie oft die Basis als Faktor auftritt.

Beispiel 1.

(*a*) $a^2 = a \cdot a$

(*b*) $a^4 = a \cdot a \cdot a \cdot a$

(*c*) $8 = 2 \cdot 2 \cdot 2 = 2^3$

(*d*) $243 = 3 \cdot 3 \cdot 3 \cdot 3 \cdot 3 = 3^5$

(*e*) $432 = 2 \cdot 2 \cdot 2 \cdot 2 \cdot 3 \cdot 3 \cdot 3 = 2^4 \cdot 3^3$

(*f*) $2000 = 2 \cdot 2 \cdot 2 \cdot 2 \cdot 5 \cdot 5 \cdot 5 = 2^4 \cdot 5^3$

(*g*) $4^3 = 4 \cdot 4 \cdot 4 = 2 \cdot 2 \cdot 2 \cdot 2 \cdot 2 \cdot 2 = 2^6$

(*h*) $(81)^2 = 81 \cdot 81 = 9 \cdot 9 \cdot 9 \cdot 9 = 9^4$

(*i*) $(1+i)^3 = (1+i)(1+i)(1+i)$

(*j*) $(1+i)^n = (1+i)(1+i) \cdots n$ Faktoren

POTENZREGELN. Sind m und n natürliche Zahlen und gilt $a \neq 0$, so haben wir

$$\begin{aligned} a^m \cdot a^n &= (a \cdot a \ldots m \text{ Faktoren})\,(a \cdot a \ldots n \text{ Faktoren}) \\ &= (a \cdot a \ldots m+n \text{ Faktoren}) = a^{m+n} \end{aligned} \tag{1}$$

Also: $a^7 \cdot a^3 = a^{7+3} = a^{10}$, $b^2 \cdot b^6 = b^{2+6} = b^8$, $2^3 \cdot 2^2 = 2^{3+2} = 2^5 = 32$.

$$\begin{aligned} \frac{a^m}{a^n} &= \frac{(a \cdot a \ldots m \text{ Faktoren})}{(a \cdot a \ldots n \text{ Faktoren})} = (a \cdot a \ldots m-n \text{ Faktoren}) \\ &= a^{m-n}, \quad \text{falls } m > n \end{aligned} \tag{2}$$

Also: $a^7/a^3 = a^{7-3} = a^4$, $b^8/b^3 = b^{8-3} = b^5$, $2^{10}/2^6 = 2^{10-6} = 2^4 = 16$.

$$\begin{aligned} \frac{a^m}{a^n} &= \frac{(a \cdot a \ldots m \text{ Faktoren})}{(a \cdot a \ldots n \text{ Faktoren})} = \frac{1}{(a \cdot a \ldots n-m \text{ Faktoren})} \\ &= \frac{1}{a^{n-m}}, \quad \text{falls } m < n \end{aligned} \tag{3}$$

Also: $\frac{a^2}{a^5} = \frac{1}{a^{5-2}} = \frac{1}{a^3}$, $\frac{b^4}{b^8} = \frac{1}{b^{8-4}} = \frac{1}{b^4}$, $\frac{3^5}{3^7} = \frac{1}{3^{7-5}} = \frac{1}{3^2} = \frac{1}{9}$.

$$\begin{aligned} (a^m)^n &= a^m \cdot a^m \ldots n \text{ Faktoren} = a^{m+m+\cdots\, n \text{ Terme}} \\ &= a^{mn} \end{aligned} \tag{4}$$

Also: $(a^2)^3 = a^{2\cdot 3} = a^6$, $(b^3)^4 = b^{3\cdot 4} = b^{12}$, $(3^2)^2 = 3^{2\cdot 2} = 3^4 = 81$.

$$\begin{aligned} (a \cdot b)^n &= (a \cdot a \ldots n \text{ Faktoren})\,(b \cdot b \ldots n \text{ Faktoren}) \\ &= a^n b^n \end{aligned} \tag{5}$$

Also: $(ab)^2 = a^2b^2$, $(xy)^4 = x^4y^4$, $(2x^3)^5 = 2^5x^{15} = 32x^{15}$, $(x^2y^3)^5 = x^{10}y^{15}$.

$$\left(\frac{a}{b}\right)^n = \left(\frac{a}{b}\right)\left(\frac{a}{b}\right)\ldots\ n \text{ Faktoren} \qquad (6)$$

$$= \frac{a \cdot a \ldots\ n \text{ Faktoren}}{b \cdot b \ldots\ n \text{ Faktoren}} = \frac{a^n}{b^n}$$

Also: $\left(\frac{a}{b}\right)^5 = \frac{a^5}{b^5}$, $\left(\frac{x^2}{y}\right)^4 = \frac{(x^2)^4}{y^4} = \frac{x^8}{y^4}$, $\left(\frac{81}{32}\right)^3 = \left(\frac{3^4}{2^5}\right)^3 = \frac{3^{12}}{2^{15}}$.

Siehe Aufgabe 1.

NEGATIVE und GEBROCHENE EXPONENTEN. Die Erweiterung des Potenzbegriffs auf rationale Exponenten (d.h. Null, negative Zahlen und Brüche) geschieht durch folgende Definition:

$$a^0 = 1, \quad a \neq 0 \qquad (7)$$

$$a^{-n} = \frac{1}{a^n}, \quad a \neq 0 \text{ und } n \text{ eine natürliche Zahl} \qquad (8)$$

$$a^{1/n} = \sqrt[n]{a}, \quad n \text{ eine natürliche Zahl} \qquad (9)$$

Es ergibt sich sofort, daß obige Regeln (1)–(6) auch gelten, wenn man die Bedingung „m und n natürliche Zahlen" durch „m und n rationale Zahlen" ersetzt. Zu beachten ist, daß bei $a^{1/n}$ (etwa) die anfängliche Interpretation, wie oft die Basis als Faktor erscheint, nicht mehr möglich ist.

Beispiel 2.

(*a*) $1 = \frac{2^5}{2^5} = 2^{5-5} = 2^0$

(*b*) $2^{-5} = \frac{1}{2^5} = \frac{1}{32}$

(*c*) $\frac{1}{3^{-4}} = 3^4 = 81$

(*d*) $\frac{a^5}{a^{-3}} = a^5 \cdot a^3 = a^8$

(*e*) $\left(\frac{a^2}{b^3}\right)^{-4} = \frac{a^{-8}}{b^{-12}} = \frac{b^{12}}{a^8}$

(*f*) $(25)^{1/2} = \sqrt{25} = 5$

(*g*) $(8)^{2/3} = \sqrt[3]{8^2} = \sqrt[3]{(2^3)^2} = \sqrt[3]{2^6} = 2^{6/3} = 2^2 = 4$

(*h*) $(16)^{-3/2} = (4^2)^{-3/2} = 4^{-3} = 1/4^3 = 1/64$

(*i*) $\left(\frac{a^4}{b^{-6}}\right)^{-1/2} = \frac{a^{-2}}{b^3} = \frac{1}{a^2b^3}$

(*j*) $(1{,}02)^5(1{,}02)^{-3/2} = (1{,}02)^{7/2}$

Siehe Aufgabe 2.

BINOMISCHER LEHRSATZ. Unter den auf der nächsten Seite aufgeführten Bedingungen gilt:

$$(a+b)^n = a^n + na^{n-1}b + \frac{n(n-1)}{1 \cdot 2}a^{n-2}b^2 + \frac{n(n-1)(n-2)}{1 \cdot 2 \cdot 3}a^{n-3}b^3 + \ldots \qquad (10)$$

Diese Entwicklung kann man sich folgendermaßen einprägen:

(i) Der Exponent von a im ersten Term ist n, im zweitern $n-1$, im dritten $n-2$, usw. (fällt in 1 – Schritten).

(ii) Die Summe der Exponenten von a und b ist stets n.

(iii) Der Koeffizient des ersten Terms ist 1, des zweiten n; der Koeffizient jedes folgenden Terms ist gleich dem vorhergehenden Koeffizienten multipliziert mit dem Exponenten von a und dividiert durch (Exponent von b) + 1 [jeweils des vorhergehenden Terms]. Damit erhält man in (10) als fünften Term

$$\frac{n(n-1)(n-2)(n-3)}{1 \cdot 2 \cdot 3 \cdot 4}a^{n-4}b^4$$

Es sei n eine natürliche Zahl. Dann gilt (10) für beliebige Zahlen a und b; dabei treten in der Entwicklung $(n + 1)$ Terme auf.

Beispiel 3.
Wir entwickeln $(2x + 3y)^5$ und vereinfachen

$$\begin{aligned}(2x+3y)^5 &= (2x)^5 + 5(2x)^4(3y) + \frac{5\cdot 4}{1\cdot 2}(2x)^3(3y)^2 + \frac{5\cdot 4\cdot 3}{1\cdot 2\cdot 3}(2x)^2(3y)^3 \\ &\quad + \frac{5\cdot 4\cdot 3\cdot 2}{1\cdot 2\cdot 3\cdot 4}(2x)(3y)^4 + \frac{5\cdot 4\cdot 3\cdot 2\cdot 1}{1\cdot 2\cdot 3\cdot 4\cdot 5}(3y)^5 \\ &= 32x^5 + 240x^4y + 720x^3y^2 + 1080x^2y^3 + 810xy^4 + 243y^5\end{aligned}$$

Ist n eine rationale Zahl und keine natürliche Zahl, so gilt die Entwicklung (10) für den Fall, daß der Absolutbetrag von a größer als der Absolutbetrag von b ist; dabei erhält man in der Entwicklung eine unendliche Reihe (unendlich viele Terme).

Beispiel 4.
Wir entwickeln $(9x^2 + 4y)^{1/2}$ bis zum fünften Term und vereinfachen.

$$\begin{aligned}(9x^2+4y)^{1/2} &= (9x^2)^{1/2} + \tfrac{1}{2}(9x^2)^{-1/2}(4y) + \frac{\frac{1}{2}(-\frac{1}{2})}{1\cdot 2}(9x^2)^{-3/2}(4y)^2 \\ &\quad + \frac{\frac{1}{2}(-\frac{1}{2})(-\frac{3}{2})}{1\cdot 2\cdot 3}(9x^2)^{-5/2}(4y)^3 + \frac{\frac{1}{2}(-\frac{1}{2})(-\frac{3}{2})(-\frac{5}{2})}{1\cdot 2\cdot 3\cdot 4}(9x^2)^{-7/2}(4y)^4 + \cdots \\ &= 3x + \frac{1}{2}\frac{4y}{3x} - \frac{1}{8}\frac{16y^2}{27x^3} + \frac{1}{16}\frac{64y^3}{243x^5} - \frac{5}{128}\frac{256y^4}{2187x^7} + \cdots \\ &= 3x + \frac{2y}{3x} - \frac{2y^2}{27x^3} + \frac{4y^3}{243x^5} - \frac{10y^4}{2187x^7} + \cdots\end{aligned}$$

Der **BINOMISCHE LEHRSATZ** ist sehr nützlich, um etwa Potenzen von $(1 + i)$, wobei i ein Zinsfuß ist, annähernd (bis zu einer bestimmten Dezimalstelle) zu berechnen.
Um $(1 + i)^n$ bis auf r Dezimalstellen genau zu berechnen:

(*a*) Schreiben wir die ersten Terme der Entwicklung auf.
(*b*) Berechnen wir jeden Term auf $(r + 1)$ Dezimalstellen genau.
(*c*) Berechnen wir auf diese Art alle Terme, bis der erste Term auftritt, der nach dem Komma $(r + 1)$ Nullen besitzt.
(*d*) Summieren wir alle so berechneten Terme auf und runden dann auf r Dezimalstellen.

Beispiel 5.

Bestimme $(1{,}03)^8$ auf sechs Stellen genau.

$$\begin{aligned}(1{,}03)^8 &= (1+0{,}03)^8 = 1^8 + 8(1)^7(0{,}03) + 28(1)^6(0{,}03)^2 + 56(1)^5(0{,}03)^3 \\ &\quad + 70(1)^4(0{,}03)^4 + 56(1)^3(0{,}03)^5 + 28(1)^2(0{,}03)^6 + \cdots \\ &= 1 + 0{,}24 + 0{,}0252 + 0{,}001512 + 0{,}0000567 + 0{,}0000014 \\ &\quad + (0{,}000000020412) + \cdots \\ &= 1{,}266770\end{aligned}$$

Siehe die Aufgaben 3–4.

LOGARITHMEN. Der Logarithmus zur Basis b einer positiven Zahl N (geschrieben $\log_b N$) ist die Zahl L, für die gilt $b^L = N$. Zum Beispiel gilt

$$\log_2 32 = 5 \quad ,\text{da} \quad 2^5 = 32 \quad \text{und} \quad \log_5 125 = 3 \quad ,\text{da} \quad 5^3 = 125.$$

Siehe die Aufgaben 5–6.

In diesem Buch werden wir nur Logarithmen zur Basis 10 benutzen und schreiben $\log N$ statt $\log_{10} N$. Definitionsgemäß gilt

$$\begin{aligned}
\log 1000 &= 3 &&\text{, da} \quad 10^3 = 1000\\
\log 100 &= 2 &&\text{, da} \quad 10^2 = 100\\
\log 10 &= 1 &&\text{, da} \quad 10^1 = 10\\
\log 1 &= 0 &&\text{, da} \quad 10^0 = 1\\
\log 0{,}1 &= -1 &&\text{, da} \quad 10^{-1} = 0{,}1\\
\log 0{,}01 &= -2 &&\text{, da} \quad 10^{-2} = 0{,}01, \text{ etc.}
\end{aligned}$$

Es gelte $A = 10^a$, $B = 10^b$ und $C = 10^c$, so daß also $\log A = a$, $\log B = b$ und $\log C = c$.

Wegen
$$A \cdot B \cdot C = 10^a \cdot 10^b \cdot 10^c = 10^{a+b+c},$$
$$A/B = 10^a/10^b = 10^{a-b} \quad \text{und} \quad A^n = (10^a)^n = 10^{na}$$

folgt, daß

$$\begin{aligned}
\log A \cdot B \cdot C &= a + b + c = \log A + \log B + \log C\\
\log A/B &= a - b = \log A - \log B\\
\log A^n &= na = n \log A
\end{aligned}$$

Wir haben also bewiesen:

I. *Der Logarithmus des Produkts zweier oder mehrerer positiver Zahlen ist gleich der Summe der Logarithmen dieser Zahlen.*

II. *Der Logarithmus des Quotienten zweier positiver Zahlen ist gleich dem Logarithmus des Zählers minus dem Logarithmus des Nenners.*

III. *Der Logarithmus einer Potenz ist gleich dem Exponenten multipliziert mit dem Logarithmus der Basis.*

Beispiel 6.

Es gilt $\log 2 = 0{,}301030$ und $\log 3 = 0{,}477121$; damit folgt

(*a*) $\log 6 = \log(2 \cdot 3) = \log 2 + \log 3 = 0{,}301030 + 0{,}477121 = 0{,}778151$

(*b*) $\log 60 = \log(6 \cdot 10) = \log 6 + \log 10 = 0{,}778151 + 1{,}000000 = 1{,}778151$

(*c*) $\log 600 = \log(6 \cdot 10^2) = \log 6 + \log 10^2 = 0{,}778151 + 2{,}000000 = 2{,}778151$

(*d*) $\log 0{,}06 = \log \frac{6}{100} = \log 6 - \log 10^2 = 0{,}778151 - 2{,}000000$

Manchmal schreibt man dies als $\bar{2},778151$, wir benutzen jedoch die Schreibweise $8{,}778151 - 10$.

(*e*) $\log 0{,}0036 = \log(0{,}06)^2 = 2 \log 0{,}06 = 2[8{,}778151 - 10]$
$= 17{,}556302 - 20 = 7{,}556302 - 10$

(*f*) $\log \sqrt[5]{0{,}06} = \log(0{,}06)^{1/5} = \frac{1}{5} \log 0{,}06 = \frac{1}{5}[8{,}778151 - 10]$
$= \frac{1}{5}[48{,}778151 - 50] = 9{,}755630 - 10$

KENNZIFFER und MANTISSE. Der Logarithmus (Basis 10) einer positiven Zahl setzt sich aus zwei Teilen zusammen: (i) der ganzzahlige Anteil, die sogenannte *Kennziffer*, und (ii) der Dezimalteil (die Stellen hinter dem Komma), die sogenannte *Mantisse*. In Beispiel 6 haben wir gesehen, daß die Mantisse durch die Ziffernfolge der Zahl bestimmt ist, während die Kennziffer durch die Stellung des Kommas festgelegt ist.

Für Zahlen größer als 1 ist die Kennziffer um eins kleiner als die Anzahl der Ziffern vor dem Komma. [Siehe Beispiel 6(*a*), (*b*), (*c*).] Für Zahlen zwischen 0 und 1 findet man die Kennziffer, indem man von 9 die Anzahl der Nullen nach dem Komma abzieht und −10 (hinter der Mantisse) anfügt. [Siehe Beispiel 6(*d*), (*e*).]

Siehe auch Aufgabe 7.

Im allgemeinen ist die Mantisse eine unendliche Dezimalzahl, die auf eine geeignete Anzahl von Dezimalstellen gerundet ist.

TABELLE (MANTISSEN). In Tabelle I sind sechsstellige Mantissen aller Zahlen mit weniger als vier Ziffern aufgeführt. Dezimalkomma (bzw. der Dezimalpunkt) wurde dabei weggelassen. Im Augenblick wollen wir einmal die Tabelle der Proportionalanteile außer Betracht lassen.

Beispiel 7.

(*a*) Um die Mantisse von log 3178 zu bestimmen, gehen wir in der mit N überschriebenen Spalte bis zu 317. In der entsprechenden Zeile findet man unter 8 den Wert 502154, d.h.

$$\begin{array}{ccc} N & & 8 \\ \downarrow & & \\ 317 & \longrightarrow & 502154 \end{array}$$

Die gesuchte Mantisse ist also 0,502154. Damit gilt

$$\log 31{,}78 = 1{,}502154 \qquad \log 0{,}03178 = 8{,}502154 - 10$$
$$\log 317800 = 5{,}502154 \qquad \log 0{,}003178 = 7{,}502154 - 10$$

(*b*) Die Mantisse von log 25 ist dieselbe wie die von log 250 und log 2500. Die letztere ist 0,397940 (Zeile 250 unter 0). Also gilt

$$\log 2{,}5 = 0{,}397940 \qquad \log 0{,}25 = 9{,}397940 - 10$$
$$\log 250 = 2{,}397940 \qquad \log 25000 = 4{,}397940$$

(*c*) Zur Bestimmung der Mantisse von log 58164 beachten wir, daß Mantisse von log 58160 = Mantisse von log 5816 = 0,764624 und daß die Mantisse von log 58170 gleich 0,764699 ist. Wir *interpolieren* nun *linear.* Um 58164 zu erhalten, muß man 4/10 der Differenz von 58170 und 58160 zu der letzten Zahl addieren; dies führen wir bei den Mantissen durch:

$$0{,}764624 + \tfrac{4}{10}(0{,}764699 - 0{,}764624) = 0{,}764624 + \tfrac{4}{10}(0{,}000075)$$
$$= 0{,}764624 + 0{,}000030 = 0{,}764654$$

Diese Art der Interpolation werden wir künftig häufiger anwenden. Sie läßt sich folgendermaßen illustrieren:

Zahl		Mantisse	
10	58160 ⌉ 4	75	764624 ⌉ x
	58164 ⌋		m ⌋
	58170		764699

Hier sind die Zahlen rechts der Klammern jeweils die Differenzen der betrachteten Werte, d.h. $x = m - 764624$. Dann gilt:

$$\frac{x}{75} = \frac{4}{10}, \quad x = \frac{4}{10}(75) = 30, \quad \text{d.h.}$$

$$m = 764624 + x = 764624 + 30 = 764654$$

Die gesuchte Mantisse ist also 0,764654.

(*d*) Zur Bestimmung der Mantisse von log 873462 bestimmen wir die Mantisse von log 87346; zur Bestimmung der Mantisse von log 873469 bestimmen wir die Mantisse von log 87347. D.h. benötigen wir die Mantisse eines Logarithmus einer Folge von sechs oder mehr Ziffern, so runden wir diese auf fünf Ziffern.

Siehe die Aufgaben 8–9

Die TABELLE der PROPORTIONALANTEILE. Obige Interpolation war ein zweistufiges Verfahren:

(i) Wir bestimmen die Differenz, die sogenannte *Tafeldifferenz*, zweier aufeinanderfolgender Tafelwerte in Tabelle I. (In Beispiel 7(*c*) war die Tafeldifferenz 75.)

(ii) Wir bestimmen einen gewissen Anteil (Zehntel) dieser Tafeldifferenz. (In Beispiel 7(*c*): 4/10.)

In Tabelle I sind die durchschnittlichen Tafeldifferenzen in jeder Zeile in der mit „Diff" überschriebenen Spalte angegeben. Da die Benutzung der durchschnittlichen statt der wahren Tafeldifferenz die Ergebnisse nur unwesentlich ändert, werden wir in Zukunft bei den Rechnungen die durchschnittlichen Tafeldifferenzen benutzen.

Beispiel 8.

Gesucht sei die Mantisse von log 22967. Wir finden in Zeile 229, Spalte 6, den Wert 360972 sowie in derselben Zeile, Spalte „Diff", den Wert 189. Benötigt wird 7/10 von 189. Auf derselben Seite finden wir in der Tabelle der Proportionalanteile, Zeile 189, Spalte 7, den Wert 132,3, d.h. $\frac{7}{10}$ von 189 ist 132,3. Addieren wir 132 zu 360972, so erhalten wir die gesuchte Mantisse 0,361104.
Bei bestimmten Berechnungen (siehe etwa Beispiel 13) benötigen wir genauere Werte als die, die man aus Tabelle I durch Interpolation gewinnt. Zu diesem Zweck haben wir in Tabelle II siebenstellige Mantissen der Zahlen von 10000 bis 10999 angegeben.

Beispiel 9.

Ohne Interpolation ergibt Tabelle II den Wert 0,0009977 für 10023. Zum Vergleich mit Tabelle I runden wir dies auf sechs Stellen und erhalten 0,000998.

Siehe Aufgabe 10.

ANTILOGARITHMEN. Es sei $\log N = L$; N heißt dann der *Antilogarithmus* von L.

Beispiel 10.

(*a*) Bestimme N aus $\log N = 2{,}571010$.
Die Kennziffer ist 2, d.h. N hat 3 Ziffern vor dem Komma; die Mantisse ist 0,571010. In Tabelle I finden wir 571010 in Zeile 372, Spalte 4. Die Ziffernfolge von N ist also 3724. Damit gilt $N = 372{,}4$.

(*b*) Bestimme N aus $\log N = 1{,}732752$.
Hier tritt der Wert 732752 nicht in Tabelle I auf; er liegt zwischen
732715 (das entspricht 54040)
und
732796 (das entspricht 54050)
Nun erhält man 732752, indem man $\frac{732752-732715}{732796-732715} = \frac{37}{81}$ der Differenz von 732796 und 732715 zur letzten Zahl addiert. Wir interpolieren wieder linear, d.h. wir berechnen

$$54040 + \frac{37}{81}(10) = 54040 + 5 = 54045$$

Die Kennziffer ist 1; damit hat die Zahl zwei Stellen vor dem Komma: N = 54,045.
Hierbei läßt sich auch die Tabelle der Proportionalanteile gut benutzen:

(i) Wir bestimmen die Zeile und Reihe, in der die nächste Mantisse steht, die kleiner ist als die gegebene. Dies ergibt 5404.

(ii) Weiter berechnen wir die Differenz der Ziffernfolgen der gegebenen Mantissen und dieser Mantisse (gemäß (i) gefundenen) Mantisse (hier: 732752 − 732715 = 37) und suchen die durchschnittliche Tafeldifferenz (hier: 81). In der Tabelle der Proportionalanteile (Reihe 81 unter Diff) suchen wir den Wert 37 oder den dazu nächsten Wert; in unserem Beispiel steht in der Tabelle der Wert 40,5 und zwar unter 5. Diese 5 fügen wir an die gemäß (i) gegebene Ziffernfolge an: 54045.

(iii) Jetzt setzen wir das Komma gemäß unserer Regeln über Kennziffern. Wir erhalten N = 54,045.

(*c*) Bestimme N aus log N = 3,790100.

Der nächstkleinere Wert in Tabelle I ist 790074; er entspricht der Ziffernfolge 6167. Die entsprechende Differenz ist 790100 − 790074 = 26, die Tafeldifferenz 70. In der Zeile 70 der Tabelle der Proportionalanteile finden wir als Zahl die 26 am nächsten liegt, in der Spalte 4 den Wert 28,0. Also ergibt sich die Ziffernfolge 61674. Die gegebene Kennziffer ist 3; damit besitzt die gesuchte Zahl 4 Stellen vor dem Komma, d.h. N = 6167,4.

(*d*) Bestimme N aus log N = 5,073464.

In Tabelle I finden wir unter 1184 als nächste kleiner Mantisse 073354. Die Differenz ist 073464 − 073352 = 112, die Tafeldifferenz 366. In der Tafel der Proportionalanteile ist 109,8 (Zeile 366, Spalte 3) die 112 nächstliegende Zahl. Damit ist die Ziffernfolge von N gleich 11843. N besitzt 6 Stellen vor dem Komma, d.h. N = 118430.

Bem. Ist N in Dollar und Cent angegeben, so erhalten wir als Ergebnis $ 118430, genau bis auf $ 10 .

(*e*) Bestimme N aus log N = 7,359900.

Der nächstkleinere Tabellenwert (Zeile 229, Spalte 0) ist 359835. Als Differenz ergibt sich 359900 − 359835 = 65, als Tafeldifferenz finden wir 189. In der Tabelle der Proportionalanteile finden wir 56,7 (Zeile 189, Spalte 3) als nächsten Wert 65. Die Ziffernfolge von N ist also 22903; damit gilt N = 0,0022903.

(*f*) Bestimme N aus log N = 0,039144.

Sind 5 Ziffern genau genug, so können wir diese aus Tabelle II ablesen. Als 0391440 nächsten Wert finden wir dort 0391364; dies ergibt 10943. Damit folgt N = 1,0943.

Wir können eine weitere Stelle von N durch Interpolation bestimmen. Unsere Differenz ist 0391440 − 0391364 = 76, die Tafeldifferenz 397. Da 760/397 nahe an 2 liegt, haben wir N = 1,09432.

RECHNEN mit HILFE von LOGARITHMEN. Mit Hilfe von Logarithmen kann man gewisse Berechnungen einfacher durchführen (und dabei Zeit sparen). Es erweist sich dabei als nützlich, zuerst einmal ein Rechenschema aufzustellen, bevor man die Tabellenwerte der benötigten Logarithmen nachschlägt.

Beispiel 11.

Berechne logarithmisch $N = 2875 \times 0{,}08462$.

$$\log N = \log 2875 + \log 0{,}08462$$

Rechenschema		ausgefülltes Rechenschema	
log 2875 =	3,	log 2875 =	3,458638
+ log 0,08462 =	8 −10	+ log 0,08462 =	8,927473 − 10
log N =		log N =	2,386111
N =		N =	243,28

(*Bem.* 12,386111 − 10 = 2,386111)

Beispiel 12.

Berechne logarithmisch: $N = \dfrac{34,726}{8,156}$.

$$\log N = \log 34,726 - \log 8,156$$

Berechnungsschema		ausgefüllt	
$\log 34,726$	$= 1,$	$\log 34,726$	$= 1,540655$
$-\log\ 8,156$	$= 0,$	$-\log\ 8,156$	$= 0,911477$
$\log N$	$=$	$\log N$	$= 0,629178$
N	$=$	N	$= 4,2577$

Beispiel 13.

Berechne logarithmisch: $N = (1,0225)^{10}$.

$$\begin{aligned} \log N &= 10 \log 1,0225 \\ \log 1,0225 &= 0,0096633 \quad \text{(Tabelle II)} \\ \log N &= 10 \log 1,0225 = 0,096633 \\ N &= 1,2492 \end{aligned}$$

COLOGARITHMEN. Der Cologarithmus von N (geschrieben *colog* N) ist durch

$$\log \frac{1}{N} = -\log N = 0 - \log N = (10,000000 - 10) - \log N \quad \text{gegeben.}$$

Beispiel 14.

(*a*) Aus $\log N = 2,463876$ folgt $\operatorname{colog} N = \left.\begin{array}{r} 10,000000 - 10 \\ -\ 2,463876 \end{array}\right\} = 7,536124 - 10$

(*b*) Aus $\log N = 7,224465 - 10$ folgt $\operatorname{colog} N = \left.\begin{array}{r} 10,000000 - 10 \\ -\ 7,224465 - 10 \end{array}\right\} = 2,775535$

Es erweist sich nicht immer als vernünftig, Cologarithmen zu verwenden, wenn $-\log N$ auftritt. Die Entscheidung, sie zu benutzen oder nicht, hängt vom sich ergebenden Berechnungsschema ab.

Beispiel 15.

Berechne $N = \dfrac{34,726}{8,156}$.

$$\log N = \log 34,726 - \log 8,156 = \log 34,726 + \operatorname{colog} 8,156$$

$$\begin{aligned} \log 34,726 &= 1,540655 \\ +\operatorname{colog}\ 8,156 &= 9,088523 - 10 \\ \hline \log N &= 0,629178 \\ N &= 4,2577 \end{aligned}$$

Vergleichen wir mit Beispiel 12, so sehen wir, daß wir durch Benutzung des Cologarithmus nichts vereinfacht haben.

Beispiel 16.

Berechne $N = \dfrac{3,278}{90,26 \times 0,04247}$

$$\begin{aligned} \log N &= \log 3,278 - \log 90,26 - \log 0,04247 \\ &= \log 3,278 + \operatorname{colog} 90,26 + \operatorname{colog} 0,04247 \end{aligned}$$

Mit Logarithmen

$$\begin{aligned}
\log 3{,}278 &= 10{,}515609 - 10 \\
-\log 90{,}26 &= \underline{1{,}955495} \\
& 18{,}560114 - 20 \\
-\log 0{,}04247 &= \underline{8{,}628082 - 10} \\
\log N &= 9{,}932032 - 10 \\
N &= 0{,}85513
\end{aligned}$$

Mit Cologarithmen

$$\begin{aligned}
\log 3{,}278 &= 0{,}515609 \\
+\operatorname{colog} 90{,}26 &= 8{,}044505 - 10 \\
+\operatorname{colog} 0{,}04247 &= \underline{1{,}371918} \\
\log N &= 9{,}932032 - 10 \\
N &= 0{,}85513
\end{aligned}$$

Hier ist es vernünftig, Cologarithmen zu benutzen.

Beispiel 17.

Berechne $N = (1{,}0116)^{-15} = \dfrac{1}{(1{,}0116)^{15}}$.

Mit Logarithmen

Es sei $M = (1{,}0116)^{15}$

$$\begin{aligned}
\log M &= 15 \log 1{,}0116 \\
&= 15(0{,}0050088) \\
&= 0{,}075132
\end{aligned}$$

Es gilt $N = 1/M$

$$\begin{aligned}
\log N &= \log 1 - \log M \\
\log 1 &= 10{,}000000 - 10 \\
-\log M &= \underline{0{,}075132} \\
\log N &= 9{,}924868 - 10 \\
N &= 0{,}84114
\end{aligned}$$

Mit Cologarithmen

$$\begin{aligned}
\log N &= -15 \log 1{,}0116 \\
&= 15 \operatorname{colog} 1{,}0116 \\
15 \log 1{,}0116 &= 0{,}075132 \\
\log N = 15 \operatorname{colog} 1{,}0116 &= 9{,}924868 - 10 \\
N &= 0{,}84114
\end{aligned}$$

Mit Hilfe von Cologarithmen ist die Rechnung kürzer.

Siehe die Aufgaben 11–12.

Aufgaben mit Lösungen

1. (*a*) $a^6 \cdot a^4 = a^{6+4} = a^{10}$

(*b*) $a^6 \cdot a^4 \cdot a^3 = a^{6+4+3} = a^{13}$

(*c*) $a \cdot a^2 \cdot a^3 = a^{1+2+3} = a^6$

(*d*) $\dfrac{a^3 \cdot a^5}{a^6} = \dfrac{a^{3+5}}{a^6} = a^{3+5-6} = a^2$

(*e*) $\dfrac{a^4 \cdot a^3}{a^{10}} = \dfrac{a^{4+3}}{a^{10}} = \dfrac{a^7}{a^{10}} = \dfrac{1}{a^{10-7}} = \dfrac{1}{a^3}$

(*f*) $\dfrac{a^8 \cdot a^3}{a^6 \cdot a^5} = \dfrac{a^{8+3}}{a^{6+5}} = \dfrac{a^{11}}{a^{11}} = 1$

(*g*) $(a^6)^2 = a^{6\cdot 2} = a^{12}$

(*h*) $(a^2 \cdot a^4)^3 = (a^{2+4})^3 = (a^6)^3 = a^{6\cdot 3} = a^{18}$

(*i*) $\left(\dfrac{a^5 \cdot a^2}{a^{10}}\right)^4 = \left(\dfrac{a^7}{a^{10}}\right)^4 = \left(\dfrac{1}{a^3}\right)^4 = \dfrac{1}{a^{12}}$

(*j*) $x^3y^2 \cdot x^2 \cdot x^4y^8 = x^{3+2+4}\,y^{2+8} = x^9y^{10}$

(*k*) $\dfrac{x^5y^4 \cdot x^3y^2}{x^4y^8} = \dfrac{x^8y^6}{x^4y^8} = \dfrac{x^4}{y^2}$

(*l*) $\left(\dfrac{81 \cdot 32}{216}\right)^3 = \left(\dfrac{3^4 \cdot 2^5}{2^3 \cdot 3^3}\right)^3 = (3 \cdot 2^2)^3 = 3^3 \cdot 2^6$

2. (a) $a^{1/3} \cdot a^{1/3} = a^{1/3+1/3} = a^{2/3}$

(b) $a^5 \cdot a^{-2} = a^{5-2} = a^3$

(c) $\dfrac{a^{9/2}}{a^{7/2}} = a^{9/2-7/2} = a^{2/2} = a$

(d) $\dfrac{a^{2/3}}{a^{8/3}} = \dfrac{1}{a^{8/3-2/3}} = \dfrac{1}{a^{6/3}} = \dfrac{1}{a^2}$

(e) $(a^{1/2})^6 = a^{1/2 \cdot 6} = a^3$

(f) $(a^{1/2})^{-6} = a^{1/2(-6)} = a^{-3} = \dfrac{1}{a^3}$

(g) $(4x^6)^{5/2} = (2^2x^6)^{5/2} = (2^2)^{5/2}(x^6)^{5/2}$

$= 2^5x^{15} = 32x^{15}$

(h) $\left(\dfrac{a^2}{b^3}\right)^3 = \dfrac{a^{2\cdot 3}}{b^{3\cdot 3}} = \dfrac{a^6}{b^9}$

(i) $\left(\dfrac{a^4}{b^3}\right)^5\left(\dfrac{b^2}{a^3}\right)^4 = \dfrac{a^{20}b^8}{b^{15}a^{12}} = \dfrac{a^8}{b^7}$

(j) $\dfrac{10^{0,348}}{10^{-0,652}} = 10^{0,348+0,652} = 10$

(k) $(36^{1/2})^3 = 6^3 = 216$

(l) $(25)^{-9/2}(25^4) = 25^{-1/2} = \dfrac{1}{25^{1/2}} = \dfrac{1}{5}$

(m) $(158,5)^0 = 1;\ \left(\dfrac{1}{26,4}\right)^0 = 1$

(n) $\left(\dfrac{2a}{3b^2}\right)^{-3} = \dfrac{2^{-3}a^{-3}}{3^{-3}b^{-6}} = \dfrac{3^3b^6}{2^3a^3} = \dfrac{27b^6}{8a^3}$

3. Berechne $(1,04)^{-6}$ auf 4 Stellen genau.

$$\begin{aligned}
(1,04)^{-6} &= (1+0,04)^{-6}\\
&= 1^{-6} + (-6)(1)^{-7}(0,04) + \frac{(-6)(-7)}{1\cdot 2}(1)^{-8}(0,04)^2\\
&\quad + \frac{(-6)(-7)(-8)}{1\cdot 2\cdot 3}(1)^{-9}(0,04)^3 + \frac{(-6)(-7)(-8)(-9)}{1\cdot 2\cdot 3\cdot 4}(1)^{-10}(0,04)^4\\
&\quad + \frac{(-6)(-7)(-8)(-9)(-10)}{1\cdot 2\cdot 3\cdot 4\cdot 5}(1)^{-11}(0,04)^5 + \cdots\\
&= 1 - 6(0,04) + 21(0,04)^2 - 56(0,04)^3 + 126(0,04)^4 - 252(0,04)^5 + \cdots\\
&= 1 - 6(0,04) + 21(0,0016) - 56(0,000064)\\
&\quad + 126(0,00000256) - 252(0,0000001024) + \cdots\\
&= 1 - 0,24 + 0,0336 - 0,00358 + 0,00032 - 0,00003 + \cdots\\
&= 0,7903
\end{aligned}$$

Der siebte Term (hier weggelassen) hat hinter dem Komma fünf Nullen.

4. Berechne $(1,02)^{-3/2}$ auf 6 Stellen genau.

$$\begin{aligned}
(1,02)^{-3/2} &= 1^{-3/2} + (-3/2)(1)^{-5/2}(0,02) + \frac{(-3/2)(-5/2)}{1\cdot 2}(1)^{-7/2}(0,02)^2\\
&\quad + \frac{(-3/2)(-5/2)(-7/2)}{1\cdot 2\cdot 3}(1)^{-9/2}(0,02)^3\\
&\quad + \frac{(-3/2)(-5/2)(-7/2)(-9/2)}{1\cdot 2\cdot 3\cdot 4}(1)^{-11/2}(0,02)^4 + \cdots\\
&= 1 - \frac{3}{2}(0,02) + \frac{15}{8}(0,02)^2 - \frac{35}{16}(0,02)^3 + \frac{315}{128}(0,02)^4 - \cdots\\
&= 1 - 0,03 + 0,00075 - 0,0000175 + 0,0000004 - \cdots\\
&= 0,970733
\end{aligned}$$

5. (*a*) Wegen $4^5 = 1024$ gilt $\log_4 1024 = 5$.
(*b*) Wegen $7^3 = 343$ gilt $\log_7 343 = 3$.
(*c*) Wegen $36^{1/2} = 6$ gilt $\log_{36} 6 = \frac{1}{2}$.
(*d*) Wegen $125^{2/3} = 25$ gilt $\log_{125} 25 = \frac{2}{3}$.
(*e*) Wegen $5^{-2} = \frac{1}{25} = 0{,}04$ gilt $\log_5 0{,}04 = -2$.

6. Wegen der Äquivalenzen

$3^1 = 3$	$\log_3 3 = 1$
$3^2 = 9$	$\log_3 9 = 2$
$3^3 = 27$	$\log_3 27 = 3$
$3^4 = 81$	$\log_3 81 = 4$
$3^5 = 243$	$\log_3 243 = 5$
$3^6 = 729$	$\log_3 729 = 6$
$3^7 = 2187$	$\log_3 2187 = 7$
$3^8 = 6561$	$\log_3 6561 = 8$
$3^9 = 19683$	$\log_3 19683 = 9$

folgt

$$81 \cdot 243 = 3^4 \cdot 3^5 = 3^{4+5} \quad \text{also} \quad \log_3 (81 \cdot 243) = 4 + 5 = \log_3 81 + \log_3 243$$

$$\frac{6561}{729} = \frac{3^8}{3^6} = 3^{8-6} \quad \text{also} \quad \log_3 \frac{6561}{729} = 8 - 6 = \log_3 6561 - \log_3 729$$

$$(729)^{1/2} = (3^6)^{1/2} = 3^{1/2 \cdot 6} \quad \text{also} \quad \log_3 (729)^{1/2} = \tfrac{1}{2} \cdot 6 = \tfrac{1}{2} \log_3 729$$

7. Folgende Regel für Kennziffern benutzen wir:

(i) Gilt $A > 1$, so ist die Kennziffer von $\log A$ um eins kleiner als die Anzahl der Ziffern von A vor dem Komma.

(ii) Gilt $0 < A < 1$, so ergibt sich die Kennziffer von $\log A$, indem man die Anzahl der Nullen direkt hinter dem Komma von A von 9 abzieht -10 dazuschreibt.

Also: Die Kennziffer des Logarithmus von

(*a*) 234 ist 2
(*b*) 2,34 ist 0
(*c*) 4569 ist 3
(*d*) 45690 ist 4
(*e*) 0,2004 ist 9 −10
(*f*) 0,2043 ist 9 −10
(*g*) 0,0243 ist 8 −10
(*h*) 0,002103 ist 7 −10
(*i*) 0,00002 ist 5 −10
(*j*) 1,00002 ist 0

8. Bestimme die Mantisse des Logarithmus von

(*a*) 2345, (*b*) 1,2, (*c*) 61775, (*d*) 100,23, (*e*) 2,3446, (*f*) 0,98792

Bei der Bestimmung der Mantisse brauchen wir das Komma nicht zu berücksichtigen.

(*a*) In der mit *N* überschriebenen Spalte der Tabelle I suchen wir die Ziffernfolge 234; in der entsprechenden Zeile gehen wir bis zur mit 5 überschriebenen Spalte und finden dort den Wert 370143. (Bemerkung. Der Stern vor 0143 beinhaltet, daß die beiden ersten (nicht notierten) Ziffern 37 statt 36 sind.) Die gesuchte Mantisse ist also 0,370143.

(*b*) Die Mantisse von log 1,2 ist die von log 1,200. In der Zeile 120 und Spalte 0 finden wir die Mantisse 0,079181.

(*c*) In der Zeile 617 finden wir in der Spalte 7 den Wert 790778 und in der Spalte 8 den Wert 790848. Wir interpolieren:

$$\begin{array}{ccc} \textbf{Zahl} & \qquad\qquad & \textbf{Mantisse} \\ 10\left[\begin{array}{l}\left.\begin{array}{l}61770\\61775\end{array}\right]5\\61780\end{array}\right. & & 70\left[\begin{array}{c}\left.\begin{array}{c}790778\\m\end{array}\right]x\\790848\end{array}\right. \end{array}$$

Also

$$\frac{x}{70} = \frac{5}{10}, \quad x = \frac{5}{10}(70) = 35, \quad m = 790778 + 35 = 790813$$

Die Mantisse ist 0,790813.

(*d*)

$$10\left[\begin{array}{l}\left.\begin{array}{l}10020\\10023\end{array}\right]3\\10030\end{array}\right. \qquad\qquad 433\left[\begin{array}{c}\left.\begin{array}{c}000868\\m\end{array}\right]x\\001301\end{array}\right.$$

$$x = \tfrac{3}{10}(433) = 129{,}9, \quad m = 000868 + 130 = 000998$$

Die Mantisse ist 0,000998. Dies ergibt sich auch direkt aus Tabelle II.

(*e*)

$$10\left[\begin{array}{l}\left.\begin{array}{l}23440\\23446\end{array}\right]6\\23450\end{array}\right. \qquad\qquad 185\left[\begin{array}{c}\left.\begin{array}{c}369958\\m\end{array}\right]x\\370143\end{array}\right.$$

$$x = \tfrac{6}{10}(185) = 111, \quad m = 369958 + 111 = 370069$$

Die Mantisse ist 0,370069.

(*f*)

$$10\left[\begin{array}{l}\left.\begin{array}{l}98790\\98792\end{array}\right]2\\98800\end{array}\right. \qquad\qquad 44\left[\begin{array}{c}\left.\begin{array}{c}994713\\m\end{array}\right]x\\994757\end{array}\right.$$

$$x = \tfrac{2}{10}(44) = 8{,}8, \quad m = 994713 + 9 = 994722$$

Die Mantisse ist 0,994722.

9. Wegen Aufgabe 8 folgt

$$\begin{array}{llll} \log 2345 & = 3{,}370143 & \qquad \log 1{,}2 & = 0{,}079181 \\ \log 61775 & = 4{,}790813 & \qquad \log 2{,}3446 & = 0{,}370069 \\ \log 100{,}23 & = 2{,}000998 & \qquad \log 0{,}98792 & = 9{,}994722 - 10 \end{array}$$

10. Bestimme mit Hilfe der Tabelle der Proportionalanteile:

(*a*) $\log 37{,}483$, (*b*) $\log 0{,}00086437$, (*c*) $\log 2573{,}8$, (*d*) $\log 0{,}055692$

(*a*) Die Kennziffer ist 1. Die 3748 entsprechende Mantisse ist 573800 und die Tafeldifferenz (in derselben Zeile unter Diff) ist 116. In der Tabelle der Proportionalanteile (Zeile 116, Spalte 3) finden wir den Wert 34,8. Damit folgt

$$573800 + 34{,}8 = 5738348 \text{ oder } 573835 \text{ wenn wir auf 6 Stellen runden.}$$

Die Mantisse ist 0,573835, d.h. $\log 37{,}483 = 1{,}573835$.

(*b*) Die Kennziffer ist 6 −10. Für die Mantisse folgt

$$936665 + 0{,}7(50) = 936665 + 35{,}0 = 936700$$

Also gilt $\log 0{,}00086437 = 6{,}936700 - 10$.

(*c*) Die Kennziffer ist 3. Als Mantisse erhalten wir

$$410440 + 0{,}8(169) = 410440 + 135{,}2 = 410575$$

Also gilt $\log 2573{,}8 = 3{,}410575$.

(*d*) Die Kennziffer ist 8 −10. Als Mantisse erhalten wir

$$745777 + 0{,}2(78) = 745777 + 15{,}6 = 745793$$

Also gilt $\log 0{,}055692 = 8{,}745793 - 10$.

11. Berechne:

(*a*) $N = \dfrac{35{,}124 \times 0{,}08762}{0{,}0054328}$

(*b*) $N = 248{,}55(1{,}032)^{22}$

(*c*) $N = 32000(1{,}0025)^{-48}$

(*d*) $j = 4[(1{,}014)^{1/4} - 1]$

(*e*) $S = \dfrac{(1{,}0135)^{20} - 1}{0{,}0135}$

(*f*) $A = \dfrac{1 - (1{,}0245)^{-32}}{0{,}0245}$

(*a*)

$$\begin{aligned} \log 35{,}124 &= 1{,}545605 \\ +\log 0{,}08762 &= 8{,}942603 - 10 \\ +\operatorname{colog} 0{,}0054328 &= 2{,}264976 \\ \hline \log N &= 2{,}753184 \\ N &= 566{,}48 \end{aligned}$$

(*b*)

$$\begin{aligned} \log 248{,}55 &= 2{,}395414 \\ +22 \log 1{,}032 &= 0{,}300953 \\ \hline \log N &= 2{,}696367 \\ N &= 497{,}01 \end{aligned}$$

Tabelle II)

(*c*)

$$\begin{aligned} \log 32000 &= 4{,}505150 \\ -48 \log 1{,}0025 &= 0{,}052051 \\ \hline \log N &= 4{,}453099 \\ N &= 28386 \end{aligned}$$

(Tabelle II)

(*d*) Wir berechnen zuerst $N = (1{,}014)^{1/4}$.

$$\begin{aligned} \log N &= \tfrac{1}{4} \log 1{,}014 = 0.001510 \\ N &= 1{,}0035 \\ j &= 4[(1{,}014)^{1/4} - 1] = 4(1{,}0035 - 1) = 0{,}014 \end{aligned}$$

(*e*) Wir berechnen zuerst $N = (1{,}0135)^{20}$.

$$\begin{aligned} \log N &= 20 \log 1{,}0135 = 0{,}116476 \\ N &= 1{,}3076 \end{aligned}$$

$$S = \frac{1{,}3076 - 1}{0{,}0135} = \frac{0{,}3076}{0{,}0135}$$

$$\begin{aligned} \log 0{,}3076 &= 9{,}487986 - 10 \\ -\log 0{,}0135 &= 8{,}130334 - 10 \\ \hline \log S &= 1{,}357652 \\ S &= 22{,}785 \end{aligned}$$

(*f*) Wir berechnen zuerst $N = 1{,}0245^{-32}$.

$$\log N = 32 \operatorname{colog} 1{,}0245 = 9{,}663616 - 10 \qquad \text{(Tabelle II)}$$
$$N = 0{,}46091$$

Also gilt
$$A = \frac{1 - 0{,}46091}{0{,}0245} = \frac{0{,}53909}{0{,}0245}$$

$$\begin{aligned} \log 0{,}53909 &= 9{,}731662 - 10 \\ -\log 0{,}0245 &= 8{,}389166 - 10 \\ \hline \log A &= 1{,}342496 \\ A &= 22{,}004 \end{aligned}$$

12. (*a*) Berechne *n* aus $(1{,}036)^n = 2{,}154.$

$$n \log 1{,}036 = \log 2{,}154$$

$$n = \frac{\log 2{,}154}{\log 1{,}036} = \frac{0{,}333246}{0{,}015360}$$

$$\log n = \log 0{,}333246 - \log 0{,}015360$$

$$\begin{aligned} \log 0{,}33325 &= 9{,}522770 - 10 \\ -\log 0{,}01536 &= 8{,}186391 - 10 \\ \hline \log n &= 1{,}336379 \\ n &= 21{,}696 \end{aligned}$$

(*b*) Berechne *n* aus $5225(1{,}0255)^{-n} = 3750.$

$$\log 5225 - n \log 1{,}0255 = \log 3750$$

$$n = \frac{\log 5225 - \log 3750}{\log 1{,}0255} = \frac{3{,}718086 - 3{,}574031}{0{,}010936} = \frac{0{,}144055}{0{,}010936}$$

$$\begin{aligned} \log 0{,}14406 &= 9{,}158543 - 10 \\ -\log 0{,}010936 &= 8{,}038858 - 10 \\ \hline \log n &= 1{,}119685 \\ n &= 13{,}173 \end{aligned}$$

(*c*) Berechne *n* aus $525 \dfrac{(1{,}048)^n - 1}{(1{,}048)^{1/4} - 1} = 3125.$

Wir berechnen zuerst $N = (1{,}048)^{1/4}$: $\log N = \frac{1}{4} \log 1{,}048 = 0{,}005090$ und $N = 1{,}0118$.
Nun müssen wir *n* berechnen, wobei

$$525 \frac{(1{,}048)^n - 1}{0{,}0118} = 3125 \quad \text{bzw.} \quad (1{,}048)^n - 1 = \frac{3125 \times 0{,}0118}{525}$$

$$\log\,[(1{,}048)^n - 1] = \log 3125 + \log 0{,}0118 + \operatorname{colog} 525$$

$$\begin{aligned} \log 3125 &= 3{,}494850 \\ \log 0{,}0118 &= 8{,}071882 - 10 \\ \operatorname{colog} 525 &= 7{,}279841 - 10 \\ \hline \log\,[(1{,}048)^n - 1] &= 8{,}846573 - 10 \\ (1{,}048)^n - 1 &= 0{,}070238 \\ (1{,}048)^n &= 1{,}070238 \\ n \log 1{,}048 &= \log 1{,}0702 \end{aligned}$$

$$n = \frac{\log 1{,}0702}{\log 1{,}048} = \frac{0{,}029465}{0{,}020361}$$

$$\begin{aligned} \log n &= \log 0{,}029465 - \log 0{,}020361 \\ \log 0{,}029465 &= 8{,}469307 - 10 \\ -\log 0{,}020361 &= 8{,}308799 - 10 \\ \hline \log n &= 0{,}160508 \\ n &= 1{,}4471 \end{aligned}$$

(*d*) Berechne n aus $(1{,}0385)^{-n} = 0{,}43884.$

$$-n \log 1{,}0385 = \log 0{,}43884$$
$$n \log 1{,}0385 = -\log 0{,}43884 = \text{colog}\, 0{,}43884$$
$$n = \frac{\text{colog}\, 0{,}43884}{\log 1{,}0385} = \frac{0{,}357693}{0{,}016406}$$
$$\log 0{,}35769 = 9{,}553507 - 10$$
$$-\log 0{,}016406 = 8{,}215002 - 10$$
$$\log n = 1{,}338505$$
$$n = 21{,}802$$

Ergänzungsaufgaben

13. Vereinfache:

(*a*) $a^5 \cdot a^7$
(*b*) $a^8 \cdot a^5$
(*c*) $a^3 \cdot a^4 \cdot a^5$
(*d*) $a \cdot a^5 \cdot a$
(*e*) $\dfrac{a^8}{a^5}$
(*f*) $\dfrac{a^5}{a^8}$
(*g*) $\dfrac{a^4 \cdot a^8}{a^5}$
(*h*) $\dfrac{a^2 \cdot a^4}{a^9}$
(*i*) $(a^3)^9$
(*j*) $\left(\dfrac{1}{a^2}\right)^5$
(*k*) $\left(\dfrac{a^2}{b^3}\right)^4$
(*l*) $\left(\dfrac{a^2 \cdot a^3}{b^3 \cdot b^4}\right)^5$
(*m*) $(1{,}02)^8 (1{,}02)^{12}$
(*n*) $(1{,}02)^{3 \cdot 10}$

Lsg. (*a*) a^{12} (*b*) a^{13} (*c*) a^{12} (*d*) a^7 (*e*) a^3 (*f*) $1/a^3$ (*g*) a^7 (*h*) $1/a^3$ (*i*) a^{27} (*j*) $1/a^{10}$ (*k*) a^8/b^{12} (*l*) a^{25}/b^{35} (*m*) $(1{,}02)^{20}$ (*n*) $(1{,}02)^{30}$

14. Vereinfache:

(*a*) $a^{1/2} \cdot a^{1/2}$
(*b*) $a^{1/3} \cdot a^{1/2}$
(*c*) $a^{5/2}/a^{1/2}$
(*d*) $a^{5/2}/a^{-1/2}$
(*e*) $(a^{-2})^3$
(*f*) $(a^{-2})^{-3}$
(*g*) $(a^{1/3})^6$
(*h*) $(a^{2/3})^{-6}$
(*i*) $27^{2/3}$
(*j*) $49^{-1/2}$
(*k*) $(x^{3/2})^{2/3}$
(*l*) $(x^9 y^{12})^{1/3}$
(*m*) $x^3 y^{n-2} \div x y^{n-1}$
(*n*) $\left(\dfrac{a^2}{b^4}\right)^{-2/3} \left(\dfrac{b^{1/3}}{a^{2/3}}\right)^4$

Lsg. (*a*) a (*b*) $a^{5/6}$ (*c*) a^2 (*d*) a^3 (*e*) $1/a^6$ (*f*) a^6 (*g*) a^2 (*h*) $1/a^4$ (*i*) 9 (*j*) 1/7 (*k*) x (*l*) x^3y^4 (*m*) x^2/y (*n*) b^4/a^4

15. Entwickle und vereinfache:

(*a*) $(x+y)^3 = x^3 + 3x^2y + 3xy^2 + y^3$
(*b*) $(x+y)^5 = x^5 + 5x^4y + 10x^3y^2 + 10x^2y^3 + 5xy^4 + y^5$
(*c*) $(x+2y)^4 = x^4 + 8x^3y + 24x^2y^2 + 32xy^3 + 16y^4$
(*d*) $(a+2)^8 = a^8 + 16a^7 + 112a^6 + 448a^5 + 1120a^4 + 1792a^3 + 1792a^2 + 1024a + 256$
(*e*) $(a-2)^7 = [a+(-2)]^7 = a^7 - 14a^6 + 84a^5 - 280a^4 + 560a^3 - 672a^2 + 448a - 128$

16. Entwickle bis auf 5 Terme und vereinfache:

(*a*) $(1+i)^{1/3} = 1 + \frac{1}{3}i - \frac{1}{9}i^2 + \frac{5}{81}i^3 - \frac{10}{243}i^4 + \cdots$

(*b*) $(1+i)^{-2/3} = 1 - \frac{2}{3}i + \frac{5}{9}i^2 - \frac{40}{81}i^3 + \frac{110}{243}i^4 - \cdots$

17. Approximiere auf 8 Kommastellen genau: (*a*) $(1{,}015)^3$, (*b*) $(1{,}025)^4$, (*c*) $(1{,}005)^6$.
Lsg. (*a*) 1,04567838, (*b*) 1,10381289, (*c*) 1,03037751

18. Approximiere auf 4 Kommastellen genau: (*a*) $(1{,}03)^{10}$, (*b*) $(1{,}0075)^{20}$, (*c*) $(1{,}02)^{-8}$, (*d*) $(1{,}005)^{-25}$.
Lsg. (*a*) 1,3439, (*b*) 1,1612, (*c*) 0,8535, (*d*) 0,8828

19. Approximiere auf 5 Kommastellen genau: (*a*) $(1{,}015)^{1/2}$, (*b*) $(1{,}005)^{1/3}$, (*c*) $(1{,}02)^{1/4}$, (*d*) $(1{,}0075)^{1/6}$.
Lsg. (*a*) 1,00747, (*b*) 1,00166, (*c*) 1,00496, (*d*) 1,00125

20. Bestimme die Logarithmen von:

(*a*) 2584	(*f*) 0,00795	(*k*) 0,44644
(*b*) 75,96	(*g*) 350,36	(*l*) 0,052801
(*c*) 6,29	(*h*) 76,802	(*m*) 0,0024763
(*d*) 0,3564	(*i*) 54535	(*n*) 1,0258
(*e*) 0,0186	(*j*) 1,0055	(*o*) 1,00846

Lsg.

(*a*) 3,412293	(*f*) 7,900367 − 10	(*k*) 9,649763 − 10
(*b*) 1,880585	(*g*) 2,544514	(*l*) 8,722642 − 10
(*c*) 0,798651	(*h*) 1,885372	(*m*) 7,393804 − 10
(*d*) 9,551938 − 10	(*i*) 4,736675	(*n*) 0,011063
(*e*) 8,269513 − 10	(*j*) 0,002382	(*o*) 0,003659

21. Berechne N aus:

(*a*) $\log N = 0{,}361917$	(*e*) $\log N = 9{,}835900 - 10$
(*b*) $\log N = 2{,}856684$	(*f*) $\log N = 7{,}801712 - 10$
(*c*) $\log N = 1{,}788695$	(*g*) $\log N = 8{,}240962 - 10$
(*d*) $\log N = 3{,}856934$	(*h*) $\log N = 6{,}009949 - 10$

Lsg.

(*a*) 2,3010	(*d*) 7193,4	(*g*) 0,017417
(*b*) 718,93	(*e*) 0,68533	(*h*) 0,00010232
(*c*) 61,475	(*f*) 0,0063345	

22. Berechne logarithmisch:

(*a*) $\dfrac{85{,}421}{19{,}668} = 4{,}3431$

(*b*) $\dfrac{70{,}75 \times 0{,}0284}{\sqrt[3]{0{,}0050246}} = 11{,}731$

(*c*) \$225(1,8743) = \$421,72

(*d*) \$388,20(2,3484) = \$911,65

(*e*) \$784,60$(1{,}028)^{10}$ = \$1034,10

(*f*) \$639,80$(1{,}0038)^{-12}$ = \$611,33

(*g*) \$555,55$(1{,}024)^{20}(1{,}038)^{-8}$ = \$662,44

(*h*) \$756,85$(1{,}067)^{24}(1{,}042)^{-15}$ = \$1936,20

23. Löse nach i auf: (*a*) $(1+i)^{12} = 1{,}8842$, (*b*) $(1+i)^{-15} = 0{,}64282$. *Lsg.* (*a*) 0,0542, (*b*) 0,0299

24. Löse nach n auf:

(*a*) $(1{,}05)^n = 2$

(*b*) $(1{,}03)^n = 1{,}8426$

(*c*) $275(1{,}04)^n = 440{,}28$

(*d*) $(1{,}0125)^{-n} = 0{,}67532$

(*e*) $\dfrac{(1{,}06)^n - 1}{0{,}06} = 25{,}28$

Lsg. (*a*) 14,207, (*b*) 20,677, (*c*) 12, (*d*) 31,602, (*e*) 15,840

Kapitel 3

Folgen

Eine **ARITHMETISCHE FOLGE** ist eine Folge von Zahlen, die wir *Glieder der Folge* nennen, etwa

(i) $$6, 11, 16, 21, 26, 31, 36, 41$$

und

(ii) $$54, 50, 46, 42, 38, 34, 30, 26, 22, 18$$

bei der jedes Glied aus dem vorhergehenden durch Addition einer festen Zahl, der *konstanten Differenz* zweier aufeinanderfolgende Glieder, hervorgeht. In (i) haben wir 8 Glieder aufgeschrieben. Das Anfangsglied ist 6, die konstante Differenz ist 5. In (ii) stehen 10 Folgenglieder, das Anfangsglied ist 54, die konstante Differenz -4.

Wir wollen nun die ersten 7 Glieder einer arithmetischen Folge mit dem Anfangsglied a und der konstanten Differenz d aufschreiben:

$$a,\ a+d,\ a+2d,\ a+3d,\ a+4d,\ a+5d,\ a+6d$$

Die Folge besitze nun n Glieder. Dann hat das letzte (n — te) Glied die Gestalt

$$l = a+(n-1)d \tag{1}$$

Wir können die Folge schreiben als

(iii) $$a,\ a+d,\ a+2d,\ \ldots,\ a+(n-3)d,\ a+(n-2)d,\ a+(n-1)d$$

oder

(iv) $$a,\ a+d,\ a+2d,\ \ldots,\ (l-2d),\ (l-d),\ l$$

Es sei s die Summe aller Folgenglieder in (iv); d.h.

$$s = a+(a+d)+(a+2d)+\ldots+(l-2d)+(l-d)+l$$

bzw.

$$s = l+(l-d)+(l-2d)+\ldots+(a+2d)+(a+d)+a$$

Addieren wir die untereinanderstehenden Glieder, so ergibt sich

$$2s = (a+l)+(a+l)+(a+l)+\ldots+(a+l)+(a+l)+(a+l)$$
$$= n(a+l)$$

Also gilt:

$$s = \frac{n}{2}(a+l) \tag{2}$$

Damit haben wir bewiesen: Die Summe aller Glieder einer arithmetischen Folge mit n Gliedern ist n-mal das arithmetische Mittel des ersten und des letzten Gliedes.

Setzen wir (1) in (2) ein, so folgt

$$s = \frac{n}{2}[a+a+(n-1)d] = \frac{n}{2}[2a+(n-1)d] \tag{2'}$$

Beispiel 1.

(*a*) Bestimme das 12. Glied und die Summe der ersten 12 Glieder der arithmetischen Folge $6, 11, 16, 21, \ldots$

Hier gilt $a = 6,\ d = 5$ und $n = 12$; also:

$$l = a + (n-1)d = 6 + (12-1)5 = 61$$

d.h.

$$s = \frac{n}{2}(a+l) = \frac{12}{2}(6+61) = 402$$

(*b*) Bestimme die Summe der ersten 15 Glieder der arithmetischen Folge $54, 50, 46, 42, \ldots$.

Hier gilt $a = 54,\ d = -4$ und $n = 15$; also:

$$s = \frac{n}{2}[2a + (n-1)d] = \frac{15}{2}[2(54) + 14(-4)] = \frac{15}{2}(108-56) = \frac{15}{2}(52) = 390$$

Siehe die Aufgaben 1–4.

Eine GEOMETRISCHE FOLGE ist eine Folge von Zahlen, die wir *Glieder* nennen, etwa

(i) $4, -8, 16, -32, 64, -128, 256, -512, 1024, -2048$

und

(ii) $729, 486, 324, 216, 144, 96, 64$

bei der jedes Glied aus dem vorhergehenden durch Multiplikation mit einer festen Zahl, des *konstanten Quotienten* (zweier aufeinanderfolgender Glieder), hervorgeht. In (i) haben wir 10 Glieder; das Anfangsglied ist 4 und der konstante Quotient -2. In (ii) haben wir 7 Glieder; das Anfangsglied ist 729 und der konstante Quotient 2/3.

Wir wollen nun die ersten 8 Glieder einer geometrischen Folge mit Anfangsglied a und konstantem Quotienten r aufschreiben:

$$a,\ ar,\ ar^2,\ ar^3,\ ar^4,\ ar^5,\ ar^6,\ ar^7$$

Als n-tes Glied 1 erhalten wir den Ausdruck

$$l = ar^{n-1} \tag{3}$$

Es sei s die Summe der ersten n Glieder der geometrischen Folge

$$a,\ ar,\ ar^2,\ ar^3,\ \ldots,\ ar^{n-1}$$

d.h.

$$s = a + ar + ar^2 + ar^3 + \ldots + ar^{n-2} + ar^{n-1}$$

Dann gilt:

$$rs = ar + ar^2 + ar^3 + ar^4 + \ldots + ar^{n-1} + ar^n,$$

$$s - rs = a + (ar - ar) + (ar^2 - ar^2) + (ar^3 - ar^3) + \ldots + (ar^{n-1} - ar^{n-1}) - ar^n$$

oder

$$(1-r)s = a - ar^n$$

d.h.

$$s = \frac{a - ar^n}{1-r} \tag{4}$$

Es bietet sich an, (4) für $r < 1$ zu benutzen und

$$s = \frac{ar^n - a}{r-1} \quad \text{für} \quad r > 1 \tag{4'}$$

Wegen (*3*) gilt $$rl = ar^n$$

Damit lassen sich (*4*) und (*4'*) folgendermaßen schreiben:

$$(5) \quad s = \frac{a - rl}{1 - r}, \quad \text{falls } r < 1, \qquad \text{und} \qquad (5') \quad s = \frac{rl - a}{r - 1}, \quad \text{falls } r > 1$$

Beispiel 2.

(*a*) Bestimme das 10. Glied und die Summe der ersten 10 Glieder der geometrischen Folge 4, 8, 16, 32, ...
Hier gilt $a = 4$, $r = 2$ und $n = 10$, also

$$l = ar^{n-1} = 4(2)^9 = 2048 \quad \text{d.h.} \quad \frac{rl - a}{r - 1} = \frac{2(2048) - 4}{2 - 1} = 4092$$

(*b*) Bestimme die Summe der ersten 12 Glieder der geometrischen Folge 4, −8, 16, −32, ...
Hier gilt $a = 4$, $r = -2$, $n = 12$; also

$$s = \frac{a - ar^n}{1 - r} = \frac{4 - 4(-2)^{12}}{1 - (-2)} = \frac{4 - 4(4096)}{3} = -5460$$

Siehe die Aufgaben 5–7.

ABSCHREIBUNG wurde in Kapitel 1 diskutiert. Die dort beschriebenen Methoden der linearen Abschreibung sind nicht immer die sinnvollsten. So ist zum Beispiel die Wertminderung eines Autos im ersten Jahr größer als im zweiten, im zweiten größer als im dritten, usw.

Die *geometrischb degressive Abschreibung* trägt dieser Tatsache Rechnung, da bei ihr die Wertminderung am Ende eines Jahres als ein fester Prozentsatz (die *Abschreibungsrate*) des Werts am Anfang des Jahres betrachtet wird. Ein Anlagegut habe einen Neupreis von C, einen Schrottwert von S und eine Nutzungsdauer von n Jahren. d sei die Abschreibungsrate (pro Jahr). Am Ende des ersten Jahres ist dann der Abschreibungsbetrag Cd und der Buchwert $C - Cd = C(1 - d)$. Am Ende des zweiten Jahres ist der Abschreibungsbetrag $C(1 - d)d$ und der Buchwert $C(1 - d) - C(1 - d)d = C(1 - d)(1 - d) = C(1 - d)^2$.

Die einzelnen Buchwerte sind somit Glieder der geometrischen Folge

$$\text{(i)} \qquad C(1 - d),\ C(1 - d)^2,\ C(1 - d)^3,\ \ldots$$

Damit ist der Buchwert nach n Jahren gleich

$$\text{(ii)} \qquad C(1 - d)^n = S$$

Die Abschreibungsrate d kann ein geschätzter Wert sein bzw. läßt sich aus (ii) (logarithmisch) berechnen.

Beispiel 3.

Eine Maschine hat einen Neupreis von \$ 4800, eine Nutzungsdauer von 6 Jahren und danach einen Schrottwert von \$ 360. Bestimme die Abschreibungsrate und gib das Abschreibungsschema an.
$C = 4800$, $S = 360$, $n = 6$; also, mit (ii),

$$4800(1 - d)^6 = 360 \quad \text{d.h.} \quad (1 - d)^6 = \frac{360}{4800} = 0{,}075$$

$$6 \log(1 - d) = \log 0{,}075 = 8{,}875061 - 10$$
$$\log(1 - d) = 9{,}812510 - 10$$
$$1 - d = 0{,}6494$$
$$\text{d.h.} \qquad d = 0{,}3506 = 35{,}06\%$$

In folgender Tabelle haben wie die Buchwerte am Ende des ersten, zweiten, . . . Jahres mit Hilfe von (i) berechnet:

$$4800(0{,}6494) = 3117{,}12, \quad 4800(0{,}6494)^2 = 3117{,}12(0{,}6494) = 2024{,}26,$$

usw. Der Abschreibungsbetrag eines Jahres ist die Differenz der Buchwerte desselben Jahres und des vorhergehenden Jahres. Der Betrag im Wertminderungsfonds am Ende eines Jahres ist die Summe aller Abschreibungsbeträge einschließlich des betrachteten Jahres bzw. die Differenz von Neupreis und Buchwert des betrachteten Jahres.

Alter	Buchwert am Ende des Jahres	Abschreibungs-betrag	Betrag im Wertminderungsfonds
0	4800,00		
1	3117,12	1682,88	1682,88
2	2024,26	1092,86	2775,74
3	1314,55	709,71	3485,45
4	853,67	460,88	3946,33
5	554,37	299,30	4245,63
6	360,00	194,37	4440,00

Bem. Der exakte Restbuchwert ist \$ 360,01; der Fehler ergibt sich durch das Runden aller Werte auf 2 Dezimalstellen.

Siehe Aufgabe 8–9.

UNENDLICHE GEOMETRISCHE FOLGEN. Wir betrachten die geometrische Folge

$$1,\ 1/4,\ 1/16,\ 1/64,\ 1/256,\ \ldots$$

mit Anfangsglied $a = 1$ und Quotienten $r = \frac{1}{4}$. Wegen (*4*) ist die Summe der ersten n Glieder gleich

$$s = \frac{1-(\frac{1}{4})^n}{1-\frac{1}{4}} = \frac{1}{1-\frac{1}{4}} - \frac{(\frac{1}{4})^n}{1-\frac{1}{4}} = \frac{4}{3} - \frac{1}{3}\left(\frac{1}{4}\right)^{n-1}$$

Beachte zunächst. daß für alle n gilt: $s < 4/3$. Wächst n, so bleibt $(\frac{1}{4})^{n-1}$ positiv, wird aber immer kleiner. Also: Wächst n, so wird s immer größer, bleibt aber immer unterhalb 4/3.

Es gilt jedoch mehr: Durch Wahl eines genügend großen n, d.h. summiert man sehr viele Glieder auf, kann man die Differenz zwischen 4/3 und s beliebig klein machen. Unser Ziel sei etwa, daß die Differenz kleiner als 0,000001 sei. Wegen $\frac{1}{3}(\frac{1}{4})^9 = 0{,}0000013$ und $\frac{1}{3}(\frac{1}{4})^{10} = 0{,}00000032$ genügt es, die ersten 11 Glieder aufzusummieren. Man sagt zu diesem Verhalten der eben betrachteten geometrischen Folge, daß sich die Summe s der ersten n Folgeglieder für n gegen Unendlich (bei unbegrenzt wachsendem n) dem Wert 4/3 als Grenzwert nähert.

Bei der allgemeinen geometrischen Folge

$$a,\ ar,\ ar^2\ ar^3,\ \ldots$$

mit

$$s = \frac{a - ar^n}{1-r} = \frac{a}{1-r} - \frac{ar^n}{1-r}$$

zeigt es sich, daß s für r zwischen -1 und 1 und n gegen Unendlich den Grenzwert $\frac{a}{1-r}$ besitzt. In diesem Fall nennen wir (diesen Grenzwert)

$$S = \frac{a}{1-r} \qquad (-1 < r < 1) \tag{6}$$

die Summe der (gegebenen) unendlichen Folge.

Beispiel 4.

Berechne die Summe der unendlichen geometrischen Folge:

(*a*) $1,\ 1/2,\ 1/4,\ 1/8,\ \ldots$

Hier gilt $a = 1$ und $r = \frac{1}{2} < 1$; d.h. $S = \dfrac{a}{1-r} = \dfrac{1}{1-\frac{1}{2}} = 2.$

(*b*) $1,\ -1/4,\ 1/16,\ -1/64,\ \ldots$

Hier gilt $a = 1$ und $r = -\frac{1}{4} > -1$; d.h. $S = \dfrac{a}{1-r} = \dfrac{1}{1-(-\frac{1}{4})} = \dfrac{4}{5}$

Siehe die Aufgaben 10–12.

Aufgaben mit Lösungen

1. Bestimme das 15. Glied und die Summe der ersten 15 Glieder der artihmetischen Folge $2, 5, 8, 11, 14, \ldots$.

$a = 2,\ d = 3,\ n = 15$; d. h.

$$l = a + (n-1)d = 2 + 14(3) = 44 \quad \text{und} \quad s = \frac{n}{2}(a + l) = \frac{15}{2}(2 + 44) = 345$$

2. Bestimme die Summe der ersten 20 Glieder der arithmetischen Folge 48, 40, 32, 24, 16, ...

$a = 48,\ d = -8,\ m = 20$; d.h.

$$s = \frac{n}{2}[2a + (n-1)d] = \frac{20}{2}[2(48) + 19(-8)] = -560$$

3. Bestimme die Summe der Glieder der arithmetischen Folge 1,00, 1,04, 1,08, 1,12, ..., 2,16
Mit $l = a + (n-1)d$ haben wir $2{,}16 = 1{,}00 + (n-1)(0{,}04)$. Also gilt

$$(0{,}04)(n-1) = 2{,}16 - 1{,}00 = 1{,}16, \quad n - 1 = \frac{1{,}16}{0{,}04} = 29 \text{ ,d.h. } n = 30$$

$$s = \frac{n}{2}(a + l) = \frac{30}{2}(1{,}00 + 2{,}16) = 4{,}74$$

4. *M* hat Schulden in Höhe von \$ 4000. Er zahlt halbjährlich \$ 400 zurück, sowie $2\frac{1}{2}$ % Zinsen auf die Restschuld. Wieviel Zinsen bezahlt er insgesamt?

M hat $\dfrac{4000}{400} = 10$ Raten zurückzuzahlen. Die erste Zinszahlung ist 4000(0,025) = \$ 100. Nach der ersten Ratenzahlung ist die Restschuld 4000 − 400 = \$ 3600. Damit ergibt sich für die zweite Zinszahlung 3600(0,025) = \$ 90. Die dritte Zinszahlung ist analog gleich \$ 80. Insgesamt erhält man die 10 Zinszahlungen 100, 90, 80, ... Als Summe der Glieder dieser arithmetischen Folge ist

$$s = \frac{n}{2}[2a + (n-1)d] = 5(200 - 90) = \$550$$

5. Bestimme das 8. Glied und die Summe der ersten 8 Glieder der geometrischen Folge 1, 3, 9, 27, ...

$a = 1,\ r = 3,\ n = 8$; d. h.

$$l = ar^{n-1} = (1)(3)^7 = 2187 \quad \text{und} \quad s = \frac{rl - a}{r - 1} = \frac{3(2187) - 1}{3 - 1} = 3280$$

6. Bestimme die Summe der ersten 15 Glieder der geometrischen Reihe $1, 1{,}03, (1{,}03)^2, (1{,}03)^3, \ldots$

$a = 1,\ r = 1{,}03,\ n = 15$; also

$$s = \frac{ar^n - a}{r-1} = \frac{(1)(1{,}03)^{15} - 1}{1{,}03 - 1} = \frac{(1{,}03)^{15} - 1}{0{,}03}$$

7. Summiere auf: $(1{,}04)^{-1}, (1{,}04)^{-2}, (1{,}04)^{-3}, \ldots, (1{,}04)^{-12}$.

$a = (1{,}04)^{-1},\ r = (1{,}04)^{-1},\ l = (1{,}04)^{-12}$; also

$$s = \frac{a - rl}{1-r} = \frac{(1{,}04)^{-1} - (1{,}04)^{-1}(1{,}04)^{-12}}{1 - (1{,}04)^{-1}} = \frac{1 - (1{,}04)^{-12}}{1{,}04 - 1} = \frac{1 - (1{,}04)^{-12}}{0{,}04}$$

8. Eine bestimmte Maschine kostet \$ 2000. Die Wertminderung am Ende eines Monats beträgt etwa 5 % des Werts am Anfang des entsprechenden Monats. Welchen Wert besitzt die Maschine nach einer Nutzungszeit von 24 Monaten?

Am Ende des ersten Monats ist ihr Wert $2000(1 - 0{,}05) = 2000(0{,}95) = \$\,1900$; am Ende des zweiten Monats $1900(0{,}95) = \$\,1805$; usw. Gesucht ist das 24. Glied einer geometrischen Folge mit Anfangsglied \$ 1900 und Quotienten 0,95. Es gilt

$$l = ar^{n-1} = 1900(0{,}95)^{23} = \$583{,}99 \quad \text{(logarithmisch gerechnet)}$$

9. Eine Maschine zum Neupreis von \$ 3150 ist in 8 Jahren noch \$ 650 wert. Bestimme (*a*) die jährliche Abschreibungsrate (geometrisch degressiv), (*b*) den Buchwert der Maschine nach 5 Jahren.

(*a*) $C = 3150,\ S = 650,\ n = 8$; also, wegen $C(1-d)^n = S$,

$$3150(1-d)^8 = 650 \quad \text{d.h.} \quad (1-d)^8 = \frac{650}{3150}$$

$$\begin{aligned} 8 \log(1-d) &= \log 650 - \log 3150 = 9{,}314602 - 10 \\ \log(1-d) &= 9{,}914325 - 10 \\ 1 - d &= 0{,}82097 \end{aligned}$$

und damit $$d = 0{,}17903 = 17{,}903\%$$

(*b*) Nach 5 Jahren ist der Buchwert $B_5 = 3150(1-d)^5$.

$$\begin{aligned} \log B_5 &= \log 3150 + 5 \log(1-d) \\ &= 3{,}498311 + 5(9{,}914325 - 10) = 3{,}069936 \end{aligned}$$

d.h. $$B_5 = \$1174{,}70$$

10. Ein Ball, der aus einer Höhe von 135 cm fallengelassen wird, erreicht jedesmal wieder $\frac{2}{3}$ seiner Ausgangshöhe. (*a*) Wie hoch springt er beim 6-ten Mal? (*b*) Wieviel cm hat er insgesamt zurückgelegt, wenn er zum 8-ten Mal aufspringt? (*c*) Welche Strecke hat er insgesamt zurückgelegt, wenn er am Boden liegen bleibt?

Das erste Mal springt er $\frac{2}{3}(135) = 90$ cm hoch; das zweite Mal $\frac{2}{3}(90) = 60$ cm; usw.

(*a*) Das 6. Glied der Folge mit $a = 90$ und $r = 2/3$ ist

$$l = ar^{n-1} = 90(\tfrac{2}{3})^5 = 11\tfrac{23}{27} \text{ cm}$$

(*b*) Der Ball fällt 135 cm, springt 90 cm hoch und fällt 90 cm, springt 60 cm hoch und fällt 60 cm, usw. Die insgesamt zurückgelegte Strecke ist 135 cm plus zweimal der Summe der ersten 7 Glieder der Folge 90, 60, 40, . . ., d.h.

$$135 + 2\,\frac{90 - 90(2/3)^7}{1 - 2/3} = 135 + 2\,\frac{20\,590}{81} = 643\tfrac{32}{81} \text{ cm}$$

(*c*) Die gesuchte Strecke ist 135 cm plus zweimal der Summe der unendlichen geometrischen Folge 90, 60, 40 . . ., d.h.

$$135 + 2\,\frac{a}{1-r} = 135 + 2\,\frac{90}{1 - 2/3} = 675 \text{ cm}$$

11. Wandle 0,22222 . . . in einen Bruch um.
Es gilt

$$0{,}22222\ldots = 0{,}2 + 0{,}02 + 0{,}002 + 0{,}0002 + \cdots$$

Dies ist die Summe einer unendlichen geometrischen Folge mit Anfangsglied $a = 0{,}2$ und Quotienten $r = 0{,}1$.

$$S = \frac{a}{1-r} = \frac{0{,}2}{1-0{,}1} = \frac{0{,}2}{0{,}9} = \frac{2}{9}$$

12. Wandle 0,2272727 . . . in einen Bruch um.
Es gilt

$$0{,}2272727\ldots = 0{,}2 + \{0{,}027 + 0{,}00027 + 0{,}0000027 + \cdots\}$$

$$= 0{,}2 + \frac{0{,}027}{1-0{,}01} = \frac{2}{10} + \frac{27}{990} = \frac{5}{22}$$

Ergänzungsaufgaben

13. Bestimme das 15. Glied und die Summe der ersten 15 Glieder (*a*) 2, 8, 14, 20, . . . (*b*) 3, 8, 13, 18, . . .
Lsg.: (*a*) 86; 660 (*b*) 73; 570

14. Bestimme die Summe der ersten (*a*) 10 Glieder von 160, 148, 136, 124, . . .
(*b*) 12 Glieder von 600, 546, 76, 493, 52, . . .
Lsg.: (*a*) 1 060 (*b*) 3686,16

15. Bestimme die Summe der ersten (*a*) 200 natürlichen Zahlen,
(*b*) 100 ungeraden natürlichen Zahlen
Lsg.: (*a*) 20 100 (*b*) 10 000

16. Zeige: $B + \left(B - \frac{B}{n}\right) + \left(B - 2\frac{B}{n}\right) + \cdots + \left[B - (n-1)\frac{B}{n}\right] = \frac{n+1}{2}B.$

17. *M* kauft unter folgenden Zahlungsbedingungen ein Haus: Er zahlt \$ 2400 am Ende des ersten Jahres, \$ 2340 am Ende des zweiten Jahres, \$ 2280 am Ende des dritten Jahres, usw. Insgesamt leistet er 15 Zahlungen. Wieviel kostet das Haus? *Lsg.:* \$29 700

18. Bestimme das 9. Glied und die Summe der ersten 9 Glieder
(*a*) 3, 6, 12, 24, . . . (*c*) $1, 1{,}05, (1{,}05)^2, (1{,}05)^3, \ldots$
(*b*) 243, 81, 27, 9, . . . (*d*) $(1{,}02)^{-1}, (1{,}02)^{-2}, (1{,}02)^{-3}, \ldots$
Lsg.: (*a*) 768, 1533 (*b*) 1/27, $364\frac{13}{27}$ (*c*) $(1{,}05)^8, \frac{(1{,}05)^9 - 1}{0{,}05}$ (*d*) $(1{,}02)^{-9}, \frac{1-(1{,}02)^{-9}}{0{,}02}$

19. Bestimme die Gesamtsumme von 12 Zahlungen in Höhe von \$1, \$2, \$4, . . . *Lsg.:* \$4095

20. Durch eine Vakuumpumpe werden bei jedem Hub aus einem Tank mit 1 m^3 Gesamtinhalt 4 % der Restluftmenge abgepumpt. Wieviel Luft ist nach 50 Hüben noch im Tank? *Lsg.:* 0,1299 m^3.

21. Ein Gebäude kostet \$ 500 000. Am Ende eines jeden Jahres rechnet der Eigentümer 10 % des augenblicklichen Werts als Wertminderung ab. Zu welchem Wert führt er das Gebäude nach 25 Jahren?
Lsg.: \$35 896

22. Ein Motor zu \$ 1050 besitzt eine Wertminderung von jährlich $7\frac{1}{2}$ %. Bestimme seinen Buchwert nach 7 Jahren. *Lsg.:* \$ 608,39

23. Eine Lokomotive hat einen Neupreis von \$ 150 000, einen geschätzten Schrottwert von \$ 5 000 und eine wahrscheinliche Nutzungsdauer von 30 Jahren. Bestimme (*a*) die jährliche Abschreibungsrate, (*b*) den Buchwert nach 20 Jahren, (*c*) den Abschreibungsbetrag für das 25. Jahr.
Lsg.: (*a*) 10,718%, (*b*) \$15 536, (*c*) \$1058,10

24. Ein Auto zum Neupreis von \$ 2475 hat nach 4 Jahren Nutzungsdauer einen Wert von \$ 400. (*a*) Bestimme die jährliche Abschreibungsrate. (*b*) Gib in einem Schema die Entwicklung des Buchwerts innerhalb dieser Zeit wieder. *Lsg.:* (*a*) 36,595 %

25. Bestimme die Summe der unendlichen geometrischen Reihe:
(*a*) $1, -\frac{1}{2}, \frac{1}{4}, -\frac{1}{8}, \ldots$ (*d*) $1, 1/5, 1/25, 1/125, \ldots$
(*b*) $4, -2, 1, -\frac{1}{2}, \ldots$ (*e*) $0{,}4, 0{,}04, 0{,}004, 0{,}0004, \ldots$
(*c*) $6, 4, 8/3, 16/9, \ldots$ (*f*) $\frac{1}{1+i}, \frac{1}{(1+i)^2}, \frac{1}{(1+i)^3}, \frac{1}{(1+i)^4}, \ldots$
Lsg.: (*a*) 2/3, (*b*) 8/3, (*c*) 18, (*d*) 5/4, (*e*) 4/9, (*f*) $1/i$

26. Schreibe als Bruch:
(*a*) 0,6666... (*b*) 0,454545... (*c*) 0,123123123... (*d*) 1,23333...
Lsg.: (*a*) 2/3, (*b*) 5/11, (*c*) 41/333, (*d*) 37/30

27. Bei der *digitalen Abschreibungsmethode* eines Anlageguts von Neupreis C, der Nutzungszeit n und dem Schrottwert S wird dem Einwand gegen die lineare Methode folgendermaßen Rechnung getragen: Es wird jährlich ein bestimmter Bruchteil von $C-S$ abgeschrieben, wobei der Zähler stets

$$1 + 2 + \cdots + (n-2) + (n-1) + n \quad = \quad \tfrac{1}{2}n(n+1)$$

ist, während der Nenner im ersten Jahr n, im zweiten $n-1$, im dritten $n-2, \ldots$, im n-ten (letzten) 1 sind.

(*a*) Konstruiere ein Abschreibungsschema für ein Auto mit Neupreis \$ 3500 und Schrottwert \$ 800 nach nach 5 Jahren Nutzungsdauer.

(*b*) Konstruiere ein Abschreibungsschema für eine Maschine mit Neupreis \$ 5500 und Schrottwert \$ 700 nach 8 Jahren Nutzungsdauer.

Teillsg.: Abschreibung im ersten Jahr (*a*) $\frac{5}{15}(2700) = \$900$, (*b*) $\frac{8}{36}(4800) = \$1066{,}67$

28. Bei einer weiteren möglichen Methode der geometrisch degressiven Abschreibung wird jedes Jahr der doppelte Satz der linearen Methode, auf den Restbuchwert bezogen, abgeschrieben, d.h. mit $d = 2/n$. Der Buchwert einer Anlage zum Neupreis C und mit der Nutzungszeit n ist nach $k \leqslant n$ Jahren gleich

$$C\left(1 - \frac{2}{n}\right)^k$$

(*a*) Konstruiere ein Abschreibungsschema für C = \$ 5000 und n = 5.

(*b*) Konstruiere ein Abschreibungsschema für C = \$ 4000 und n = 8.

Teillsg.: Buchwert nach n Jahren: (*a*) \$388,80, (*b*) \$400,46

Kapitel 4

Zins

Als **BEISPIELE** gewisser in diesem Buch zu untersuchender Transaktionen betrachten wir

(*a*) B leiht sich $ 500 von L und unterschreibt einen Schuldschein, der besagt, daß er in 6 Monaten L die geliehenen $ 500 plus eine Summe von $ 12,50 zurückzahlt.

(*b*) C kauft für $ 1000 eine Anleihe. Die Konditionensind (i) Rückzahlung der $ 1000 nach 10 Jahren und (ii) vierteljährliche Zahlung von $ 15 während dieser Zeit.
Die Summen $ 12,50 in (*a*) bzw. $ 15 in (*b*) heißen Zinszahlungen. Also: *Zins ist der Preis, den ein Schuldner für die leihweise Überlassung von Geld bezahlen muß.*

Kehren wir zu (*a*) zurück, so scheint die Annahme vernünftig, daß für die doppelte Zeit (d.h. für ein Jahr) 2(12,50) = $ 25 Zinsen zu zahlen sind, für 3 Monate $\frac{1}{2}$ (12,50) = $ 6,25. D.h. die zahlenden Zinsen hängen sowohl vom zugrundeliegenden Kapital als auch von der Zeit ab, für die das Kapital ausgeliehen wird. Hätte sich B die $ 500 für ein Jahr geliehen, so könnte L einmal die Zinsen von $ 25 nach einem Jahr fordern oder darauf bestehen, daß *B* zwei Zinszahlungen zu je $ 12,50 leistet, die erste nach 6 Monaten, die zweite nach 1 Jahr. Wäre B im zweiten Fall nicht in der Lage, die erste Zinszahlung nach 6 Monaten zu leisten, so wäre L nicht damit zufrieden, nur $ 25 Zinsen nach einem Jahr zu erhalten. Er würde stattdessen die zuerst fälligen $ 12,50 als Kapital betrachten (er hätte sie z.B. sofort wieder investieren können), das ihm wieder Zinsen bringen muß. Dies illustriert eine grundlegende Annahme, die in der Finanzmathematik gemacht wird: Geld wird immer unter produktivem Aspekt betrachtet, d.h. (vorhandenes) Geld bringt immer Zinsen.

Manchmal stehen Mathematik und Geschäftspraxis nicht ganz im Einklang; z.B. hat das Jahr 365 Tage (ein Schaltjahr 366 Tage) und in 12 Monate aufgeteilt, die verschiedenen viele Tage haben. Oft wird jedoch bei Zinsberechnungen ein fiktives Jahr von 12 Monaten zu je 30 Tagen zugrunde gelegt.

ZINSFUSS. Wächst ein Betrag von P in einem gewissen Zeitraum auf den Betrag S an, so nennen wir

P das (zugrundeliegende) *Kapital*

S die *Endsumme* (das sich *angesammelte Kapital*)

und $I = S - P$ die *Zinsen*

Beispiel 1.

B leiht sich von L $ 500 und zahlt nach einem Jahr $ 525 zurück. Hier gilt $P = \$\,500$, $S = \$\,525$ und $I = S - P = \$25$.

Der *Zinsfuß (Zinssatz)* ist das Verhältnis der in einer bestimmten Zeiteinheit (i.a. Jahr) verdienten (bzw. bezahlten) Zinsen zum Kapital. Wir bezeichnen ihn mit r und geben ihn in Prozent (6 % etwa) bzw. in der entsprechenden Dezimalzahl an (0,06). In den Aufgaben muß stets mit der Dezimaldarstellung gerechnet werden.

Beispiel 2.

In Beispiel 1 gilt $r = \frac{I}{P} = \frac{25}{500} = 0{,}05$. L nimmt also 5 % Zinsen für das eine Jahr.

(EINFACHE) ZINSEN. Werden während der betrachteten Laufzeit nur auf das Kapital Zinsen berechnet, so reden wir von *einfacher Zinszahlung* (siehe dazu später Zinseszins). Die Zinsen auf das Kapital P zu r % für t Jahre sind dann

$$I = Prt \qquad (1)$$

und das Endkapital ist

$$S = P + I = P + Prt = P(1 + rt) \qquad (2)$$

Beispiel 3.

Berechne die Zinsen auf $ 750 zu 4 % für $\frac{1}{2}$ Jahr. Wie groß ist das Eigenkapital?

Hier gilt $P = 750$, $r = 0{,}04$ und $t = \frac{1}{2}$. Also:

$$I = Prt = 750(0{,}04)\tfrac{1}{2} = \$15$$

d.h.

$$S = P + I = 750 + 15 = \$765$$

Siehe die Aufgaben 1–6.

ZWEI TYPISCHE AUFGABENSTELLUNGEN ergeben sich:

(*a*) Bestimme die Zinsen auf $ 2000 zu 5 % für 50 Tage.

(*b*) Bestimme die Zinsen auf $ 1500 zu 6 % für die Zeit vom 10. März 1961 bis zum 21. März 1961.

Beide Aufgaben werden mit Hilfe von (*1*) gelöst. Von der Praxis her gesehen, gibt es zwei verschiedene Lösungen zu (*a*) und vier verschiedene zu (*b*). Dies erklärt sich aus den verschiedenen Berechnungsarten von t.

GENAU und GEWÖHNLICH BERECHNETER ZINS. Der genaue Zins berechnet sich auf der Basis eines Jahres zu 365 Tagen (366 bei Schaltjahren). Gewöhnlich wird Zins jedoch auf der Basis eines Jahres zu 360 Tagen berechnet, da die Berechnungen einfacher sind; ferner sind die Zinsen höher (für den Geldverleiher).

Beispiel 4.

Bestimme die genau und die gewöhnlich berechneten Zinsen auf $ 2000 zu 5 % für 50 Tage.
Hier gilt $P = 2000$ und $r = 0{,}05$.

Genaue Zinsen.

Mit 365 Tagen pro Jahr folgt: $t = \frac{50}{365} = \frac{10}{73}$ und $I = Prt = 2000(0{,}05)\left(\frac{10}{73}\right) = \frac{1000}{73} = \$13{,}70$.

Gewöhnlich berechnete Zinsen.

Mit 360 Tagen pro Jahr folgt: $t = \frac{50}{360} = \frac{5}{36}$ und $I = 2000(0{,}05)\left(\frac{5}{36}\right) = \frac{125}{9} = \$13{,}89$.

EXAKTE und ANGENÄHERTE ZEITBERECHNUNG. Hat man zwei Daten, die einen Zeitraum festlegen, in dem ein Kapital Zinsen trägt, so gibt es zwei Möglichkeiten, diesen in Tagen zu berechnen.

Exakte Zeitberechnung. Wie der Name sagt, wird die genaue Anzahl der dazwischen liegenden Tage nach dem Kalender berechnet (dabei zählen wir nur eines der beiden gegebenen Daten dazu, nicht beide).

Angenäherte Zeitberechnung. Hier wird jeder Monat zu 30 Tagen gerechnet.

Beispiel 5.

Bestimme die exakte und die angenäherte Zeit zwischen dem 20. Juni 1961 und dem 24. August 1961.

Exakte Zeit.

(*a*) Gesuchte Anzahl von Tagen = verbleibende Tage im Juni + Anzahl der Julitage + angegebene Augusttage

$$= 10 + 31 + 24 = 65.$$

(*b*) Aus Tabelle III, in der die Tage eines Jahres durchnummeriert sind, erhalten wir 171 für den 20. Juni und 236 für den 24. August. Damit folgt als Differenz $236 - 171 = 65$ wie eben.

Angenäherte Zeit.

Wir schreiben den 24. August 1961 / 20. Juni 1961 als

$$\begin{array}{r} 1961 : 8 : 24 \\ 1961 : 6 : 20 \\ \hline 0 : 2 : 4 \end{array}$$

und subtrahieren.

Damit erhalten wir 2 Monate und 4 Tage, d.h. 64 Tage, da jeder Monat zu 30 Tagen gerechnet wird.

Siehe die Aufgaben 6—7.

Beispiel 6.

Bestimme die exakten und die gewöhnlich berechneten Zinsen auf $ 2000 zu 6% vom 20. April 1955 bis zum 1. Juli 1955 mit Hilfe (*a*) exakter und (*b*) angenäherter Zeitberechnung.

Die exakte Zeit ist 72 Tage, die angenäherte 71 Tage.

Exakte Zinsen

(*a*) $I = 2000(0{,}06)\left(\frac{72}{365}\right) = \frac{1728}{73} = \$23{,}67$

(*b*) $I = 2000(0{,}06)\left(\frac{71}{365}\right) = \frac{1704}{73} = \$23{,}34$

Gewöhnlich berechnete Zinsen

(*a*) $I = 2000(0{,}06)\left(\frac{72}{360}\right) = \$24{,}00$

(*b*) $I = 2000(0{,}06)\left(\frac{71}{360}\right) = \frac{71}{3} = \$23{,}67$

Von den vier in Beispiel 6 angegebenen möglichen Methoden der Zinsrechnung wird die der gewöhnlichen berechneten Zinsen mit der exakt berechneten Zeit am häufigsten angewandt. Wir wollen diese Methode als Bankregel bezeichnen. Zu beachten ist, daß sich dabei die meisten Zinsen ergeben.

Siehe Aufgaben 8—11.

Der EIGENE WECHSEL. Ein Wechsel ist eine Schuldverschreibung, bei der ein Schuldner die unbedingte Verpflichtung eingeht, die auf dem Wechsel genannte Summe an dem ebenfalls genannten Fälligkeitsdatum an den Inhaber des Wechsels zu zahlen.

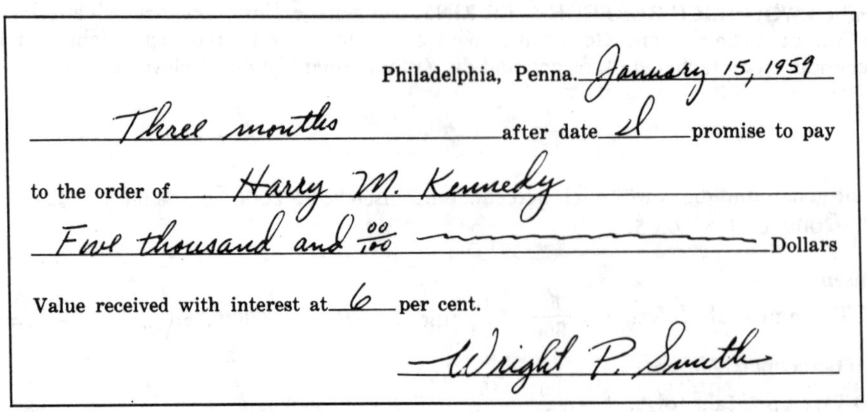
Philadelphia, Penna. January 15, 1959

Three months after date I promise to pay

to the order of Harry M. Kennedy

Five thousand and 00/100 Dollars

Value received with interest at 6 per cent.

Wright P. Smith

Damit die Verbindung zum Text gewahrt bleibt, wurde dieser Vordruck unverändert aus dem englischsprachigen Original entnommen.

Die Bestandteile des Wechsels sind:

1. Ort, Tag und Jahr der Ausstellung;
2. die Verfallszeit (an einem bestimmten Tag oder an einer bestimmten Zeit nach Ausstellung);
3. die ausdrückliche Bezeichnung ,,Wechsel";
4. der Name des Empfängers (Remittenten);
5. die unbedingte Anweisung, eine bestimmte Geldsumme zu zahlen;
6. die Unterschrift des Ausstellers (Trassanten) und der Name des Bezogenen (Trassaten);
7. die Angabe des Zahlungsortes.

In diesem Buch berechnen wir die Verfallszeit

(*a*) angenähert; wenn die Laufzeit in Monaten angegeben ist,

(*b*) exakt, wenn die Laufzeit in Tagen angegeben ist.

Zum Beispiel ergeben damit drei Monate nach dem 16. März den 16. Juni, während 90 Tage nach dem 16. März den 14. Juni ergeben.

Betrachten wir allgemeiner verzinsliche Schuldverschreibungen, so berechnen wir die Zinsen auf die gewöhnlich berechnete Art und Weise.

Beispiel 7.

Für eine Schuldverschreibung über \$ 5000 mit 3 Monaten Fälligkeitszeit und 6 % Zinsen ergibt sich eine fällige Schuld von $5000 + 5000(0{,}06)\frac{1}{2}$ = \$ 5075.
Es gibt im Zahlungs- bzw. Kreditverkehr noch andere Geldsurrogate, etwa gezogene Wechsel (Tratten) oder kaufmännische Anweisungen.
Diese wollen wir hier nicht gesondert betrachten.

Siehe Aufgabe 12.

BARWERT einer SCHULD. Der Wert einer Schuld zu einem Datum, das vor dem Fälligkeitsdatum liegt, heißt *Barwert* der Schuld zu diesem (früheren) Datum. Wegen $S = P(1 + rt)$ folgt, daß

$$P = \frac{S}{1+rt} \tag{3}$$

der Barwert einer in t Jahren fälligen Schuld S bei zugrundeliegendem Zinsfuß r ist.

Beispiel 8.

Die Summe von \$ 1500 sei in 9 Monaten fällig. Bestimme ihren Barwert, falls der Zinsfuß 6 % ist.
Hier gilt $S = 1500$, $r = 0{,}06$, $t = \frac{3}{4}$; also $S = P(1+rt)$ oder

$$1500 = P[1 + (0{,}06)(\tfrac{3}{4})] = P(1{,}045)$$

d.h.

$$P = \frac{1500}{1{,}045} = \$1435{,}41 \quad \text{ist der Barwert.}$$

Beispiel 9.

Eine Schuldverschiebung vom 1. April über \$ 1200, fällig in 8 Monaten mit 5 % Zinsen, wird am 14. Juli an Y verkauft, der sein Geld mit 6 % verzinst haben will. Wieviel bezahlt er?
Am 1. Dezember ist ein Betrag von $1200[1 + (0{,}05)(2/3)]$ = \$ 1240 fällig. Gesucht ist der Barwert dieser Summe, die in 140 Tagen (14. Juli bis 1. Dezember) bei 6 % Zinsen fällig wird. Damit gilt

$$P = \frac{S}{1+rt} = \frac{1240}{1+(0{,}06)(7/18)} = \frac{3720}{3{,}07} = \$1211{,}73$$

Siehe die Aufgaben 13–14.

ZIELTERMIN. Da Kapital im Laufe der Zeit Zinsen bringt, lassen sich verschiedene Kapitalien, die zu verschiedenen Zeitpunkten bei verschiedenen Zinsfüssen fällig werden, nicht direkt vergleichen (etwa Umschuldung mehrerer Schuldbeträge). Möglich ist der Vergleich nur bei Zugrundelegung eines festen Zinsfusses (Einigung von Schuldner und Gläubiger) und Betrachtung eines festen Zeitpunktes, den wir Zieltermin nennen wollen.

Beispiel 10.

B hat \$ 1000 Schulden plus 4 % Zins für $1\frac{1}{2}$ Jahre, die beide in 6 Monaten fällig werden, und \$ 2500, die in 9 Monaten (ohne Zinsen) fällig sind. Er will direkt \$ 2000 abzahlen und den Rest seiner Schuld in einem Jahr. Bestimme diese Restzahlung, wenn Geld 5 % wert ist (Zieltermin also in einem Jahr).

Der Fälligkeitsbetrag der ersten Summe ist $1000[1+(0{,}04)(3/2)] = \$\,1060$. Es sei X die gesuchte Restzahlung. In der Zeichnung unten schreiben wir die alten Schuldbeträge über die Gerade (\$ 1060 in 6 Monaten und \$ 2500 in 9 Monaten) und die Zahlungen (\$ 2000 sofort und X in 12 Monaten) unter die Gerade.

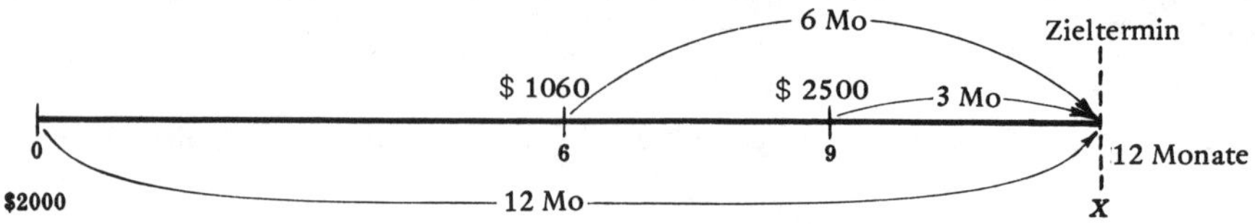

Jeden Betrag zinsen wir nun zum Zieltermin auf und vergleichen dort:

$$\begin{aligned} 2000(1{,}05) + X &= 1060[1+(0{,}05)(\tfrac{1}{2})] + 2500[1+0{,}05(\tfrac{1}{4})] \\ 2100 + X &= 1086{,}50 + 2531{,}25 \\ X &= 1086{,}50 + 2531{,}25 - 2100{,}00 \\ &= \$1517{,}75 \end{aligned}$$

Siehe die Aufgaben 17–18.

Aufgaben mit Lösungen

1. Bestimme für \$ 1000 die Zinsen und das Endkapital

(*a*) zu $4\frac{1}{2}$ % für 1 Jahr (*c*) zu $3\frac{1}{2}$ % für $\frac{1}{2}$ Jahr (*e*) zu 4 % für 15 Monate

(*b*) zu $5\frac{1}{4}$ % für 2 Jahre (*d*) zu 6 % für 8 Monate (*f*) zu 5 % für 10 Monate

(*a*) Wir haben $P = 1000$, $r = 0{,}045$, $t = 1$; also:

$I = Prt = 1000(0{,}045)(1) = \$\,45$ und $S = P + I = 1000 + 45 = \$\,1045$

(*b*) Wir haben $P = 1000$, $r = 0{,}0525$, $t = 2$; also:

$I = Prt = 1000(0{,}0525)(2) = \$\,105$ und $S = P + I = 1000 + 105 = \$\,1105$

(*c*) Wir haben $P = 1000$, $r = 0{,}035$, $t = \frac{1}{2}$; also:

$I = Prt = 1000(0{,}035)(\frac{1}{2}) = \$\,17{,}50$ und $S = P + I = 1000 + 17{,}50 = \$\,1017{,}50$

(*d*) $P = 1000$, $r = 0{,}06$, $t = 8/12 = 2/3$; also:

$I = Prt = 1000(0{,}06)(2/3) = \$\,40$ und $S = P + I = \$\,1040$

(*e*) $P = 1000$, $r = 0{,}04$, $t = 15/12 = 5/4$; also:

$I = 1000(0{,}04)(5/4) = \$\,50$ und $S = \$\,1050$

(*f*) $I = 1000(0{,}05)(5/6) = \$\,41{,}67$ und $S = \$\,1041{,}67$

2. Bei welchem Zinsfuß werden
(*a*) $ 2000 in einem Jahr zu $ 2110? (*b*) $ 720 in 10 Monaten zu $ 744?

(*a*) $P = 2000,\ S = 2110,\ I = S - P = 110,\ t = 1$

Mit $I = Prt$ folgt $110 = 2000(r)(1) = 2000r$, d.h. $r = \dfrac{110}{2000} = 0{,}055 = 5\tfrac{1}{2}\%$.

(*b*) $P = 720,\ S = 744,\ I = 744 - 720 = 24,\ t = 5/6$

Mit $I = Prt$ folgt $24 = 720(r)(5/6) = 600r$, d.h. $r = \dfrac{24}{600} = 0{,}04 = 4\%$.

3. X kauft ein Radio für $ 79,95. Er zahlt $ 19,95 an und stimmt zu, den Rest plus Unkosten von $ 2 in 3 Monaten zu bezahlen. Wieviel Zinsen (in %) bezahlt er?

Auf $79{,}95 - 19{,}95 = \$\,60{,}00$ bezahlt er $ 2 Zinsen für 3 Monate, d.h. $P = 60,\ I = 2,\ t = \frac{1}{4}$. Wegen $I = Prt$ folgt $2 = 60\,(r)\,(\frac{1}{4}) = 15r$, d.h. $r = 2/15 = 0{,}13333 = 13\,\frac{1}{3}\%$.

4. In welcher Zeit wachsen $ 2000 bei 5 % Zinsen auf $ 2125 an?
Es gilt $S = 2125,\ P = 2000,\ I = S - P = 125,\ r = 0{,}05$; mit $I = Prt$ folgt

$$125 = 2000(0{,}05)t = 100t \quad \text{, d.h.} \quad t = \frac{125}{100} = 1{,}25$$

Die gesuchte Zeit ist $1\,\frac{1}{4}$ Jahre.

5. In welcher Zeit verdoppelt sich ein Kapital bei 5 % Zinsfuß?
Wir setzen $P = 1$, so daß $S = 2$ und $I = 1$. Mit $I = Prt$ folgt

$$1 = (1)(0{,}05)t \quad \text{, d.h.} \quad t = \frac{1}{0{,}05} = 20 \text{ Jahre}$$

6. Bestimme die genaue und die angenäherte Zeitdifferenz zwischen dem 25. Januar 1956 und dem 15. März 1956.

Genaue Zeitdifferenz. Mit Hilfe eines Kalenders ergeben sich $6 + 29 + 31 + 30 + 15 = 111$ Tage. Aus Tabelle III folgt $135 - 25 = 110$ Tage. Da jedoch 1956 ein Schaltjahr war, müssen wir dazu einen Tag addieren. Das ergibt wie eben 111 Tage.

Angenäherte Zeitdifferenz. Wir schreiben den

$$\begin{array}{lcccc} \text{15. Mai} & \multirow{2}{*}{als} & 5:15 & \multirow{2}{*}{oder} & 4:45 \\ \text{25. Januar} & & 1:25 & & \underline{1:25} \\ & & & & 3:20 \ = \ 110 \text{ Tage} \end{array}$$

7. Bestimme die genaue und die angenäherte Zeitdifferenz zwischen dem 15. September 1960 und dem 15. Februar 1961.

Genaue Zeitdifferenz. Mit Hilfe eines Kalenders ergeben sich $15 + 31 + 30 + 31 + 31 + 15 = 153$ Tage. In Tabelle III finden wir 258 für den 15. September 1960, sowie $365 + 46 = 411$ für den 15. Februar 1961. Die gesuchte Differenz ist wie eben $411 - 258 = 153$ Tage.

Angenäherte Zeitdifferenz. Wir schreiben

$$\begin{array}{lcccc} 1961:2:15 & \multirow{2}{*}{als} & 1960:14:15 & \multirow{2}{*}{oder} & 14:15 \\ 1960:9:15 & & 1960:\ \ 9:15 & & \underline{9:15} \\ & & & & 5:0 \ = \ 150 \text{ Tage} \end{array}$$

8. Vergleiche die exakten und die gewöhnlich berechneten Zinsen auf $ 2500 zu 5 % für die Zeit vom 15. April 1961 bis zum 25. Juli 1961, indem du die angenäherte Zeitdifferenz benutzt.

Die angenäherte Zeitdifferenz ist 100 Tage.

Exakte Zinsen.

$$I = 2500(0{,}05)\left(\frac{100}{365}\right) = \frac{2500}{73} = \$34{,}25$$

Gewöhnlich berechnete Zinsen.

$$I = 2500(0{,}05)\left(\frac{100}{360}\right) = \frac{625}{18} = \$34{,}72$$

9. Bestimme mit der Bankregel die Zinsen von \$ 4280 zu 6 % für die Zeit vom 21. März bis zum 24. Juli desselben Jahres.
Die exakte Zeitdifferenz ist 125 Tage. Wir geben zwei Lösungen an:

(*a*) $I = 4280(0{,}06)\left(\frac{125}{360}\right) = \frac{535}{6} = \$89{,}17$

(*b*) Im folgenden benutzen wir die Tatsache, daß ein Kapital P zu 6 % in 60 Tagen 0,01 P Zinsen bringt.
Also gilt mit P = \$ 4280:
die Zinsen zu 6 % für 60 Tage sind \$ 42,80,
die Zinsen zu 6 % für 120 Tage sind 2(42,80) = \$ 85,60,
die Zinsen zu 6 % für 5 Tage sind $\frac{1}{12}$ (42,80) = \$ 3,57,
die Zinsen zu 6 % für 125 Tage sind damit 85,60 + 3,57 = \$ 89,17.

10. Bestimme mit der Bankregel die Zinsen auf \$ 3575 zu $4\frac{3}{4}$ % für 80 Tage.
Wir geben zwei Lösungen an:

(*a*) $I = Prt = 3575(0{,}0475)\frac{80}{360} = \frac{2717}{72} = \$37{,}74$

(*b*) Die Zinsen zu 6 % für 60 Tage sind \$ 35,75.
Die Zinsen zu 6 % für 80 Tage sind $\frac{4}{3}$ (35,75) = \$ 47,667.
Die Zinsen zu 4 % für 80 Tage sind $\frac{2}{3}$ (47,667) = \$ 31,778.
Die Zinsen zu $\frac{3}{4}$ % für 80 Tage sind $\frac{1}{8}$ (47,667) = \$ 5,958.
Insgesamt ergibt sich also 31,778 + 5,958 = \$ 37,74.

Bem. Die Lösungen (*b*) der Aufgaben 10 und 11 sind ohne Taschenrechner einfacher zu rechnen. Wir haben sie angegeben, um dem Leser auch einmal diese Methode vorzuführen.

11. Zeige: Der exakte Zins ist gleich gebräuchlicher Zins minus 1/73-tel des letzteren.

Es sei I_e der exakte Zins und I_o der gebräuchliche Zins. Ist d die Zinszeit in Tagen, so gilt

$$I_e = \frac{Prd}{365} \qquad \text{und} \qquad I_o = \frac{Prd}{360}$$

Also: $$\frac{I_e}{I_o} = \frac{Prd}{365}\cdot\frac{360}{Prd} = \frac{72}{73}, \text{ so daß } I_e = \frac{72}{73}I_o = \left(1 - \frac{1}{73}\right)I_o = I_o - \frac{1}{73}I_o$$

was zu zeigen war.

12. Bestimme für folgende Schuldscheine das Fälligkeitsdatum und den fällig werdenden Betrag.

	Nennwert	Datum	Laufzeit	Zinsfuß
(*a*)	\$ 2500	1. März	4 Monate	6 %
(*b*)	\$ 3000	15. Juni	150 Tage	4 %

(*a*) Das Fälligkeitsdatum ist der 1. Juli, der fälligwerdende Betrag
$S = P(1 + rt) = 2500\,[1 + (0{,}06)(1/3)] = \$\,2550$

(*b*) Als Fälligkeitsdatum erhalten wir mit Tabelle 1 (166 + 150 = 316) den 12. November; der fällig werdende Betrag ist
$$S = P(1+rt) = 3000[1+(0{,}04)(5/12)] = 1000(3{,}05) = \$3050$$

13. Welcher Betrag, zu 5 % investiert, bringt in 8 Monaten \$ 1000?
Wir suchen den Barwert von \$ 1000, fällig in 8 Monaten, bei 5 % Verzinsung.

$S = 1000,\ r = 0{,}05,\ t = 2/3;$ mit $S = P(1 + rt)$ folgt

$$P = \frac{S}{1+rt} = \frac{1000}{1+(0{,}05)(2/3)} = \frac{3000}{3{,}1} = \$967{,}74$$

14. Eine Schuld über \$ 3000, Laufzeit 10 Monate, kostet 6 % Zinsen. Bestimme ihren Wert in 4 Monaten, wenn Geld dann nur noch 5 % kostet.

Der Endwert der Schuld ist $3000\ [1 + (0{,}06)(5/6)] = \$\ 3150$. Gesucht ist der Barwert von \$ 3150, die in $10 - 4 = 6$ Monaten fällig sind, bei 5 % Verzinsung. Mit $S = P(1 + rt)$ gilt

$$P = \frac{S}{1+rt} = \frac{3150}{1+(0{,}05)(\frac{1}{2})} = \frac{6300}{2{,}05} = \$3073{,}17$$

15. Bestimme mit einem Zinsfuß von 4 % den Barwert folgender Obligationen: \$ 1000 sofort fällig; \$ 2000, mit 5 % Zinsen in 6 Monaten fällig; \$ 3000, mit 6 % Zinsen in einem Jahr fällig.

Es sei X der gesuchte Barwert. Dann ist X die Summe folgender Barwerte: \$ 1000, $2000[1 + 0{,}05)(\frac{1}{2})] =$ \$ 2050 und $3000[1 + (0{,}06)(1)] = \$\ 3180$.

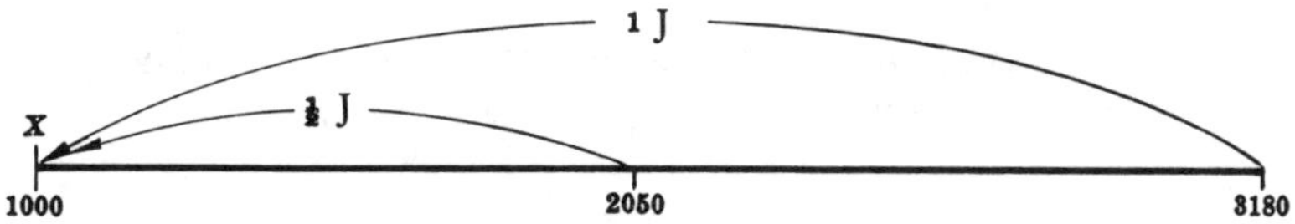

Also:

$$X = 1000 + \frac{2050}{1+(0{,}04)(\frac{1}{2})} + \frac{3180}{1+(0{,}04)(1)}$$

$$= 1000 + 2009{,}80 + 3057{,}69 = \$6067{,}49$$

16. Was ergibt sich in Aufgabe 15, wenn man nicht den augenblicklichen Zeitpunkt, sondern ein Jahr als Zieltermin nimmt?

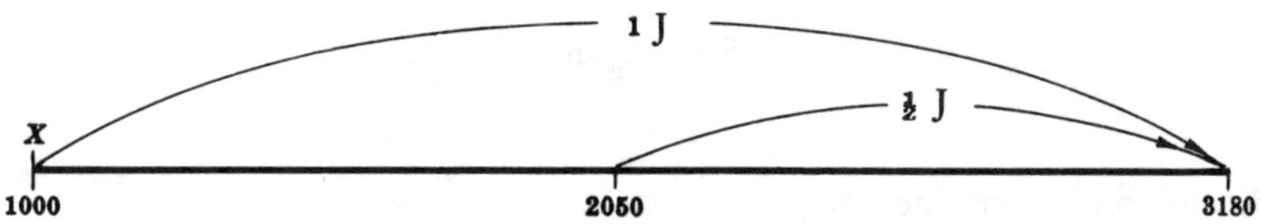

Wir haben

$$X(1{,}04) = 1000(1{,}04) + 2050[1 + (0{,}04)(\tfrac{1}{2})] + 3180$$
$$= 1040 + 2091 + 3180 = \$6311$$

d.h.

$$X = \frac{6311}{1{,}04} = \$6068{,}27$$

Beachte, daß X von der Wahl des Zieltermins abhängt.

17. X hat folgende Schulden: \$ 500, fällig in 2 Monaten; \$ 1000, fällig in 5 Monaten; \$ 1500, fällig in 8 Monaten. Er will seine Schulden in 2 gleichen Raten ablösen, eine in 6 Monaten und die zweite in 10 Monaten. Bestimme diese Raten unter der Voraussetzung, daß Geld 6 % wert ist und daß 10 Monate als Zieltermin genommen werden.

Die Raten seien jeweils X. Gemäß der Zeichnung unten ergibt sich:

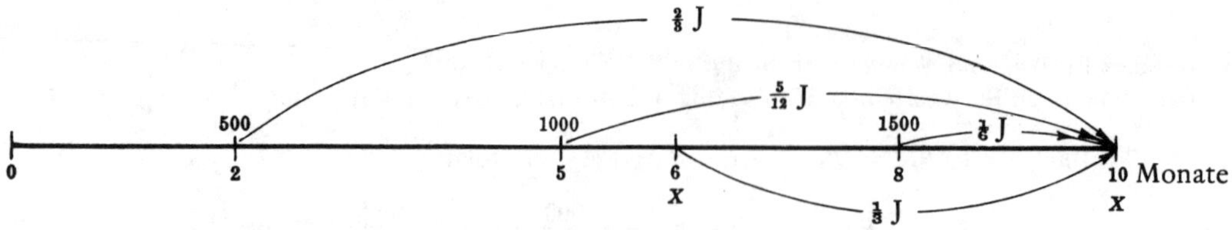

$$X[1 + (0{,}06)(\tfrac{1}{3})] + X = 500[1 + (0{,}06)(\tfrac{2}{3})] + 1000[1 + (0{,}06)(\tfrac{5}{12})] + 1500[1 + (0{,}06)(\tfrac{1}{6})]$$
$$1{,}02X + X = 500(1{,}04) + 1000(1{,}025) + 1500(1{,}01)$$
$$2{,}02X = 3060 \quad \text{d.h.} \quad X = \frac{3060}{2{,}02} = \$1514{,}85$$

18. X schuldet Y \$ 1000, fällig in 6 Monaten ohne Zinsen, und \$ 2000, fällig in 9 Monaten, mit 4 % Zinsen für $1\frac{1}{2}$ Jahre. Y ist mit 3 gleichhohen Ratenzahlungen einverstanden, eine sofort, die zweite in 6 Monaten und die dritte in einem Jahr. Bestimme diese Raten, wenn 1 Jahr als Zieltermin angenommen wird und wenn Y mit 5 % Verzinsung seines Kapitals rechnet.
Die Rate seien gleich X. Aus der Zeichnung unten ergibt sich

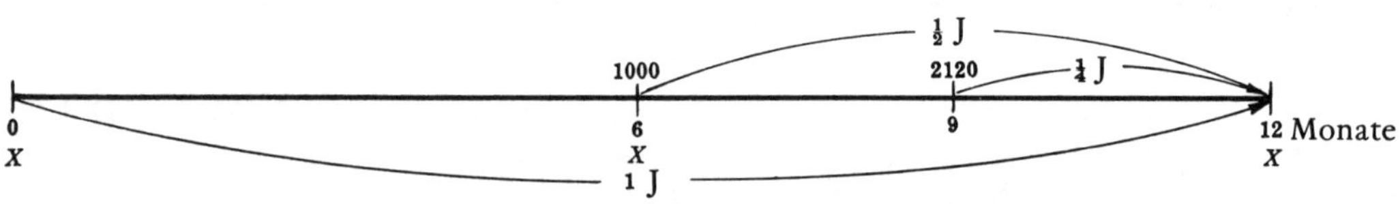

$$X(1{,}05) + X(1{,}025) + X = 1000(1{,}025) + 2120(1{,}0125)$$
$$3{,}075X = 1025{,}00 + 2146{,}50 = 3171{,}50$$

d.h.

$$X = \frac{3171{,}50}{3{,}075} = \$1031{,}38$$

Ergänzungsaufgaben

19. Bestimme die Zinsen und den Endbetrag von
(*a*) \$ 750 nach 9 Monaten bei $5\frac{1}{2}$ %
(*b*) \$ 1800 nach 10 Monaten bei $4\frac{1}{2}$ %
(*c*) \$ 600 nach 5 Monaten bei 6 %.
(*d*) \$ 900 nach 4 Monaten bei $3\frac{3}{4}$ %.
Lsg.: (*a*) **\$30,94, \$780,94;** (*b*) **\$67,50, \$1867,50;** (*c*) **\$15, \$615;** (*d*) **\$11,25, \$911,25**

20. Bestimme den Zinsfuß, falls \$ 1650 in (*a*) 4 Monaten \$ 1677,50, (*b*) 10 Monaten \$ 1705 ergeben.
Lsg.: (*a*) **5%,** (*b*) **4%**

21. Welches Kapital ergibt in 8 Monatena) **\$48** bei 6%, (*b*) **\$50** bei 5%?
Lsg.: (*a*) **\$1200,** (*b*) **\$1500**

22. In welcher Zeit bringen \$ 3000 (*a*) \$ 90 Zinsen bei 4 % Zinsfuß, (*b*) einen Endbetrag von \$ 3100 bei 5 % Zinsfuß?

Lsg.: (*a*) 9 Monate, (*b*) 8 Monate.

23. Bestimme die gewöhnlich berechneten und die exakt berechneten Zinsen:

(*a*) auf \$ 900 für 120 Tage zu 5 %
(*b*) auf \$ 1200 für 100 Tage zu 6 %
(*c*) auf \$ 1600 für 72 Tage zu 4 %
(*d*) auf \$ 3000 für 146 Tage zu 3 %
(*e*) auf \$ 1000 vom 6. August 1960 bis zum 14. Dezember 1960 zu 4 %
(*f*) auf \$ 1750 vom 10. Juni 1960 bis zum 7. November 1960 zu 5 %.
(*g*) auf \$ 2500 vom 21. Januar bis zum 31. August 1960 zu $4\frac{1}{2}$ %
(*h*) auf \$ 2000 vom 18. Oktober 1961 bis zum 6. Februar 1962 zu $5\frac{1}{4}$ %

Lsg.: (*a*) \$15, \$14,79 (*c*) \$12,80, \$12,62 (*e*) \$14,44, \$14,25 (*g*) \$64,06, \$63,18
(*b*) \$20, \$19,73 (*d*) \$36,50, \$36,00 (*f*) \$36,46, \$35,96 (*h*) \$32,38, \$31,93

24. Bestimme das Fälligkeitsdatum und den insgesamt fällig werdenden Betrag:

	Betrag	Datum	Laufzeit	Zinsfuß
(*a*)	\$2000	25. April	3 Monate	—
(*b*)	\$3000	5. März	8 Monate	$5\frac{1}{2}$%
(*c*)	\$1250	10. Juni	4 Monate	5%
(*d*)	\$2500	1. Januar	7 Monate	6%
(*e*)	\$1600	10. Februar	120 Tage	4%
(*f*)	\$3200	28. November	45 Tage	7%
(*g*)	\$1500	15. August	60 Tage	8%
(*h*)	\$2750	5. Juli	135 Tage	6%

Lsg.: (*a*) 25. Juli, \$ 2000 (*d*) 1. August, \$ 2587,50 (*g*) 14. Oktober, \$ 1520
(*b*) 5. November, \$ 3110 (*e*) 10. Juni, \$ 1621,33 (*h*) 17. November, \$ 2811,88
(*c*) 10. Oktober, \$ 1270,83 (*f*) 12. Januar, \$ 3228

25. Geld bringe 6 % Zinsen. Bestimme den Wert des in 9 Monaten fällig werdenden Betrags von \$ 2500 (*a*) heute, (*b*) in 3 Monaten, (*c*) in 7 Monaten, (*d*) in einem Jahr.
Lsg.: (*a*) \$2392,34, (*b*) \$2427,18, (*c*) \$2475,25, (*d*) \$2537,50

26. X leiht sich von Y für 2 Jahre den Betrag von \$ 1200 zu 6 % Zinsen. Welchen Betrag sollte Y in 15 Monaten als Rückzahlung akzeptieren, wenn Geld dann 5 % Zinsen bringt? *Lsg.:* \$ 1295,42

27. M hat Schulden in Höhe von \$ 450, fällig in 4 Monaten, und \$ 600, fällig in 6 Monaten. Welchen Betrag muß er heute zu 5 % Zinsen anlegen, um seine Schulden damit bezahlen zu können? *Lsg.:* \$ 1027,99

28. Welchen Betrag muß M in Aufgabe 27 in (*a*) 3 Monaten, (*b*) 5 Monaten, (*c*) 9 Monaten anlegen, d.h. welchen Wert besitzen beide Summen dann?
Lsg.: (*a*) \$1040,72, (*b*) \$1049,39, (*c*) \$1066,88

29. Welches ist das günstigere Kaufangebot: \$ 4000 bar und \$ 6000 in 6 Monaten oder \$ 6000 bar und \$ 4000 in einem Jahr? Lege einen Zinsfuß von 6 % zugrunde und vergleiche beide Angebote zum Zeitpunkt des Kaufs.

30. Ein Mann besitzt eine Schuld in Höhe von \$ 2000, die mit 6 % Zinsen in einem Jahr fällig ist. Er zahlt nach 6 Monaten \$ 500 ab. Wieviel muß er nach einem Jahr noch bezahlen? *Lsg.:* \$ 1605

31. Ein Mann besitzt Schulden in Höhe von \$ 2000, fällig in 2 Monaten, \$ 1000, fällig in 5 Monaten und \$ 1800, fällig in 9 Monaten. Er will sie mit zwei gleich großen Zahlungen begleichen, die eine in 6 Monaten, die zweite in 12 Monaten. Geld bringe im Augenblick 6 % Zinsen. Berechne die jeweilige Zahlung (vergleiche die Werte aller Beträge in einem Jahr). *Lsg.:* \$ 2444,33

32. M besitzt Schulden in Höhe von \$ 500, fällig in 3 Monaten mit 5 % Zinsen, und \$ 1500, fällig in 9 Monaten mit 4 % Zinsen. Berechne den Wert seiner Schulden in (*a*) 6 Monaten, (*b*) 9 Monaten bei Zugundelegung eines Zinsfußes von 6 %. *Lsg.:* (*a*) \$2036,01, (*b*) \$2035,90

33. M kauft ein Stück Land für \$ 5000 und zahlt \$ 500 an. Er stimmt zu, auf den Rest 6 % Zinsen zu zahlen. Ferner bezahlt er nach 3 Monaten \$ 2000 und 6 Monate später \$ 1500. Welchen Restbetrag hat er nach einem Jahr zu überweisen? (Vergleiche die Beträge in einem Jahr.) *Lsg.:* \$ 1157,50

Kapitel 5

Diskont

DISKONT bei GEGEBENEM ZINSSATZ. Der Barwert P eines Kapitals S, das zu einem späteren Zeitpunkt fällig ist (siehe Kapitel 4), kann interpretiert werden als *diskontierter Wert* von S. Wir nennen $D_r = S - P$ den *Diskont* auf S bei gegebenem Zinssatz r.

Beispiel 1.

Bestimme den Barwert zu 6 % Zinssatz von \$ 1500, die in 9 Monaten fällig sind. Wie groß ist der Diskont? Hier gilt $S = 1500$, $r = 0{,}06$, $t = 3/4$; wegen $S = P(1 + rt)$ folgt, daß

$$P = \frac{S}{1+rt} = \frac{1500}{1+(0{,}06)(3/4)} = \frac{1500}{1{,}045} = \$1435{,}41 \quad \text{der Barwert ist}$$

und $D_r = S - P = 1500 - 1435{,}41 = \$64{,}59$ der Diskont.

Siehe die Aufgaben 1–2.

Bemerkung. Bei gegebenem Zinssatz r besitzt nun die Differenz $S-P$ zwei Interpretationen: (i) Es sind die *Zinsen* auf das Kapital P. Kapital plus Zinsen ergeben S. (ii) Sie gibt den *Diskont* D_r an. S minus Diskont ergibt P.

DISKONT bei GEGEBENEM DISKONTSATZ. Der *Diskontsatz* ist definiert als Verhältnis von Diskont zu der Summe, die diskontiert wird, wobei eine bestimmte Zeiteinheit (hier: ein Jahr) zugrunde gelegt ist. Der Diskontsatz wird wie der Zinssatz in Prozent angegeben.

Damit ist der Diskont (auch Bankkredit genannt) D auf eine Summe S für t Jahre bei einem Diskontsatz d durch

$$D = Sdt \qquad (1)$$

gegeben sowie der Barwert von S durch

$$P = S - D = S - Sdt = S(1 - dt) \qquad (2)$$

Beispiel 2.

Bestimme den Diskont auf eine in 9 Monaten fällige Schuld von \$ 1500 bei einem Diskontsatz von 6 %. Wie groß ist der Barwert der Schuld?

Wir haben $S = 1500$, $d = 0{,}06$, $t = 3/4$; also

$$D = Sdt = 1500(0{,}06)(3/4) = \$67{,}50 = \text{Diskont}$$

d.h.

$$P = S - D = 1500 - 67{,}50 = \$1432{,}50 = \text{Barwert}$$

Vergleichen wir die Beispiele 1 und 2, so zeigt sich, daß es einfacher ist, mit dem Diskontsatz statt dem zugrundeliegenden Zinssatz zu rechnen.

Siehe die Aufgaben 3–7.

DISKONTIEREN von WECHSELN. Ein Wechsel ist ein Geldsurrogat und kann damit einmal bzw. mehrere Male vor Fälligkeit verkauft werden. Jeder Käufer diskontiert den fällig werdenden Betrag für die Zeit vom Kaufdatum bis zum Fälligkeitsdatum mit seinem Diskontsatz. Wir betrachten in diesem Buch auch den allgemeinen Fall von Schuldscheinen, die einschließlich Zinsen fällig werden.

Beispiel 3.

Bestimme den gutgeschriebenen Betrag beim Verkauf 5 Monate vor Fälligkeit folgenden Schuldscheins, wenn mit 8 % diskontiert wird.

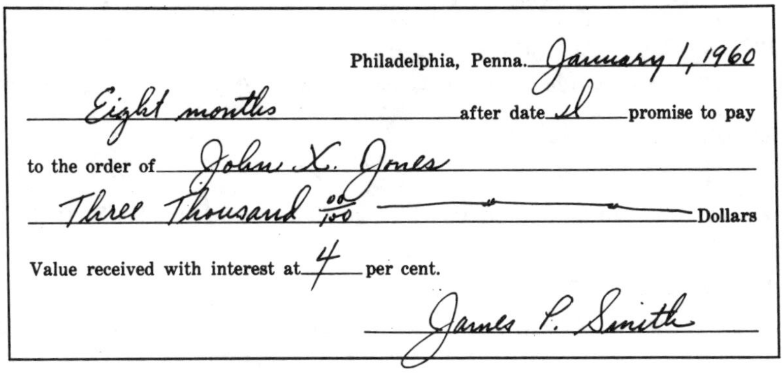
Philadelphia, Penna. January 1, 1960

Eight months after date I promise to pay

to the order of John X. Jones

Three Thousand 00/100 Dollars

Value received with interest at 4 per cent.

James P. Smith

Damit die Verbindung zum Text gewahrt bleibt, wurde dieser Vordruck unverändert aus dem englischsprachigen Original entnommen.

Folgendes Diagramm erweist sich als nützlich:

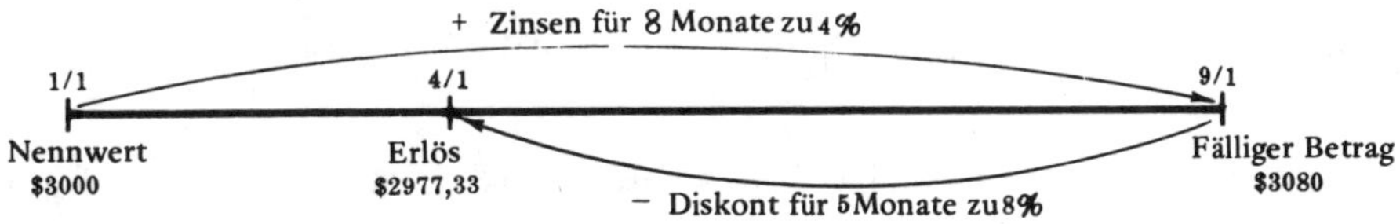

(i) Zinsen auf $ 3000 für 8 Monate zu 4% = 3000(0,04)(2/3) = **$80.**
Fällig werdender Betrag 3000 + 80 = **$3080.**

(ii) Zeitraum für die Diskontberechnung:
5 Monate Diskont auf $ 3080 für 5 Monate zu 8 % = 3080(0,08)(5/12) = $ 102,67.
Gutgeschriebener Betrag = 3080 − 102,67 = **$2977,33.**

Der Käufer bezahlt also $ 2977,33 und erhält den Schuldschein. Hält er ihn bis zum 1. September, so bekommt er dafür $ 3080.

Siehe Aufgaben 8–10.

Aufgaben mit Lösungen

1. Wie groß ist der Barwert einer Summe von $ 1200, fällig in einem Monat, wenn Geld 6 % Zinsen bringt? Wie groß ist der Diskont?

Wir haben $S = 1200$, $r = 0{,}06$, $t = 1/12$; mit $S = P(1+rt)$ folgt also

$$P = \frac{S}{1+rt} = \frac{1200}{1+(0{,}06)(1/12)} = \frac{1200}{1{,}005} = \$1194{,}03, \text{ der heutige Wert.}$$

Der Diskont ist $S - P = 1200 - 1194{,}03 = \$5{,}97$.

2. Bestimme den Wert am 1. Mai eines Wechsels über $ 1500, der am 15. Juni fällig wird, wenn der Zinssatz 5 % beträgt. Wie groß ist der Diskont?

Hier gilt $S = 1500$, $r = 0{,}05$, $t = 45/360 = 1/8$; also folgt

$$P = \frac{S}{1+rt} = \frac{1500}{1+(0{,}05)(1/8)} = \frac{12{,}000}{8{,}05} = \$1490{,}68, \text{ der Wert am 1. Mai.}$$

Der Diskont ist $S - P = 1500 - 1490{,}68 = \$9{,}32$.

3. Bestimme den Barwert bei 5 % Diskontsatz:

(*a*) \$ 1000, fällig in einem Jahr
(*b*) \$ 1200, fällig in $\frac{1}{2}$ Jahr
(*c*) \$ 800, fällig in 3 Monaten.

(*a*) $S = 1000,\ d = 0{,}05,\ t = 1$; also

$$D = Sdt = 1000(0{,}05)(1) = \$50 \quad \text{d.h.} \quad P = S - D = 1000 - 50 = \$950$$

(*b*) $S = 1200,\ d = 0{,}05,\ t = \frac{1}{2}$; also

$$D = Sdt = 1200(0{,}05)(\tfrac{1}{2}) = \$30 \quad \text{d.h.} \quad P = S - D = 1200 - 30 = \$1170$$

(*c*) $D = 800(0{,}05)(\frac{1}{4}) = \$10$ d.h. $P = \$790$.

4. Eine Bank diskontiert mit 6 %. X unterzeichnet einen Schuldschein über \$ 2000, fällig in 5 Monaten. Wieviel Geld erhält er?

$S = 2000,\ d = 0{,}06,\ t = 5/12$; also

$$P = S(1 - dt) = 2000[1 - (0{,}06)(5/12)] = 2000(0{,}975) = \$1950$$

5. Wieviel Prozent Zinsen zahlt X in Aufgabe 4?
X bezahlt auf \$ 1950 für 5 Monate \$ 50 Zinsen.

$$\text{Mit } I = Prt \text{ folgt } r = \frac{I}{Pt} = \frac{50}{(1950)(5/12)} = 0{,}06154 \text{ oder } 6{,}15\%, \text{ gerundet.}$$

6. Bestimme die Schuldsumme, die X in Aufgabe 4 unterzeichnen muß, um von der Bank genau \$ 2000 zu erhalten.

$P = 2000,\ d = 0{,}06,\ t = 5/12$; mit $P = S(1 - dt)$ folgt damit

$$S = \frac{P}{1 - dt} = \frac{2000}{1 - (0{,}06)(5/12)} = \frac{2000}{0{,}975} = \$2051{,}28$$

7. Welcher Zinssatz r ist äquivalent zu einem Diskontsatz von
(*a*) 5 % für 2 Monate, (*b*) 5 % für 9 Monate?
Wir setzen $S = 1$.

(*a*) Bei 5 % Diskontsatz gilt $P = S(1 - dt) = 1 - 0{,}05(1/6) = \dfrac{5{,}95}{6}$.

Beim Zinssatz r gilt $P = \dfrac{S}{1 + rt} = \dfrac{1}{1 + r/6} = \dfrac{6}{6 + r}$.

Also folgt $\dfrac{5{,}95}{6} = \dfrac{6}{6 + r}$, $5{,}95r = 36 - 35{,}70 = 0{,}3$, d.h. $r = 5{,}04\%$.

(*b*) Wie in (*a*) folgt $P = 1 - 0{,}05(3/4) = \dfrac{3{,}85}{4}$, d.h. $P = \dfrac{1}{1 + 3r/4} = \dfrac{4}{4 + 3r}$.

Also: $\dfrac{3{,}85}{4} = \dfrac{4}{4 + 3r}$, $11{,}55r = 16 - 15{,}40 = 0{,}6$, d.h. $r = 5{,}19\%$.

8. Ein 3-Monatswechsel über \$ 1000, Austellungsdatum 5. Mai, wurde am 26. Juni mit 6 % diskontiert. Bestimme den gutgeschriebenen Betrag

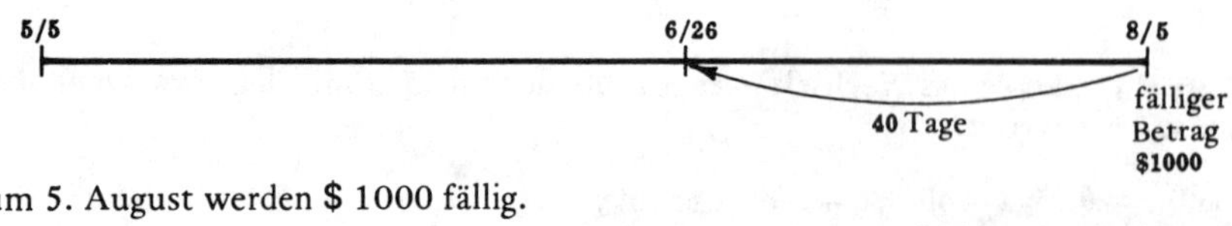

Zum 5. August werden \$ 1000 fällig.
Die Laufzeit (für das Diskontieren) ist damit 40 Tage (26. Juni bis 5. August).
Der Diskont ist $1000(0{,}06)(40/360) = \$\ 6{,}67$, der gesuchte Betrag $= 1000 - 6{,}67 = \$\ 993{,}33$.

9. Ein Schuldschein vom 20. März über \$ 2500, mit 6 % Zinsen in 6 Monaten fällig, wurde am 7. Juli mit 5 % diskontiert. Bestimme den gutgeschriebenen Betrag.

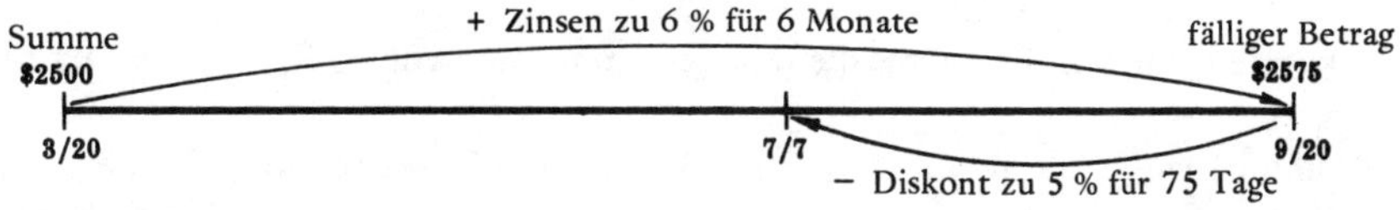

Fälliger Betrag $= 2500 + 2500(0{,}06)(\frac{1}{2}) = \$2575.$

Für das Diskontieren relevanter Zeitraum (7. Juli bis 20. September) = 75 Tage

Gesuchter Betrag $= 2575 - 2575(0{,}05)(75/360) = \$2548{,}18.$

10. Ein Schuldschein vom 10. August 1957 über \$ 3000, mit 5 % Zinsen in 240 Tagen fällig, wurde am 16. Februar 1958 mit 4 % diskontiert. Bestimme den gutgeschriebenen Betrag.

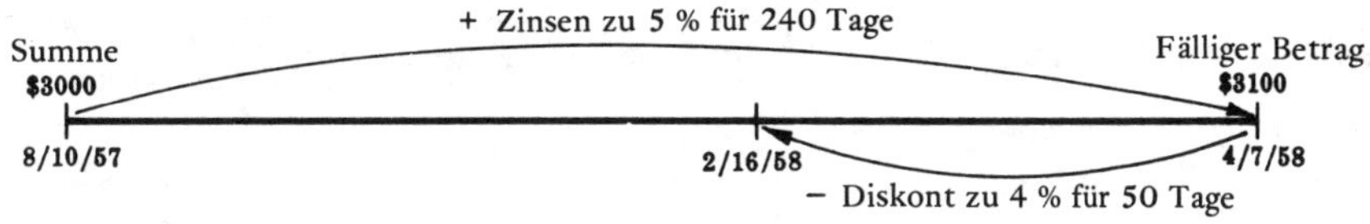

Gesuchter Betrag $= 3000 + 3000(0{,}05)(240/360) = \$3100.$

Fälliger Betrag $= 3100 - 3100(0{,}04)(50/360) = \$3082{,}78.$

Ergänzungsaufgaben

11. Bestimme den Wert einer Schuld über \$ 1200 5 Monate vor Fälligkeit, wenn mit $4\frac{1}{2}$ % Zinsen gerechnet wird. Wie groß ist der Diskont? *Lsg.:* **\$1177,91; \$22,09**

12. X erhält am 14. Juni \$ 750 Dividende. Wieviel ist dieser Betrag am 30. April wert, wenn mit 5 % Zinsfuß gerechnet wird? Wie groß ist der Diskont? *Lsg.:* **\$745,34; \$4,66**

13. Eine Schuld über \$ 600 ist in 120 Tagen einschließlich 5 % Zinsen fällig; B diskontiert sie 30 Tage vor Fälligkeit und rechnet dabei mit 4 % Zinsen. Wie groß ist der Diskont? *Lsg.:* \$ 2,03

14. Bestimme den Diskont auf

(*a*) \$ 3500 für 60 Tage bei 4 % Diskontsatz
(*b*) \$ 5000 für 90 Tage bei $3\frac{1}{2}$ % Diskontsatz
(*c*) \$ 1200 für 4 Monate bei 5 % Diskontsatz
(*d*) \$ 2500 vom 5. März bis 10. April bei 6 % Diskontsatz
(*e*) \$ 4000 vom 10. Oktober bis 13. November bei $5\frac{1}{2}$ % Diskontsatz
(*f*) \$ 3000 vom 15. September bis 30. Oktober bei $4\frac{1}{2}$ % Diskontsatz

Lsg.: **(*a*) \$23,33, (*b*) \$43,75, (*c*) \$20, (*d*) \$15, (*e*) \$20,78, (*f*) \$16,88**

15. Eine Bank diskontiert mit 6 %. Bestimme den Betrag, den ein Kreditnehmer erhält, wenn er aufnimmt:

(*a*) \$ 1500 für 60 Tage
(*b*) \$ 1750 für 6 Monate
(*c*) \$ 2000 für 8 Monate
(*d*) \$ 1000 vom 1. März bis zum 20. April
(*e*) \$ 2550 vom 5. Mai bis zum 16. Juli
(*f*) \$ 3000 vom 1. Juni bis zum 18. November

Lsg.: **(*a*) \$1485, (*b*) \$1697,50, (*c*) \$1920, (*d*) \$991,67, (*e*) \$2519,40, (*f*) \$2915**

16. Welchen Zinssatz bezahlte der Kreditnehmer jeweils in Aufgabe 15?
Lsg.: (*a*) 6,06%, (*b*) 6,19%, (*c*) $6\frac{1}{4}$%, (*d*) 6,05%, (*e*) 6,07%, (*f*) 6,17%

17. Eine Bank diskontiert mit 5 %. Bestimme die Wechselsumme, wenn der Wechseleinreicher folgende Summen erhält:

(*a*) \$ 2500 für 60 Tage
(*b*) \$ 1250 für 3 Monate
(*c*) \$ 1750 für 5 Monate
(*d*) \$ 1500 vom 20. September bis 4. November
(*e*) \$ 2000 vom 21. Juni bis 1. September
(*f*) \$ 3000 vom 11. Juni bis 18. November

Lsg.: (*a*) \$2521,01, (*b*) \$1265,82, (*c*) \$1787,23, (*d*) \$1509,43, (*e*) \$2020,20, (*f*) \$3068,18

18. Die Bank A diskontiert einen in 60 Tagen fällig werdenden Wechsel über \$ 5000 mit 5 %. Am selben Tag wird der Wechsel bei der Bank B zu 4 % rediskontiert, die mit 365 Tagen pro Jahr rechnet. Bestimme den Gewinn, den die Bank A bei dieser Transaktion macht. *Lsg.:* \$ 8,79

19. Bestimme bei folgenden Schuldscheinen die gutgeschriebenen Beträge:

	Summe	Datum	Laufzeit	Zinssatz	Datum des Diskontierens	Diskontsatz
(*a*)	\$2000	19. April	3 Monate	—	30. Mai	6%
(*b*)	\$3500	5. Juni	4 Monate	—	21. August	5%
(*c*)	\$1000	10. Juli	75 Tage	—	25. Juli	$5\frac{1}{2}$%
(*d*)	\$4500	15. März	90 Tage	—	26. Mai	8%
(*e*)	\$3000	12. Januar	6 Monate	4%	28. April	5%
(*f*)	\$800	9. Februar	45 Tage	5%	1. März	$6\frac{1}{2}$%
(*g*)	\$1200	1. November	4 Monate	6%	4. Februar	5%
(*h*)	\$2700	1. November	120 Tage	6%	24. Januar	5%
(*i*)	\$2500	30. März	90 Tage	7%	14. Mai	8%
(*j*)	\$3000	10. Juni	5 Monate	$4\frac{1}{2}$%	1. September	4%

Lsg.: (*a*) \$1983,33 (*b*) \$3478,12 (*c*) \$990,83 (*d*) \$4482 (*e*) \$3028,12 (*f*) \$801,37 (*g*) \$1219,75 (*h*) \$2740,23 (*i*) \$2518,31 (*j*) \$3032,48

20. Bestimme in Aufgabe 19 den Zinssatz, den der Käufer erwirtschaftet, wenn er die entsprechenden Schuldscheine bis zur Fälligkeit hält.
Lsg.: (*a*) 6,05% (*b*) 5,03% (*c*) 5,55% (*d*) 8,03% (*e*) 5,05% (*f*) 6,53% (*g*) 5,02% (*h*) 5,03% (*i*) 8,08% (*j*) 4,03%

21. Zeige mit Gleichung (*2*), Seite 50, daß die durch das Kapital P in t Jahren verdienten Zinsen $\frac{P}{1-dt} - P = \frac{Pdt}{1-dt}$ sind und damit der Zinssatz gleich

$$r = \frac{d}{1-dt} \tag{3}$$

22. Löse die Gleichung (*3*) in Aufgabe 21 nach d auf und zeige, daß

$$d = \frac{r}{1+rt} \tag{4}$$

der dem Zinssatz r entsprechende Diskontsatz ist.

23. Eine Bank will beim Diskontieren von Wechseln 6 % Zinsen verdienen. Mit welchem Diskontsatz muß sie rechnen, wenn die Laufzeit (*a*) 2 Monate, (*b*) 90 Tage, (*c*) 6 Monate, (*d*) 240 Tage beträgt?
Lsg.: (*a*) 5,94%, (*b*) 5,91%, (*c*) 5,83%, (*d*) 5,77%

Kapitel 6

Teilzahlungen

FINANZIELLE VERPFLICHTUNGEN werden machmal statt durch eine einmalige Zahlung bei Fälligkeit durch eine Reihe von Teilzahlungen während der Laufzeit der Verpflichtung beglichen. Als Problem ergibt sich dabei, die Restschuld am Fälligkeitstag (der Verpflichtung) zu berechnen. Zwei Lösungswege, die wir hier Kaufmannsregel und Vereinigte-Staaten-Regel nennen, wollen wir in diesem Buch angeben.

Kaufmannsregel

Hier werden sämtliche Beträge zum Fälligkeitstag aufgezinst. Die gesuchte Restsumme ist dann die Differenz zwischen dem sich ergebenden Wert der Schuld und der Summe aller (aufgezinsten) Teilzahlungen. Die Regel beinhaltet also, daß man die Summe der Endwerte (zum Fälligkeitstag der Schuld) der Teilzahlungen gleich dem Endwert der Schuld setzt.

Beispiel 1.

Eine Schuld von $ 2000 ist in einem Jahr mit 5 % Zinsen fällig. Der Schuldner zahlt in 5 Monaten $ 600 und in 9 Monaten $ 800. Wieviel muß er noch am Fälligkeitstag bezahlen?

Erste Lösung.

Wir berechnen jeweils die Zinsen auf $ 2000 für 1 Jahr, auf die erste Teilzahlung ($ 600) für 12 − 5 = 7 Monate auf die zweite Teilzahlung ($ 800) für 12 − 9 = 3 Monate.

Schuld	2000	Erste Zahlung	600,00
Zinsen für 1 Jahr	100	Zinsen für 7 Monate	17,50
Gesamtbetrag	2100	Zweite Zahlung	800,00
		Zinsen für 3 Monate	10,00
Noch fälliger Betrag: 2100 − 1427,50 = $672,50		Gesamtbetrag	1427,50

Zweite Lösung.

Wir setzen die Endwerte der Raten gleich dem Endwert der Schuld.

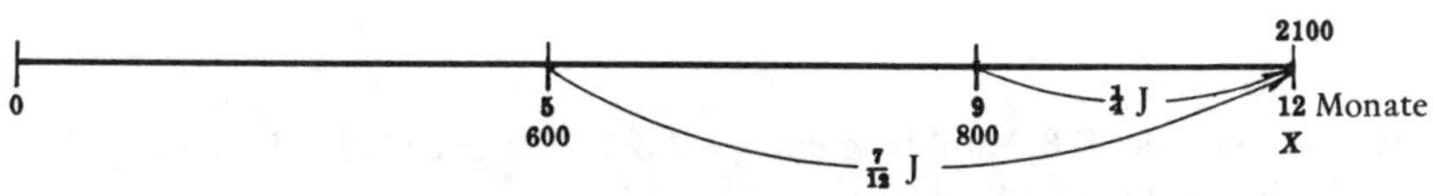

$$X + 600[1 + (0{,}05)(\tfrac{7}{12})] + 800[1 + (0{,}05)(\tfrac{1}{4})] = 2000[1 + (0{,}05)(1)]$$
$$X + 617{,}50 + 810{,}00 = 2100 \quad \text{, d.h.} \quad X = \$672{,}50$$

Vereinigte-Staaten-Regel.

Hier werden die Zinsen auf die Restschuld nach jeder Teilzahlung berechnet. Ist die Zahlung größer als die zu dem Zeitpunkt fälligen Zinsen, so reduziert die Differenz die Schuld. Ist die Teilzahlung kleiner als die fälligen Zinsen, so wird sie unverzinst zurückgelegt bis weitere Teilzahlungen geleistet werden, deren Summe insgesamt die zum Zeitpunkt der letzten dieser Zahlungen fälligen Zinsen übertrifft.

Beispiel 2.

Man wende diese Regel in Beispiel 1 an.

Schuld	2000,00
Zinsen für 5 Monate	41,67
Schuld nach 5 Monaten	2041,67
Erste Teilzahlung	600,00
Restschuld nach 5 Monaten	1441,67
Zinsen für 4 Monate	24,03
Schuld nach 9 Monaten	1465,70
Zweite Teilzahlung	800,00
Restschuld nach 9 Monaten	665,70
Zinsen für 3 Monate	8,32
Restschuld bei Fälligkeit	674,02

Hier ist jede Teilzahlung größer als die jeweils fälligen Zinsen.

Siehe auch Aufgabe 1.

Bei RATENKÄUFEN zahlt der Käufer für eine Ware einen bestimmten Betrag an und zahlt den Rest in einer vereinbarten Anzahl von wöchentlichen bzw. monatlichen Raten ab.

Beispiel 3.

Für ein Piano für \$ 600 sind \$ 100 anzuzahlen sowie weitere 10 monatliche Raten von \$ 50 plus Zinsen zu 6 % auf die Restschuld zu leisten. Nach der Anzahlung beträgt die Restschuld $600 - 100 = \$\,500$. Die erste Monatsrate ist also $50 + 500(0{,}06)(1/12) = \$\,52{,}50$. Die Restschuld ist nun $500 - 50 = \$\,450$ und die zweite Monatsrate damit $50 + 450(0{,}06)(1/12) = \$\,52{,}25$. Beachte, daß die Zinsen monatlich um \$ 0,25 abnehmen (warum?). Die dritte Monatsrate beträgt also \$ 52 und die letzte (zehnte) $50 + 50(0{,}06)(1/12) = \$\,50{,}25$.

Der insgesamt zu zahlende Betrag ist

$$S = 100 + (52{,}50 + 52{,}25 + \cdots + 50{,}25)$$

$$= 100 + \frac{10}{2}(52{,}50 + 50{,}25) = 100 + 513{,}75 = \$613{,}75\,,$$

wobei der Betrag in Klammern die Summe einer arithmetischen Folge mit 10 Gliedern ist. Der Käufer muß also für die Möglichkeit, einen Ratenkauf zu tätigen, zusätzlich $613{,}75 - 600 = \$\,13{,}75$ bezahlen.

Es ist im allgemeinen üblich, den zusätzlichen Betrag (*Ratenzuschlag*) für das Privileg des Ratenkaufs sofort dem Kaufpreis zuzuschlagen und dann die Raten über den sich ergebenden Betrag minus Anzahlung zu berechnen.

Beispiel 4.

Ein Radio kostet \$ 63 bar oder \$ 8 Anzahlung und 12 Wochenraten zu \$ 5. Hier beträgt die Restschuld beim Kauf $63 - 8 = \$\,55$ und der Ratenzuschlag $(12 \times 5) - 55 = \$\,5$.

Obwohl der Ratenzuschlag u.a. gewisse Kosten des Verkäufers deckt (Buchhaltung, Kreditrisiko, usw.), ist es üblich, den gesamten Ratenzuschlag als Zinszuschlag zu betrachten. Das Problem, bei einer solchen Transaktion den zugrundeliegenden Zinssatz zu bestimmen, gehört eigentlich in ein späteres Kapitel (siehe Kapitel 10). Wir wollen hier einige einfache Näherungsformeln für diesen Zinssatz angeben. Zu diesem Zweck setzen wir

n = Anzahl der Raten (ohne die Anzahlung)
m = Anzahl der Zahlungen in einem Jahr
r = jährlicher Zinssatz
R = Höhe der einzelnen Rate
B = Barpreis − Anzahlung
I = $Rn - B$ = Zinszuschlag = Ratenzuschlag

Die Kaufmannsformel.

Unter der Annahme, daß die jeweiligen Raten R zuerst zur Abzahlung der Restschuld B und dann zur Begleichung der Zinsschuld I dienen, ergibt sich (siehe Aufgabe 7), daß der zugrundeliegende Zinssatz

$$r = \frac{2mI}{B(n+1) - I(n-1)} \tag{1}$$

ist. In Aufgabe 10 zeigen wir, daß (*1*) aus der oben diskutierten Kaufmannsregel herleitbar ist.

Beispiel 5.

Ein Fernseher kostet bar \$ 349,95. Er kann auch für \$ 49,95 Anzahlung und 10 Monatsraten à \$ 35 gekauft werden. Bestimme mit Hilfe der Kaufmannsformel den in Rechnung gestellten Zinssatz.
Hier gilt $n = 10$, $m = 12$, $R = 35$, $B = 349{,}95 - 49{,}95 = 300$, $I = Rn - B = 35(10) - 300 = 50$.

Also folgt $$r = \frac{2(12)(50)}{300(11) - 50(9)} = \frac{8}{19} = 0{,}421 \text{ oder } 42{,}1\%$$

Die Formel konstanter Verhältnisse.

Unter der Annahme, daß jede Rate R im Verhältnis der Schuld B zum Ratenzuschlag I für die Abzahlung der Schuld und die Abzahlung der Zinsen aufgeteilt wird, ergibt sich (siehe Aufgabe 8) für den in Rechnung gestellten Zinssatz

$$r = \frac{2mI}{B(n+1)} \tag{2}$$

Beispiel 6.

Berechne den Zinssatz in Beispiel 5 mit Hilfe der Formel konstanter Verhältnisse.

$$r = \frac{2(12)(50)}{300(11)} = \frac{4}{11} = 0{,}364 \text{ oder } 36{,}4\%$$

Die Diskontierungsformel.

Unter der Annahme, daß die Summe der Barwerte der Ratenzahlungen, diskontiert zu d % auf den Tag des Kaufs, gleich dem nichtbezahlten Rest B ist, ergibt sich (siehe Aufgabe 9):

$$d = \frac{2mI}{Rn(n+1)} \tag{3}$$

Beispiel 7.

Rechne in Beispiel 5 mit der Diskontierungsformel.

$$d = \frac{2(12)(50)}{35(10)(11)} = \frac{24}{77} = 0{,}312 \text{ oder } 31{,}2\%$$

Die Formel direkter Verhältnisse.

Ein noch genaueres Ergebnis stammt von H.E. Stelson:

$$r = \frac{6mI}{3B(n+1) + I(n-1)} \tag{4}$$

(The American Mathematical Monthly, Vol. 56, 257–261.)

Beispiel 8.

Mit dieser Formel erhalten wir in Beispiel 5

$$r = \frac{6(12)(50)}{3(300)(11) + 50(9)} = \frac{8}{23} = 0{,}348 \text{ oder } 34{,}8\%$$

Siehe die Aufgaben 2–6.

Aufgaben mit Lösungen

1. Am 1. Juni 1957 leihte sich M \$ 5000 zu 6 %. Er zahlte davon am 15. Juli 1957 \$ 2000 ab, am 20. Oktober 1957 \$ 40 und am 25. Januar 1958 \$ 2500. Welchen Betrag muß er am 15. März 1958 noch bezahlen? Benutze (*a*) die Kaufmannsregel und (*b*) die Vereinigte-Staaten-Regel.

(*a*) Wir zinsen alle Beträge auf den 15. März 1958 auf, wobei X die Restzahlung an diesem Tag sei.

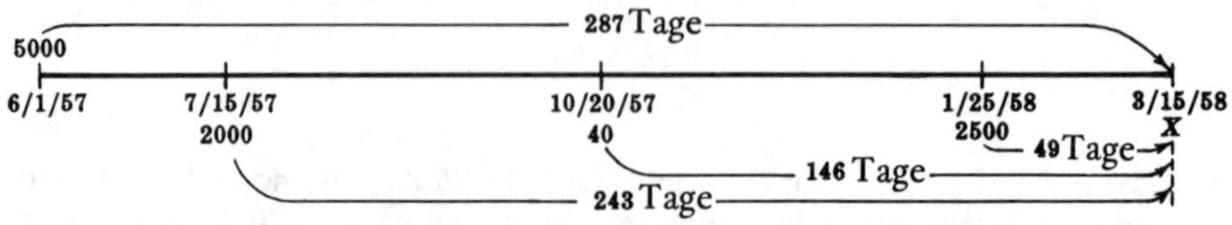

$$X + 2500\left[1 + 0{,}06\left(\frac{49}{360}\right)\right] + 40\left[1 + 0{,}06\left(\frac{146}{360}\right)\right]$$

$$+ 2000\left[1 + 0{,}06\left(\frac{243}{360}\right)\right] = 5000\left[1 + 0{,}06\left(\frac{287}{360}\right)\right]$$

$$X + 2520{,}42 + 40{,}97 + 2081{,}00 = 5239{,}17 \quad \text{, d.h.} \quad X = \$596{,}78$$

(*b*)

Schuld am 1. Juni 1957	\$5000,00
Zinsen vom 1. Juni bis 15. Juli (44 Tage)	36,67
Fälliger Betrag am 15. Juli 1957	5036,67
Zahlung am 15. Juli 1957	2000,00
Restschuld am 15. Juli 1957	3036,67
Die Zinsen vom 15. Juli bis 20. Oktober (97 Tage) betragen \$ 49,09. Die Zahlung beträgt \$ 40, das ist weniger, somit wird sie unverzinst zurückgelegt.	
Zinsen vom 15. Juli 1957 bis 25. Januar 1958 (194 Tage)	98,19
Fälliger Betrag am 25. Januar 1958	3134,86
Zahlungen von \$ 40 und \$ 2500	2540,00
Restschuld am 25. Januar 1958	594,86
Zinsen vom 25. Januar bis 15. März (49 Tage)	4,86
Restschuld am 15. März 1958	\$ 599,72

2. Ein gebrauchtes Auto wird für \$ 600 bar oder \$ 100 Anzahlung plus 9 Monatsraten à \$ 60 angeboten. Approximiere den zugrundeliegenden Zinssatz mit Hilfe der (*a*) Kaufmannsformel, (*b*) Formel konstanter Verhältnisse, (*c*) Formel direkter Verhältnisse.

Wir haben $n = 9$, $m = 12$, $R = 60$, $B = 600 - 100 = 500$, $I = Rn - B = 60(9) - 500 = 40$.

(*a*) $$r = \frac{2mI}{B(n+1) - I(n-1)} = \frac{2(12)(40)}{500(10) - 40(8)} = 0{,}205 \text{ oder } 20{,}5\%$$

(*b*) $$r = \frac{2mI}{B(n+1)} = \frac{2(12)(40)}{500(10)} = 0{,}192 \text{ oder } 19{,}2\%$$

(*c*) $$r = \frac{6mI}{3B(n+1) + I(n-1)} = \frac{6(12)(40)}{3(500)(10) + 40(8)} = 0{,}188 \text{ oder } 18{,}8\%$$

3. Bestimme in Aufgabe 2 den Diskontsatz mit Hilfe der Diskontierungsformel.

$$d = \frac{2mI}{Rn(n+1)} = \frac{2(12)(40)}{60(9)(10)} = 0{,}178 \text{ oder } 17{,}8\%$$

4. Ein Auto kostet bar \$ 3085. Bei Anzahlung von \$ 585 ist der Rest nach einem „6%-Plan" zu bezahlen, d.h. der Zinszuschlag ist gleich 6 % Zinsen jährlich auf den unbezahlten Rest, gerechnet für die gesamte Laufzeit der Ratenzahlungen. Bestimme die monatlichen Raten und den zugrundeliegenden Zinssatz, falls 18 Monatsraten zu zahlen sind. Benutze dabei die Formel (*a*) konstanter und (*b*) direkter Verhältnisse.

Der Zinszuschlag beträgt jährlich 6 % des Restbetrags für 18 Monate.
Wir haben $n = 18$, $m = 12$, $B = 3085 - 585 = 2500$, $I = 2500(0{,}06)(3/2) = 225$.

Wegen $I = Rn - B$ ist die Monatsrate $R = \dfrac{B+I}{n} = \dfrac{2500+225}{18} = \$151{,}39.$

(*a*) $$r = \frac{2mI}{B(n+1)} = \frac{2(12)(225)}{2500(19)} = 0{,}114 \text{ oder } 11{,}4\%$$

(*b*) $$r = \frac{6mI}{3B(n+1)+I(n-1)} = \frac{6(12)(225)}{3(2500)(19)+225(17)} = 0{,}111 \text{ oder } 11{,}1\%$$

5. Ein Laden bietet einen elektrischen Motor für \$ 34 bar oder \$ 5 Anzahlung und 10 Wochenraten à \$ 3 an. Bestimme den eingerechneten Zinssatz mit Hilfe der Formel direkter Verhältnisse.

Es gilt $n = 10$, $m = 52$, $R = 3$, $B = 34 - 5 = 29$, $I = Rn - B = 3(10) - 29 = 1$.

Also $$r = \frac{6mI}{3B(n+1)+I(n-1)} = \frac{6(52)(1)}{3(29)(11)+1(9)} = 0{,}323 \text{ oder } 32{,}3\%$$

6. Ein Kreditbüro berechnet auf Kredite bis \$ 500 monatlich 2 % Zinsen. Bestimme mit Hilfe der Formel direkter Verhältnisse den zugrundeliegenden Zinssatz, falls ein Kredit über \$ 500 in 24 gleichgroßen Monatsraten zurückgezahlt wird.
Dies ist in Wahrheit ein „24%-Plan".

Hier gilt $n = 24$, $m = 12$, $B = 500$, $I = 500(0{,}02)24 = 240$.

Also $$r = \frac{6mI}{3B(n+1)+I(n-1)} = \frac{6(12)(240)}{3(500)(25)+240(23)} = 0{,}402 \text{ oder } 40{,}2\%$$

7. Leite die Kaufmannsregel $r = \dfrac{2mI}{B(n+1) - I(n-1)}$ her.

Es seien r der zugrundeliegende Zinssatz und m die Anzahl der Raten in einem Jahr. Unter der Annahme, daß die jeweiligen Raten R zuerst zur Abzahlung der Restschuld B und dann zur Begleichung der Zinsschuld I dienen, erhalten wir als Folge von Restschulden

$$B,\ B-R,\ B-2R,\ \ldots,\ B-(n-1)R$$

Da der Schuldner jede dieser Summen für ein Zahlungsintervall, d.h. $1/m$ Jahr, zur Verfügung hat, ergibt sich für die Zinsen

$$\begin{aligned} I &= B(r)(1/m) + (B-R)(r)(1/m) + (B-2R)(r)(1/m) + \cdots + \big(B-(n-1)R\big)(r)(1/m) \\ &= \frac{r}{m}[B + (B-R) + (B-2R) + \cdots + \big(B-(n-1)R\big)] \end{aligned}$$

Der Ausdruck in Klammern ist nun die Summe einer arithmetischen Folge mit n Gliedern; also gilt

$$I = \frac{r}{m}\cdot\frac{n}{2}[B + B-(n-1)R] = \frac{r}{m}\cdot\frac{n}{2}[2B-(n-1)R]$$

d.h.

$$\begin{aligned} r &= \frac{2mI}{n[2B-(n-1)R]} = \frac{2mI}{2Bn - Rn^2 + Rn} \\ &= \frac{2mI}{(Bn+B)-(Rn^2-Bn-Rn+B)} = \frac{2mI}{B(n+1)-(Rn-B)(n-1)} \\ &= \frac{2mI}{B(n+1)-I(n-1)} \end{aligned}$$

8. Leite die Formel konstanter Verhältnisse $r = \dfrac{2mI}{B(n+1)}$ her.

Unter der Annahme, daß jede Rate R im Verhältnis der Schuld B zum Ratenzuschlag I für die Abzahlung der Schuld und die Abzahlung der Zinsen aufgeteilt wird, ergibt sich, daß jede Rate R die Schuld um B/n reduziert. (Wegen $I = Rn - B$ folgt $R = \dfrac{B}{n} + \dfrac{I}{n}$, und das Verhältnis von $\dfrac{B}{n}$ zu $\dfrac{I}{n}$ ist gleich dem Verhältnis von B zu I.) Die Folge der Restschulden ist damit

$$B, \quad B - \frac{B}{n}, \quad B - 2\frac{B}{n}, \quad \ldots, \quad B - (n-1)\frac{B}{n}$$

und es ergibt sich (siehe Aufgabe 7):

$$I = \frac{r}{m}\left[B + \left(B - \frac{B}{n}\right) + \left(B - 2\frac{B}{n}\right) + \cdots + \left(B - (n-1)\frac{B}{n}\right)\right]$$

$$= \frac{r}{m}\cdot\frac{n}{2}\left[2B - (n-1)\frac{B}{n}\right] = \frac{r}{m}\cdot\frac{n}{2}\cdot\frac{B(n+1)}{n} = \frac{r}{2m}[B(n+1)]$$

d.h.

$$r = \frac{2mI}{B(n+1)}$$

9. Leite die Diskontierungsformel $d = \dfrac{2mI}{Rn(n+1)}$ her.

Es sei d der Diskontsatz und m die Anzahl der Ratenzahlungen in einem Jahr. Unter der Annahme, daß die Summe der Barwerte der n Teilzahlungen R zum Tag des Kaufs gleich B ist, haben wir

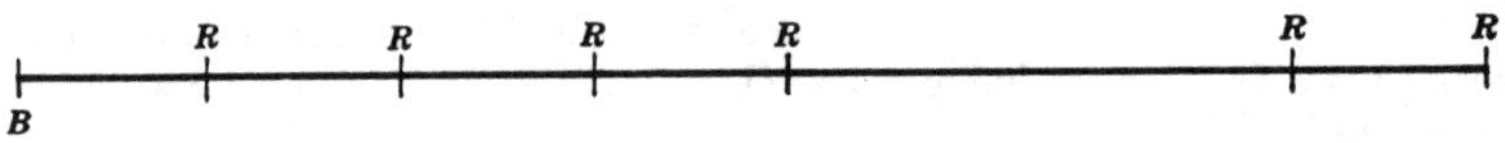

$$B = R\left(1 - \frac{d}{m}\right) + R\left(1 - 2\frac{d}{m}\right) + R\left(1 - 3\frac{d}{m}\right) + \cdots + R\left(1 - n\frac{d}{m}\right)$$

$$= R\cdot\frac{n}{2}\left[2 - (n+1)\frac{d}{m}\right] = \frac{Rn}{2}\cdot\frac{2m - (n+1)d}{m}$$

Damit gilt

$$2Bm = 2Rnm - Rn(n+1)d$$

$$Rn(n+1)d = 2Rnm - 2Bm = 2m(Rn - B) = 2mI$$

d.h.

$$d = \frac{2mI}{Rn(n+1)}$$

10. Leite die Kaufmannsformel $r = \dfrac{2mI}{B(n+1) - I(n-1)}$ mit Hilfe der Kaufmannsregel her.

Wir nehmen n Raten R an, die dazu benutzt werden, eine Schuld B abzutragen. Der Zinssatz pro Zahlungsintervall ist r/m. Mit Hilfe der

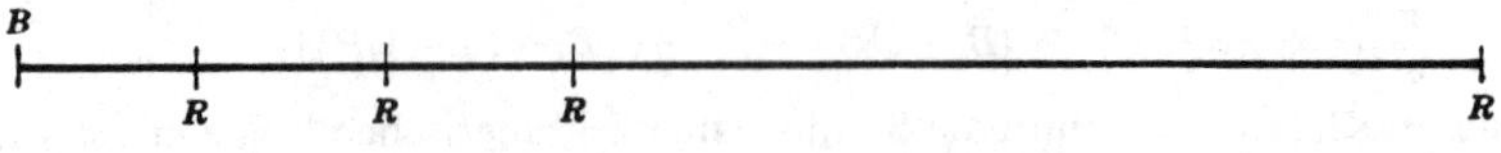

Kaufmannsregel zinsen wir alle Beträge auf den Tag der letzten Ratenzahlung auf und setzen die entsprechenden Beträge gleich:

$$B\left[1 + n\frac{r}{m}\right] = R\left[1 + (n-1)\frac{r}{m}\right] + R\left[1 + (n-2)\frac{r}{m}\right] + \cdots + R\left[1 + \frac{r}{m}\right] + R$$

Also gilt

$$B + B\frac{nr}{m} = nR + \frac{n(n-1)}{2}R\frac{r}{m}$$

d.h.

$$\frac{nr}{m}\left[B - R\frac{(n-1)}{2}\right] = nR - B = I$$

Also
$$\frac{nr}{m}\left[\frac{2B - Rn + R}{2}\right] = \frac{nr}{m}\left[\frac{B - I + R}{2}\right] = \frac{nr}{2m}\left(B - I + \frac{I+B}{n}\right)$$
$$= \frac{r}{2m}(Bn - In + I + B) = \frac{r}{2m}[B(n+1) - I(n-1)] = I$$

Daraus folgt
$$r = \frac{2mI}{B(n+1) - I(n-1)}$$

Ergänzungsaufgaben

11. Bestimme die Restzahlung am Fälligkeitstag einer Schuld über \$ 7500, die mit 6 % Zinsen nach 10 Monaten fällig ist, wenn 4 und 7 Monate vor Fälligkeit jeweils \$ 2500 zurückgezahlt werden. Benutze dabei die (*a*) Kaufmannsregel und (*b*) Vereinigte-Staaten-Regel. *Lsg.* (*a*) \$ 2737,50, (*b*) 2742,97

12. Eine Schuld über \$ 3000 ist mit 6 % Zinsen in 9 Monaten fällig. Nach 4 Monaten werden \$ 1000 zurückgezahlt und 3 Monate später \$ 1200. Bestimme die fällig werdende Restzahlung mit Hilfe der (*a*) Kaufmannsregel und (*b*) Vereinigte-Staaten-Regel. *Lsg.* (*a*) \$ 898,00, (*b*) \$ 899,81

13. Der Aussteller eines Schuldscheins vom 10. März 1961 über \$ 5000, fällig mit 5 % Zinsen in 180 Tagen, zahlt am 6. Mai \$ 1500, am 20. Juni \$ 750 und am 19. August \$ 1000 zurück. Bestimme die Restschuld am Fälligkeitstag mit Hilfe der (*a*) Kaufmannsregel und (*b*) Vereinigte-Staaten-Regel.
Lsg. (*a*) \$ 1838,76, (*b*) \$ 1839,72

14. M leiht sich von einer Bank für 8 Monate \$ 8000 zu 5 % Zinsen. Nach 2 Monaten zahlt er \$ 4000 zurück und will nach 6 Monaten die Restschuld begleichen. Wieviel zahlt er gemäß der Vereinigte-Staaten-Regel?
Lsg. \$ 4134,45

15. Ein Mann zahlt für ein Haus, das \$ 10 000 kostet, \$ 3600 an. Ferner überweist er drei Vierteljahresraten à \$ 1000 (die erste nach einem Vierteljahr). Wieviel ist nach einem Jahr noch zu bezahlen, wenn man die Vereinigte-Staaten-Regel anwendet und einen Zinssatz von 8 % zugrundelegt? *Lsg.* \$ 3805,96

Berechne in den Aufgaben 16–20 r bzw. d mit Hilfe der (*a*) Kaufmannsformel, (*b*) Formel konstanter Verhältnisse, (*c*) Diskontierungsformel und (*d*) Formel direkter Verhältnisse.

16. Ein Radio zu \$ 74,95 wird für \$ 9,95 Anzahlung und 10 Wochenraten à \$ 6,75 verkauft.
Hinweis. $n = 10$, $m = 52$, $R = 6{,}75$, $B = 65$, $I = 2{,}50$.
Lsg. (*a*) 37,5%, (*b*) 36,4%, (*c*) 35,0%, (*d*) 36,0%

17. Ein Kühlschrank für \$ 475 wird für \$ 175 Anzahlung und 11 Monatsraten à \$ 30 angeboten.
Hinweis. $n = 11$, $m = 12$, $R = 30$, $B = 300$, $I = 30$.
Lsg. (*a*) 21,8%, (*b*) 20,0%, (*c*) 18,2%, (*d*) 19,5%

18. Eine Waschmaschine für \$ 199,95 wird für \$ 19,95 nach dem „6%-Plan“ (siehe Aufgabe 3) mit 10 gleichgroßen Monatsraten verkauft.
Lsg. (*a*) 11,4%, (*b*) 10,9%, (*c*) 10,4%, (*d*) 10,8%

19. Ein Versandgeschäft schlägt bei Ratenzahlung auf den Barpreis 10 % auf. Dabei wird dann 1/3 als Anzahlung gefordert, sowie 12 gleichgroße Monatsraten. Betrachte einen Barpreis von \$ 300.
Lsg. (*a*) 33,6%, (*b*) 29,1%, (*c*) 25,2%, (*d*) 27,9%

20. Ein Auto kostet bar \$ 3050. *M* bekam \$ 750 für sein altes Auto und zahlte zusätzlich \$ 500 an. Der Rest wurde in 15 Monatsraten nach dem „6%-Plan" beglichen.
Lsg. (*a*) 12,0 %, (*b*) 11,2 %, (*c*) 10,5 %, (*d*) 11,0 %

21. Approximiere mit Hilfe der Formel konstanter Verhältnisse den zugrundeliegenden Zinssatz:

	Darlehen	Zinszuschlag	Anzahl der Monatsraten
(*a*)	\$ 400	7 % der Schuld	12
(*b*)	\$ 800	8 % der Schuld	15
(*c*)	\$ 1000	10 % der Schuld	18

Lsg. (*a*) 12,9 %, (*b*) 12,0 %, (*c*) 12,6 %

22. Löse die Aufgabe 21 mit Hilfe der Formel direkter Verhältnisse. *Lsg.* (*a*) 12,7 %, (*b*) 11,7 %, (*c*) 12,3 %

23. Benutze $r = \dfrac{d}{1-dt}$ (siehe Aufgabe 21, Seite 54), um den äquivalenten Zinssatz in den Aufgaben 16(*c*)–20(*c*) zu berechnen. *Lsg.* 16(*c*) 37,5 %, 17(*c*) 21,8 %, 18(*c*) 11,4 %, 19(*c*) 33,7 %, 20(*c*) 12,1 %

24. Die Schuld *B* und der Ratenzuschlag *I* werden durch $(n-1)$ gleichgroße Raten sowie eine letzte Zahlung *Z* (eine Periode nach der letzten Rate) abbezahlt. Legt man die Annahmen der Formel konstanter Verhältnisse zugrunde, so besteht jede Zahlung von $\dfrac{B+I-Z}{n-1}$ aus einer Rückzahlung des offenen Betrags $B_1 = \dfrac{B(B+I-}{(n-1)(B+}$ und einer Zinszahlung von $\dfrac{I(B+I-Z)}{(n-1)(B+I)}$. Zeige analog zu Aufgabe 8, daß $r = \dfrac{2mI(B+I)}{Bn(B+I+Z)}$ der zugrundeliegende Zinssatz ist.

25. Ein Radio zu \$ 29,95 wird für \$ 9,95 Anzahlung, 5 Wochenraten à \$ 4 und einer Restzahlung von \$ 2 (nach 6 Wochen) verkauft. Approximiere den zugrundeliegenden Zinssatz. *Lsg.* 158,9 %

26. Eine Maschine für \$ 225 wird für \$ 100 Anzahlung, 10 Monatsraten à \$ 15 und einer Restzahlung von \$ 5 (nach 11 Monaten) verkauft. Approximiere den zugrundeliegenden Zinssatz. *Lsg.* 50,7 %

Kapitel 7

Zinseszins

ZINSESZINS. Wird Geld über einen längeren Zeitraum angelegt, so gibt es zwei Möglichkeiten der Zinsausschüttung:

(1) Zu bestimmten Zeitpunkten werden die fälligen Zinsen ausbezahlt (etwa bei einer Anleihe). Das investierte Kapital bleibt dabei dasselbe, d.h. die Zinszahlungen sind während des gesamten Anlagezeitraums konstant. Hier handelt es sich um (einfache) Zinsen (siehe Kapitel 4).

(2) Zu bestimmten Zeitpunkten werden die Zinsen dem Kapital zugeschlagen (etwa beim Sparbuch). In diesem Fall verwandeln sie sich in Kapital, das danach auch Zinsen trägt. Damit wächst das verzinslich angelegte Kapital während des Anlagezeitraums. Das am Ende der Transaktion fällige Kapital nennt man den *Endwert* des angelegten Kapitals. Die Differenz zum angelegten Kapital sind die *Zinseszinsen.*

Beispiel 1.

Bestimme die (*a*) Zinsen und (*b*) Zinseszinsen auf \$ 1000 für 3 Jahre bei 5 % Zinssatz.

(*a*) $I = Prt = 1000(0{,}05)\,3 = \$\ 150{,}00$

(*b*) Das investierte Kapital ist \$ 1000.

Zinsen für 1 Jahr $1000(0{,}05) = \$\ 50$.

Kapital nach 1 Jahr	$1000 + 50 = \$1050$.
Zinsen auf das neue Kapital für 1 Jahr	$1050(0{,}05) = \$52{,}50$.
Kapital nach 2 Jahren	$1050 + 52{,}50 = \$1102{,}50$.
Zinsen auf das neue Kapital für 1 Jahr	$1102{,}50(0{,}05) = \$55{,}12$.
Kapital nach 3 Jahren	$1102{,}50 + 55{,}12 = \$1157{,}62$.

Die Zinseszinsen betragen $1157{,}62 - 1000 = \$\ 157{,}62$.

Zinsen können jährlich, halbjährlich, vierteljährlich, monatlich, usw. gutgeschrieben und damit in Kapital verwandelt werden. Der Zeitraum zwischen zwei Zinsgutschriften heißt *Zinsperiode.* Der Zinssatz ist gewöhnlich als Zinssatz pro Jahr angegeben. Mit „zu 6 %" meinen wir „auf das Jahr gerechnet". Im anderen Fall wird die Zinsperiode zusätzlich angeführt, etwa 4 %, halbjährlich gutgeschrieben bzw. berechnet, oder 5 %, vierteljährlich, usw.

Bei Zinseszinsberechnungen treten 3 wichtige Größen auf: (*a*) das gegebene Kapital, (*b*) der Zinssatz pro Zinsperiode und (*c*) die Anzahl der Zinsperioden während der gesamten Transaktion.

Beispiel 2.

Eine gewisse Summe wird für $8\frac{1}{2}$ Jahre zu 7 %, die vierteljährlich gutgeschrieben werden, investiert. Die Zinsperiode ist 3 Monate, pro Jahr haben wir 4 Zinsperioden. Als Zinssatz pro Zinsperiode ergibt sich somit

$$\frac{\text{jährlicher Zinssatz}}{\text{Zinsperioden im Jahr}} = \frac{0{,}07}{4} = 0{,}0175 \text{ oder } 1\tfrac{3}{4}\%$$

Die Anzahl der Zinsperioden insgesamt ist
(Anzahl der Jahre) (Zinsperioden pro Jahr) $= 8\frac{1}{2} \times 4 = 34$

Siehe Aufgaben 1–2.

ENDWERT des KAPITALS 1. Ein Kapital P werde zu einem Zinssatz i pro Zinsperiode investiert. Ferner sei S das Kapital, auf das P nach n Zinsperioden unter Zinseszins anwächst. Da durch P in der ersten Zinsperiode Pi Zinsen erwirtschaftet werden, haben wir als Kapital am Ende dieser Periode $P + Pi = P(1 + i)$. Mit anderen Worten: Um den Endwert eines beliebigen Kapitals am Ende einer Zinsperiode zu berechnen, muß man das gegebene Kapital mit $(1+i)$ multiplizieren. Am Ende der zweiten Zinsperiode ist also ein Kapital von $P(1 + i)(1 + i) = P(1 + i)^2$ vorhanden; am Ende der dritten Zinsperiode ein Kapital von $P(1 + i)^2 \cdot (1 + i) = P(1 + i)^3$ usw. Die Folge der einzelnen Kapitale

$$P(1+i),\ P(1+i)^2,\ P(1+i)^3\ \ldots$$

bildet eine geometrische Folge, deren n-tes Glied

$$S = P(1+i)^n \qquad (1)$$

ist. Der Faktor $(1 + i)^n$ ist der *Endwert des Kapitals* 1 nach n Zinsperioden. Sind i und n gegeben, so kann man ihn logarithmisch berechnen. Für gängige Zinssätze ist er in Tabelle IV tabelliert. Wollen wir S auf Cent genau berechnen, so berücksichtigen wir höchstens so viele Dezimalstellen der Tabellenwerte, wie P, in Cent ausgedrückt, Ziffern hat. Der sich dabei ergebende Fehler ist maximal 1 Cent.

Beispiel 3.

Werden \$ 1000 für $8\frac{1}{2}$ Jahre zu 7 %, vierteljährlich gutgeschrieben, investiert,so gilt $P = 1000$, $i = 0{,}0175$, $n = 34$, also

$$S = P(1+i)^n = 1000(1{,}0175)^{34}$$
$$= 1000(1{,}803725) = \$1803{,}72 \qquad \text{(Tabelle IV)}$$

Die Zinseszinsen betragen $1803{,}72 - 1000 = \$\ 803{,}72$.

Beispiel 4.

Am 20. März 1945 wurden \$ 200 zu 5 %, halbjährlich berechnet, investiert. Wie groß war das Guthaben am 20. September 1961?

$P = 200$, $i = 0{,}025$, $n = 33$, also

$$S = P(1+i)^n = 200(1{,}025)^{33} = 200(2{,}25885) = \$451{,}77 \qquad \text{(Tabelle IV)}$$

Siehe die Aufgaben 3–7.

Siehe Aufgabe 8 für den Fall, daß n einen tabellierten Wert übersteigt.

ENDWERT bei BRUCHTEILEN von ZINSPERIODEN. Formel (*1*) galt für den Fall, daß n eine ganze Zahl ist. Theoretisch kann man sie auch anwenden, wenn n keine ganze Zahl ist. Ist n ein Bruch, so kann man die Tabellen IV und VI benutzen; ist dies nicht der Fall, so muß man logarithmisch rechnen.

Beispiel 5.

Bestimme, auf wieviel (theoretisch) \$ 3000 in 6 Jahren und 3 Monaten bei 5 % Zinseszins anwachsen.

Hier gilt $P = 3000$, $i = 0{,}05$ und $n = 25/4$; also

$$\begin{aligned} S &= 3000(1{,}05)^{25/4} = 3000(1{,}05)^6(1{,}05)^{1/4} \\ &= 3000(1{,}340096)(1{,}012272) = \$4069{,}63 \quad \text{(Tabellen IV und VI)} \end{aligned}$$

In der Praxis wird im allgemeinen nicht wie eben gerechnet. Man berechnet stattdessen die Zinseszinsen für die vollständigen Zinsperioden und dann für die Restzeit (Bruchteile von Zinsperioden) Zinsen. Wenn es nicht anders vermerkt ist, wollen wir in diesem Buch nach diesem (praktischen) Verfahren rechnen.

Beispiel 6.

Rechne in Beispiel 5 nach dem praktischen Verfahren.
Wir berechnen die Zinseszinsen für 6 ganze Zinsperioden (Jahre) und darauf dann die Zinsen für $\frac{1}{4}$ Jahr. Dies ergibt

$$\begin{aligned} S &= 3000(1{,}05)^6[1 + 0{,}05(\tfrac{1}{4})] \\ &= 3000(1{,}340096)(1{,}0125) = \$4070{,}54 \end{aligned}$$

Bem. Mit dem praktischen Verfahren läßt es sich einfacher rechnen; als Ergebnis erhält man einen etwas höheren Wert als beim theoretischen Verfahren.

Siehe die Aufgaben 10–11.

NOMINALER und EFFEKTIVER ZINSSATZ. Zwei Zinssätze, bei denen die Zinsen über verschiedene Zinsperioden berechnet werden, heißen äquivalent, wenn nach einem Jahr dasselbe Endkapital vorhanden ist.

Beispiel 7.

\$ 100 wachsen bei

(*a*) 4 %, vierteljährlich gutgeschrieben, auf $100(1{,}01)^4 = \$\ 104{,}06$
(*b*) 4,06 %, jährlich gutgeschrieben, auf $100(1{,}0406) = \$\ 104{,}06$

an. Damit sind 4 %, vierteljährlich berechnet, und 4,06 %, jährlich gutgeschrieben, äquivalente Zinssätze.

Werden Zinsen mehrmals im Laufe des Jahres gutgeschrieben, so heißt der gegebene (jährliche) Zinssatz *nominaler Zinssatz.* Der tatsächlich zugrundeliegende (äquivalente) Zinssatz (bei Berechnung von Zinseszins) heißt *effektiver Zinssatz.* In Beispiel 7(*a*) ist 4 % ein nominaler Zinssatz, während in (*b*) 4,06 % ein effektiver Zinssatz ist. Wie wir oben bemerkt haben, ist der effektive Zinssatz 4,06 % dem nominalen Zinssatz 4 %, vierteljährlich berechnet, äquivalent.

Beispiel 8.

Bestimme den effektiven Zinssatz r, der dem nominalen Zinssatz 5 %, monatlich berechnet, äquivalent ist.
Bei r % effektiv wächst das Kapital 1 auf $1 + r$ an, während es bei 5 %, monatlich berechnet, auf $(1 + 0{,}05/12)^{12}$ anwächst. Setzen wir diese Summe gleich

$$1 + r = (1 + 0{,}05/12)^{12}$$

so folgt

$$\begin{aligned} r &= (1 + 0{,}05/12)^{12} - 1 \\ &= 1{,}05116190 - 1 = 0{,}05116190 \text{ oder } 5{,}116\% \end{aligned}$$

Beispiel 9.

Bestimme den nominalen Zinssatz j, vierteljährlich berechnet, der zu 5 % effektiv äquivalent ist.

Das Kapital 1 wächst beim Zinssatz j, vierteljährlich berechnet, auf $(1+j/4)^4$ an, bei 5 % effektiv auf 1,05. Setzen wir

$$(1+j/4)^4 = 1{,}05$$

so folgt

$$1+j/4 = (1{,}05)^{1/4}$$

Also gilt

$$j = 4[(1{,}05)^{1/4}-1]$$
$$= 4(0{,}01227223) = 0{,}04908892 \text{ oder } 4{,}909\%$$

Bem. In manchen Büchern ist definiert (und tabelliert)

$$j_p \,(\text{zu } i) = p[(1+i)^{1/p}-1]$$

In obigem Beispiel heiße dies $j = j_4$ (zu 0,05), und man könnte j direkt aus der entsprechenden Tabelle ablesen.

Siehe die Aufgaben 12–14.

AUFLÖSUNG nach dem ZINSSATZ *i*. Es seien P, S und n gegeben; dann kann man i entweder mit Hilfe von Tabelle IV annähernd oder logarithmisch berechnen.

Beispiel 10.

Zu welchem nominalen Zinssatz j, halbjährlich berechnet, wachsen $ 100 in $15\frac{1}{2}$ Jahren auf $ 215 an?

Hier gilt $P = 100$, $S = 215$, $n = 31$. Es sei $i = j/2$. Mit (*1*) folgt dann

$$215 = 100(1+i)^{31} \quad \text{, d.h.} \quad (1+i)^{31} = \frac{215}{100} = 2{,}1500$$

In Tabelle IV finden wir $(1{,}025)^{31} = 2{,}15000677$, so daß $i = 0{,}025$ und $j = 2i = 0{,}05$ oder 5 %.

Beispiel 11.

Zu welchem nominalen Zinssatz j, vierteljährlich berechnet, wachsen $ 1250 in 10 Jahren auf $ 1900 an?

Hier gilt $P = 1250$, $S = 1900$, $n = 40$; mit (*1*) folgt

$$1900 = 1250(1+i)^{40} \quad \text{, d.h.} \quad (1+i)^{40} = \frac{1900}{1250} = 1{,}5200$$

Mit Hilfe von Tabelle IV finden wir $(1{,}01)^{40} = 1{,}4889$ und $(1{,}0125)^{40} = 1{,}6436$ als Werte, die 1,5200 am nächsten liegen. Es ist damit klar, daß i zwischen 1 % und $1\frac{1}{4}$ % liegt und dabei näher an 1 %. Wir bilden die unten angegebenen Rechenschemata (die eckigen Klammern drücken Differenzen aus). Dabei haben wir $i - 0{,}01 = x$ gesetzt.

$$0{,}0025\left[\begin{array}{l} \left.\begin{array}{l}0{,}01\\ \quad i\end{array}\right] x \\ 0{,}0125\end{array}\right. \qquad 0{,}1547\left[\begin{array}{l} \left.\begin{array}{l}1{,}4889\\ 1{,}5200\end{array}\right] 0{,}0311 \\ 1{,}6436\end{array}\right.$$

Wegen $$\frac{x}{0{,}0025} = \frac{0{,}0311}{0{,}1547} \quad \text{folgt} \quad x = \frac{0{,}0311}{0{,}1547}(0{,}0025) = 0{,}00050. \quad \text{Also gilt}$$

$$i = 0{,}01 + x = 0{,}01050 \quad \text{und} \quad j = 4i = 0{,}0420 \text{ oder } 4{,}20\,\%$$

Beispiel 12.

Rechne in Beispiel 11 logarithmisch.

Wegen $1900 = 1250(1+i)^{40}$

ergibt sich

$$\log 1900 = \log 1250 + 40 \log(1+i)$$

$$\log(1+i) = \frac{\log 1900 - \log 1250}{40} = \frac{3{,}278754 - 3{,}096910}{40}$$
$$= 0{,}004546$$

Damit folgt

$$1+i = 1{,}01052 \text{ oder } i = 0{,}01052 \quad \text{und} \quad j = 4i = 0{,}04208 \text{ oder } 4{,}208\ \%$$

Siehe Aufgabe 15.

AUFLÖSUNG nach der ZEIT. Sind *P, S* und *i* bekannt, so kann *n* mit Hilfe von Tabelle IV approximiert oder logarithmisch berechnet werden.

Beispiel 13.
In welcher Zeit wachsen $ 2000 bei 4 % Zinseszins, halbjährlich gutgeschrieben, auf $ 3650 an?

$P = 2000$, $S = 3650$, $i = 0{,}02$; wegen (*1*) gilt

$$3650 = 2000(1{,}02)^n \quad \text{, d.h.} \quad (1{,}02)^n = \frac{3650}{2000} = 1{,}8250$$

In Tabelle IV finden wir

$$(1{,}02)^{30} = 1{,}81136158 \quad \text{, d.h.} \quad (1{,}02)^{31} = 1{,}84758882$$

Damit liegt die gesuchte Zeit zwischen 30 und 31 Zinsperioden, d.h. 15 und $15\frac{1}{2}$ Jahren. Wird Zinseszins für die ganze Zinsperioden angerechnet, so ist $15\frac{1}{2}$ die gesuchte Zeit, wobei sich dann etwas mehr als $ 3650 angesammelt haben. Betrachtet man auch Bruchteile von Zinsperioden, so kann man *n* wie in Beispiel 11 interpolieren. Wir stellen folgende Schemata auf:

$$1\left[\begin{array}{l} 30 \\ n \\ 31 \end{array}\right] x \qquad\qquad 0{,}0362\left[\begin{array}{l} 1{,}8114 \\ 1{,}8250 \\ 1{,}8476 \end{array}\right] 0{,}0136$$

Wegen $\frac{x}{1} = \frac{0{,}0136}{0{,}0362}$ folgt $x = 0{,}38$ und $n = 30 + x = 30{,}38$ Zinsperioden. Damit erhalten wir annähernd 15,19 Jahre.

Siehe Aufgabe 16.

Aufgaben mit Lösungen

1. Eine gewisse Summe wird für 6 Jahre, 7 Monate, zu 6 %, monatlich gutgeschrieben, angelegt. Bestimme den Zinssatz *i* pro Zinsperiode und die Zahl *n* von Zinsperioden.

Als Zinsperiode haben wir 1 Monat. Damit folgt $i = 0{,}06/12 = 0{,}005$ bzw. $\frac{1}{2}$ %; ferner haben wir $n = 6 \times 12 + 7 = 79$ Zinsperioden.

2. Eine gewisse Summe wird vom 10. Oktober 1954 bis 10. Januar 1962 zu 8 %, vierteljährlich gutgeschrieben, angelegt. Bestimme den Zinssatz *i* pro Zinsperiode und die Anzahl der Zinsperioden.

Als Zinsperiode haben wir 3 Monate. Damit folgt $i = 0{,}08/4 = 0{,}02$ bzw. 2 %; wegen

Jahr	Monat
1962	1
1954	10
7	3

ergeben sich $n = 7 \times 4 + 1 = 29$ Zinsperioden.

3. X leiht sich \$ 600 unter der Bedingung, daß er die Summe nach 4 Jahren mit 3 % Zinseszinsen, halbjährlich berechnet, zurückzahlt. Wieviel muß er dann zahlen?

$P = 600,\ i = 0{,}015,\ n = 8;$ also

$$S = P(1+i)^n = 600(1{,}015)^8 = 600(1{,}12649) = \$675{,}89$$

4. Wieviel ergeben \$ 2500 in $5\frac{1}{4}$ Jahren bei 4 % Zinseszins, monatlich gerechnet?

$P = 2500,\ i = 0{,}04/12 = 0{,}01/3,\ n = 63;$ also

$$S = P(1+i)^n = 2500(1+0{,}01/3)^{63} = 2500(1{,}233247) = \$3083{,}12$$

Bem. Wir schreiben hier $i = 0{,}01/3$, da sonst i eine nicht abbrechende Dezimalzahl ist.

5. Am 1. Februar 1948 lieh sich X \$ 2000 zu 5 %, vierteljährlich berechnet. Wie groß sind seine Schulden am 1. August 1960?

$P = 2000,\ i = 0{,}0125,\ n = 50;$ also

$$S = P(1+i)^n = 2000(1{,}0125)^{50} = 2000(1{,}861022) = \$3722{,}04$$

6. Sechs Jahre, nachdem X \$ 2500 auf ein Sparbuch zu $2\frac{1}{2}$ %, halbjährlich berechnet, legte, wurde der Zinssatz auf 3 %, ebenfalls halbjährlich berechnet, erhöht. Wieviel hat er 10 Jahre nach dem Wechsel des Zinssatzes auf dem Konto?

Für die ersten 6 Jahre: $P = 2500,\ i = 0{,}0125,\ n = 12,$ d.h. $S_1 = 2500(1{,}0125)^{12}$.

Für die nächsten 10 Jahre: $P = 2500(1{,}0125)^{12},\ i = 0{,}015,\ n = 20.$ Damit folgt

$$S = 2500(1{,}0125)^{12}(1{,}015)^{20} = 2500(1{,}160755)(1{,}346855) = \$3908{,}42$$

7. Wieviel ergeben \$ 2000 in 6 Jahren bei 4,2 % Zinseszins, vierteljährlich berechnet?

$P = 2000,\ i = 0{,}0105,\ n = 24,$ d.h. $S = 2000(1{,}0105)^{24}$.

Hier können wir Tabelle IV nicht benutzen und müssen logarithmisch rechnen.

$$\begin{aligned}\log S &= \log 2000 + 24 \log 1{,}0105 \\ &= 3{,}301030 + 0{,}108871 = 3{,}409901 \quad \text{, d.h. } S = \$2569{,}80\end{aligned}$$

8. Wieviel ergeben \$ 1000 in 20 Jahren bei 5 % Zinseszins, monatlich berechnet?

$P = 1000,\ i = 0{,}05/12,\ n = 240,$ d.h.

$$\begin{aligned}S &= 1000(1+0{,}05/12)^{240} \\ &= 1000(1+0{,}05/12)^{150}(1+0{,}05/12)^{90} \\ &= 1000(1{,}865822)(1{,}453858) = \$2712{,}64\end{aligned}$$

9. Die folgende Tabelle zeigt das Anwachsen des Kapitals \$ 1 unter (einfachen) Zinsen und Zinseszinsen bei 6 % Zinssatz. Der Vergleich ist in der danebenstehenden Graphik illustriert.

Jahr	Zinsen	Zinseszinsen
0	1,000	1,000
1	1,060	1,060
2	1,120	1,124
3	1,180	1,191
4	1,240	1,262
5	1,300	1,338
6	1,360	1,419
7	1,420	1,504
8	1,480	1,594
9	1,540	1,689
10	1,600	1,791

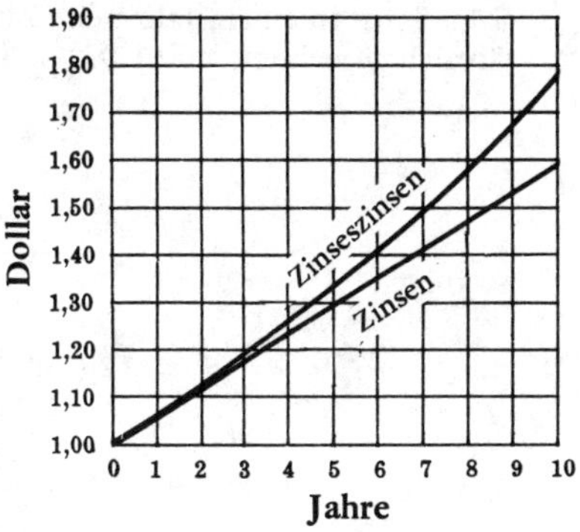

10. Auf wieviel wachsen (theoretisch) (*a*) \$ 500 in 7 Jahren, 2 Monaten, bei $4\frac{1}{2}$ % Zinseszins an, (*b*) \$ 1500 in 6 Jahren, 7 Monaten bei 5,2 % Zinseszins, halbjährlich gutgeschrieben, an?

(*a*) $P = 500,\ i = 0{,}045,\ n = 43/6$ und

$$\begin{aligned} S &= 500(1{,}045)^{43/6} = 500(1{,}045)^7(1{,}045)^{1/6} \\ &= 500(1{,}36086)(1{,}00736) \qquad \text{(Tabellen IV und VI)} \\ &= \$685{,}44 \end{aligned}$$

(*b*) $P = 1500,\ i = 0{,}026,\ n = 79/6$ und $S = 1500(1{,}026)^{79/6}$.

$$\begin{aligned} \log S &= \log 1500 + \frac{79}{6}\log 1{,}026 \\ &= 3{,}176091 + 0{,}146776 = 3{,}322867 \quad \text{, d.h. } S = \$2103{,}10 \end{aligned}$$

11. Auf wieviel wachsen (praktisch gerechnet) (*a*) \$ 500 in 7 Jahren, 2 Monaten, bei $4\frac{1}{2}$ % Zinseszins an, (*b*) \$ 1500 in 6 Jahren, 7 Monaten bei 5,2 % Zinseszins, halbjährlich gutgeschrieben, an?

(*a*) Wir berechnen Zinseszinsen für 7 Zinsperioden und dann Zinsen für 2 Monate; dies ergibt

$$\begin{aligned} S &= 500(1{,}045)^7(1 + 0{,}045/6) \\ &= 500(1{,}36086)(1{,}0075) = \$685{,}53 \end{aligned}$$

(*b*) Wir berechnen Zinseszinsen für 13 Zinsperioden und dann Zinsen für 1 Monat; dies ergibt

$$\begin{aligned} S &= 1500(1{,}026)^{13}(1 + 0{,}052/12) = 1500(1{,}026)^{13}(1{,}0043) \\ \log S &= \log 1500 + 13\log 1{,}026 + \log 1{,}0043 \\ &= 3{,}176091 + 0{,}144911 + 0{,}001864 = 3{,}322866 \quad \text{, d.h. } S = \$2103{,}10 \end{aligned}$$

12. Bestimme den effektiven Zinssatz r, der $j = 0{,}0525$, vierteljährlich berechnet, entspricht.

In einem Jahr wächst das Kapital 1 zum Zinssatz r auf $1 + r$ an, während es zu j, vierteljährlich berechnet, auf $(1{,}013125)^4$ anwächst; setzen wir

$$1 + r = (1{,}013125)^4$$

so folgt $$r = (1{,}013125)^4 - 1$$

Nun gilt $$\log(1{,}0131)^4 = 4(0{,}0056523) = 0{,}022609$$

und $$(1{,}0131)^4 = 1{,}0534$$

Also $$r = 0{,}0534 \text{ oder } 5{,}34\%$$

13. Bestimme den nominalen Zinssatz j, monatlich gerechnet, der 6 %, halbjährlich gerechnet, entspricht.
$ 1 wächst in einem Jahr beim Zinssatz j, monatlich gerechnet, auf $(1+j/12)^{12}$ an, bei 6 %, halbjährlich gerechnet, auf $(1{,}03)^2$. Setzen wir

$$(1+j/12)^{12} = (1{,}03)^2$$

so folgt
$$1+j/12 = (1{,}03)^{1/6}$$

d.h.
$$j = 12[(1{,}03)^{1/6}-1] = 12[0{,}00493862] = 0{,}05926344 \text{ oder } 5{,}926\%$$

14. Bestimme den nominalen Zinssatz j, halbjährlich gerechnet, der dem effektiven Zinssatz von 4,2 % entspricht.
$ 1 wachsen in einem Jahr beim Zinssatz j, halbjährlich gerechnet, auf $(1+j/2)^2$ an, bei 4,2 % effektivem Zinssatz auf 1,042. Setzen wir
$$(1+j/2)^2 = 1{,}042$$

so folgt
$$j = 2[(1{,}042)^{1/2}-1]$$

Es gilt $\log(1{,}042)^{1/2} = \frac{1}{2}(0{,}0178677) = 0{,}0089338$ und $(1{,}042)^{1/2} = 1{,}02078$. Also
$$j = 2[1{,}02078-1] = 0{,}04156 \text{ oder } 4{,}156\%$$

15. Bei welchem Zinssatz, monatlich gerechnet, wachsen $ 2000 in 6 Jahren auf $ 2650 an?

$P = 2000$, $S = 2650$, $n = 72$; also
$$2650 = 2000(1+i)^{72} \quad \text{, d.h.} \quad (1+i)^{72} = \frac{2650}{2000} = 1{,}3250$$

Mit Hilfe von Tabelle IV sehen wir, daß i zwischen $\frac{1}{3}$ % und $\frac{5}{12}$ % liegt. Wir setzen $x = i - 0{,}01/3$ und erhalten

$$0{,}01/12\left[\begin{array}{l} \left.\begin{array}{l} 0{,}01/3 \\ i \end{array}\right] x \\ 0{,}05/12 \end{array}\right. \qquad 0{,}0783\left[\begin{array}{l} \left.\begin{array}{l} 1{,}2707 \\ 1{,}3250 \end{array}\right] 0{,}0543 \\ 1{,}3490 \end{array}\right.$$

$$\frac{x}{0{,}01/12} = \frac{0{,}0543}{0{,}0783}, \qquad x = \frac{0{,}0543}{0{,}0783}(0{,}01/12) = 0{,}00058$$

$$i = 0{,}01/3 + x = 0{,}00391$$

d.h.
$$j = 12i = 12(0{,}00391) = 0{,}04692 \text{ oder } 4{,}692\%$$

Logarithmisch gerechnet:

$$\log 2650 = \log 2000 + 72\log(1+i)$$

$$\log(1+i) = \frac{\log 2650 - \log 2000}{72} = \frac{3{,}423246 - 3{,}301030}{72}$$
$$= 0{,}001697$$

Also $1+i = 1{,}00392$, $i = 0{,}00392$, d.h. $j = 0{,}04704$ oder 4,704%.

16. In welcher Zeit wachsen $ 2500 bei 6 %, vierteljährlich gerechnet, auf $ 3500 an?

$P = 2500$, $S = 3500$, $i = 0{,}015$; also
$$3500 = 2500(1{,}015)^n \quad \text{, d.h.} \quad (1{,}015)^n = \frac{3500}{2500} = 1{,}4000$$

Mit Hilfe von Tabelle IV sehen wir, daß n zwischen 22 und 23 liegt. Wir setzen $x = n - 22$ und erhalten

$$1\left[\begin{array}{c} 22 \\ n \\ 23 \end{array}\right] x \qquad\qquad 0{,}0208\left[\begin{array}{c} 1{,}3876 \\ 1{,}4000 \\ 1{,}4084 \end{array}\right] 0{,}0124$$

$$\frac{x}{1} = \frac{0{,}0124}{0{,}0208} = 0{,}60 \quad \text{, also} \quad n = 22 + x = 22{,}60$$

Die gesuchte Zeit ist annähernd $22{,}60/4 = 5{,}65$ Jahre.

Logarithmisch gerechnet.

$$n \log(1{,}015) = \log 3500 - \log 2500$$
$$0{,}006466n = 3{,}544068 - 3{,}397940 = 0{,}146128$$

d.h.

$$n = \frac{0{,}146128}{0{,}006466}$$

Diesen Quotienten berechnen wir logarithmisch und erweitern zu diesem Zweck:

$$n = \frac{14613}{647}$$

Also

$$\log n = \log 14613 - \log 647 = 4{,}164739 - 2{,}810904 = 1{,}353835$$

d.h. $n = 22{,}59$. Die gesuchte Zeit ist wie eben 5,65 Jahre.

Ergänzungsaufgaben

17. Bestimme den Zinssatz i pro Zinsperiode und die Anzahl n der Zinsperioden:

(*a*) 5 Jahre zu 4 %
(*b*) 8 Jahre zu 5 %
(*c*) 6 Jahre zu $4\frac{1}{2}$ %, halbjährlich berechnet
(*d*) 10 Jahre zu $3\frac{1}{2}$ %, halbjährlich berechnet
(*e*) $5\frac{1}{2}$ Jahre zu 4 %, vierteljährlich berechnet
(*f*) 6 Jahre und 9 Monate zu 6 %, vierteljährlich berechnet
(*g*) 1. Januar 1950 bis 1. Juli 1961 zu 5 %, halbjährlich berechnet
(*h*) 15. März 1947 bis 15. September 1962 zu $3\frac{1}{2}$ %, halbjährlich berechnet
(*j*) 20. Januar 1955 bis 20. Juli 1962 zu 6 %, monatlich berechnet
(*k*) 30. September 1947 bis 30. März 1963 zu 3 %, monatlich berechnet.

Lsg.:
(*a*) $i = 0{,}4$, $n = 5$
(*b*) $i = 0{,}05$, $n = 8$
(*c*) $i = 0{,}0225$, $n = 12$
(*d*) $i = 0{,}0175$, $n = 20$
(*e*) $i = 0{,}01$, $n = 22$
(*f*) $i = 0{,}015$, $n = 27$
(*g*) $i = 0{,}025$, $n = 23$
(*h*) $i = 0{,}0175$, $n = 31$
(*i*) $i = 0{,}015$, $n = 34$
(*j*) $i = 0{,}005$, $n = 90$
(*k*) $i = 0{,}0025$, $n = 186$

18. (*a*) Vergleiche Zinsen und Zinseszinsen auf \$ 100 für ein Jahr zu 6 %. Interpretiere.
(*b*) Vergleiche Zinsen und Zinseszinsen auf \$ 100 für 5 Jahre zu 6 %. Interpretiere.

19. Bestimme den Endwert von \$ 100 zu 5 % nach (*a*) 10, (*b*) 20, (*c*) 30 Jahren. Wann etwa hat sich das Kapital verdoppelt?
Lsg. (*a*) **\$162,89,** (*b*) **\$265,33,** (*c*) **\$432,19;** nach 15 Jahren.

20. Bestimme den Endwert:
(*a*) \$ 750 für 6 Jahre zu 4 %, halbjährlich
(*b*) \$ 750 für 6 Jahre, vierteljährlich
(*c*) \$ 1500 für $8\frac{1}{4}$ Jahre zu 3 %, vierteljährlich
(*d*) \$ 1500 für 7 Jahre und 8 Monate zu 5 %, monatlich.
Lsg. (*a*) **\$951,18,** (*b*) **\$952,30,** (*c*) **\$1919,46,** (*d*) **\$2199,00**

21. Ein Vater legt zur Geburt seines Sohnes \$ 500 an, die $2\frac{1}{2}$ %, halbjährlich gutgeschrieben, bringen. Wieviel stehen am 18. Gebutstag seines Sohnes zur Verfügung? *Lsg.* \$ 781,97

22. Ein Bild ist \$ 75 000 wert und steigt im Wert, so wird erwartet, jährlich um 4 %. Wieviel ist es nach 12 Jahren wert?
Lsg. \$120 077,42

23. Ein Betrag von \$ 10 000 wird am 1. Mai 1942 zu $3\frac{1}{2}$ % jährlich angelegt. Auf wieviel ist er bis zum 1. Mai 1950 gestiegen? *Lsg.* **\$13 168,09**

24. X benötigt \$ 2000 für 2 Jahre. Angeboten wird ihm (*a*) 5 %, vierteljährlich, (*b*) $5\frac{3}{8}$ %, halbjährlich, (*c*) $5\frac{1}{2}$ % (einfache) Zinsen. Welches Angebot ist für ihn das günstigste? *Lsg.:* (*a*)

25. Wieviel ergeben \$ 2000 in 6 Jahren zu 6,4 %, halbjährlich? *Lsg.* **\$2918,70**

26. Wieviel ergeben \$ 1500 in $7\frac{1}{2}$ Jahren zu 5,2 %, vierteljährlich? *Lsg.* **\$2209,90**

27. Bestimme den Endwert (praktisch gerechnet):
(*a*) \$ 1000 für 8 Jahre, 5 Monate, zu 4 %, halbjährlich. *Lsg.* **\$1395,67**
(*b*) \$ 1500 für 6 Jahre, 10 Monate, zu 5 %, vierteljährlich. *Lsg.* **\$2106,51**

28. Welcher effektive Zinssatz ist zu 6 %, vierteljährlich, äquivalent? *Lsg.* **6,136%**

29. Bestimme den nominalen Zinssatz, vierteljährlich berechnet, der zu 5 %, halbjährlich berechnet, äquivalent ist. *Lsg.* \$ 4,969 %

30. Bestimme den nominalen Zinssatz, monatlich berechnet, der zu 5 %, halbjährlich berechnet, äquivalent ist.
Lsg. 4,949 %

31. Bestimme den nominalen Zinssatz, halbjährlich gerechnet, zu dem \$ 2500 in 5 Jahren auf \$ 3250 anwachsen. *Lsg.* 5,312 %

32. Bestimme den nominalen Zinssatz, vierteljährlich berechnet, zu dem \$ 3500 in $5\frac{1}{4}$Jahren auf \$ 5000 anwachsen. *Lsg.* 6,849 %

33. Bestimme den nominalen Zinssatz, monatlich berechnet, zu dem \$ 3250 in 8 Jahren auf \$ 4000 anwachsen.
Lsg. 2,604 %

34. In welcher Zeit
(*a*) verdoppeln sich \$ 1500 bei 6 %, vierteljährlich?
(*b*) wachsen \$ 2500 bei 5 %, halbjährlich, auf \$ 6000 an?
(*c*) wachsen \$ 4000 bei 4 %, monatlich auf \$ 5000 an?
(*d*) wachsen \$ 4000 bei 4,6 %, vierteljährlich, auf \$ 7500 an?
Lsg. (*a*) **11,64,** (*b*) **17,73,** (*c*) **5,59,** (*d*) **13,74**

Kapitel 8

Zinseszins: Barwert, Äquivalenzprinzip

Der **BARWERT** zum Zinssatz i einer Summe S, die in n Zinsperioden fällig wird, ist das Kapital P, das, jetzt zum gegebenen Zinssatz investiert, in den n Zinsperioden auf S anwächst. Gemäß Kapitel 7 haben wir

$$S = P(1+i)^n$$

Damit folgt

$$P = S(1+i)^{-n} \tag{1}$$

Der *Diskontierungsfaktor* $(1+i)^{-n}$ ist für verschiedene Zinssätze i und Zinsperioden n in Tabelle V tabelliert. Läßt sich Tabelle V nicht anwenden, so kann man logarithmisch rechnen.

Beispiel 1.

Bestimme den Barwert von $ 2000, die in 6 Jahren fällig werden, wenn Geld 5 %, halbjährlich, bringt.

$S = 2000$, $i = 0{,}025$, $n = 12$; mit (*1*) folgt

$$P = S(1+i)^{-n} = 2000(1{,}025)^{-12} = 2000(0{,}743556) = \$1487{,}11$$

Beispiel 2.

Bestimme den Wert von $ 500, die am 15. Mai 1960 fällig sind, zum 15. Februar 1955, wenn investiertes Geld 4,4 %, vierteljährlich, bringt.

$S = 500$, $i = 0{,}011$, $n = 21$; also

$$P = 500(1{,}011)^{-21}$$
$$\log P = \log 500 - 21 \log 1{,}011$$
$$= 2{,}698970 - 0{,}099775 = 2{,}599195$$

d.h.

$$P = \$397{,}37$$

Siehe die Aufgaben 1–3

BARWERT eines VERZINSLICH ANGELEGTEN KAPITALS. Wir bestimmen dazu den

(*a*) Endwert des Kapitals (der Schuld) bei Fälligkeit (mit Hilfe des dabei festgelegten Zinssatzes).

(*b*) Barwert des sich in (*a*) ergebenden Betrags (mit Hilfe des aktuellen Zinssatzes).

Beispiel 3.

Bestimme den Barwert einer Schuld über $ 2500, die mit 6 % Zinseszins, vierteljährlich berechnet, in 8 Jahren fällig ist. Geld bringe zur Zeit 4 % Zinsen.

(*a*) Der fällig werdende Betrag der Schuld ist

$$S = 2500(1{,}015)^{32} = 2500(1{,}610324) = \$4025{,}81$$

(*b*) Der Barwert von $ 4025,81, die in 8 Jahren fällig werden, ist bei 4 %

$$P = 4025{,}81(1{,}04)^{-8} = 4025{,}81(0{,}730690) = \$2941{,}62$$

Siehe Aufgabe 4.

BARWERT bei BRUCHTEILEN von ZINSPERIODEN. Sind Bruchteile von Zinsperioden gegeben, so kann man in Korrespondenz zur Zinsberechnung den Barwert auf theoretische und auf in der Praxis übliche Art und Weise berechnen.

Beispiel 4.
Bestimme den Barwert von in 8 Jahren und 10 Monaten fälligen \$ 3000, wenn Geld 4 %, vierteljährlich gutgeschrieben, bringt.

$$S = 3000,\ i = 0{,}01,\ n = 106/3; \text{ also } P = 3000(1{,}01)^{-106/3}.$$

Theoretisches Ergebnis. Mit Tabelle V und VII folgt

$$P = 3000(1{,}01)^{-106/3} = 3000(1{,}01)^{-35}(1{,}01)^{-1/3}$$
$$= 3000(0{,}705914)(0{,}996689) = \$2110{,}73$$

Praktisches Verfahren. Es gilt $n = 106/3 = 35\frac{1}{3}$; wir diskontieren S für 36 Perioden (die nächst größere ganze Zahl) und addieren Zinsen für $36 - 35\frac{1}{3} = \frac{2}{3}$ Zinsperioden, d.h. für 2 Monate. Damit folgt

$$P = 3000(1{,}01)^{-36}(1 + 0{,}04/6) = 3000(0{,}698925)(3{,}02/3)$$
$$= \$2110{,}75$$

Siehe Aufgabe 5.

ÄQUIVALENZPRINZIP. Das finanzmathematische Äquivalenzprinzip besagt, daß zwei oder mehrere verschiedene Zahlungen (zu verschiedenen Zeitpunkten) miteinander verglichen werden können, indem man sie auf ein und denselben Zeitpunkt auf- bzw. abzinst. In Kapitel 4 haben wir bemerkt, daß bei einfacher Zinsrechnung der betrachtete Zeitpunkt eine Rolle spielt, zwei Zahlungen, die zu einem Zeitpunkt äquivalent sind, können zu einem anderen Zeitpunkt nicht mehr äquivalent sein. Bei Zinseszins tritt dieses Problem nicht auf, d.h. die Wahl des Vergleichszeitpunkts spielt keine Rolle.

Beispiel 5.

M schuldet N \$ 1000, fällig in 2 Jahren, und \$ 3000, fällig in 5 Jahren. Sie kommen überein, daß M seine Schulden in 3 Jahren durch eine einzige Zahlung begleicht. Wie groß ist diese, wenn mit 6 % Zinseszins, halbjährlich, gerechnet wird?

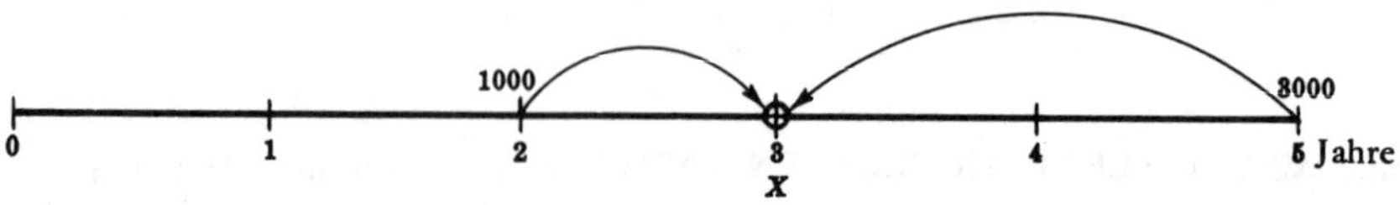

Es sei X die gesuchte Zahlung. Wir nehmen den Zeitpunkt dieser Zahlung als Vergleichszeitpunkt. Zu diesem Zeitpunkt besitzen die \$ 1000 einen Wert von $1000(1{,}03)^2$ die \$ 3000 einen Wert von $3000(1{,}03)^{-4}$ während X den Wert X hat. Gleichsetzen ergibt

(*a*) $$X = 1000(1{,}03)^2 + 3000(1{,}03)^{-4}$$

Nehmen wir den Ausgangstermin als Vergleichszeitpunkt, so folgt

(*b*) $$X(1{,}03)^{-6} = 1000(1{,}03)^{-4} + 3000(1{,}03)^{-10}$$

Betrachten wir alle Zahlungen in 5 Jahren, so ergibt sich

(*c*) $$X(1{,}03)^4 = 1000(1{,}03)^6 + 3000$$

Alle drei Gleichungen sind äquivalent; z.B. erhält man (*b*) aus (*a*), indem man mit $(1{,}03)^{-6}$ multipliziert. (*c*) ergibt sich aus (*b*), indem man mit $(1{,}03)^{10}$ multipliziert. Betrachten wir die Zahlungen etwa in 100 Jahren, so ergibt sich die entsprechende Gleichung aus (*b*) durch Multiplikation mit $(1{,}03)^{200}$. Von allen sich ergebenden Gleichungen ist offensichtlich (*a*) die in einfachster Form (zur Berechnung von *X*). Es folgt daraus

$$\begin{aligned} X &= 1000(1{,}03)^2 + 3000(1{,}03)^{-4} \\ &= 1000(1{,}060900) + 3000(0{,}888487) = \$3726{,}36 \end{aligned}$$

Beispiel 6.

M hat Schulden in Höhe von \$ 1000, fällig in einem Jahr, und \$ 3000, fällig in 4 Jahren. Er zahlt jetzt \$ 2000 zurück und will den Rest in 2 Jahren begleichen. Wieviel ist das, wenn mit 5 % Zinseszins, halbjährlich, gerechnet wird?

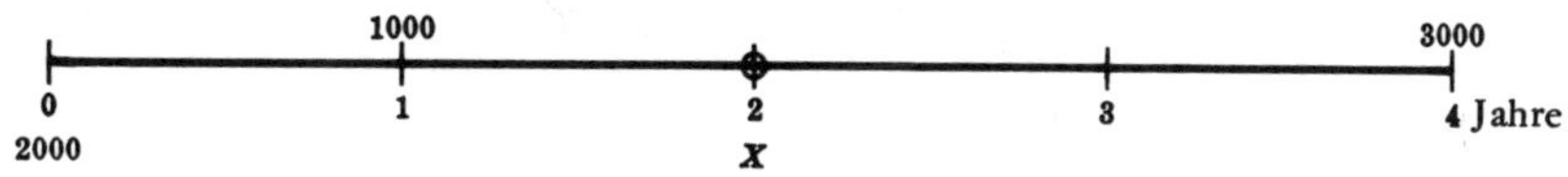

Es sei *X* die gesuchte Zahlung. Wir berechnen den Wert aller Zahlungen in 2 Jahren. \$ 1000 sind dann 1 Jahr überfällig, also $1000(1{,}025)^2$ wert, während die \$ 3000 dann erst in 2 Jahren fällig sind, d.h. sie besitzen einen Wert von $3000(1{,}025)^{-4}$. Ferner besitzen die \$ 2000 einen Wert von $2000(1{,}025)^4$, während der Wert von *X* gleich *X* ist. Gleichsetzen ergibt

$$2000(1{,}025)^4 + X = 1000(1{,}025)^2 + 3000(1{,}025)^{-4}$$

Also gilt

$$\begin{aligned} X &= 1000(1{,}025)^2 + 3000(1{,}025)^{-4} - 2000(1{,}025)^4 \\ &= 1050{,}62 + 2717{,}85 - 2207{,}63 = \$1560{,}84 \end{aligned}$$

Siehe Aufgabe 6–8.

MITTLERE LAUFZEIT. Die mittlere Laufzeit mehrerer in Zukunft fälliger Verbindlichkeiten ist die Laufzeit einer einzigen Zahlung in Höhe der Summe aller Verbindlichkeiten, die zu den gegebenen Verbindlichkeiten äquivalent ist.

Beispiel 7.

Wie groß ist die mittlere Laufzeit von \$ 1000, fällig in einem Jahr, und \$ 3000, fällig in 2 Jahren, wenn mit 4 % Zinseszins gerechnet wird?

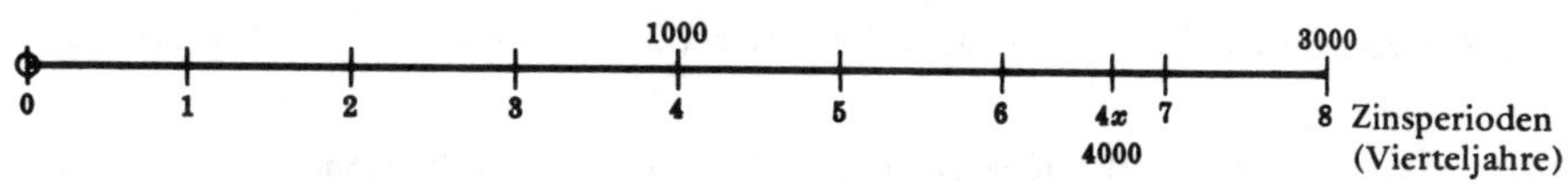

Es sei *x* (Jahre) die gesuchte Zahl. Wir diskontieren alle Beträge auf den augenblicklichen Zeitpunkt und setzen die jeweiligen Beträge gleich:

$$4000(1{,}01)^{-4x} = 1000(1{,}01)^{-4} + 3000(1{,}01)^{-8}$$

Also

$$(1{,}01)^{-4x} = \frac{1000(1{,}01)^{-4} + 3000(1{,}01)^{-8}}{4000} = \frac{3731{,}43}{4000} = 0{,}9328575$$

Durch Interpolation in Tabelle V folgt:

$$1\left[\begin{array}{l} 6 \\ 4x \\ 7 \end{array}\right.\!\!\left.\begin{array}{l} \\ \\ \end{array}\right]4x-6 \qquad -0{,}00933\left[\begin{array}{l} 0{,}94205 \\ 0{,}93286 \\ 0{,}93272 \end{array}\right.\!\!\left.\begin{array}{l} \\ \\ \end{array}\right]-0{,}00919$$

$$\frac{4x-6}{1} = \frac{0{,}00919}{0{,}00933} = 0{,}985 \quad \text{, d.h.} \quad x = 1{,}746 \text{ oder } 1{,}75 \text{ Jahre}$$

Logarithmisch gerechnet ergibt sich $x = 1{,}746$ Jahre.
Die mittlere Laufzeit kann man mit folgender Faustregel annähernd berechnen:

(i) Man multipliziert jede Einzelschuld mit der Zeit (in Jahren), die verstreicht, bis die Schuld fällig wird.

(ii) Man addiert alle sich gemäß (i) ergebenden Produkte und dividiert diese Summe durch die Gesamtschuld.

Beispiel 8.

Wenden wir diese Faustregel in Beispiel 6 an, so folgt

$$x = \frac{1000(1) + 3000(2)}{4000} = \frac{7000}{4000} = 1{,}75 \text{ Jahre}$$

Siehe Aufgabe 9.

Aufgaben mit Lösungen

1. M hat Schulden in Höhe von \$ 1250, die in 3 Jahren ohne Zinsen fällig sind. Welche Summe sollte sein Gläubiger im Augenblick als Tilgung dieser Schuld akzeptieren, wenn er Geld für 4 % bei halbjährlicher Zinszahlung investieren kann?

$S = 1250,\ i = 0{,}02,\ n = 6;$ also

$$P = S(1+i)^{-n} = 1250(1{,}02)^{-6} = 1250(0{,}887971) = \$1109{,}96$$

2. Wieviel muß X heute zu 4,6 %, vierteljährliche Zinszahlung, investieren, um in 10 Jahren \$ 15 000 zu besitzen?

$S = 15\,000,\ i = 0{,}0115,\ n = 40;$ also $P = 15\,000(1{,}0115)^{-40}$.

$$\log P = \log 15\,000 - 40 \log 1{,}0115$$
$$= 4{,}176091 - 0{,}198636 = 3{,}977455 \quad \text{, d.h.} \quad P = \$9494{,}10$$

3. Y kauft ein Haus und zahlt \$ 10 000 an; ferner soll er in 2 Jahren eine Restzahlung von \$ 7500 leisten. Wie groß ist der Barpreis des Hauses bei 6 %, halbjährlich gerechnet?

Der Barpreis C ist \$ 10 000 plus dem Barwert der in 2 Jahren fälligen \$ 7500 (bei 6 %, halbjährlich). Also gilt

$$C = 10\,000 + 7500(1{,}03)^{-4} = 10\,000 + 7500(0{,}888487) = \$16\,663{,}65$$

4. Ein Schuldschein, datiert 1. Februar 1960, lautet über \$ 2500 mit 5 % Zinsen, halbjährlich berechnet, und läuft 4 Jahre. Bestimme den Erlös beim Verkauf am 1. Februar 1963, wenn Geld dann 6 %, vierteljährlich gerechnet, einbringt.
Am Fälligkeitstag des Scheins ist er

$$2500(1{,}025)^{8} = 2500(1{,}218403) = \$3046{,}01$$

wert. Sein Wert am 1. Februar 1963 ist der Barwert von \$ 3046,01, die in einem Jahr fällig werden, bei 6 % Zinsen, vierteljährlich gerechnet, d.h.

$$3046{,}01(1{,}015)^{-4} = 3046{,}01(0{,}942184) = \$2869{,}90$$

5. Bestimme den Barwert von \$ 5000, die in 6 Jahren, 8 Monaten fällig werden, bei 6 % Zinseszins, vierteljährlich berechnet.

$S = 5000,\ i = 0{,}015,\ n = 80/3;$ also $P = 5000(1{,}015)^{-80/3}$.

Theoretischer Wert. Mit Tabelle V und VI folgt

$$\begin{aligned} P &= 5000(1{,}015)^{-80/3} = 5000(1{,}015)^{-27}(1{,}015)^{1/3} \\ &= 5000(0{,}668986)(1{,}004975) = \$3361{,}57 \end{aligned}$$

Will man (wie in Beispiel 4) Tabelle V und VII benutzen, so schreibt man

$$P = 5000(1{,}015)^{-26}(1{,}015)^{-1/3}(1{,}015)^{-1/3}$$

Praktischer Wert. Wie in Beispiel 4 haben wir

$$P = 5000(1{,}015)^{-27}(1 + 0{,}06/12) = 5000(0{,}668986)(1{,}005) = \$3361{,}65$$

6. B hat Schulden in Höhe von \$ 3000, die in 2 Jahren ohne Zinsen fällig sind, sowie \$ 2000, die in 6 Jahren mit 4 % Zinseszins, vierteljährlich berechnet, fällig werden. Geld bringe 5 %, halbjährlich gerechnet. Welcher einmaligen Zahlung in 4 Jahren entsprechen seine Schulden?

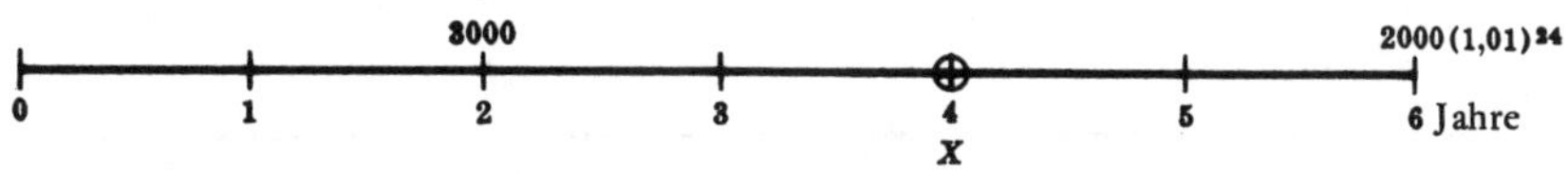

X sei der gesuchte Betrag. B's Schulden sind \$ 3000, fällig in 2 Jahren, und $2000\,(1{,}01)^{24}$, fällig in 6 Jahren. Wir betrachten alle Beträge zum Zeitpunkt der Einmalzahlung X (in 4 Jahren). Dann ergibt das Äquivalenzprinzip

$$\begin{aligned} X &= 3000(1{,}0125)^4 + 2000(1{,}01)^{24}(1{,}025)^{-4} \\ &= 3000(1{,}103813) + 2000(1{,}269735)(0{,}905951) \\ &= \$5612{,}08 \end{aligned}$$

Bem. Setzen wir die Beträge zu einem anderen Termin gleich, so müssen wir dividieren.

7. M leiht sich \$ 5000 zu 5 %, halbjährlich berechnet. Er stimmt zu, \$ 1000 in einem Jahr, \$ 2000 in 2 Jahren und den Rest in 3 Jahren zurückzuzahlen. Wie groß ist diese Restzahlung?

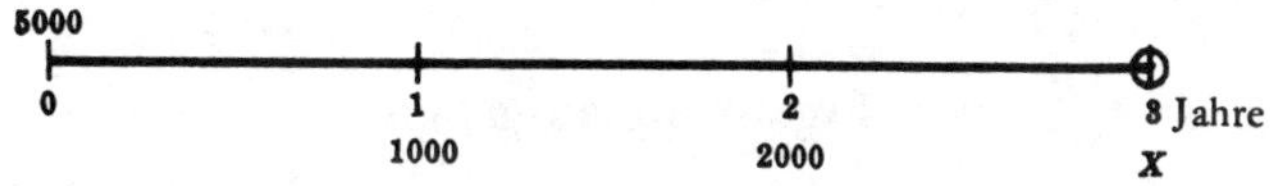

Wir zinsen alle Beträge auf den Tag der Restzahlung auf und benutzen das Äquivalenzprinzip:

$$1000(1{,}025)^4 + 2000(1{,}025)^2 + X = 5000(1{,}025)^6$$

Damit folgt

$$\begin{aligned} X &= 5000(1{,}025)^6 - 2000(1{,}025)^2 - 1000(1{,}025)^4 \\ &= 5000(1{,}159693) - 2000(1{,}050625) - 1000(1{,}103813) \\ &= \$2593{,}40 \end{aligned}$$

8. Geld sei 4 % effektiv wert. Welche zwei gleichgroßen Zahlungen X nach einem Jahr und nach 3 Jahren lösen folgende Verpflichtung ab: \$ 2000, in 3 Jahren fällig, und \$ 4000, mit 4 % Zinseszins, halbjährlich berechnet, in 6 Jahren fällig?

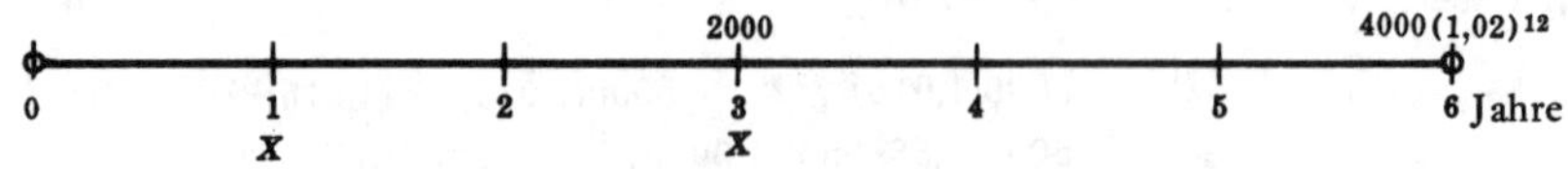

Wir zinsen alle Zahlungen auf den letzten Termin auf und setzen gleich:

$$X(1{,}04)^5 + X(1{,}04)^3 = 2000(1{,}04)^3 + 4000(1{,}02)^{12}$$

Also

$$X(1{,}216653) + X(1{,}124864) = 2000(1{,}124864) + 4000(1{,}268242)$$

$$2{,}341517X = 7322{,}70 \quad \text{, also} \quad X = \$3127{,}33$$

Es zeigt sich, daß man hier die Division nicht umgehen kann.

9. Leite die Faustregel zur annäherungsweisen Bestimmung der mittleren Laufzeit her.
Die Schulden \$ A seien in a Jahren fällig, \$ B in b Jahren und \$ C in c Jahren. Ferner sei $i = j/m$ der Zinssatz pro Zinsperiode und n (in Jahren) die mittlere Laufzeit.

Wir diskontieren auf den augenblicklichen Zeitpunkt und setzen die Barwerte gleich:

(i) $$(A+B+C)(1+i)^{-mn} = A(1+i)^{-ma} + B(1+i)^{-mb} + C(1+i)^{-mc}$$

Ersetzen wir $(1+i)^{-p}$ durch $1 - pi$, die ersten beiden Terme der Entwicklung im binomischen Lehrsatz, so folgt aus (i):

$$(A+B+C)(1-mni) = A(1-mai) + B(1-mbi) + C(1-mci)$$

Also gilt

$$(A+B+C)mni = (Aa+Bb+Cc)mi$$

d.h.

$$n = \frac{(Aa+Bb+Cc)mi}{(A+B+C)mi} = \frac{Aa+Bb+Cc}{A+B+C}$$

= Summe der Produkte aus den Einzelschulden mit ihrer Laufzeit geteilt durch die Gesamtschuld.

Ergänzungsaufgaben

10. Bestimme die einzelnen Barwerte:

(*a*) \$ 1500 fällig in 10 Jahren, zu 5 %

(*b*) \$ 2000 fällig in $8\frac{1}{2}$ Jahren, zu 5 %, halbjährlich

(*c*) \$ 5000 fällig in 6 Jahren, zu 4,8 %, vierteljährlich

(*d*) \$ 4000 fällig in 5 Jahren und 5 Monaten, zu 6 %, halbjährlich

(*e*) \$ 4000 fällig in 5 Jahren und 4 Monaten, zu 6 %, vierteljährlich

Lsg.: (*a*) **\$920,87**, (*b*) **\$1314,39**, (*c*) **\$3755,20**, (*d*) **\$2903,96**, **\$2904,13**, (*e*) **\$2911,50**, **\$2911,58**

11. Zur Geburt seines Sohnes will der Vater soviel Geld zu $3\frac{1}{2}$%, halbjährlich gutgeschrieben, anlegen, daß der Sohn an seinem 21. Geburtstag \$ 6000 besitzt. Wieviel legt er an? *Lsg.* **\$2895,38**

12. Ein Schuldner kann eine Schuld abbezahlen, indem er (*a*) \$ 8000 jetzt oder (*b*) \$ 10 000 in 5 Jahren bezahlt. Welche Wahl soll er treffen, wenn ihm Geld 5 %, halbjährlich gutgeschrieben, bringt? *Lsg.*: (*b*)

13. Wie groß ist der Barwert eines Schuldscheins über \$ 1200, der in 10 Jahren mit 5 %, halbjährlich berechnet, fällig ist, wenn im Augenblick Geld $4\frac{1}{2}$ % Zinsen bringt? *Lsg.* **\$1266,18**

14. M unterschreibt N einen Schuldschein über \$ 3000, der in 6 Jahren mit 5 % Zins, vierteljährlich berechnet, fällig ist. Nach 4 Jahren verkauft N diesen Schein an P. Wieviel bezahlt P, wenn er mit 4 %, halbjährlich, rechnet? *Lsg.* **\$3734,23**

15. Eine Schuld von \$ 500, fällig in 2 Jahren, und eine zweite über \$ 750, fällig in 6 Jahren, können durch eine einzige Zahlung in 4 Jahren abgelöst werden. Wie groß ist diese, wenn mit 4 %, vierteljährlich, gerechnet wird? *Lsg.* **\$1234,04**

16. Eine Schuld von \$ 250, vor zwei Jahren fällig, und eine zweite von \$ 750, fällig in 3 Jahren, sollen heute durch eine einzige Zahlung abgelöst werden. Wie groß ist diese bei 5 %, halbjährlich? *Lsg.* **\$922,67**

17. M hat Schulden über \$ 1000, fällig in 3 Jahren. Er zahlt heute \$ 400 davon ab und will in 2 Jahren die Restschuld begleichen (5 %, halbjährlich). *Lsg.* **\$510,29**

18. Ein Händler kauft Waren im Wert von \$ 1500 und zahlt dabei \$ 500 sofort. Ferner will er in 4 Monaten weitere \$ 500 zahlen. Welche Restzahlung ist nach 6 Monaten fällig, wenn mit 6 %, monatlich, gerechnet wird? *Lsg.* **\$525,37**

19. M besitzt Schulden über \$ 1500, die heute einschließlich 5 % Zinseszins (vierteljährlich berechnet) für 2 Jahre fällig sind. Er zahlt \$ 500 und will den Rest in einem Jahr bezahlen. Wieviel ist es? *Lsg.* \$ 1215,66

20. M bezahle in Aufgabe 19 den Rest durch 2 gleichgroße Raten in 6 Monaten und in einem Jahr. Wie groß sind diese? *Lsg.* \$ 600,28

21. Wandle Schulden über \$ 400 und \$ 800, die in 3 bzw. 5 Jahren fällig werden, in zwei gleichgroße Summen, fällig in 2 bzw. 4 Jahren, um (5 %, halbjährlich). *Lsg.* \$ 561,69

22. Eine Maschine wird für \$ 500 bar und 4 anschließende Jahresraten à \$ 250 verkauft. Wie groß ist ihr Barwert bei 6 % Zinssatz? *Lsg.* \$ 1366,28

23. Welche 4 gleichgroßen Jahresraten lösen eine Verpflichtung über \$ 2000 ab, die heute fällig ist, wenn die erste Rate (*a*) heute, (*b*) in einem Jahr geleistet wird? Rechne mit 4 %, vierteljährlich. *Lsg.* (*a*) \$ 530,24, (*b*) \$ 551,76

24. B verpflichtet sich, in 10 Jahren \$ 5000 einschließlich 4,2 % Zinseszins zu zahlen. Welchen Wert besitzt diese Verpflichtung in 6 Jahren, wenn Geld dann 3,8 % bringt? *Lsg.* \$ 6499,10

25. Zu welchem effektiven Zinssatz ist eine heutige Zahlung von \$ 1500 zwei Zahlungen von \$ 800, die erste in 1 Jahr, die zweite in 2 Jahren, äquivalent? *Lsg.* 4,41 %

26. Wann entspricht eine Zahlung von \$ 1200 den beiden Zahlungen in Aufgabe 21? *Lsg.* In 4,31 Jahren.

27. Bestimme die mittlere Laufzeit zweier Zahlungen à \$ 250, die erste in 6 Monaten, die zweite in einem Jahr (6 % monatlich). *Lsg.* 3/4 Jahr

Kapitel 9

Nachschüssige Zeitrenten

Eine ZEITRENTE ist eine Folge von gleichgroßen Zahlungen in gleichgroßen Zeitabständen. Als Beispiel haben wir: Wochenlöhne, monatliche Rentenzahlungen, vierteljährliche Zinszahlungen bei Anleihen, jährliche Dividenden-Zahlungen, usw.

Den Zeitabstand zwischen zwei Zahlungen nennen wir *Zahlungsintervall.* Den Zeitraum zwischen dem Anfang des ersten Zahlungsintervalls und dem Ende des letzten Zahlungsintervalls nennen wir *Laufzeit* der Rente. Die Summe aller Zahlungen in einem Jahr nennen wir die *Jahresrente.* Eine Jahresrente von \$ 2000, die vierteljährlich gezahlt wird, bedeutet also eine Rente von \$ 500, alle 3 Monate.

Bei einer Zeitrente beginnen und enden die Zahlungen an jeweils festgelegten Zeitpunkten. Im Gegensatz dazu gibt es noch Renten, deren Laufzeit von einem Ereignis abhängt, dessen Eintreten nicht vorherbestimmbar ist. Ratenzahlungen sind Zeitrenten; sogenannte Leibrenten, die beim Tod des Empfängers enden, sind ein Beispiel der anderen Art von Renten, die wir in einem späteren Kapitel betrachten wollen. Im Augenblick heißt Rente bei uns Zeitrente.

Eine *nachschüssige* (postnumerando) *Rente* ist eine Rente, bei der die Zahlungen am Ende der jeweiligen Zeitintervalle geleistet werden: die erste am Ende des ersten Zahlungsintervalls, usw. In diesem Kapitel sind Renten stets nachschüssige Zeitrenten. Weiterhin betrachten wir hier nur den einfachsten Fall, d.h. Renten, bei denen die Zahlungsintervalle mit den Zinsperioden zusammenfallen.

BARWERT und ENDWERT einer RENTE. Wir betrachten die Zeitrente von \$ 1000 pro Jahr, die 4 Jahre läuft, wobei mit 5 % gerechnet wird.

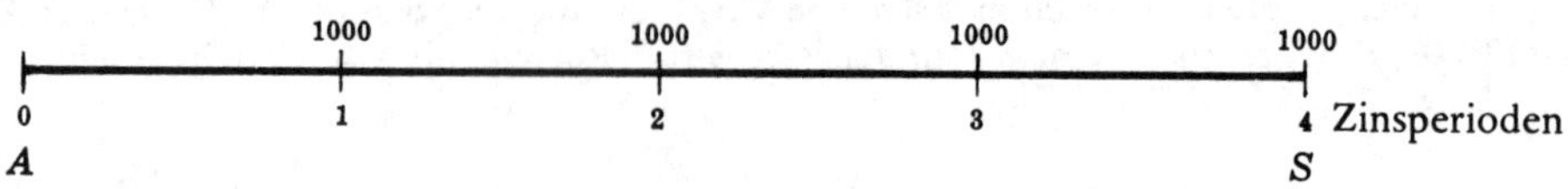

Der *Endwert S* einer Rente ist die Summe der Endwerte der einzelnen Zahlungen, berechnet zum Endpunkt der Laufzeit (Zeitpunkt der letzten Zahlung). Auf die erste Zahlung ergeben sich Zinseszinsen für 3 Jahre, auf die zweite für 2 Jahre, auf die dritte für 1 Jahr, und die vierte ist bar:

$$S = 1000(1{,}05)^3 + 1000(1{,}05)^2 + 1000(1{,}05) + 1000$$

oder, umgekehrt aufgeschrieben:

$$S = 1000 + 1000(1{,}05) + 1000(1{,}05)^2 + 1000(1{,}05)^3$$

Also gilt

(i)
$$\begin{aligned} S &= 1000[1 + (1{,}05) + (1{,}05)^2 + (1{,}05)^3] \\ &= 1000[1 + 1{,}05 + 1{,}1025 + 1{,}157625] \\ &= 1000(4{,}310125) = \$4310{,}12 \end{aligned}$$

Da die Summe in Klammern die Summe der Glieder einer geometrischen Reihe (Kapitel 3) mit Anfangsglied 1 und konstantem Verhältnis 1,05 ist, ergibt sich

$$\begin{aligned} S &= 1000\frac{(1{,}05)^4 - 1}{(1{,}05) - 1} = 1000\frac{1{,}21550625 - 1}{0{,}05} = 1000\frac{0{,}21550625}{0{,}05} \\ &= 1000(4{,}310125) = \$4310{,}12 \end{aligned}$$

Der *Barwert A* einer Rente ist die Summe der Barwerte der Einzelzahlungen (diskontiert auf den Zeitpunkt 0). Also gilt

$$\begin{aligned} A &= 1000(1{,}05)^{-1} + 1000(1{,}05)^{-2} + 1000(1{,}05)^{-3} + 1000(1{,}05)^{-4} \\ &= 1000[(1{,}05)^{-1} + (1{,}05)^{-2} + (1{,}05)^{-3} + (1{,}05)^{-4}] \\ &= 1000\frac{(1{,}05)^{-1} - (1{,}05)^{-5}}{1 - (1{,}05)^{-1}} = 1000\frac{1 - (1{,}05)^{-4}}{(1{,}05) - 1} = 1000\frac{1 - 0{,}82270247}{0{,}05} \\ &= \$3545{,}95 \end{aligned}$$

Es ist oft ratsam, Renten auf einer Zeitgeraden mit der Zinsperiode als Einheit einzutragen. Es genügt dabei, den Zeitpunkt 0, den Zeitpunkt n (das Ende der Zahlungen), sowie einige weitere dazwischenliegende Zeitpunkte einzutragen. (Daß die Zahlungsintervalle mit den Zinsperioden zusammenfallen, ist eine Vereinfachung in diesem Kapitel.) Siehe die Aufgabe 1, sowie auch die Aufgaben 4—6.

GRUNDFORMELN. Es sei

R = die periodische Zahlung
i = j/m = der Zinssatz pro Zinsperiode
n = Anzahl der Zahlungen = Anzahl der Zinsperioden
S = Endwert der Rente
A = Barwert der Rente

In Aufgabe 1 leiten wir die grundlegenden Formeln

$$S = R \cdot s_{\overline{n}|i} = R\frac{(1+i)^n - 1}{i} \tag{1}$$

und

$$A = R \cdot a_{\overline{n}|i} = R\frac{1 - (1+i)^{-n}}{i} \tag{2}$$

her. Hier ist $s_{\overline{n}|i} = \dfrac{(1+i)^n - 1}{n}$ der Endwert der (nachschüssigen) Rente 1 und $a_{\overline{n}|i} = \dfrac{1 - (1+i)^{-n}}{i}$ ist der Barwert der (nachschüssigen) Rente 1, jeweils bei n Zahlungen. Für gewisse Werte von i und n sind die Werte von $s_{\overline{n}|i}$ in Tabelle XII tabelliert, von $a_{\overline{n}|i}$ in Tabelle XIII.

Beispiel 1.

Bestimme den Endwert und den Barwert der monatlichen Rente \$ 150, die 3 Jahre und 6 Monate gezahlt wird, wenn mit 6 %, monatlich, gerechnet wird.

$R = 150,\ i = 0{,}005,\ n = 42$; mit (*1*) bzw. (*2*) folgt

$$S \;=\; R \cdot s_{\overline{n}|i} \;=\; 150\ s_{\overline{42}|0{,}005} \;=\; 150(46{,}60654) \;=\; \$6990{,}98 \qquad \text{(Tabelle XII)}$$

und

$$A \;=\; R \cdot a_{\overline{n}|i} \;=\; 150\ a_{\overline{42}|0{,}005} \;=\; 150(37{,}79830) \;=\; \$5669{,}74 \qquad \text{(Tabelle XIII)}$$

Für Werte von i und n, die nicht in Tabelle XII bzw. XIII tabelliert sind, kann man die Berechnungen logarithmisch durchführen.

Beispiel 2.
Bestimme den Endwert und den Barwert der halbjährlichen Rente von $ 2275, die 8 Jahre und 6 Monate läuft, wenn mit einem Zinssatz von 5,4 % halbjährlich, gerechnet wird.

$R = 2275,\ i = 0{,}027,\ n = 17$; also

$$S \;=\; 2275\ s_{\overline{17}|0{,}027} \;=\; 2275\,\frac{(1{,}027)^{17} - 1}{0{,}027}$$

Wir berechnen zuerst $N = (1{,}027)^{17}$ logarithmisch:

$$\log N \;=\; 17 \log(1{,}027) \;=\; 17(0{,}0115704) \;=\; 0{,}196697 \quad \text{, d.h.} \quad N = 1{,}5729$$

Also folgt

$$S \;=\; 2275\,\frac{0{,}5729}{0{,}027}$$

$$\begin{aligned} \log 2275 &= 3{,}356981 \\ \log 0{,}5729 &= 9{,}758079 - 10 \\ \operatorname{colog} 0{,}027 &= 1{,}568636 \\ \hline \log S &= 4{,}683696 \end{aligned}$$

und

$$S = \$48\,272$$

ist der gesuchte Endwert.

$$A \;=\; 2275\ a_{\overline{17}|0{,}027} \;=\; 2275\,\frac{1 - (1{,}027)^{-17}}{0{,}027}$$

Wir berechnen zuerst $N = (1{,}027)^{-17}$ logarithmisch:

$$\log N \;=\; -17 \log 1{,}027 \;=\; 0 - 0{,}196697 \;=\; 9{,}803303 - 10 \quad \text{, d.h.} \quad N = 0{,}63578$$

Also folgt

$$A \;=\; 2275\,\frac{0{,}36422}{0{,}027}$$

$$\begin{aligned} \log 2275 &= 3{,}356981 \\ \log 0{,}36422 &= 9{,}561364 - 10 \\ \operatorname{colog} 0{,}027 &= 1{,}568636 \\ \hline \log A &= 4{,}486981 \end{aligned}$$

und

$$A = \$30\,689$$

ist der gesuchte Barwert.

Siehe die Aufgaben 2–3.

Bei den Formeln (*1*) und (*2*) der Rentenberechnung muß man zwei Tatsachen im Auge behalten:

(i) Formel (*1*) gibt den Wert einer Zeitrente nach der letzten Zahlung an.

(ii) Formel (*2*) gibt den Wert einer Rente vor der ersten Zahlung an.

Siehe die Aufgaben 4–7.

Aufgaben mit Lösungen

1. Zeige: (a) $s_{\overline{n}|i} = \dfrac{(1+i)^n - 1}{i}$, (b) $a_{\overline{n}|i} = \dfrac{1-(1+i)^{-n}}{i}$.

Wir betrachten die Rente 1 bei n Zinsperioden zu i % pro Zinsperiode.

(a) Die letzte Zahlung ist bar, die vorletzte bringt für eine Zinsperiode Zinsen und ergibt damit $1(1+i) = 1+i$, die drittletzte liegt zwei Zinsperioden auf Zinseszins, beläuft sich also auf $(1+i)^2, \ldots$, die erste bringt für $(n-1)$ Zinsperioden Zinseszinsen und hat damit den Endwert $(1+i)^{n-1}$. Damit ist

$$s_{\overline{n}|i} = 1 + (1+i) + (1+i)^2 + \cdots + (1+i)^{n-1}$$

die Summe der Glieder einer geometrischen Folge mit n Gliedern, Anfangsglied $a = 1$ und konstantem Verhältnis $(1+i) > 1$. Also folgt

$$s_{\overline{n}|i} = \frac{ar^n - a}{r-1} = \frac{(1+i)^n - 1}{(1+i)-1} = \frac{(1+i)^n - 1}{i}$$

(b) Gemäß obiger Zeitgeraden folgt sofort, daß der Barwert der Rente gleich dem Barwert von $s_{\overline{n}|i}$ (fällig in n Zinsperioden) ist. Also folgt

$$a_{\overline{n}|i} = (1+i)^{-n} s_{\overline{n}|i} = (1+i)^{-n} \cdot \frac{(1+i)^n - 1}{i} = \frac{1-(1+i)^{-n}}{i}$$

(Der Leser möge auch hier wie in Teil (a) verfahren.)

2. X hat zehn Jahre lang am Ende jedes Jahres \$ 500 auf ein Sparbuch eingezahlt, das $3\frac{1}{2}$ % Zinsen bringt. Welchen Betrag ist nach der zehnten Einzahlung auf dem Sparbuch?

$R = 500$, $i = 0{,}035$, $n = 10$; mit (1) folgt also:

$$S = R\, s_{\overline{n}|i} = 500\, s_{\overline{10}|0{,}035} = 500(11{,}73139) = \$5865{,}70$$

3. M will soviel Geld auf ein Sparbuch legen, das 3 % Zinsen bringt, daß er für genau 15 Jahre jährlich \$ 2500 (das erste Mal in einem Jahr) als Rente abheben kann. Wie groß ist seine Einzahlung?

$R = 2500$, $i = 0{,}03$, $n = 15$; also folgt mit (2):

$$A = 2500\, a_{\overline{15}|0{,}03} = 2500(11{,}937935) = \$29\,844{,}84$$

4. Eine Firma bietet eine Maschine für \$ 200 bar und zwölf anschließende Monatsraten von \$ 25 an. Wie groß ist der Barwert C der Maschine, wenn man mit 9 % Zinseszins, monatlich berechnet, rechnet?

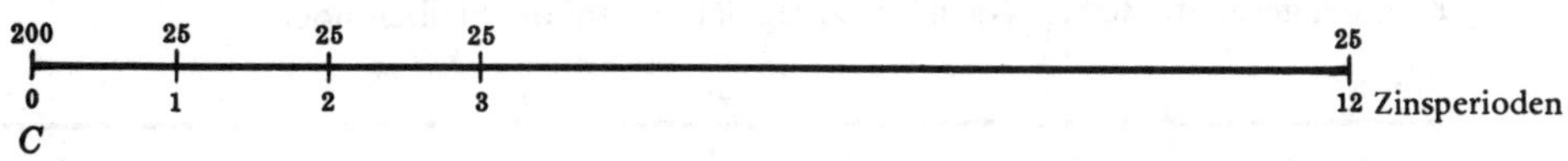

Die Baranzahlung ist nicht Teil der Rente. Der Barwert der Maschine ist \$ 200 plus dem Barwert der Monatsrente (12 Monatsraten zu je \$ 25). Damit folgt

$$C = 200 + 25\, a_{\overline{12}|0{,}0075} = 200 + 25(11{,}4349) = \$485{,}87$$

5. Alle 6 Monate legt M $ 100 in einem Sparvertrag an, der 3 % Zinsen, halbjährlich gutgeschrieben, bringt. Er machte die erste Einzahlung, als sein Sohn 6 Monate alt war, und die letzte am 21. Geburtstag seines Sohnes. Das Geld blieb danach 4 Jahre lang liegen und wurde dann dem Sohn zum 25. Geburtstag geschenkt. Wieviel bekam er?

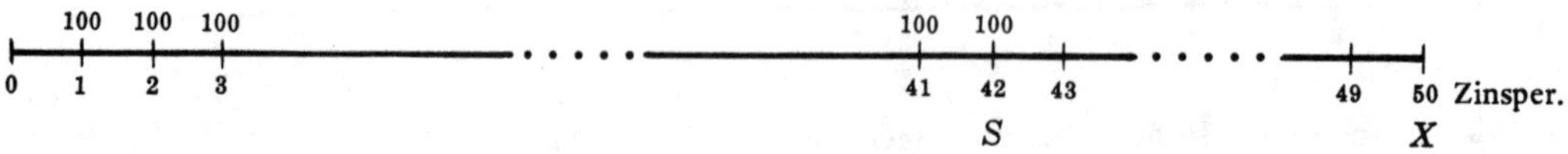

X sei der gesuchte Betrag.

Erste Lösung.

Der Endwert der Rente (zum Zeitpunkt der letzten Zahlung) ist $S = 100 \cdot s_{\overline{42}|0,015}$. X ist dann der Endwert von S nach 8 Zinsperioden, d.h.

$$X = S(1{,}015)^8 = 100\, s_{\overline{42}|0,015}\,(1{,}015)^8 = 100(57{,}92314)(1{,}126493) = \$6525{,}00$$

Zweite Lösung.

Einfacher wird die Rechnung durch folgenden Trick: Man stelle sich vor, daß 8 weitere Zahlungen (d.h. insgesamt 50) geleistet werden. Dann ist X der Endwert der 50 Zahlungen minus dem Endwert der 8 Zahlungen, die nicht geleistet wurden. Damit folgt

$$X = 100\, s_{\overline{50}|0,015} - 100\, s_{\overline{8}|0,015} = 100(73{,}68283) - 100(8{,}43284) = \$6525{,}00$$

6. M kauft ein Haus, zahlt dabei $ 5000 an und verpflichtet sich, in den nächsten 10 Jahren alle 3 Monate $ 200 zu bezahlen. Der Verkäufer rechnet dabei mit 6 %, vierteljährlich berechnet.

(*a*) Wie groß ist der Barwert des Hauses?

(*b*) Wieviel muß M zum Zeitpunkt der 13. Rate bezahlen, wenn er die ersten 12 Raten nicht überwiesen hat und den Ratenplan weiter erfüllen will?

(*c*) Nachdem die ersten 8 Raten überwiesen wurden, will M seine Restschuld zum Zeitpunkt der 9. Zahlung voll begleichen. Wieviel muß er zusätzlich (zur 9. Rate) bezahlen?

(*d*) Wieviel muß M zum Zeitpunkt der 11. Rate bezahlen, wenn er die ersten 10 Raten nicht überwiesen hat und seine Gesamtschuld begleichen will?

(*a*) Es sei C Barwert des Hauses. Wie in Aufgabe 4 folgt

$$C = 5000 + 200\, a_{\overline{40}|0,015} = 5000 + 200(29{,}91585) = \$10\,983{,}17$$

(*b*) X sei der gesuchte Betrag. M schuldet den Endwert der ersten 13 Raten

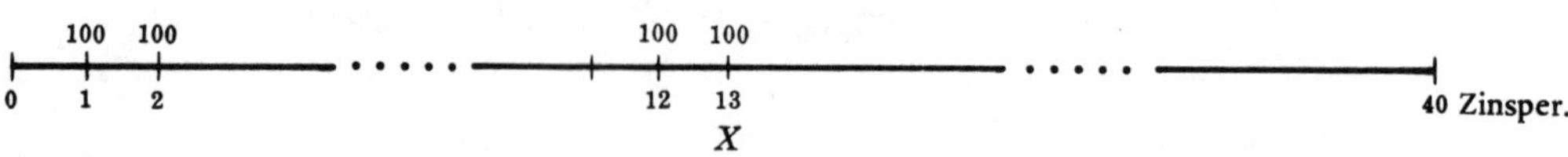

Es ergibt sich also

$$X = 200\, s_{\overline{13}|0,015} = 200(14{,}23683) = \$2847{,}37$$

(*c*) Y sei der gesuchte Betrag. Nach der 9. regulären Zahlung bleiben noch

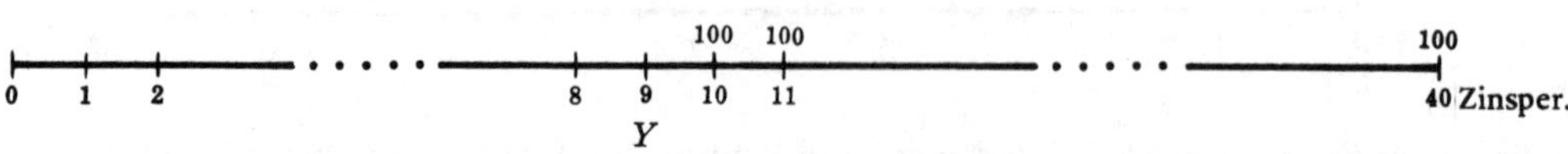

40 − 9 = 31 Raten. Da die erste davon in einer Zinsperiode fällig wird, folgt

$$Y = 200\, a_{\overline{31}|0,015} = 200(24{,}64615) = \$4929{,}23$$

(*d*) Z sei die gesuchte Zahlung. Zum Zeitpunkt, der auf der Zeitgeraden durch Z gekennzeichnet ist, muß M

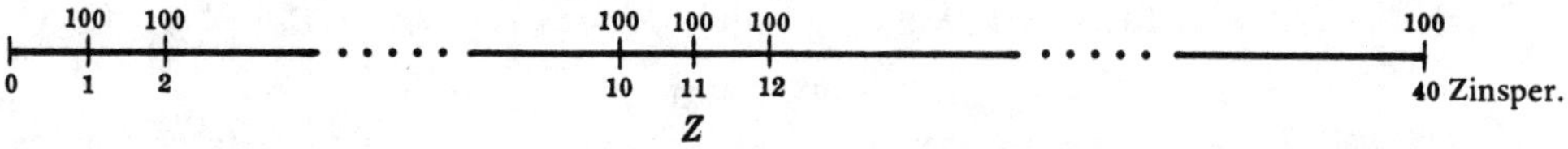

10 überfällige Zahlungen, eine Barzahlung und $40 - 11 = 29$ zukünftige Zahlungen begleichen. Wir teilen also in 2 Gruppen auf:

(i) die ersten 11 Zahlungen (mit einer am Berechnungstag), die $200\, s_{\overline{11}|0{,}015}$ ergeben.

(ii) die restlichen 29 Zahlungen (wobei die erste eine Zinsperiode nach dem Berechnungstag fällig ist) mit einem Barwert von $200\, a_{\overline{29}|0{,}015}$. Also folgt

$$Z = 200\, s_{\overline{11}|0{,}015} + 200\, a_{\overline{29}|0{,}015} = 200(11{,}86326) + 200(23{,}37608) = \$7047{,}87$$

7. Zur Begleichung einer gewissen Schuld mit Zinsen zu 6 %, monatlich, will M an jedem Monatsende 17 Raten à \$ 50 und danach (nach einem Monat) eine Restzahlung von \$ 95,25 leisten. Wie groß ist die Schuld?

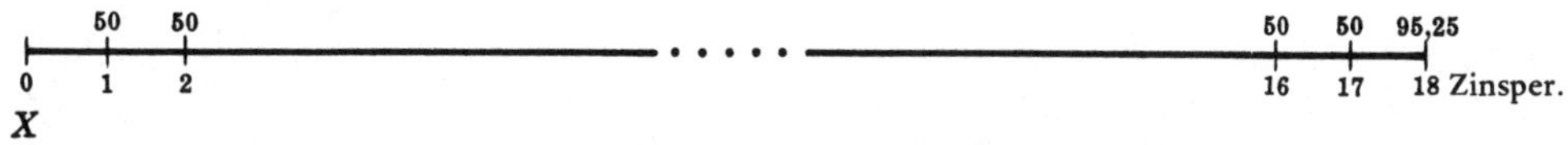

Die Schuld X läßt sich berechnen als

(i) Barwert der Monatsrente \$ 50 (17 Raten) plus dem Barwert der in 18 Monaten fälligen \$ 95,25, d.h.

$$50\, a_{\overline{17}|0{,}005} + 95{,}25(1{,}005)^{-18}$$

oder

(ii) Barwert der Monatsrente \$ 50 (18 Raten) plus dem Barwert von in 18 Monaten fälligen \$ 45,25, d.h.

$$50\, a_{\overline{18}|0{,}005} + 45{,}25(1{,}005)^{-18}$$

Als Lösung erhält man $X = \$\ 900$.

8. Beweise: $(1+i)\, s_{\overline{n}|i} = s_{\overline{n+1}|i} - 1$.

$$(1+i)\, s_{\overline{n}|i} = (1+i)\frac{(1+i)^n - 1}{i} = \frac{(1+i)^{n+1} - 1 - i}{i}$$

$$= \frac{(1+i)^{n+1} - 1}{i} - \frac{i}{i} = s_{\overline{n+1}|i} - 1$$

9. Zeige: (*a*) $s_{\overline{h+k}|i} = s_{\overline{h}|i} + (1+i)^h s_{\overline{k}|i}$ (*b*) $a_{\overline{h+k}|i} = a_{\overline{h}|i} + (1+i)^{-h} a_{\overline{k}|i}$.

(*a*)
$$s_{\overline{h+k}|i} = \frac{(1+i)^{h+k} - 1}{i}$$

$$= \frac{(1+i)^{h+k} - (1+i)^h + (1+i)^h - 1}{i} = \frac{(1+i)^{h+k} - (1+i)^h}{i} + \frac{(1+i)^h - 1}{i}$$

$$= (1+i)^h \frac{(1+i)^k - 1}{i} + \frac{(1+i)^h - 1}{i} = (1+i)^h s_{\overline{k}|i} + s_{\overline{h}|i}$$

(*b*)
$$a_{\overline{h+k}|i} = \frac{1 - (1+i)^{-(h+k)}}{i} = \frac{1 - (1+i)^{-h} + (1+i)^{-h} - (1+i)^{-(h+k)}}{i}$$

$$= \frac{1 - (1+i)^{-h}}{i} + (1+i)^{-h}\frac{1 - (1+i)^{-k}}{i} = a_{\overline{h}|i} + (1+i)^{-h} a_{\overline{k}|i}$$

10. Berechne mit Aufgabe 9: (*a*) $s_{\overline{178}|0,02}$, (*b*) $a_{\overline{184}|0,03}$.

(*a*) Mit $178 = 100 + 78 = h + k$ und $s_{\overline{h+k}|i} = s_{\overline{h}|i} + (1+i)^h s_{\overline{k}|i}$ folgt

$$s_{\overline{178}|0,02} = s_{\overline{100}|0,02} + (1{,}02)^{100} s_{\overline{78}|0,02}$$
$$= 312{,}23230591 + (7{,}24464612)(184{,}30599558) = 1647{,}46402167$$

(*b*) Mit $184 = 100 + 84 = h + k$ und $a_{\overline{h+k}|i} = a_{\overline{h}|i} + (1+i)^{-h} a_{\overline{k}|i}$ folgt

$$a_{\overline{184}|0,03} = a_{\overline{100}|0,03} + (1{,}03)^{-100} a_{\overline{84}|0,03}$$
$$= 31{,}59890534 + (0{,}05203284)(30{,}55008556) = 33{,}18851305$$

Ergänzungsaufgaben

11. Bestimme den Endwert und den Barwert folgender nachschüssiger Renten:
(*a*) \$ 400 jährlich für ein Jahr zu $2\frac{1}{2}$ %
(*b*) \$ 150 monatlich für 6 Jahre und 3 Monate zu 6 %, monatlich
(*c*) \$ 500 vierteljährlich für 8 Jahre und 9 Monate zu 6 %, vierteljährlich.
Lsg. (*a*) \$ 5518,22, \$ 4103,10 (*b*) \$ 13 608,98, \$ 9362,05 (*c*) \$ 22 796,04, \$ 13 537,80

12. B investiert jedes halbe Jahr \$ 600 zu 3 %, halbjährlich. Wieviel hat er nach 10 Jahren angespart?
Lsg. \$ 13 874,20

13. Bestimme den Barwert einer Rente über \$ 100, die vierteljährlich für 15 Jahre gezahlt wird, wenn mit 5 %, vierteljährlich, gerechnet wird. *Lsg.* \$ 4203,46

14. Für eine Aussteuerversicherung über \$ 1000, die in 20 Jahren fällig wird, zahlt M halbjährlich (nachschüssig) \$ 22,50 Prämie. Wieviel würde er erhalten, wenn er stattdessen die Prämien zu 3 %, halbjährlich, ansparen würde? *Lsg.* \$ 1221,03

15. Im folgenden werde mit 6 %, monatlich, gerechnet. Ist es vernünftiger, ein Auto für \$ 2750 bar oder für \$ 500 Anzahlung plus 12 Monatsraten à \$ 200 (nachschüssig) zu kaufen?

16. Wieviel muß man am 1. Juni 1950 zu 5 %, halbjährlich, in einem Fonds anlegen, um vom 1. Dezember 1950 (erste Rate) bis zum 1. Dezember 1967 (letzte Rate) halbjährlich \$ 600 abheben zu können?
Lsg. \$13 887,10

17. Es wird geschätzt, daß ein Wald in den nächsten 10 Jahren jährlich \$ 15 000 Ertrag bringt, und daß er dann für \$ 10 000 verkauft werden kann. Welchen Wert hat er heute (bei 5 %)?
Lsg. \$ 121 965,15

18. Geld bringe 5,2 %, vierteljährlich. Welche heutige Einzelzahlung ist äquivalent zu 15 vierteljährlichen Zahlungen à \$ 100, die erste in 3 Monaten? *Lsg.* \$ 1354,85

19. M zahlt alle 6 Monate \$ 250 in einen Fonds, der $3\frac{3}{4}$ %, halbjährlich, bringt. Wieviel ist in dem Fonds (*a*) genau nach der 12., (*b*) genau vor der 12., (*c*) genau vor der 15. Einzahlung?
Lsg. (*a*) \$ 3329,33, (*b*) \$ 3079,33, (*c*) \$ 4034,00

20. M bekommt beim Kauf eines Neuwagens zum Preis von \$ 3750 für sein altes Auto \$ 1250. Wieviel muß er noch bar bezahlen, so daß der Rest durch 18 Monatsraten à \$ 125 beglichen werden kann? Rechne mit 6 %, monatlich. *Lsg.* \$ 353,40

21. In einem Vertrag werden 20 Halbjahresraten à \$ 400 und eine Zusatzzahlung von \$ 2500 nach 10 Jahren gefordert. Bestimme den Barwert dieser Zahlung bei 7 %, halbjährlich berechnet. *Lsg.* \$ 6941,37

22. M will eine Schuld durch 12 Vierteljahresraten à \$ 300 abtragen. Welche Zahlung zum Zeitpunkt der 4. Rate ist nötig, um (*a*) seinen laufenden Vertrag zu erfüllen, (*b*) seine Schuld abzutragen, wenn er die ersten 3 Raten nicht überwiesen hat? Rechne mit 8 %, vierteljährlich. *Lsg.* \$ 1236,48, (*b*) \$ 3434,12

23. Um seinem Sohn zum 21. Geburtstag eine gewisse Summe Geld schenken zu können, hat sein Vater alle sechs Monate \$ 200 gespart, die 3 %, halbjährlich gutgeschrieben, bringen. Bestimme diese Summe, wenn die erste Einzahlung zur Geburt des Sohnes, die letzte im Alter von $20\frac{1}{2}$ gemacht wurde
Lsg. \$ 11 758,40

24. M hat 20 Jahre lang an jedem Monatsende \$ 25 angelegt, wobei er 3 % Zinseszinsen, monatlich gutgeschrieben, bekam. Wieviel besitzt er? *Lsg.* \$ 8207,52

25. Wieviel muß am 1. Juni 1940 in einen Fonds eingezahlt werden, der 4 %, halbjährlich gutgeschrieben, bringt, wenn man von dem sich ergebenden Kapital vom 1. Juni 1955 bis 1. Dezember 1970 halbjährlich Abhebungen à \$ 500 machen will? *Lsg.* \$ 6607,65

26. Am 1. Mai 1950 zahlte M in einen Fonds, der 3 %, halbjährlich gutgeschrieben, brachte, \$ 100 ein und machte danach alle sechs Monate dieselbe Einzahlung. Nach dem 1. Mai 1962 wurde der Zinssatz auf 4 % erhöht. Wie groß war das Guthaben genau nach der Einzahlung vom 1. November 1970?
Hinweis: $100\, s_{\overline{25}|0{,}015}(1{,}02)^{17} + 100\, s_{\overline{17}|0{,}02}$

27. In den letzten 10 Jahren hat M am Ende jeden Monats \$ 40 in einen Fonds eingezahlt, der 3 % Zinseszins, halbjährlich, bringt. Es wurden dabei für die dazwischenliegenden Einzahlungen monatlich (einfache) Zinsen gutgeschrieben. Wieviel besitzt M auf dem Konto? *Lsg.* $241{,}50\, s_{\overline{20}|0{,}015}$

28. Zeige durch Entwicklung von $(1+i)^n$ nach dem Binomischen Lehrsatz, daß

$$s_{\overline{n}|i} = n + \frac{n(n-1)}{1\cdot 2}\, i + \frac{n(n-1)(n-2)}{1\cdot 2\cdot 3}\, i^2 + \cdots$$

29. Benutze die ersten 6 Glieder in der Entwicklung von Aufgabe 28, um $s_{\overline{10}|0{,}01}$ bis auf 8 Stellen hinter dem Komma zu bestimmen. Vergleiche mit dem Tabellenwert in Tabelle XII.

30. Zeige: $(1+i)\, a_{\overline{n}|i} = a_{\overline{n-1}|i} + 1.$

31. Zeige: (*a*) $s_{\overline{h-k}|i} = s_{\overline{h}|i} - (1+i)^h a_{\overline{k}|i}$ $(h > k)$

(*b*) $a_{\overline{h-k}|i} = a_{\overline{h}|i} - (1+i)^{-h} s_{\overline{k}|i}$ $(h > k)$

32. Zeige: $$\frac{1}{s_{\overline{n+m}|i}} = \frac{\dfrac{1}{s_{\overline{n}|i}}}{\dfrac{1}{s_{\overline{n}|i}}\cdot s_{\overline{m}|i} + (1+i)^m}$$

Kapitel 10

Nachschüssige Zeitrenten

Die einzelne Zahlung; Laufzeit; Zinssatz

Die EINZELNE ZAHLUNG. Lösen wir die Formeln (*1*) und (*2*) in Kapitel 9 nach R auf, so ergibt sich

$$R = S\frac{1}{s_{\overline{n}|i}} \tag{1}$$

bzw.

$$R = A\frac{1}{a_{\overline{n}|i}} \tag{2}$$

für die einzelne Zahlung bei einer Rente, deren Endwert (*1*) bzw. Barwert (*2*) bekannt sind. Die Werte von $\frac{1}{s_{\overline{n}|i}}$ sind für einige i und n in Tabelle XIV tabelliert. Wir haben $\frac{1}{a_{\overline{n}|i}}$ nicht tabelliert, da (siehe Aufgabe 1)

$$\frac{1}{a_{\overline{n}|i}} = \frac{1}{s_{\overline{n}|i}} + i \tag{3}$$

Beispiel 1.
Aus Tabelle XIV ergibt sich $\frac{1}{s_{\overline{20}|0,02}} = 0{,}04115672$. Also folgt

$$\frac{1}{a_{\overline{20}|0,02}} = \frac{1}{s_{\overline{20}|0,02}} + 0{,}02 = 0{,}04115672 + 0{,}02 = 0{,}06115672$$

Beispiel 2.
Wieviel muß man halbjährlich 10 Jahre lang in einen Fonds einzahlen, wenn es $3\frac{1}{2}$ % Zinsen, halbjährlich, gibt, und genau nach der letzten Einzahlung $ 25 000 vorhanden sein sollen?

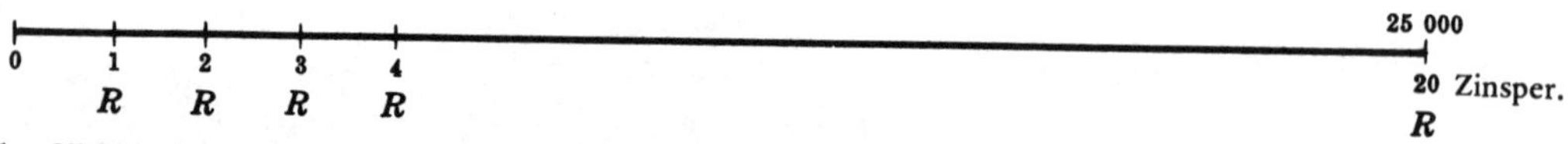

$S = 25\,000$, $i = 0{,}0175$, $n = 20$; also folgt mit (1):

$$R = S\frac{1}{s_{\overline{n}|i}} = 25\,000\frac{1}{s_{\overline{20}|0,0175}} = 25\,000(0{,}0421912) = \$1054{,}78$$

Siehe Aufgabe 2.

Beispiel 3.
Drei Monate vor Studienbeginn erhält ein Student $ 10 000, die er zu 4 %, vierteljährlich gutgeschrieben, anlegt. Welche vierteljährlichen Abhebungen, die erste in 3 Monaten, ermöglichen ihm damit die Finanzierung eines Studiums von 4 Jahren?

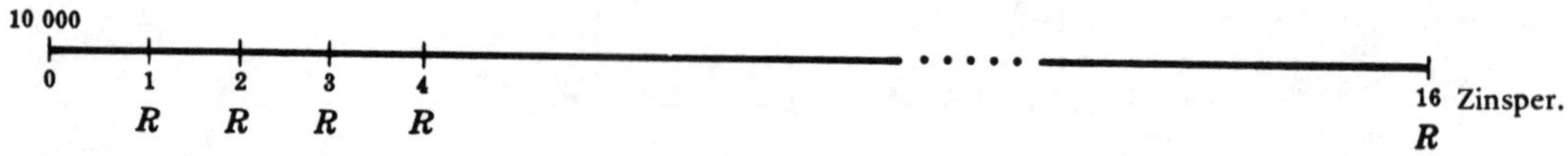

$A = 10\,000$, $i = 0{,}01$, $n = 16$; also folgt mit (2):

$$R = A\frac{1}{a_{\overline{n}|i}} = 10\,000\frac{1}{a_{\overline{16}|0,01}} = 10\,000(0{,}0579446 + 0{,}01)$$
$$= 10\,000(0{,}0679446) = \$679{,}45$$

Siehe die Aufgaben 3–5.

BERECHNUNG der LAUFZEIT. Mit den Formeln (*1*) und (*2*) in Kapitel 9 können wir n mit Hilfe der Tabellen XII und XIII annähernd berechnen.

Beispiel 4.
M leiht sich $ 3750 und will diese Summe plus Zinsen zu 6 %, halbjährlich gerechnet, durch halbjährliche Zahlungen à $ 225, die erste in 6 Monaten, zurückzahlen. Wieviel Raten hat er zu zahlen?

$A = 3750,\ R = 225,\ i = 0{,}03;$

$$3750 = 225\, a_{\overline{n}|0{,}03} \quad \text{d.h.} \quad a_{\overline{n}|0{,}03} = \frac{3750}{225} = 16{,}6667$$

Aus Tabelle XIII folgt für $i = 0{,}03$:

$$a_{\overline{23}|0{,}03} = 16{,}44361 \quad \text{und} \quad a_{\overline{24}|0{,}03} = 16{,}93554$$

Eine Rente von 23 Zahlungen ergibt also einen Barwert von etwas weniger als $ 3750, während eine von 24 Zahlungen einen Barwert von über $ 3750 besitzt.

Man gewinnt hier nichts, wenn man n genauer bestimmt, da von M gefordert wird, daß er entweder

(i) die 23. Zahlung erhöht (siehe Aufgabe 7, Kapitel 9) oder

(ii) 23 Zahlungen à $ 225 macht und 6 Monate später eine Restzahlung von weniger als $ 225.

In der Praxis wird öfter die Alternative (ii) benutzt.

Beispiel 5.
Bestimme in Beispiel 4 die bei der Alternative (ii) fällige Restzahlung.

M löst also seine Verpflichtung durch 23 Zahlung à $ 225 und eine 24. (Rest-) Zahlung von X ab. Wir legen den Vergleichstag aller Summen auf den Zeitpunkt 0 (6 Monate vor der ersten Rentenzahlung). Dann gilt:

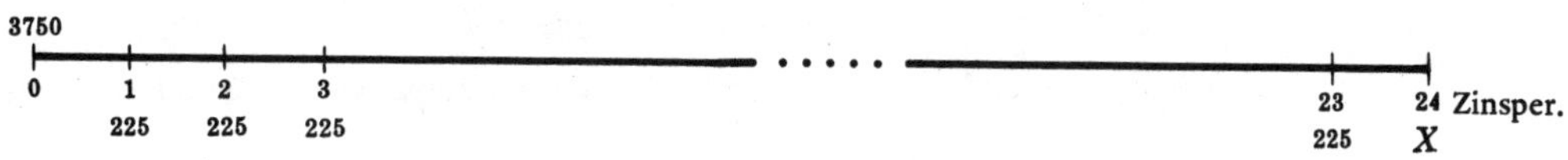

$$225\, a_{\overline{23}|0{,}03} + X(1{,}03)^{-24} = 3750$$

d.h.

$$X = (3750 - 225\, a_{\overline{23}|0{,}03})(1{,}03)^{24}$$
$$= (3750 - 3699{,}81)(2{,}0328) = \$102{,}03$$

Beispiel 6.
Durch Einzahlungen in einen Fonds, der 4 %, vierteljährlich gutgeschrieben, bringt, soll eine Summe von $ 5000 angespart werden. Diese Einzahlungen werden in Höhe von $ 250 alle 3 Monate gemacht. Bestimme die Anzahl der Raten und die eventuell nötige Resteinzahlung.

$S = 5000,\ R = 250,\ i = 0{,}01;$ also

$$250\, s_{\overline{n}|0{,}01} = 5000 \quad \text{, d.h.} \quad s_{\overline{n}|0{,}01} = 20$$

Aus Tabelle XII folgt für $i = 0{,}01$:

$$s_{\overline{18}|0{,}01} = 19{,}61475 \quad \text{und} \quad s_{\overline{19}|0{,}01} = 20{,}81090$$

Wir haben also 18 Einzahlungen à $ 250 und eine Resteinzahlung von X.
Zur Bestimmung von X zinsen wir alle Beträge auf das Ende der 19. Zinsperiode auf.

Erste Lösung.
Es sei S der Endwert der 18 regulären Einzahlungen. Dann gilt

$$X + S(1{,}01) = X + 250\, s_{\overline{18}|0{,}01}(1{,}01) = 5000$$

$$X = 5000 - 250\, s_{\overline{18}|0{,}01}(1{,}01)$$
$$= 5000 - 250(19{,}61475)(1{,}01) = \$47{,}28$$

Zweite Lösung. Mit Aufgabe 8, Kapitel 9, folgt

$$250\, s_{\overline{18}|0{,}01}(1{,}01) = 250(s_{\overline{19}|0{,}01} - 1)$$

Also folgt $X = 5000 - 250(s_{\overline{19}|0{,}01} - 1)$
$$= 5000 - 250(20{,}81090 - 1) = 5000 - 4952{,}72 = \$47{,}28$$

Siehe die Aufgaben 6–7.

BERECHNUNG des ZINSSATZES. In Kapitel 6 haben wir einige Formeln zur Bestimmung des Zinssatzes bei Ratenkäufen angegeben. Da die Folge der Ratenzahlungen eine Rente bilden, deren Laufzeit und Barwert bekannt sind, betrachten wir dieses Problem hier noch einmal.

Beispiel 7.
Ein Fernseher kann entweder für \$ 449,50 bar oder für \$ 49,50 Anzahlung und 18 Monatsraten à \$ 27,50 gekauft werden. (*a*) Welcher nominelle Zinssatz, monatlich, wird dabei berechnet? (*b*) Welcher effektive Zinssatz wird gefordert?

(*a*) $A = 449{,}50 - 49{,}50 = 400,\ R = 27{,}50,\ n = 18;$ also

$$27{,}50\, a_{\overline{18}|i} = 400 \quad \text{, d.h.} \quad a_{\overline{18}|i} = \frac{400}{27{,}50} = 14{,}5455$$

Mit $n = 18$ erhalten wir aus Tabelle XIII

$$a_{\overline{18}|0{,}02} = 14{,}9920 \qquad \text{und} \qquad a_{\overline{18}|0{,}025} = 14{,}3534$$

Also liegt i zwischen 2 % und $2\frac{1}{2}$ % und damit der nominelle Zinssatz zwischen 24 % und 30 %, monatlich berechnet.
Zur genaueren Berechnung interpolieren wir in Tabelle XIII;

$$0{,}005\left[\begin{array}{l}\left.\begin{array}{l}0{,}02\\ i\end{array}\right] x\\ 0{,}025\end{array}\right. \qquad -0{,}6386\left[\begin{array}{l}\left.\begin{array}{l}14{,}9920\\ 14{,}5455\end{array}\right] -0{,}4465\\ 14{,}3534\end{array}\right.$$

$$\frac{x}{0{,}005} = \frac{-0{,}4465}{-0{,}6386}, \qquad x = \frac{0{,}4465}{0{,}6386}(0{,}005) = 0{,}00350$$

$$i = 0{,}02 + x = 0{,}02350$$

Also ist $j = 12 \cdot i = 28{,}20$ % der nominelle Zinssatz, monatlich berechnet.

(*b*) Es sei i der effektive Zinssatz; dann gilt

$$1 + i = (1{,}0235)^{12} = 1{,}3215$$

also $i = 32{,}15\%$.

Aufgaben mit Lösungen

1. Zeige: $\dfrac{1}{s_{\overline{n}|i}} + i = \dfrac{1}{a_{\overline{n}|i}}$.

Wir haben

$$\frac{1}{s_{\overline{n}|i}} + i = \frac{i}{(1+i)^n - 1} + i = \frac{i + i(1+i)^n - i}{(1+i)^n - 1}$$

$$= \frac{i(1+i)^n}{(1+i)^n - 1} = \frac{i}{1-(1+i)^{-n}} = \frac{1}{a_{\overline{n}|i}}$$

2. Eine Firma muß in den nächsten 10 Jahren \$ 12 000 ansparen, um damit eine Maschine ersetzen zu können. Wieviel muß am Ende eines jeden Jahres vom Gewinn in einen Fonds zurückgelegt werden, der 3 % bringt?

$S = 12\,000$, $i = 0{,}03$, $n = 10$; also folgt mit (*1*):

$$R = S\frac{1}{s_{\overline{n}|i}} = 12\,000\frac{1}{s_{\overline{10}|0,03}} = 12\,000(0{,}0872305) = \$1046{,}77$$

3. M kauft einen gebrauchten Wagen, der bar \$ 1350 kostet. Er zahlt \$ 225 an und muß den Rest in 15 gleichgroßen Monatsraten (die erste in einem Monat) abzahlen. Der Händler berechnet dabei 9 % Zinsen (monatliche Zinsperiode). Wie groß ist die einzelne Rate?

$A = 1350 - 225 = 1125$, $i = 0{,}0075$, $n = 15$; mit (*2*) folgt also

$$R = A\frac{1}{a_{\overline{n}|i}} = 1125\frac{1}{a_{\overline{15}|0,0075}} = 1125(0{,}070736) = \$79{,}58$$

4. Eine Kommune benötigt am 1. Dezember 1970 und zum gleichen Datum weitere 4 Jahre lang jeweils \$ 20 000. Welche jährlichen Einzahlungen in einen Fonds, beginnend am 1. Dezember 1960, sind zur Erfüllung dieser Pflichten nötig, wenn 14 Einzahlungen gemacht werden und der Fonds 2 % Zinsen bringt?

Es sei X die gesuchte jährliche Einzahlung. Die Verpflichtungen bilden eine Rente von 5 Zahlungen à \$ 20 000, während die Einzahlungen eine Rente mit 15 Zahlungen à X darstellen. Wir zinsen alle Beträge auf den 1. Dezember 1974 auf und vergleichen dann:

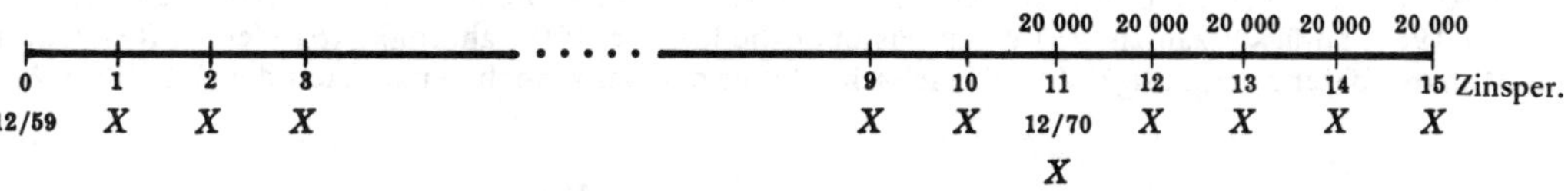

$$X\, s_{\overline{15}|0,02} = 20\,000\, s_{\overline{5}|0,02}$$

Also

$$X = 20\,000\, s_{\overline{5}|0,02}\frac{1}{s_{\overline{15}|0,02}} = 20\,000(5{,}2040402)(0{,}05782547) = \$6018{,}52$$

5. M hat soviel in einem Fonds, der 3 % Zinsen bringt, angelegt, daß er davon genau 15 Jahre lang jährlich \$ 2000 abheben kann. Wieviel kann er jährlich abheben, wenn er dies genau 10 Jahre lang machen will?

Es sei X die neue Jahresrente. Die ursprünglichen Abhebungen bilden eine Rente

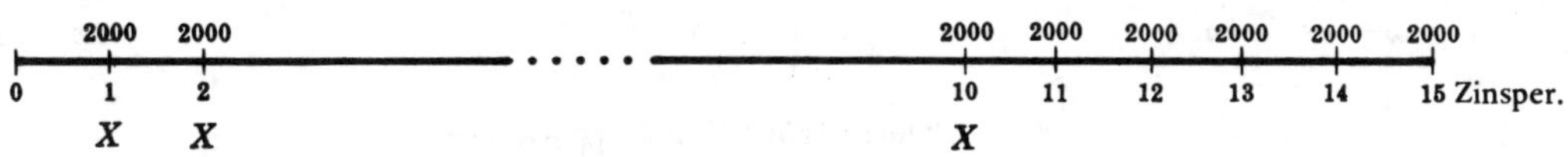

mit Barwert $2000\,a_{\overline{15}|0{,}03}$, während die neuen Abhebungen eine Rente mit Barwert $X\,a_{\overline{10}|0{,}03}$ sind. Also gilt

$$X\,a_{\overline{10}|0{,}03} = 2000\,a_{\overline{15}|0{,}03}$$

d.h.

$$X = 2000\,a_{\overline{15}|0{,}03}\frac{1}{a_{\overline{10}|0{,}03}} = 2000(11{,}937935)(0{,}1172305) = \$2798{,}98$$

6. M braucht, um ein Geschäft eröffnen zu können, \$ 10 000. Er kann alle 3 Monate \$ 500 sparen und sie zu 3 % Zinsen, vierteljährlich gutgeschrieben, investieren. Bestimme die Anzahl der nötigen Raten à \$ 500 und die Höhe der Schlußeinzahlung.

$S = 10\,000$, $R = 500$, $i = 0{,}0075$; also

$$500\,s_{\overline{n}|0{,}0075} = 10\,000 \quad \text{, d.h.} \quad s_{\overline{n}|0{,}0075} = 20$$

Mit $i = 0{,}0075$ ergibt sich aus Tabelle XII

$$s_{\overline{18}|0{,}0075} = 19{,}1947 \quad \text{und} \quad s_{\overline{19}|0{,}0075} = 20{,}3367$$

M macht also 18 Einzahlungen à \$ 500 und eine Schlußeinzahlung von X. Es gilt

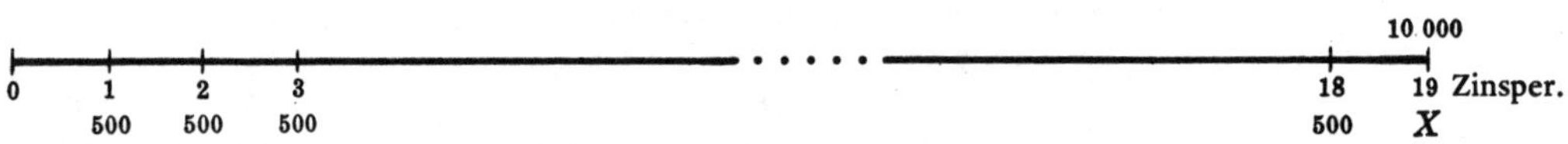

$$X + 500\,s_{\overline{18}|0{,}0075}(1{,}0075) = 10\,000$$

oder (siehe Beispiel 5)

$$X + 500[s_{\overline{19}|0{,}0075} - 1] = 10\,000$$

d.h.

$$X = 10\,000 - 500(20{,}33868 - 1) = \$330{,}66$$

ist die Schlußeinzahlung.

7. Am 1. Juni 1960 nimmt M bei einer Bank, die 5 % Zinsen, vierteljährlich, berechnet, einen Kredit über \$ 5000 auf. Er verpflichtet sich dabei, diesen durch vierteljährliche Raten à \$ 400, die erste am 1. September 1960, zurückzuzahlen. (*a*) Wann leistet er die letzte \$ 400-Zahlung? (*b*) Welche Restzahlung ist 3 Monate später noch fällig? (*c*) Wieviel schuldet er der Bank noch genau nach der 8. Zahlung?

$A = 5000$, $R = 400$, $i = 0{,}0125$; also

$$400\,a_{\overline{n}|0{,}0125} = 5000 \quad \text{, d.h.} \quad a_{\overline{n}|0{,}0125} = 12{,}5$$

Mit Hilfe von Tabelle XIII erhalten wir

$$a_{\overline{13}|0{,}0125} = 11{,}93018 \quad \text{und} \quad a_{\overline{14}|0{,}0125} = 12{,}77055$$

(*a*) M zahlt 13 Raten à \$ 400, die letzte am 1. September 1963.

(*b*) Zur Bestimmung der Restzahlung X betrachten wir alle Zahlungen zum 1. Dezember 1963.

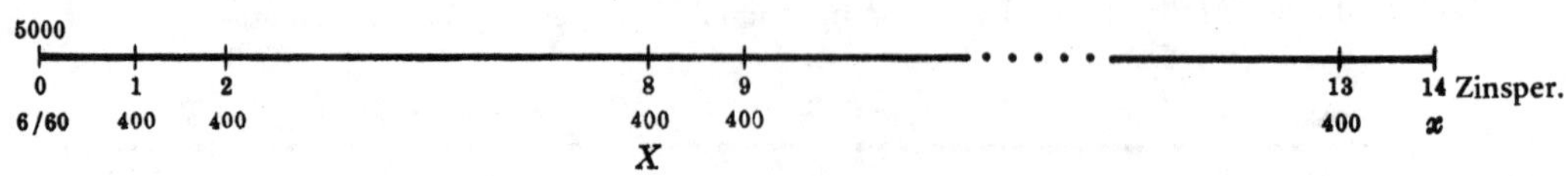

$$x = 5000(1{,}0125)^{14} - 400(s_{\overline{14}|0{,}0125} - 1)$$
$$= 5000(1{,}189955) - 400(14{,}19638) = \$271{,}23$$

(*c*) Es sei X die Summe, welche M der Bank genau nach der 8. Zahlung noch schuldet. Nehmen wir den 1. Juni 1962 als Berechnungstermin, so folgt

(i)
$$X = 400\, a_{\overline{5}|0{,}0125} + 271{,}23(1{,}0125)^{-6}$$
$$= 400(4{,}81784) + 271{,}23(0{,}92817) = \$2178{,}89$$

bzw.

(ii)
$$X = 5000(1{,}0125)^{8} - 400\, s_{\overline{8}|0{,}0125}$$
$$= 5000(1{,}104486) - 400(8{,}35889) = \$2178{,}87$$

Ergänzungsaufgaben

8. Wieviel muß M 4 Jahre lang vierteljährlich nachschüssig in einen Fonds einzahlen, der 4 % Zinsen, vierteljährlich gutgeschrieben, bringt, um \$ 2500 anzusparen? *Lsg.* \$ 144,86

9. Eine Stadt benötigt in 20 Jahren \$ 100 000. Wieviel muß von ihr jährlich in einen Fonds eingezahlt werden, der $2\frac{1}{2}$ % Zinsen bringt, um diese Summe anzusparen? *Lsg.* \$ 3914,71

10. M kauft ein Piano, das \$ 1250 kostet. Er zahlt \$ 350 an und will den Rest in 24 Monatsraten à X (die erste in einem Monat fällig) abzahlen. Wie groß ist X, wenn 8 % Zinsen, monatlich, berechnet werden? *Lsg.* \$ 40,71

11. Geld bringe 6 % Zinsen, monatlich gutgeschrieben. Ersetze jährliche nachschüssige Zahlungen von \$ 2000 durch äquivalente monatlich nachschüssige Zahlungen. *Lsg.* \$ 162,13

12. Um am 1. Juni 1970 \$ 8000 zur Verfügung zu haben, macht M halbjährliche Einzahlungen in einen Fonds, der 5 % Zinsen, halbjährlich gutgeschrieben, bringt. Die erste Einzahlung ist am 1. Dezember 1963, die letzte am 1. Juni 1970. Wie groß sind die einzelnen Zahlungen ? *Lsg.* \$ 484,30

13. Geld bringe 4 % Zinsen, vierteljährlich gutgeschrieben. Ersetze Zahlungen à \$ 3000 zum Anfang jeden Jahres durch äquivalente Zahlungen am Ende jedes Vierteljahres. *Lsg.* \$ 768,84

14. Bei der Abzahlung einer Schuld von \$ 10 000 mit Zinsen zu 4 %, vierteljährlich berechnet, leistet M halbjährliche Zahlungen à X, die erste in 6 Monaten und die letzte in 5 Jahren, sowie ein Jahr danach eine Restzahlung von \$ 2500. Bestimme X. *Lsg.* \$ 893,82

15. Am 1. Mai 1960 besitzt M in einem Fonds, der 3 % Zinsen, vierteljährlich gutgeschrieben, bringt, genau \$ 2475,60. Ab 1. August 1960 macht er bis zum 1. November 1966 vierteljährliche Einzahlungen und besitzt dann \$ 10 000 im Fonds. Bestimme die Einzahlungen. *Lsg.* \$ 244,61

16. M möchte in einem Fonds, der 5 % Zinsen (halbjährlich gutgeschrieben) bringt, \$ 7500 ansparen und zwar durch halbjährliche Einzahlungen à \$ 250. (*a*) Wieviel volle Einzahlungen leistet er? (*b*) Welche zusätzliche Einzahlung zum Zeitpunkt der letzten ergibt die \$ 7500? (*c*) Welche Resteinzahlung, 6 Monate später, ergibt die \$ 7500? *Lsg.* (*a*) 22, (*b*) \$ 284,28, (*c*) \$ 103,89

17. M besitzt einen Fonds, in dem ein Betrag von \$ 10 000 ist. Er hebt davon \$ 1000 ab und macht nach jeweils 3 Monaten Abhebungen à \$ 500. Der Fonds bringt 2 % Zinsen, vierteljährlich gutgeschrieben. (*a*) Wieviel volle Abhebungen von \$ 500 kann er machen? (*b*) Welche Abhebung zusätzlich zur letzten erschöpft sein Guthaben? (*c*) Welche Abhebung 3 Monate danach erschöpft sein Guthaben?
Lsg. (*a*) 18, (*b*) \$ 452,47, (*c*) \$ 454,73

18. B kauft ein Auto für \$ 3250 und macht eine Anzahlung von \$ 500. Einen Monat später beginnt er mit Monatsraten à \$ 100. Es werden ihm dabei Zinsen zu 12 %, monatlich, berechnet. (*a*) Wieviel volle Raten hat er zu zahlen? (*b*) Durch welche Restzahlung einen Monat nach der letzten Rate wird die Schuld vollständig beglichen? *Lsg.* (*a*) 32, (*b*) \$ 32,00

19. An seinem 45. Geburtstag begann M mit jährlichen Einzahlungen à \$ 1000 in einen Fonds, der $3\frac{1}{2}$ % bringt, und machte dabei die letzte an seinem 64. Geburtstag. Ab seinem 65. Geburtstag will er jährliche Abhebungen à \$ 2000 vornehmen. (*a*) Wieviele dieser Abhebungen kann er machen? (*b*) Welche Restabhebung ist nach einem Jahr noch möglich? *Lsg.* (*a*) 19, (*b*) \$ 1711,24

20. Ein Mann leiht sich \$ 4000 und will sie, mit 4 % Zinsen, vierteljährlich berechnet, in Vierteljahresraten à \$ 300 zurückzahlen. Die erste Rate sei dabei 3 Monate nach dem Ausleihen fällig. Bestimme die (*a*) Anzahl der nötigen vollen Raten, (*b*) nötige Restzahlung 3 Monate nach der letzten Rate.
Lsg. (*a*) 14, (*b*) \$ 114,81

21. Ein Geldverleiher läßt sich einen Kredit über \$ 200 in 12 Monatsraten à \$ 20,15 zurückzahlen. Bestimme den nominalen Zinssatz, monatlich berechnet. *Lsg.* 36,60 %

22. M zahlt 6 Jahre lang vierteljährlich nachschüssig \$ 300 in einen Fonds ein, der danach einen Betrag von \$ 9874,60 aufweist. Welchen nominellen Zinssatz, vierteljährlich, erhielt er? *Lsg.* 10,56 %

23. Ein Radio für \$ 125 kann durch \$ 20 Anzahlung und 10 anschließende Monatsraten à \$ 11 gekauft werden. Welcher nominelle und welcher effektive Zinssatz werden dabei berechnet? *Lsg.* 10,32 %, 10,82 %

24. Um einen Fernseher für \$ 650 zu kaufen, kann man sich von der A-Bank das Geld leihen und den Kredit in 12 Monatsraten à \$ 60 zurückzahlen. Die B-Bank bietet Rückzahlung des Kredits durch eine einmalige Zahlung von \$ 750 nach einem Jahr an. Vergleiche die berechneten effektiven Zinssätze und zeige damit, daß das Angebot der B-Bank günstiger ist.

25. Zu welchem nominalen Zinssatz, vierteljährlich, ergeben 20 vierteljährliche Einzahlungen à \$ 200 in einen Fonds \$ 5250 ? *Lsg.* 11,08 %

26. M kauft ein Grundstück, das \$ 25 000 wert ist. Er zahlt dabei \$ 12 000 an und will den Rest mit Zinsen zu 3 % durch Jahresraten à \$ 2000 und eine Restzahlung ein Jahr nach der letzten Rate abzahlen. M's Schuldschein wurde genau nach der 3. Rate an einen Investor verkauft, der $3\frac{1}{2}$ % verdienen will. Bestimme den Verkaufspreis. *Lsg.* \$ 7921,51

Kapitel 11

Tilgungs- und Rücklagenfonds

TILGUNG. Man sagt, daß eine zinstragende Schuld *getilgt* wird, wenn die Rückzahlung des entsprechenden Kapitals sowie die Abgeltung der aufgelaufenen Zinsen durch eine Anzahl von (meistens) gleichbleibenden Raten, die in gleichen Zeitabständen geleistet werden, geschieht.

Beispiel 1.
Eine Schuld von \$ 5000 mit 5 % Zinsen, halbjährlich berechnet, wird in 3 Jahren durch gleichbleibende Halbjahresraten à R, die erste in 6 Monaten, getilgt. Bestimme R.

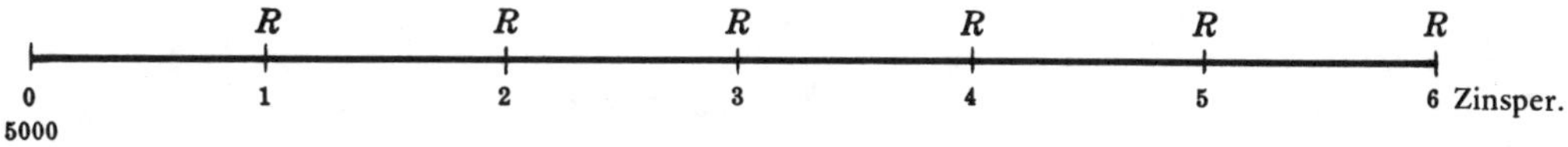

Die 6 Zahlungen à R bilden eine nachschüssige Rente mit Barwert \$ 5000. Also:

$$R\, a_{\overline{6}|0{,}025} = 5000 \quad \text{, also} \quad R = 5000 \frac{1}{a_{\overline{6}|0{,}025}} = \$907{,}75$$

Eine zinstragende Schuld A werde durch n Raten à R getilgt. Jede Rückzahlungsrate kann zerlegt werden in den Zinsendienst für die Restschuld und den zur Tilgung des Kapitals verwendeten Teil. Damit steigen die Tilgungsquoten (Anteil zur Tilgung des Kapitals) an.

Das zu einem beliebigen Zeitpunkt noch ausstehende Kapital nennen wir *Restschuld*. Die Restschuld zu Beginn ist gleich der Originalschuld. Die Restschuld am Ende der Laufzeit ist theoretisch Null, kann man aufgrund der laufenden Rundung (auf Cent) etwas von 0 differieren. *Die Restschuld genau nach Bezahlung einer Rate ist gleich dem Barwert (zu diesem Zeitpunkt) aller noch zu leistenden Zahlungen.*

TILGUNGSPLAN. Ist es etwa aus steuerlichen Gründen wichtig, die Aufteilung der einzelnen Tilgungsraten in Zinsdienst und Tilgungsquote zu kennen, so bietet es sich an, einen Tilgungsplan aufzustellen.

Beispiel 2.

Wir stellen den Tilgungsplan der Schuld in Beispiel 1 auf.

Periode	(*a*) Restschuld zu Beginn der Periode	(*b*) Fällige Zinsen (Ende der Periode)	(*c*) Rückzahlungsrate	(*d*) Tilgungsquote
1	5000,00	125,00	907,75	782,75
2	4217,25	105,43	907,75	802,32
3	3414,93	85,37	907,75	822,38
4	2592,55	64,81	907,75	842,94
5	1749,61	43,74	907,75	864,01
6	885,60	22,14	907,75	885,61
Summe		446,49	5446,50	5000,01

Die Tabelle wird folgendermaßen zeilenweise ausgefüllt. Die Restschuld (*a*) zu Beginn der ersten (Zins-)Periode ist die Originalschuld \$ 5000. Als Zinsen (*b*) am Ende dieser Periode werden fällig 5000(0,025) = \$ 125,00. Die halbjährliche Rückzahlungsrate (*c*) ist \$ 907,75, wovon \$ 125 für die fälligen Zinsen verwendet werden und 907,75 — 125,00 = \$ 782,75 als Tilgungsquote (*d*) (Rückzahlung) der Schuld. Zu Beginn der zweiten Periode ist die Restschuld (*a*) gleich 5000 — 782,75 = \$ 4217,25. Damit sind die zum Ende der Periode fälligen Zinsen (*b*) gleich 4217,25(0,025) = \$ 105,43. Als Tilgungsquote (*d*) bleiben damit 907,75 — 105,43 = \$ 802,32. Zu Beginn der dritten Periode beträgt die Restschuld (*a*) 4217,25 — 802,32 = \$ 3414,93, usw.

Haben wir viele Rückzahlungsraten, so sollte der Plan bei der Aufstellung ab und zu wie im folgenden Beispiel 3 überprüft werden.

Beispiel 3.

Bestimme in Beispiel 1 die Restschuld direkt nach der 4. Rate und vergleiche mit dem Tilgungsplan in Beispiel 2.

Die Restschuld P genau nach der 4. Rate ist der Barwert der noch zu leistenden 6 — 4 = 2 Zahlungen. Also:

$$P = 907{,}75\, a_{\overline{2}|0{,}025} = \$1749{,}62$$

ANTEIL. Wird Grundbesitz auf Abzahlungsbasis gekauft, so ist der *Anteil des Käufers* (zu irgendeinem Zeitpunkt) der Teil des Grundbesitzpreises, der bereits abbezahlt worden ist. Die Restschuld zum selben Zeitpunkt nennen wir *Anteil des Verkäufers*. Offensichtlich gilt

Anteil des Verkäufers + Anteil des Käufers = Verkaufspreis

Beispiel 4.

M kauft ein Haus, das \$ 25 000 kostet. Er zahlt \$ 10 000 an und tilgt den Rest mit Zinsen zu 6 %, monatlich berechnet, in 10 Jahren durch gleichbleibende monatlich nachschüssige Raten. Wie groß ist sein Anteil am Haus genau nach der 50. Rate?

Die einzelne Rate beträgt $R = 15\,000 \dfrac{1}{a_{\overline{120}|0{,}005}} = \$\ 166{,}53$. Die Restschuld genau nach 50. Rate ist $166{,}53\ a_{\overline{70}|0{,}005} = \$\ 9815{,}18$. Damit schuldet M vom Kaufpreis, der \$ 25 000 beträgt, noch \$ 9815,18. Sein Anteil ist also 25 000 — 9815,18 = \$ 15 184,82.

Siehe die Aufgaben 1—2.

TILGUNG von ANLEIHEN. Bei Anleihen können die Rückzahlungsraten nicht immer gleich hoch sein, da nach Abgeltung der aufgelaufenen Zinsen die Tilgungsquoten jeweils auf Vielfache des kleinsten Anleihestücks gerundet werden müssen. Wir wollen dabei den Tilgungsplan jedoch so aufstellen, daß die Raten möglichst gleich groß sind. Haben wir etwa Stücke à \$ 100 und stehen \$ 712,86 zur Tilgung zur Verfügung, so werden 7 Stück zurückgekauft; stehen \$ 763,49 zur Verfügung, so werden 8 Stück zurückgekauft.

Beispiel 5.

Durch 6 Jahresraten, möglichst gleich groß, soll eine 5 %-Anleihe über \$ 30 000 in Stücken à \$ 100 getilgt werden.

Als gleichgroße Rückzahlungen ergäben sich

$$R = 30\,000 \frac{1}{a_{\overline{6}|0{,}05}} = \$5910{,}52$$

Als Zinsen am Ende des ersten Jahres haben wir 30 000(0,05) = \$ 1500,00. Damit kann man mit 5910,52 — 1500 = \$ 4410,52 genau 44 Stücke zurückkaufen. Es bleiben 300 — 44 = 256 Stücke übrig, die zu Beginn des 2. Jahres eine Restschuld von \$ 25 600 darstellen. Die am Ende des zweiten Jahres fälligen Zinsen sind also 25 600(0,05) = \$ 1280,00. Mit 5910,52 — 1280 = \$ 4630,52 kann man 46 Stücke der Anleihe zurückkaufen. Es bleiben 256 — 46 = 210 im Wert von \$ 21 000 übrig, usw.

Tilgungsplan einer Anleihe

Periode	Restschuld zu Beginn der Periode	Fällige Zinsen	Anzahl der zurückgekauften Stücke	Tilgungsrate
1	30 000,00	1500,00	44	5 900,00
2	25 600,00	1280,00	46	5 880,00
3	21 000,00	1050,00	49	5 950,00
4	16 100,00	805,00	51	5 905,00
5	11 000,00	550,00	54	5 950,00
6	5 600,00	280,00	56	5 880,00
Summe		5465,00	300	35 465,00

Siehe die Aufgaben 3—4.

RÜCKLAGENFONDS. Bei dieser Methode, eine Schuld abzutragen, erhält der Gläubiger die Zinsen, falls welche fällig werden, zum Fälligkeitstermin, während die Schuld erst am Ende der Laufzeit insgesamt abgelöst wird. Um diese Zahlung leisten zu können, zahlt der Schuldner in regelmäßigen Abständen gewisse Summen in einen Fonds ein, so daß sich nach der letzten Einzahlung im Fonds die Summe befindet, die gleich der gegebenen Schuld ist. Dabei besteht die Möglichkeit, daß die Einlage im Fonds Zinsen bringt, wobei der Zinssatz nicht notwendigerweise gleich dem für die Schuld berechneten Zinssatz ist.

Beispiel 6.

Eine Schuld von \$ 5000, die in 5 Jahren ohne Zinsen fällig wird, soll über einen Rücklagenfonds abgetragen werden. Es werden 5 jährlich nachschüssige Einzahlungen R in einen Fonds geleistet, der 3 % Zinsen bringt. Bestimme R. Der Endwert der 5 Einzahlungen muß gleich \$ 5000 sein; also folgt

$$R s_{\overline{5}|0,03} = 5000 \quad , \text{also} \quad R = 5000 \frac{1}{s_{\overline{5}|0,03}} = \$941,78$$

Beispiel 7.

Eine Schuld von \$ 5000, für die 5 % Zinsen, halbjährlich, berechnet werden, soll über einen Rücklagenfonds abgetragen werden. Es werden dazu 8 nachschüssig halbjährliche Einzahlungen R in einen Fonds geleistet, der 3 % Zinsen, halbjährlich gutgeschrieben, bringt. Bestimme (a) R und (b) die halbjährlichen Kosten C der Schuld.

(a)

$$R = 5000 \frac{1}{s_{\overline{8}|0,015}} = \$592,92$$

(b) Die halbjährlich fällig werdenden Zinsen sind $5000(0,025) = \$\ 125$. Die Kosten C der Schuld sind gleich der Summe aus Zinsen plus Einzahlung in den Rücklagenfonds; also gilt

$$C = 125 + 592,92 = \$717,92$$

ENTWICKLUNG des RÜCKLAGENFONDS. Die Entwicklung des für die Rückzahlung der Schuld in Beispiel 7 geschaffenen Rücklagenfonds ist in folgender Tabelle dargestellt.

Entwicklung des Rücklagenfonds

Periode	(*a*) Zinsen	(*b*) Einlage	(*c*) Zuwachs im Fonds	(*d*) Guthaben im Fonds am Ende der Periode
1	0	592,92	592,92	592,92
2	8,89	592,92	601,81	1194,73
3	17,92	592,92	610,84	1805,57
4	27,08	592,92	620,00	2425,57
5	36,38	592,92	629,30	3054,87
6	45,82	592,92	638,74	3693,61
7	55,40	592,92	648,32	4341,93
8	65,13	592,92	658,05	4999,98
Summe	256,62	4743,36	4999,98	

Am Ende der ersten Periode wird eine Einlage (*b*) von \$ 592,92 gemacht, und dies ist dann sowohl der Zuwachs im Fonds (*c*) und das Guthaben im Fonds (*d*) am Ende der ersten Periode. Am Ende der zweiten Periode betragen die Zinsen (*a*) 592,92(0,015) = \$ 8,89, die Einlage (*b*) ist \$ 592,92, der Zuwachs (*c*) somit 8,89 + 592,92 = \$ 601,81, das Guthaben im Fonds (*d*) also 592,92 + 601,81 = \$ 1194,73. Am Ende der dritten Periode betragen die Zinsen (*a*) 1194,73(0,015) = \$ 17,92, die Einlage (*b*) \$ 592,92, der Zuwachs (*c*) 17,92 + 592,92 = \$ 610,84 und das Guthaben (*d*) im Fonds ist 1194,73 + 610,84 = \$ 1805,57, usw.

Die Diskrepanz von \$ 0,02 zu \$ 5000 in der letzten Zeile in Spalte (*d*) liegt in der laufenden Rundung auf Cent begründet. Es bietet sich an, den Aufbau der Tabelle zu überprüfen (mit Hilfe unserer Formeln).

Beispiel 8.

Bestimme in Beispiel 7: (*a*) Das Guthaben im Fonds genau nach der 5. Einzahlung, (*b*) welchen Anteil die Zinsen am Zuwachs im Fonds zum Zeitpunkt der 6. Einzahlung ausmachen.

(*a*) Das Guthaben im Fonds genau nach der 5. Einzahlung ist $592{,}92\, s_{\overline{5}|0{,}015} = \$\, 3054{,}88$.

(*b*) Die Zinsen sind die Zinsen auf das Guthaben im Fonds genau nach der 5. Einzahlung, also 3054,88(0,015) = \$ 45,82.

Siehe die Aufgaben 5–6.

ABSCHREIBUNG. In Kapitel 1 und 3 haben wir einige Abschreibungsmethoden diskutiert. Dabei wurde jeweils ein Abschreibungsfonds eingerichtet, dessen Endguthaben gleich den Anschaffungskosten minus Schrottwert eines Anlageguts sein sollte. Besitzt dieses eine Nutzungszeit von n Jahren, so wurde dieses Ziel in Kapitel 1 dadurch erreicht, daß nach der linearen Methode n gleichgroße jährliche Einzahlungen in den Abschreibungsfonds geleistet wurden. Gegen diese einfache Methode gibt es zwei Einwände.

Der erste ist der, daß die meisten Anlagegüter im ersten Jahr am meisten an Wert verlieren, während in den folgenden Jahren der jeweilige Wertverlust immer kleiner wird. Dies steht nicht im Einklang mit der linearen Abschreibungsmethode. In Kapitel 3 wurde deshalb ein geeingeteres Verfahren diskutiert.

Der zweite Einwand ist der, daß das Geld im Abschreibungsfonds in gewissem Sinn gebundenes Eigenkapital des Unternehmens ist, jedoch durch keine der beiden Methoden dem Fonds Zinsen gutgeschrieben werden. Diesem Einwand wird durch die hier diskutierte Methode der *Rücklagenfonds* Rechnung getragen. Es seien C die Anschaffungskosten, S der Schrottwert und n (Jahre) die Nutzungsdauer des Anlagegut. Ist i der effektive Zinssatz, den das Geld im Rücklagenfonds verdient, so ergibt sich die jährliche Einlage R in den Fonds zu

$$R \cdot s_{\overline{n}|i} = C - S \qquad \text{bzw.} \qquad R = (C - S)\frac{1}{s_{\overline{n}|i}}$$

Der jährliche Zuwachs im Fonds ist nun die Summe der jährlichen Einlage R und der in der entsprechenden Periode verdienten Zinsen. Bis auf die zusätzliche Spalte, in der der jeweilige Buchwert des Anlageguts notiert ist, haben wir dieselbe Tabelle wie oben bei den Rücklagenfonds.

Beispiel 9.

Eine Maschine zum Preis von $ 4000 hat nach 6 Jahren einen Schrottwert von $ 400. Der Abschreibungsfonds verdiene 3 % effektiv. Bestimme (*a*) die jährliche Einlage in den Fonds, (*b*) das Guthaben im Fonds am Ende des 4. Jahres. Stelle (*c*) die Entwicklung des Fonds in einer Tabelle dar.

(*a*) $C = 4000$, $S = 400$, $n = 6$, $i = 0{,}03$; also

$$R \cdot s_{\overline{6}|0,03} = 4000 - 400 = 3600$$

d.h.

$$R = 3600\frac{1}{s_{\overline{6}|0,03}} = 3600(0{,}154598) = \$556{,}55$$

(*b*) Genau nach der 4. Einzahlung ist das Guthaben im Fonds gleich

$$556{,}55\, s_{\overline{4}|0,03} = 556{,}55(4{,}18363) = \$2328{,}40$$

(*c*)

Alter	Einzahlung	Zinsen	Zuwachs	Guthaben	Buchwert
0	0	0	0	0	4000,00
1	556,55	0	556,55	556,55	3443,45
2	556,55	16,70	573,25	1129,80	2870,20
3	556,55	33,89	590,44	1720,24	2279,76
4	556,55	51,61	608,16	2328,40	1671,60
5	556,55	69,85	626,40	2954,80	1045,20
6	556,55	88,64	645,19	3599,99	400,01

Der Fehler von $ 0,01 im Restbuchwert ist in den laufenden Rundungen begründet.

Es ist zu bemerken, daß durch die laufenden Zinsgutschriften die Nachteile der linearen Abschreibungsmethode sogar noch verstärkt werden, da der Fonds jährlich um immer *größer werdende* Beträge wächst.

AUSBEUTUNG. Der Wertverlust einer Mine oder Ölquelle durch den allmählichen Abbau der Kohle bzw. des Öls nennt man *Ausbeutung.* Der Käufer solch eines Anlageguts erwartet

(i) Zinsen zu einem bestimmten Zinssatz auf seine Investition und

(ii) einen entsprechenden Ertrag, durch den seine Investition zurückgezahlt wird.

Damit dient ein Teil des jährlichen Nettoertrags dem gewünschten Zinsertrag, der Rest kann in einen Rücklagenfonds gezahlt werden, dessen Endwert bei Ausbeutung gleich der gemachten Investition minus eines gewissen Restwerts des Anlageguts ist.

Beispiel 10.

Eine Mine bringt in den nächsten 20 Jahren einen jährlichen Nettoertrag von \$ 25 000 und ist dann wertlos. Ein Rücklagenfonds bringe $3\frac{1}{2}$ % effektiv. Bestimme den Kaufpreis der Mine, wenn der Käufer an seiner Investition jährlich 5 % verdienen will.

Der Kaufpreis sei V. Der Nettoertrag setzt sich nun zusammen aus 0,05 V (gewünschten) Zinsertrag und einer Einzahlung von $V\frac{1}{s_{\overline{20}|0,035}}$ in den Rücklagenfonds; also gilt

$$0{,}05V + V\frac{1}{s_{\overline{20}|0,035}} = 25\,000$$

d.h.

$$V = \frac{25\,000}{0{,}05 + \frac{1}{s_{\overline{20}|0,035}}} = \frac{25{,}000}{0{,}08536108} = \$292\,873{,}52$$

Siehe die Aufgaben 7–8.

Aufgaben mit Lösungen

1. Zum Umbau seines Geschäfts leiht sich ein Händler \$ 20 000. Er stimmt zu, seine Schulden, dieses Kapital mit Zinsen zu $4\frac{1}{2}$ %, durch 8 jährlich nachschüssige Raten zu tilgen. Bestimme (*a*) die jährlichen Kosten der Schuld, (*b*) die Restschuld genau nach der 6. Rate, (*c*) um wieviel die Schuld durch die 4. Rate reduziert wird.

(*a*) Die Jahresrate ist $R = 20\,000 \frac{1}{a_{\overline{8}|0,045}} = \$\ 3032{,}19$.

(*b*) Die Restschuld nach der 6. Rate ist $3032{,}19\ a_{\overline{2}|0,045} = \$\ 5678{,}28$.

(*c*) Die Restschuld genau nach der 3. Zahlung ist $3032{,}19\ a_{\overline{5}|0,045} = \$\ 13\,311{,}24$. Die zum Zeitpunkt der 4. Rate fälligen Zinsen sind $13\,311{,}24(0{,}045) = \$\ 599{,}01$. Damit reduziert die 4. Rate die Schuld um $3032{,}19 - 599{,}01 = \$\ 2433{,}18$.

2. Eine Schuld von \$ 3600 mit 6 % Zinsen, halbjährlich berechnet, soll durch nachschüssige Halbjahresraten à \$ 900 sowie durch eine eventuelle (kleinere) Restrate getilgt werden. Stelle eine Tabelle auf. Bestimme unabhängig davon die Restschuld genau nach der 3. Rate.

Wie in Kapitel 10 ergibt sich

$$900\,a_{\overline{n}|0,03} = 3600 \quad ,\text{d.h.} \quad a_{\overline{n}|0,03} = 4$$

so daß (Tabelle XIII) 4 volle Raten nötig sind. Die Tabelle wird wie in Beispiel 2 aufgebaut.

Periode	Restschuld zu Beginn der Periode	Am Ende der Periode fällige Zinsen	Zahlung	Am Ende der Periode zurückgezahltes Kapital
1	3600,00	108,00	900,00	792,00
2	2808,00	84,24	900,00	815,76
3	1992,24	59,77	900,00	840,23
4	1152,01	34,56	900,00	865,44
5	286,57	8,60	295,17	286,57
Summe		295,17	3895,17	3600,00

Die gesuchte Restschuld kann man bestimmen, ohne die Schlußzahlung zu berechnen. Gemäß

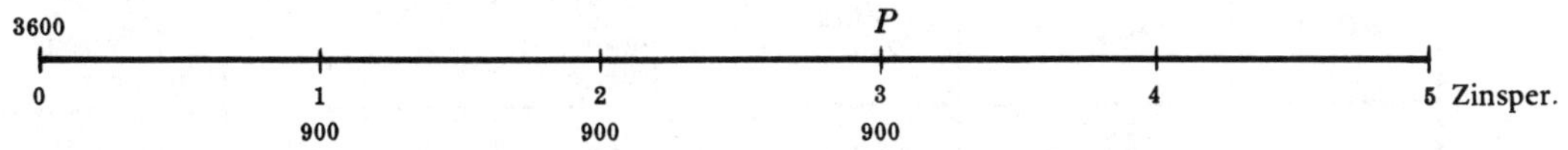

ist die Restschuld P genau nach der 3. Rate gleich

$$P = 3600(1{,}03)^3 - 900\, s_{\overline{3}|0{,}03}$$
$$= 3600(1{,}092727) - 900(3{,}09090) = \$1152{,}01$$

3. Eine Anleihe über $ 500 000 in 100 $ 1000-Stücken, 500 $ 500-Stücken und 1500 $ 100-Stücken, die 4 % Zinsen, halbjährlich gutgeschrieben, bringt, soll innerhalb der nächsten 5 Jahre durch möglichst gleichgroße Halbjahresraten getilgt werden. Stelle einen Tilgungsplan auf.

Als gleichgroße Halbjahresraten erhalten wir

$$R = 500\,000 \frac{1}{a_{\overline{10}|0{,}02}} = \$55\,663{,}26$$

Natürlich gibt es keine bindende Regel, wie die einzelne Stücke je nach Nennwert getilgt werden. In den Plan unten werden jeweils durch $ 35 000 genau 10 $ 1000-Stücke und 50 $ 500-Stücke getilgt.

Periode	Restschuld	Fällige Zinsen	Getilgte Stücke $ 1000	$ 500	$ 100	Tilgungsrate (halbjährl.)
1	500 000,00	10 000,00	10	50	107	55 700,00
2	454 300,00	9 086,00	10	50	116	55 686,00
3	407 700,00	8 154,00	10	50	125	55 654,00
4	360 200,00	7 204,00	10	50	135	55 704,00
5	311 700,00	6 234,00	10	50	144	55 634,00
6	262 300,00	5 246,00	10	50	154	55 646,00
7	211 900,00	4 238,00	10	50	164	55 638,00
8	160 500,00	3 210,00	10	50	175	55 710,00
9	108 000,00	2 160,00	10	50	185	55 660,00
10	54 500,00	1 090,00	10	50	195	55 590,00
Summe		56 622,00	100	500	1500	556 622,00

4. Eine Anleihe über $ 100 000 in Stücken zum Nennwert von $ 1000, die mit 3 % verzinst werden, soll innerhalb der nächsten 5 Jahre durch möglichst gleichgroße Jahresraten zum Tageskurs getilgt werden. Dabei wird die Anleihe an der Börse zu einem Kurs von 90 gehandelt. Konstruiere den Tilgungsplan.

Ein Kurs von 90 heißt, daß ein $ 1000-Stück für $ 900 gekauft werden kann. Damit ist der augenblickliche Wert der Schuld $ 90 000 und der Zinssatz $\frac{\text{Zinsen}}{\text{Preis}} = \frac{30}{900} = 0{,}03\frac{1}{3}$. Die notwendige Jahresrate zur Begleichung der Schuld ist

$$R = 90\,000 \frac{1}{a_{\overline{5}|0{,}03\frac{1}{3}}} = 90\,000 \left\{\frac{1}{a_{\overline{5}|0{,}03}} + \frac{2}{3}\left[\frac{1}{a_{\overline{5}|0{,}035}} - \frac{1}{a_{\overline{5}|0{,}03}}\right]\right\}$$
$$= 90\,000(0{,}2204391) = \$19\,839{,}52$$

(Interpolation in Tabelle XIV.)

Die am Ende des ersten Jahres fälligen Zinsen sind 100 000(0,03) = \$ 3000. Es bleiben 19 839,52 − 3000 = \$ 16 839,52 übrig, womit 19 Stück zum Preis von \$ 900 pro Stück zurückgekauft werden können. Der vollständige Rückkaufplan ist

Periode	Restschuld	Fällige Zinsen	Zurückgekaufte Stücke	Kosten dafür	Jährl. Tilgungsrate
1	100 000,00	3 000,00	19	17 100,00	20 100,00
2	81 000,00	2 430,00	19	17 100,00	19 530,00
3	62 000,00	1 860,00	20	18 000,00	19 860,00
4	42 000,00	1 260,00	21	18 900,00	20 160,00
5	21 000,00	630,00	21	18 900,00	19 530,00
Summe		9 180,00		90 000,00	99 180,00

5. Eine Firma leiht sich für 5 Jahre \$ 10 000 zu 6 % Zinsen, halbjährlich berechnet. Um die \$ 10 000 in 5 Jahren begleichen zu können, werden halbjährlich nachschüssige Einzahlungen in einen Rücklagenfonds geleistet, der 4 %, halbjährlich gutgeschrieben, bringt. Bestimme (*a*) die halbjährlichen Kosten der Schuld, (*b*) den nominellen Zinssatz, halbjährlich berechnet, den die Firma damit für die Rückzahlung der Schuld bezahlt.

(*a*) Die zu zahlenden Zinsen sind 10 000(0,03) = \$ 300.

Die regelmäßige Einzahlung in den Rücklagenfonds ist $10\,000 \dfrac{1}{s_{\overline{10}|0,02}}$ = \$ 913,27.

Die halbjährlichen Kosten der Schuld betragen also 300 + 913,27 = \$ 1213,27.

(*b*) Anstatt heute \$ 10 000 zu begleichen, zahlt die Firma in den nächsten 5 Jahren halbjährlich nachschüssig \$ 1 213,27. Der nominelle Zinssatz sei $2i$, halbjährlich berechnet. Dann gilt

$$1213,27\, a_{\overline{10}|i} = 10\,000 \quad , \text{d.h.} \quad \frac{1}{a_{\overline{10}|i}} = \frac{1213,27}{10\,000} = 0,121327$$

Durch Interpolation in Tabelle XIV ergibt sich i = 0,03677; somit ist der gesuchte Zinssatz 7,35 %.

6. M will sich für 6 Jahre \$ 20 000 leihen. Die Bank A verleiht Geld zu $5\frac{1}{2}$ %, wobei die Schuld durch gleichgroße Jahresraten zu tilgen ist. Die Bank B verleiht das Geld unter der Bedingung, daß jährlich 5 % Zinsen zu zahlen sind und der Kredit insgesamt nach 6 Jahren zurückzuzahlen ist. Welches Angebot ist günstiger und um wieviel, wenn man davon ausgeht, daß im zweiten Fall ein Rückstellungsfonds eingerichtet wird, der 3 % bringt, wobei jährlich nachschüssige Einzahlungen gemacht werden?

Das Angebot der Bank A kostet jährlich $R_1 = 20\,000 \dfrac{1}{a_{\overline{6}|0,055}}$ = \$ 4003,58.

Das Angebot der Bank B kostet jährlich $R_2 = 20\,000(0,05) + 20\,000 \dfrac{1}{s_{\overline{6}|0,03}}$ = \$ 4091,95.

Damit ist das Angebot der Bank A jährlich um 4091,95 − 4003,58 = \$ 88,37 billiger.

7. Löse Beispiel 10 für den Fall, daß die Mine nach 20 Jahren für \$ 5000 verkauft werden kann.

Es sei V der gesuchte Kaufpreis. Die Zinsen sind dann $0{,}05V$, während im Rücklagenfonds nach 20 Jahren die Differenz zwischen den Kosten V für die Mine und dem Restwert sein müssen, d.h. $V - 5000$. Damit folgt

$$0{,}05V + (V-5000)\frac{1}{s_{\overline{20}|0{,}035}} = 25\,000$$

d.h.

$$V = \frac{25\,000 + 5000\dfrac{1}{s_{\overline{20}|0{,}035}}}{0{,}05 + \dfrac{1}{s_{\overline{20}|0{,}035}}} = \frac{25\,000 + 5000(0{,}035361)}{0{,}08536108} = \$294\,944{,}72$$

8. Eine gewisse Mine bringt in den nächsten Jahren einen jährlichen Nettoertrag von \$ 75 000 und kann dann für \$ 10 000 verkauft werden. Wieviel Prozent verdient ein Käufer jährlich an seiner Investition, wenn er für die Mine \$ 375 000 bezahlt und sein Rücklagenfonds 4 % Zinsen bringt?

Es sei r der gesuchte Zinssatz. Die Investition bringt dann $375\,000r$ Zinsen, und die jährliche Einzahlung in den Rücklagenfonds beläuft sich auf $365\,000 \dfrac{1}{s_{\overline{10}|0{,}04}}$. Also folgt

$$375\,000r + 365\,000\frac{1}{s_{\overline{10}|0{,}04}} = 75\,000 \quad \text{, d.h.} \quad r = \frac{75\,000 - 365\,000\dfrac{1}{s_{\overline{10}|0{,}04}}}{375\,000} = 11{,}89\%$$

Ergänzungsaufgaben

9. Bestimme die jährliche Rate, durch die eine Schuld von \$ 5000 mit Zinsen zu $4\frac{1}{2}$ % in 12 Jahren getilgt wird. *Lsg.* \$ 548,33.

10. Bestimme die Vierteljahresrate, durch die eine Schuld von \$ 5000 mit Zinsen zu 4 %, vierteljährlich berechnet, in 10 Jahren getilgt wird. *Lsg.* \$ 152,28

11. Eine Schuld von \$ 10 000 mit 6 % Zinsen, vierteljährlich berechnet, soll in 8 Jahren durch gleichgroße Vierteljahresraten getilgt werden. Bestimme (*a*) die Restschuld genau nach der 12. Rate, (*b*) die Restschuld genau vor Zahlung der 15. Rate, (*c*) die Aufteilung der 20. Rate in ihren Zinsteil und Rückzahlungsteil.
Lsg. (*a*) \$ 6794,83, (*b*) \$ 6295,77, (*c*) \$ 69,64, \$ 326,13

12. Ein Mann leiht sich \$ 10 000 mit Zinsen zu $3\frac{1}{2}$ %. Die Schuld soll durch eine Zahlung von \$ 2500 nach 4 Jahren und 6 anschließende gleichgroße Jahresraten getilgt werden. Bestimme (*a*) die einzelnen Raten, (*b*) die Restschuld genau nach der 3. dieser Raten. (*c*) Wieviel der letzten Rate ist für Zinsen bestimmt?
Lsg. (*a*) \$ 1684,36, (*b*) \$ 4718,96, (*c*) \$ 56,96

13. Stelle eine Tabelle auf für die Tilgung von (*a*) \$ 4000 mit 4 % Zinsen durch 5 gleichgroße Jahresraten. (*b*) \$ 6000 mit 6 % Zinsen, halbjährlich berechnet, durch 6 gleichgroße Halbjahresraten.

14. Stelle einen Plan auf, um eine Anleihe über \$ 200 000 in \$ 1000-Stücken, die 3 % Zinsen bringen, innerhalb von 5 Jahren zu tilgen, wobei die jährlichen Kosten möglichst gleich groß sein sollen.

15. Konstruiere einen über 6 Jahre laufenden Tilgungsplan für 5 Anleihen à $ 10 000, 20 à $ 1000, 35 à $ 500 und 125 à $ 100, die 4 % Zinsen bringen, wobei die jährlichen Kosten möglichst gleich groß sein sollen.

16. Bestimme die jährliche Einlage in einen Rücklagenfonds, der $4\frac{1}{2}$ % effektiv bringt, um damit eine in 10 Jahren fällige Schuld von $ 25 000 zu tilgen. *Lsg.* $ 2034,47

17. Eine Stadt leiht sich für 10 Jahre $ 50 000 und zahlt dafür jährlich 5 % Zinsen, sowie jährlich eine gewisse Summe in einen Rücklagenfonds, mit dem der geliehene Betrag (nach 10 Jahren) zurückgezahlt werden soll. (*a*) Bestimme die jährlichen Kosten der Anleihe, wenn der Fonds $3\frac{1}{2}$ % bringt. (*b*) Wieviel ist genau nach der 7. Einzahlung im Fonds? (*c*) Wie groß ist der Zinsanteil des Zuwachses im Fonds zum Zeitpunkt der 5. Einzahlung? *Lsg.* (*a*) $ 6762,07, (*b*) $ 33 156,38, (*c*) $ 628,75

18. Eine Schuld von $ 75 000 soll nach 20 Jahren zurückgezahlt werden, während alle 3 Monate Zinsen zu 4 %, vierteljährlich, zu zahlen sind. Es wird ein Rücklagenfonds eingerichtet, in den vierteljährlich nachschüssig Einzahlungen gemacht werden. Dieser Fonds bringt 3 % Zinsen, vierteljährlich gutgeschrieben. Bestimme (*a*) die vierteljährlichen Kosten der Schuld, (*b*) den nominellen Zinssatz, vierteljährlich berechnet, zu dem die Schuld durch dieselben vierteljährlichen Raten (Kosten) getilgt werden könnte.
Lsg. (*a*) $ 1437,62, (*b*) 4,62 %

19. Am 1. Juni 1960 begann eine Stadt, jährliche Einzahlungen R in einen Fonds zu leisten, der 3 % effektiv bringt, um für einen Zeitraum von 5 Jahren jährlich $ 15 000 zum Rückkauf einer Anleihe zu haben. Die erste Tranche ist am 1. Juni 1970 fällig. Bestimme R, falls die letzte Einzahlung in den Fonds am (*a*) 1. Juni 1970, (*b*) 1. Juni 1974 war.
Hinweis. (*a*) $R = 15\,000(1 + a_{\overline{4}|0,03}) \dfrac{1}{s_{\overline{11}|0,03}}$ (*b*) $R = 15\,000\, s_{\overline{5}|0,03} \dfrac{1}{s_{\overline{15}|0,03}}$

20. Konstruiere einen Plan zur Ansparung von (*a*) $ 6000 durch jährlich nachschüssige gleich große Einzahlungen in einen Fonds, der 3 % effektiv bringt, (*b*) $ 8000 durch 5 jährlich nachschüssige gleich große Einzahlungen in einen Fonds, der $2\frac{1}{2}$ % effektiv bringt.

21. Eine Maschine, die $ 1500 kostet, besitzt nach 5 Jahren Nutzungsdauer einen Schrottwert von $ 200. Stelle ein Abschreibungsschema auf, wobei ein Rücklagenfonds mit 5 % betrachtet wird.

22. Um eine Maschine, die $ 40 000 kostet und nach 25 Jahren einen Schrottwert von $ 5000 hat, abzuschreiben, wird ein Rücklagenfonds mit 4 % eingerichtet. Bestimme ihren Buchwert nach 15 Jahren.
Lsg. $ 23 171,77

23. Eine Maschine zu $ 6400 hat eine Nutzungsdauer von 8 Jahren und dann einen Schrottwert von $ 400. Bestimme ihren Buchwert nach 5 Jahren, wenn der Rücklagenfonds 3 % bringt. *Lsg.* $ 2817,71

24. Ein Kohlebergwerk bringt in den nächsten 25 Jahren einen jährlichen Nettoertrag von $ 30 000. Bestimme den Kaufpreis, wenn auf die Investition jährlich 7 % verdient werden soll und wenn der eingerichtete Rücklagenfonds 4 % Zinsen bringt. *Lsg.* $ 319 108,33

25. Es wird angenommen, daß der jährliche Nettoertrag einer Ölquelle $ 75 000 ist und daß sie in 15 Jahren wertlos ist. Bestimme den Kaufpreis, wenn auf die Investition jährlich 10 % verdient werden soll und wenn der eingerichtete Rücklagenfonds 3 % Zinsen bringt. *Lsg.* $ 487 752,28

26. M zahlt für eine 10 Jahre lang laufende Lizenz $ 25 000. Welcher jährliche Nettoertrag ergibt einen jährlichen Gewinn von 8 % auf die Investition, wenn ein eingerichteter Rücklagenfonds $3\frac{1}{2}$ % Zinsen bringt?
Lsg. $ 4131,04

27. Ein Kohlebergwerk für $ 225 000 bringt in den nächsten 20 Jahren einen jährlichen Nettoertrag von $ 25 000. Ein eingerichteter Rücklagenfonds zahlt 4 %. Welchen jährlichen prozentualen Verdienst auf die Investition besitzt der Käufer? *Lsg.* $7\frac{3}{4}$ %

28. Eine Maschine im Wert von \$ 3000 hat eine Nutzungsdauer von 3 Jahren, produziert 250 Einheiten pro Jahr und kostet jährlich \$ 750 Wartung. Bestimme die Produktionskosten C pro Einheit, wenn mit 4 % Zinsen gerechnet wird.

Hinweis. Die jährlichen Gesamtkosten setzen sich aus Wartungskosten, Zinsen auf die Investition und jährlicher Abschreibungsrate zusammen. Damit gilt

$$C = \frac{750 + 3000(0{,}04) + 3000\dfrac{1}{s_{\overline{3}|0{,}04}}}{250}$$

29. Ein Unternehmer hat die Wahl zwischen zwei Maschinen. Die eine kostet \$ 2000, besitzt eine Nutzungsdauer von 8 Jahren, kostet jährlich \$ 600 Wartung und produziert 100 Einheiten pro Jahr; die zweite kostet bei einer Nutzungsdauer von 10 Jahren \$ 2500, die jährlichen Wartungskosten betragen \$ 750, und sie produziert 125 Einheiten pro Jahr. Vergleiche die Produktionskosten pro Einheit bei $3\frac{1}{2}$ % Zinsen.

30. Die Maschine in Aufgabe 28 kann derart umgebaut werden, daß ihre Nutzungsdauer 5 Jahre beträgt. Ferner produziert sie dann 300 Einheiten pro Jahr und ihre Wartungszeit sinken auf \$ 500 pro Jahr. Welche Summe kann für den Umbau auf 4 % Basis investiert werden?

Lsg. $\left\{400 + 3600\dfrac{1}{a_{\overline{3}|0{,}04}}\right\} a_{\overline{5}|0{,}04} - 3000$

31. Eine Schuld über \$ 4500 muß innerhalb der nächsten 10 Jahre durch gleich große Monatsraten getilgt werden. Als Zinsen werden in den ersten 4 Jahren 3 %, monatlich, berechnet, danach 4 %, monatlich. Bestimme die Monatsrate.

Lsg. $\dfrac{4500}{a_{\overline{48}|.00\,1/4} + a_{\overline{72}|.00\,1/3}\,(1.00\frac{1}{4})^{-48}}$

32. Zeige: Erbringt ein Rücklagenfonds dieselben Zinsen wie man für die gegebene Schuld bezahlen muß, so sind die periodischen Kosten der Schuld gleich der periodischen Tilgungsrate.

33. Eine Schuld wird zu 5 % durch jährliche Raten von \$ 500 getilgt. Die Restschuld genau nach der k-ten Rate sei \$ 9282,57. (*a*) Wie groß war sie genau nach der $(k - 1)$-ten Rate? (*b*) Wie groß ist sie genau nach der $(k + 1)$-ten Rate? Benutze keine Tabellen. *Lsg.* (*a*) \$ 9316,73, (*b*) \$ 9246,70

34. In einen Rücklagenfonds, der 3 % bringt, werden jährlich \$ 300 eingezahlt. Das Guthaben im Fonds sei genau nach der k-ten Einlage \$ 10 327,94. (*a*) Wie groß war es genau nach der $(k - 1)$-ten Einlage? (*b*) Wie groß ist es genau nach der $(k + 1)$-ten Einzahlung? Benutze keine Tabellen.
Lsg. \$ 9735,86, (*b*) \$ 10 937,78

35. Eine Schuld A mit Zinsen zu i pro Zinsperiode, werde durch n Raten R getilgt. Zeige: Die Restschuld genau nach der k-ten Rate ist

$$A(1+i)^k - R\, s_{\overline{k}|i}$$

36. Ist A in Aufgabe 35 der Kaufpreis eines Anlageguts, so ist der Anteil des Käufers an ihm genau der k-ten Zahlung gleich

$$(R - Ai)\, s_{\overline{k}|i}$$

Kapitel 12

Anleihen

Eine ANLEIHE ist ein Vertrag, der beinhaltet, daß

(*a*) ein fester Betrag, der *Rückkaufwert*, an einem bestimmten Datum, dem *Rückkauftermin*, bezahlt wird,

(*b*) bis zu diesem Datum *periodische Zahlungen*, die Zinszahlungen, geleistet werden.

Vollständig beschrieben wird eine Anleihe durch:

(i) Ihren *Nennwert* (Nominalwert), i.a. Vielfache von $ 100.

(ii) Den (*nominalen*) *Zinssatz*, etwa 6 %, zahlbar am 1. Februar und 1. August bzw. kürzer „6 %, FA".

(iii) Den Rückkauftermin, etwa 1. Oktober 1985. Dieser ist i.a. ein Zinstermin.

(iv) Den Rückkaufwert (bzw. -kurs). Sind Rückkaufwert und Nennwert gleich, so sagen wir, daß sie *zu Pari* zurückgekauft werden. I.a. wird der Rückkaufwert in Prozent des Nennwerts angegeben, wobei wir das Prozentzeichen weglassen. Ein $ 1000-Anleihestück wird zu 105 zurückgekauft heißt, daß es für $ 1050 zurückgekauft wird.

Beispiel 1.

Ein $ 500, 4 %, JAJO-Anleihestück, zurückzahlbar am 1. Oktober 1990 zu 102 beinhaltet:

(*a*) eine Zahlung von 500(1,02) = $ 510 am 1. Oktober 1990

(*b*) Zahlungen von 500(0,01) = $ 5, jeweils am 1. Januar, 1. April, 1. Juli, 1. Oktober und zwar ab sofort bis einschließlich 1. Oktober 1990.

PREIS an einem ZINSTERMIN. Kauft ein Anleger eine Anleihe an einem Zinstermin, so erwirbt er das Recht, gewisse *zukünftige* Zahlungen zu empfangen. *Er erhält nicht die gerade fällig gewordenen Zinsen.*

Beispiel 2.

Ein Anleger, der am 1. Januar 1960 ein $ 1000, 5 %, JJ-Anleihestück kaufte, das am 1. Juli 1988 zu Pari zurückgezahlt wird, erhält

(*a*) $ 1000 am 1. Juli 1988.

(*b*) 57 halbjährliche Zahlungen von $ 25, die erste am 1. Juli 1960.

Wird ein Anleihestück, das zu Pari zurückgezahlt wird, von einem Anleger zu einem Zinstermin zum Nennwert gekauft, so verdient er auf seine Investition genau den Zinssatz, auf den die Anleihe lautet. Will er einen höheren Zinssatz erwirtschaften, so muß er das Stück unter dem Nennwert kaufen; er erwirtschaftet einen niedrigeren Zinssatz, wenn er über Nennwert kauft. Den von einem Anleger erzielten Zinssatz auf die Investition nennt man *Rendite.* Dies ist also der der gesamten Geldtransaktion zugrundeliegende Zinssatz.

Beispiel 3.

Ein $ 1000, 4 %, MS-Anleihestück, das am 1. September 1997 zu Pari zurückgezahlt wird, wird am 1. März 1962 gekauft, wobei sich eine Rendite von 5 %, halbjährlich ergibt. Bestimme den Kaufpreis *P*.

Der Käufer erhält

(*a*) $ 1000 am 1. September 1997

(*b*) 71 halbjährliche Zahlungen à $ 20, die erste am 1. September 1962.

Es ergibt sich somit:

$$P = 1000(1{,}025)^{-71} + 20\, a_{\overline{71}|0{,}025}$$
$$= 1000(0{,}173223) + 20(33{,}0711) = \$834{,}64$$

Siehe die Aufgaben 1–2.

FORMELN. F sei der Nennwert und V der Rückkaufwert eines Anleihestückes. Ferner seien r der angegebene Zinssatz pro Zinsperiode, i die Rendite pro Zinsperiode und n die Anzahl der Zinsperioden vom Kauftag (wobei angenommen ist, daß es ein Zinstermin ist) bis zum Rückkauftermin. Dann ist der Kaufpreis P gleich

$$P = V(1+i)^{-n} + Fr\, a_{\overline{n}|i} \qquad (1)$$

Für diese Formel benötigen wir zwei Tabellen. In Aufgabe 3 werden zwei andere Formeln, nämlich

$$P = \frac{Fr}{i} + \left(V - \frac{Fr}{i}\right)(1+i)^{-n} \qquad (2)$$

und

$$P = V + (Fr - Vi)\, a_{\overline{n}|i} \qquad (3)$$

entwickelt. Bei beiden benötigen wir nur eine Tabelle.

Siehe Aufgabe 4.

AGIO und DISAGIO. Wir sagen, daß ein Anleihestück mit *Agio (Aufgeld)* gekauft wird, wenn der Kaufpreis P höher ist als der Rückkaufwert V. Das Agio ist dann $P - V$.

Ein Stück wird mit *Disagio* gekauft, wenn der Kaufpreis P kleiner ist als der Rückkaufwert V. Das Disagio ist dann $V - P$.

Beispiel 4.

Das Anleihestück in Beispiel 3 wurde mit einem Disagio von 1000 − 834,64 = $ 165,36 gekauft. Das Stück in Aufgabe 1 wird mit einem Agio von 1147,28 − 1000 = $ 147,28 gekauft.

Der *Buchwert* eines Anleihestücks zu irgendeinem Zeitpunkt ist der zu diesem Zeitpunkt in das Stück investierte Betrag. Der Buchwert zum Kauftag (als Zinstermin angenommen) ist der Kaufpreis; der Buchwert zum Rückzahlungstermin ist der Rückkaufwert. Wie sich der Buchwert dazwischen ändert, zeigt man am besten mit Hilfe eines Anlageplans auf.

Beispiel 5.

Ein $ 1000, 4 %, JJ-Anleihestück, das am 1. Januar 1967 zu Pari zurückgekauft wird, wurde am 1. Juli 1964 gekauft, wobei sich eine Rendite von 6 %, halbjährlich, ergab. Stelle einen Anlageplan auf.

Der Kaufpreis ist

$$P = 1000(1{,}03)^{-5} + 20\, a_{\overline{5}|0{,}03} = \$954{,}20$$

Am 1. Juli 1964 ist der Buchwert also $ 954,20. Die am Ende der ersten Zinsperiode darauf fälligen Zinsen (zum Renditesatz) sind 954,20(0,03) = $ 28,63, während $ 20 Anleihezinsen gezahlt werden.

Also erhält der Anleger 28,63 − 20 = \$ 8,63 der fälligen Zinsen nicht; er hat also in das Anleihestück \$ 8,63 mehr als zu Beginn der Periode investiert. Der neue Buchwert des Stücks ist also 954,20 + 8,63 = \$ 962,83.

Die am Ende der zweiten Zinsperiode fälligen Zinsen betragen 962,83 (0,03) = \$ 28,88, als Zinszahlung erhält er \$ 20. Damit ist der neue Buchwert 962,83 + 8,88 = \$ 971,71, usw.

Periode	Buchwert zu Beginn der Periode	Auf den Buchwert fällige Zinsen	Zinszahlung	Änderung des Buchwerts
1	954,20	28,63	20,00	8,63
2	962,83	28,88	20,00	8,88
3	971,71	29,15	20,00	9,15
4	980,86	29,43	20,00	9,43
5	990,29	29,71	20,00	9,71
6	1000,00			
Summe		145,80	100,00	45,80

Der Buchwert zu Beginn einer beliebigen Zinsperiode ist einfach der Preis, zu dem das Stück gekauft werden muß, um die gewünschte Rendite zu erzielen. Damit kann man obigen Plan ab und zu nachkontrollieren.

Da das Anleihestück in Beispiel 5 mit einem Disagio gekauft wurde, sagt man, daß durch die allmähliche Aufstockung des Buchwerts vom Kaufpreis bis zum Rückkaufwert *das Disagio aufgebaut wird.* In Aufgabe 5 diskutieren wir ein Anleihestück, das mit einem Agio gekauft wird.

PREIS zwischen ZWEI ZINSTERMINEN. Zur Bestimmung des Kaufpreises eines Anleihestücks zu einem Datum zwischen zwei Zinsterminen

(*a*) berechnen wir wie oben den Kaufpreis zum ersten (davorliegenden) Zinstermin,

(*b*) addieren dazu die Zinsen, berechnet zum Renditesatz, bis zum Kauftag.

Beispiel 6.

Ein \$ 1000, $4\frac{1}{2}$ %, JJ-Anleihestück, das am 1. Januar 1985 zu 105 zurückgekauft wird, wird am 20. September 1962 zu einem Preis gekauft, der eine Rendite von 6 %, halbjährlich, erbringt. Bestimme den Kaufpreis P und den Buchwert des Stücks.

Der vor dem Tag des Kaufs liegende Zinstermin ist der 1. Juli 1962. Als Kaufpreis (bei der gegebenen Rendite) zu diesem Datum haben wir

$$P_1 = 1050(1{,}03)^{-45} + 22{,}50\, a_{\overline{45}|0{,}03} = \$829{,}33$$

Dazu müssen wir für 81 Tage 6 % Zinsen addieren:

$$P = P_1\left[1 + 0{,}06\left(\frac{81}{360}\right)\right] = 829{,}33(1{,}0135) = \$840{,}53$$

Der Buchwert des Stücks am 20. September 1962 ist nicht der Kaufpreis. Der Verkäufer des Stücks hat es 81 Tage über den letzten Zinstermin gehalten und bekommt den entsprechenden Anteil der nächsten Zinszahlung. Dieser Anteil, $\frac{81}{180}(22{,}50) = \$10{,}12$, heißt *angesammelte Zinsen.* Der Käufer muß berücksichtigen, daß diese angesammelten Zinsen im Kaufpreis enthalten sind; der Buchwert am 20. September 1962 ist also

Kaufpreis − angesammelte Zinsen = 840,53 − 10,12 = \$ 830,41

Siehe die Aufgaben 6–7.

Der KURS einer ANLEIHE. Oben haben wir das Problem diskutiert, welchen Preis ein Anleger für ein Anleihestück zu bezahlen hat, um eine bestimmte Rendite zu erzielen. Diese Diskussion ist natürlich in gewissem Sinn theoretisch, da er ja nicht sicher sein kann, daß er es für diesen Preis erhält. Wichtiger ist die Frage, welche Rendite er erzielt, wenn er für ein Anleihestück einen vorgegebenen Preis zu zahlen hat.

Der Preis eines Anleihestücks wird i.a. durch seinen Kurs angegeben, das ist ein gewisser Prozentsatz des Nennwerts, wobei das Wort Prozent nicht benutzt wird. Wird etwa ein \$ 1000-Stück für \$ 975 verkauft, so heißt das, daß sein Kurs $97\frac{1}{2}$ ist. Der durch den Kurs bestimmte Preis ist i.a. (auch von den Spesen abgesehen) nicht der Kaufpreis. Nur an einem Zinstermin stimmen beide überein. Der Kaufpreis (auch Einheitspreis) zu einem anderen Termin ergibt sich aus dem Kurs plus den seit dem letzten Zinstermin angesammelten Zinsen.

Beispiel 7.

Ein \$ 1000, $3\frac{1}{2}$ %, MS-Anleihestück wird am 1. März 1975 zurückgekauft. Bestimme seinen Einheitspreis (Kaufpreis) am 14. Juni 1962, wenn sein Kurs $95\frac{3}{4}$ ist.

Der vom Kurs abhängige Teil des Kaufpreises ist \$ 957,50; die jeweils fälligen Zinsen betragen \$ 17,50. Vom 1. März 1962 bis zum 14. Juni 1962 sind 105 Tage; die bis dahin angesammelten Zinsen sind also $\frac{105}{180}(17{,}50) = \$\,10{,}21$.

Damit ist der Kaufpreis $957{,}50 + 10{,}21 = \$\,967{,}71$ (ohne Spesen).

Da der Käufer den Kurspreis plus die bis dahin angesammelten Zinsen bezahlt, wird der Kurspreis manchmal auch als *„plus Zinsen"-Preis* bezeichnet.

Siehe Aufgabe 8.

BERECHNUNG der RENDITE. Banken besitzen Tabellen, in denen Renditen tabelliert sind. Diese Tabellen sind jedoch zu umfangreich, um sie in diesem Buch aufnehmen zu können. Wir diskutieren hier zwei Methoden, die Rendite annäherend bestimmen.

(*a*) *Methode des durchschnittlichen Ertrags.* Die Rendite pro Zinsperiode ist annähernd gleich

$$\frac{\text{durchschnittlicher Ertrag pro Periode}}{\text{mittlerer Buchwert}}$$

Beispiel 8.

Ein \$ 1000, 6 %, JJ-Anleihestück, das am 1. Juli 1987 zu 110 zurückgekauft wird, hat am 1. Januar 1962 einen Kurs von 125. Bestimme annähernd die Rendite.

Der Buchwert am Kauftag ist \$ 1250, zum Rückzahlungstermin besitzt das Stück einen Buchwert von \$ 1100. Der durchschnittliche Buchwert ist also

$$\tfrac{1}{2}(1250 + 1100) \;=\; \$1175$$

Wird das Stück bis zum Rückkauftermin gehalten, so erhält der Käufer 51 Zinszahlungen à \$ 30 und am Schluß den Rückkaufwert von \$ 1100, d.h. insgesamt \$ 2630. Da er \$ 1250 dafür bezahlt hat, ist sein Ertrag insgesamt $2630 - 1250 = \$\,1380$, sein durchschnittlicher Ertrag pro Zinsperiode also $1380/51 = \$\,27{,}06$. Die Rendite pro Zinsperiode ist damit annähernd $27{,}06/1175 = 0{,}023$, d.h. die Rendite 4,6 %, halbjährlich.

(*b*) *Interpolation.* Bei dieser Methode benötigen wir die Kaufpreise des Stücks für zwei Renditesätze, wobei einer größer und der andere kleiner als der gegebene Kurspreis sein muß. Im Prinzip berechnen wir diejenigen Werte oben erwähnter Tabellen, die wir zur Interpolation benötigen.

Beispiel 9.

Approximiere die Rendite des Stücks in Beispiel 8 durch Interpolation.

In Beispiel 8 ergab sich als erste Näherung 4,6 %, halbjährlich. Mit Hilfe der Tabellen V und XIII können wir die Kaufpreise am 1. Januar 1962 bestimmen, die eine Rendite von 4 % bzw. 5 %, jeweils halbjährlich, ergeben, nämlich

$$P = 1100(1{,}02)^{-51} + 30\,a_{\overline{51}|0{,}02} = \$1354{,}30$$

und

$$Q = 1100(1{,}025)^{-51} + 30\,a_{\overline{51}|0{,}025} = \$1171{,}62$$

Interpolation ergibt

$$0{,}005 \left[\begin{matrix} 0{,}02 \\ i \\ 0{,}025 \end{matrix}\right] x \qquad -182{,}68 \left[\begin{matrix} 1354{,}30 \\ 1250{,}00 \\ 1171{,}62 \end{matrix}\right] -104{,}30$$

$$x = \frac{104{,}30}{182{,}68}(0{,}005) = 0{,}00285$$

$$i = 0{,}02 + 0{,}00285 = 0{,}02285$$

Die Rendite ist also 4,57 %, halbjährlich.

In Beispiel 9 haben wir zwischen den in unseren Tabellen stehenden Werten 2 % und $2\frac{1}{2}$ % interpoliert. Genauere Ergebnisse erhält man, indem man diese Grenzen näher zusammenlegt. Dabei müssen wir dann allerdings logarithmisch rechnen.

Beispiel 10.

Approximiere die Rendite in Beispiel 8 mit Hilfe der Ausgangswerte $2\frac{1}{4}$ % und 2,3 %.
Wir haben

$$P = 1100(1{,}0225)^{-51} + 30\frac{1-(1{,}0225)^{-51}}{0{,}0225} = 353{,}64 + 904{,}68 = \$1258{,}32$$

und

$$Q = 1100(1{,}023)^{-51} + 30\frac{1-(1{,}023)^{-51}}{0{,}023} = 344{,}93 + 895{,}33 = \$1240{,}26$$

Wegen

$$0{,}0005 \left[\begin{matrix} 0{,}0225 \\ i \\ 0{,}023 \end{matrix}\right] x \qquad -18{,}06 \left[\begin{matrix} 1258{,}32 \\ 1250{,}00 \\ 1240{,}26 \end{matrix}\right] -8{,}32$$

folgt

$$x = \frac{8{,}32}{18{,}06}(0{,}0005) = 0{,}00023$$

$$i = 0{,}0225 + 0{,}00023 = 0{,}02273$$

Damit folgt 4,546 %, halbjährlich.

Siehe Aufgabe 9.

ANLEIHEN mit OPTIMALEN RÜCKKAUFDATEN. Um die Möglichkeit zu besitzen, eventuelle Zinssenkungen auf dem Markt nutzen zu können, wird der Emittent einer Anleihe in den Bedingungen die Möglichkeit einschließen, daß er sie bereits vor dem normalen Rückkaufdatum zurückkaufen kann. Bei der Berechnung des Kaufpreises, der ihm eine gewisse Rendite ermöglicht, sollte ein Anleger deshalb immer das für ihn ungünstige Rückkaufdatum berücksichtigen. Auf diese Weise erhält er sicher mindestens seine erwartete Rendite.

Beispiel 11.

Ein \$ 1000, 6 %, MS-Anleihestück wird spätestens am 1. September 1988 zurückgekauft. Es kann jedoch schon ab dem 1. September 1973 zu jedem Zinstermin gekündigt werden. (*a*) Bestimme den Kaufpreis sowie den Buchwert am 12. Mai 1962, so daß sich eine Rendite von 4 %, halbjährlich, ergibt. Bestimme ferner (*b*) den zusätzlichen Gewinn des Anlegers und (*c*) die Rendite, falls das Stück am 1. September 1980 zurückgekauft wird.
Hier übersteigt der Zinssatz der Anleihe die Rendite, d.h. das Stück wird mit Agio gekauft. Der Buchwert sinkt allmählich (siehe Aufgabe 5) auf den Nennwert am Rückkauftermin. Der Anleger sollte also den Kaufpreis unter der Annahme berechnen, daß das Stück am 1. September 1973 (der erste mögliche Rückkauftermin) zurückgekauft wird.

(*a*) Der Kaufpreis am 1. März 1962, der eine Rendite von 4 %, halbjährlich, ergibt, ist

$$P_1 = 1000(1{,}02)^{-23} + 30\, a_{\overline{23}|0{,}02} = \$1182{,}93$$

Für den 12. Mai 1962 ergibt sich ein Kaufpreis von

$$P = P_1\left[1 + 0{,}02\left(\frac{72}{180}\right)\right] = 1182{,}93(1{,}008) = \$1192{,}39$$

Der Buchwert am 12. Mai 1962 ist $1192{,}39 - 30(\frac{2}{5}) = \$\ 1180{,}39$.

(*b*) Ab dem 1. September 1973 ist der Buchwert \$ 1000. An jedem darauf folgenden Zinszahlungstermin erhält der Anleger $30 - 20 = \$\ 10$ mehr als erwartet. Diese Beträge besitzen am 1. September 1980 einen Wert von $10\, s_{\overline{14}|0{,}02} = \$\ 159{,}74$.

(*c*) Ist der 1. September 1980 der Rückzahlungstag, so ergibt sich eine Rendite von 5 %, halbjährlich, durch einen Kaufpreis von

$$P_1 = [1000(1{,}025)^{-37} + 30\, a_{\overline{37}|0{,}025}]\left[1 + 0{,}025\left(\frac{72}{180}\right)\right]$$
$$= 1119{,}79(1{,}01) = \$1130{,}99$$

und eine Rendite von 4 %, halbjährlich, durch einen Kaufpreis von

$$P_2 = [1000(1{,}02)^{-37} + 30\, a_{\overline{37}|0{,}02}]\left[1 + 0{,}02\left(\frac{72}{180}\right)\right]$$
$$= 1259{,}69(1{,}008) = \$1269{,}77$$

Die entsprechenden Buchwerte sind

$$Q_1 = 1130{,}99 - 30(2/5) = \$1118{,}99$$

bzw.

$$Q_2 = 1269{,}77 - 30(2/5) = \$1257{,}77$$

Wegen

$$0{,}005\left[\begin{array}{l}\left.\begin{array}{l}0{,}02\\ i\end{array}\right] x\\ 0{,}025\end{array}\right. \qquad -138{,}78\left[\begin{array}{l}\left.\begin{array}{l}1257{,}77\\ 1180{,}39\end{array}\right] -77{,}38\\ 1118{,}99\end{array}\right.$$

folgt

$$x = \frac{77{,}38}{138{,}78}(0{,}005) = 0{,}00279$$
$$i = 0{,}02 + 0{,}00279 = 0{,}02279$$

Die gesuchte Rendite ist 4,558 %, halbjährlich.

Siehe Aufgabe 10.

Ein RENTENBRIEF vom Nominalbetrag F ist ein Vertrag, der beinhaltet, daß eine Rente gezahlt wird, deren Barwert zum gegebenen Zinssatz F ist.

Beispiel 12.

Ein Rentenbrief über \$ 20 000, Zinssatz 6 %, halbjährlich, beinhaltet, daß 30 gleich große halbjährlich nachschüssige Zahlungen geleistet werden. Bestimme den Kaufpreis am Ende des 5. Jahres, der eine Rendite von 5 %, halbjährlich, ergibt.
Die einzelne Zahlung ist $20\,000\ \dfrac{1}{a_{\overline{30}|0{,}03}} = \$\ 1020{,}39$.

Der Käufer erwirbt nun das Recht, die restlichen 20 Rentenzahlungen zu empfangen, wobei die erste in 6 Monaten fällig ist. Um 5 % Rendite, halbjährlich, zu erhalten, muß er

$$P = 1020{,}39\, a_{\overline{20}|0{,}025} = \$15\,907{,}02$$

dafür zahlen.

TRANCHEN. Wird eine Anleihe in (mehreren) Teilen zurückgezahlt, wird sie also nicht an einem bestimmten Zeitpunkt gesamtfällig, so sprechen wir von *einzelnen Tranchen*. Die Behandlung einer solchen Anleihe geschieht nun einfach so, daß wir uns die einzelnen Tranchen als verschiedene Anleihen (unter demselben Vertrag) vorstellen.

Beispiel 13.

Eine Anleihe zu 6 %, halbjährlich, über $ 20 000 wird in Tranchen zu $ 5000 in 10 Jahren, $ 5000 in 12 Jahren und $ 10 000 in 15 Jahren zurückgezahlt. Bei welchem Gesamtkaufpreis bringt sie 5 %, halbjährlich?
Wir betrachten die drei Tranchen als einzelne Anleihen, $ 5000 zurückzahlbar in 10 Jahren zu Pari, $ 5000 zurückzahlbar in 12 Jahren zu Pari und $ 10 000 zurückzahlbar in 15 Jahren zu Pari. Der gesuchte Kaufpreis ist die Summe der drei Einzelpreise, mit denen man 5 %, halbjährlich, verdient; also gilt

$$\begin{aligned} P &= 5000(1{,}025)^{-20} + 150\, a_{\overline{20}|0{,}025} \\ &\quad + 5000(1{,}025)^{-24} + 150\, a_{\overline{24}|0{,}025} \\ &\quad + 10\,000(1{,}025)^{-30} + 300\, a_{\overline{30}|0{,}025} \\ &= \$21\,883{,}38 \end{aligned}$$

Aufgaben mit Lösungen

1. Ein $ 1000, 6 %, JJ-Anleihestück, das am 1. Juli 1988 zu Pari zurückgezahlt wird, wird am 1. Juli 1961 gekauft, wobei sich als Rendite 5 %, halbjährlich, ergibt. Bestimme den Kaufpreis P.

$$P = 1000(1{,}025)^{-54} + 30\, a_{\overline{54}|0{,}025} = \$1147{,}28$$

2. Ein $ 1000, 5 %, MS-Anleihestück, das am 1. September 1990 zu 102 zurückgezahlt wird, wird am 1. März 1962 gekauft, wobei die Rendite 4 %, halbjährlich, ist. Bestimme den Kaufpreis P.

$$P = 1020(1{,}02)^{-57} + 25\, a_{\overline{57}|0{,}02} = \$1175{,}61$$

3. Es sei F der Nominalbetrag und V der Rückkaufwert eines Anleihestücks. Ferner seien r der nominelle Zinssatz, i die Rendite und n die Anzahl der Zinsperioden. Dann ist der Kaufpreis P gleich

$$(a)\quad P = \frac{Fr}{i} + \left(V - \frac{Fr}{i}\right)(1+i)^{-n} \qquad \text{bzw.} \qquad (b)\quad P = V + (Fr - Vi)\, a_{\overline{n}|i}$$

(*a*)
$$\begin{aligned} P &= V(1+i)^{-n} + Fr\, a_{\overline{n}|i} \\ &= V(1+i)^{-n} + Fr\frac{1-(1+i)^{-n}}{i} = V(1+i)^{-n} + \frac{Fr}{i} - \frac{Fr}{i}(1+i)^{-n} \\ &= \frac{Fr}{i} + \left(V - \frac{Fr}{i}\right)(1+i)^{-n} \end{aligned}$$

(*b*)
$$P = V(1+i)^{-n} + Fr\,a_{\overline{n}|i}$$
$$= V - V + V(1+i)^{-n} + Fr\,a_{\overline{n}|i} = V - V[1-(1+i)^{-n}] + Fr\,a_{\overline{n}|i}$$
$$= V - Vi\,\frac{1-(1+i)^{-n}}{i} + Fr\,a_{\overline{n}|i} = V + (Fr - Vi)\,a_{\overline{n}|i}$$

4. Ein \$ 1000, $3\frac{1}{2}$%, FA-Anleihestück wird am 1. Februar 1985 zu 105 zurückgekauft. Bestimme mit Hilfe von (*a*) Formel (*2*), (*b*) Formel (*3*) den Kaufpreis am 1. Februar 1965, der eine Rendite von 5 %, halbjährlich, bringt.

$$F = 1000,\ V = 1050,\ r = 0{,}0175,\ i = 0{,}025,\ n = 40.$$

(*a*)
$$P = \frac{Fr}{i} + \left(V - \frac{Fr}{i}\right)(1+i)^{-n}$$
$$= \frac{1000(0{,}0175)}{0{,}025} + \left[1050 - \frac{1000(0{,}0175)}{0{,}025}\right](1{,}025)^{-40}$$
$$= 700 + 350(0{,}37243) = \$830{,}35$$

(*b*)
$$P = V + (Fr - Vi)\,a_{\overline{n}|i}$$
$$= 1050 + (17{,}50 - 26{,}25)a_{\overline{40}|0{,}025} = 1050 - 8{,}75(25{,}103) = \$830{,}35$$

5. Stelle einen Anlageplan für ein \$ 1000, 5 %, FA-Anleihestück auf, das am 1. August 1970 zu 103 zurückgekauft wird, und das am 1. Februar 1967 gekauft wurde, so daß sich eine Rendite von 4 %, halbjährlich, ergab.

Wir haben $P = 1030(1{,}02)^{-7} + 25\,a_{\overline{7}|0{,}02} = \$\ 1058{,}48$.

Der Buchwert am Tag des Kaufs ist \$ 1058,48. Die zum Zinssatz des Anlegers (Rendite) auf diesen Buchwert zum Ende der ersten Periode fälligen Zinsen betragen 1058,48(0,02) = \$ 21,17, während er \$ 25 Zinsen auf das Anleihestück erhält. Die Differenz 25 − 21,17 = \$ 3,83 ist Rückzahlung des eingesetzten Kapitals; damit ist der Buchwert zu Beginn der zweiten Periode gleich 1058,48 − 3,83 = \$ 1054,65, usw.

Periode	Buchwert zu Beginn der Periode	Auf den Buchwert fällige Zinsen	Zinsen auf das Anleihestück	Änderung des Buchwerts
1	1058,48	21,17	25,00	3,83
2	1054,65	21,09	25,00	3,91
3	1050,74	21,01	25,00	3,99
4	1046,75	20,94	25,00	4,06
5	1042,69	20,85	25,00	4,15
6	1038,54	20,77	25,00	4,23
7	1034,31	20,69	25,00	4,31
8	1030,00			

Da das Stück mit einem Agio gekauft wurde, spricht man bei der allmählichen Reduzierung des Buchwerts bis zum Rückkaufwert von einer *Tilgung des Kapitals.*

6. Ein \$ 1000, 4 %, JD-Anleihestück, das am 1. Dezember 1995 zu Pari zurückgezahlt wird, wird am 31. März 1961 gekauft, wobei sich eine Rendite von 5 %, halbjährlich, ergibt. Bestimme den Kaufpreis sowie den Buchwert zu diesem Zeitpunkt.

Am 1. Dezember 1960, dem letzten Zinszahlungstermin von dem Tag des Kaufs, ist der Kaufpreis, der eine Rendite von 5 %, halbjährlich, ergibt gleich

$$1000(1{,}025)^{-70} + 20\, a_{\overline{70}|0{,}025} = \$835{,}51$$

Am 31. März 1961 (120 Tage später) ist der Kaufpreis

$$835{,}51\left[1 + 0{,}05\left(\frac{120}{360}\right)\right] = \$849{,}44$$

Die bis dahin angesammelten Zinsen (vom 1. Dezember 1960 bis 31. März 1961) sind 20(120/180) = \$ 13,33. Der gesuchte Buchwert ist also 849,44 − 13,33 = \$ 836,11.

Alternativlösung.

Der Buchwert bei einer Rendite von 5 %, halbjährlich, ist am 1. Dezember 1960

$$1000(1{,}025)^{-70} + 20\, a_{\overline{70}|0{,}025} = \$835{,}51$$

sowie am nächsten Zinstermin (1. Juni 1961):

$$1000(1{,}025)^{-69} + 20\, a_{\overline{69}|0{,}025} = \$836{,}40$$

Durch lineare Interpolation erhalten wir als Buchwert am 31. März 1961

$$835{,}51 + \tfrac{2}{3}(836{,}40 - 835{,}51) = \$836{,}10$$

Damit ist der Kaufpreis $836{,}10 + 13{,}33 = \$849{,}43.$

7. Ein \$ 1000, 6 %, MN-Anleihestück wird am 1. November 1965 zurückgezahlt. Es wird am 30. Juni 1962 gekauft, wobei sich eine Rendite von 4 %, halbjährlich, ergibt. Bestimme seinen Kaufpreis und seinen Buchwert am Tag des Kaufs. Stelle ferner einen Anlageplan auf.

Der Kaufpreis am 1. Mai 1962 ist bei einer Rendite von 4 %, halbjährlich:

$$P = 1000(1{,}02)^{-7} + 30\, a_{\overline{7}|0{,}02} = \$1064{,}72$$

Der Kaufpreis am 30. Juni 1962 ist damit

$$1064{,}72\left[1 + 0{,}02\left(\frac{60}{180}\right)\right] = \$1071{,}82$$

während sich als Buchwert

$$1071{,}82 - 30\left(\frac{60}{180}\right) = 1061{,}82$$

ergibt. Der Plan wird wie in Aufgabe 4 aufgestellt, wobei allerdings hier in der ersten Zeile der Buchwert am Tag des Kaufs, dem 30. Juni 1962, steht, und ferner die gemäß Rendite fälligen Zinsen sowie die Zinsen auf das Anleihestück für 2/3 der Zinsperiode berechnet werden.

Periode	Buchwert zu Beginn der Periode	Auf den Buchwert fällige Zinsen	Zinszahlung auf das Anleihestück	Änderung des Buchwerts
1	1061,82	14,16	20,00	5,84
2	1055,98	21,12	30,00	8,88
3	1047,10	20,94	30,00	9,06
4	1038,04	20,76	30,00	9,24
5	1028,80	20,58	30,00	9,42
6	1019,38	20,39	30,00	9,61
7	1009,77	20,20	30,00	9,80

8. Welches sind für das Stück in Aufgabe 7 der Einheitspreis und der „plus-Zinsen"-Preis am 30. Juni 1962, wenn es 4 % Rendite, halbjährlich, bringt?

Der Einheitspreis ist der Kaufpreis \$ 1071,82. Der „plus-Zinsen"-Preis ist der Buchwert \$ 1061,82.

9. Ein $ 1000, 3 %, JJ-Anleihestück, das am 1. Juli 1977 zurückgekauft wird, wird am 1. Juli 1963 für $ 952,50 gekauft. Bestimme die Rendite, halbjährlich berechnet.

Da der Kaufpreis am 1. Juli 1963, der eine Rendite von 3 %, halbjährlich, erbringt, $ 1000 ist, ist die tatsächliche Rendite höher. Der Preis für eine Rendite von $3\frac{1}{2}$ %, halbjährlich, ist

$$1000(1{,}0175)^{-28} + 15a_{\overline{28}|0{,}0175} = \$945{,}03$$

so daß die Rendite zwischen 3 und $3\frac{1}{2}$ % liegt. Wegen

$$0{,}0025\left[\begin{array}{l}\left.\begin{array}{l}0{,}015\\ i\end{array}\right] x\\ 0{,}0175\end{array}\right. \qquad -54{,}97\left[\begin{array}{l}\left.\begin{array}{l}1000{,}00\\ 952{,}50\end{array}\right] -47{,}50\\ 945{,}03\end{array}\right.$$

folgt

$$x = \frac{47{,}50}{54{,}97}(0{,}0025) = 0{,}00216$$

$$i = 0{,}015 + 0{,}00216 = 0{,}01716$$

Die Rendite ist also 3,432 %, halbjährlich.

10. Ein $ 1000, 3 %, JJ-Anleihestück wird am 1. Juli 1990 zurückgekauft, kann aber schon ab dem 1. Juli 1980 zu jedem Zinstermin zurückgezahlt werden (*a*) Bestimme den Kaufpreis am 1. Juli 1963, der mindestens 4 % Rendite, halbjährlich, ergibt. (*b*) Bestimme den zusätzlichen Gewinn des Anlegers, wenn das Stück am 1. Juli 1985 zurückgekauft wird.

Da die geforderte Rendite den Zinssatz der Anleihe übersteigt, muß das Stück mit einem Disagio gekauft werden. Der Buchwert eines solchen Stücks wächst nun bis zum Rückzahlungstermin allmählich (siehe Beispiel 5) auf den Nennwert an. Der Anleger muß also seinen Preis unter der Annahme berechnen, daß das Stück zum letztmöglichen Termin zurückgekauft wird (der für ihn in diesem Fall ungünstigste Termin).

(*a*) Am 1. Juli 1963 ist der Kaufpreis, der eine Rendite von 4 %, halbjährlich, ergibt

$$1000(1{,}02)^{-54} + 15a_{\overline{54}|0{,}02} = \$835{,}80$$

(*b*) Ab dem 1. Juli 1985 ist der Buchwert des Stücks auf den Kaufpreis zu diesem Termin angestiegen, welcher eine Rendite von 4 %, halbjährlich, erbringt, d.h. auf

$$1000(1{,}02)^{-10} + 15\,a_{\overline{10}|0{,}02} = \$955{,}09$$

Da der Anleger zu diesem Termin $ 1000 erhält, ist sein Profit 1000 − 955,09 = $ 44,91

Ergänzungsaufgaben

11. Bestimme den jeweiligen Kaufpreis, der die angegebene Rendite erbringt:

	Nennwert	Rückkauf	Zinssatz der Anleihe	Rendite
(*a*)	$ 1000	zu Pari in 25 Jahren	4 %, halbj.	6 %, halbj.
(*b*)	$ 500	zu Pari in 15 Jahren	4 %, halbj.	5 %, halbj.
(*c*)	$ 1000	105 in 10 Jahren	5 %, viertelj.	3 %, viertelj.
(*d*)	$ 100	110 in 20 Jahren	4 %, halbj.	3 %, halbj.
(*e*)	$ 1000	zu Pari in 5 Jahren	5 %, jährl.	4 %, jährl.
(*f*)	$ 500	zu Pari in 3 Jahren	6 %, halbj.	5 %, halbj.
(*g*)	$ 1000	102 in $2\frac{1}{2}$ Jahren	3 %, halbj.	6 %, halbj.
(*h*)	$ 500	105 in $2\frac{1}{2}$ Jahren	4 %, halbj.	5 %, halbj.

Lsg. (*a*) $ 742,71, (*b*) $ 447,67, (*c*) $ 1209,32, (*d*) $ 120,47
(*e*) $ 1044,52, (*f*) $ 513,77, (*g*) $ 948,56, (*h*) $ 510,48

12. Stelle für jedes der Anleihestücke in Aufgabe 11(*e*)–(*h*) einen Anlageplan auf.

13. Bestimme jeweils den Kaufpreis, mit dem die gegebene Rendite erzielt wird:

	Nennwert	Rückkauf	Zinstermin	Tag des Kaufs	Rendite
(*a*)	$ 1000	zu Pari am 1. Dez. 1986	4 % JD	30. Aug. 1960	5 %, halbj.
(*b*)	$ 1000	zu Pari am 1. Nov. 1988	5 % MN	22. Sept. 1962	6 %, halbj.
(*c*)	$ 100	105 am 1. Juli 1975	5 % JJ	18. April 1960	$3\frac{1}{2}$ %halbj.
(*d*)	$ 500	102 am 1. Okt. 1995	5 % AO	30. Dez. 1963	4 % halbj.

Lsg. (*a*) $ 864,71, (*b*) $ 888,97, (*c*) $ 122,01, (*d*) $ 598,55

14. Bestimme für die Stücke in Aufgabe 13 den „plus Zinsen"-Preis am Tage des Kaufes.
Lsg. (*a*) $ 854,71, (*b*) $ 868,97, (*c*) $ 120,51, (*d*) $ 592,30

15. Bestimme die Rendite, halbjährlich, durch Interpolation.

	Nennwert	Rückkauf	Zinstermin	Kurs	Datum
(*a*)	$ 1000	zu Pari am 1. Jan. 1988	$3\frac{1}{2}$ % JJ	93	1. Juli 1960
(*b*)	$ 1000	zu Pari am 1. März 1987	3 % MS	90	1. März 1962
(*c*)	$ 1000	105 am 1. Aug. 1990	5 % FA	110	1. Feb. 1962
(*d*)	$ 1000	103 am 1. Dez. 1989	6 % JD	112	1. Juni 1963

Lsg. (*a*) 3,922 %, (*b*) 3,615 %, (*c*) 4,493 %, (*d*) 5,230 %

16. Ein $ 1000, 4 %, JJ-Anleihestück, das am 1. Januar 1975 zu Pari zurückgekauft wird, kann bereits zu jedem Zinstermin ab dem 1. Januar 1968 eingelöst werden. (*a*) Bestimme den Kaufpreis am 1. Januar 1961, der mindestens 5 % Rendite, halbjährlich, erbringt. (*b*) Wie groß ist der Profit des Anlegers und welche Rendite erbringt es, wenn es am 1. Juli 1970 eingelöst wird? *Lsg.* (*a*) $ 900,18, (*b*) $ 39,85; 5,365 %

17. Ein $ 1000, 5 %, JJ-Anleihestück, das am 1. Januar 1975 zu Pari zurückgekauft wird, kann bereits zu jedem Zinstermin ab dem 1. Januar 1968 eingelöst werden. (*a*) Bestimme den Kaufpreis am 1. Januar 1961, der mindestens 4 % Rendite, halbjährlich, erbringt. (*b*) Wie groß ist der Profit des Anlegers und welche Rendite erbringt es, wenn es am 1. Juli 1970 eingelöst wird? *Lsg.* (*a*) $ 1060,54, (*b*) $ 26,02; 4,228 %

18. Bestimme den Kaufpreis eines Rentenbriefs über $ 5000, der 15 Jahre läuft, wobei 6 % Zinsen (jährlich) eingerechnet sind, wenn er nach 8 Jahren gekauft wird und dem Käufer $4\frac{1}{2}$ % bringt.
Lsg. $ 3033,68

19. Bestimme den Kaufpreis eines Rentenbriefs über $ 10 000, der bei 4 % Zinsen 20 Halbjahresraten beinhaltet, wenn er nach 3 Jahren gekauft wird und dem Käufer 5 %, halbjährlich, bringt. *Lsg.* $ 7149,81

20. Ein Unternehmen emittiert eine 5 % Anleihe über $ 300 000 und will sie durch zwei Raten von jeweils $ 150 000 in 5 und 10 Jahren tilgen. Bestimme den Preis, den eine Bank dafür am Ausgabetag bezahlt, wenn sie 4 % verdienen will. *Lsg.* $ 318 844,07

21. Einsetzen von $V(1+i)^{-n} = K$ und $Fr = gV$ in (*1*) ergibt die folgende Formel von Makeham:

$$P = K + \frac{g}{i}(V-K)$$

Löse damit noch einmal Aufgabe 11.

22. Eine 4 %-Anleihe über $ 50 000, halbjährlicher Zinstermin, bei der in den nächsten 5 Jahren alle 6 Monate $ 5000 fällig werden, wird zu einen Preis gekauft, der 3 % Rendite, halbjährlich, erbringt. Bestimme den Kaufpreis mit Hilfe der Formel von Makeham.
Hinweis. $K = 5000\, a_{\overline{10}|0{,}015}$ und $g = 0{,}02$. *Lsg.* **$51 296,36**

Kapitel 13

Vorschüssige, aufgeschobene und ewige Zeitrenten

VORSCHÜSSIGE ZEITRENTEN. Eine *vorschüssige Zeitrente* ist eine Rente, bei der die periodische Zahlung zum Beginn der Zahlungsperiode stattfindet. Mietzahlung ist ein Beispiel einer vorschüssigen Rente. Die Laufzeit der Rente ist die Zeitspanne von der ersten Zahlung bis zum Ende der Zahlungsperiode, die nach der letzten Zahlung liegt. Die folgenden Schaubilder

Nachschüssige Rente

Vorschüssige Rente

illustrieren den einfachen Fall (Zahlungsperiode gleich Zinsperiode) einer nachschüssigen und einer vorschüssigen Zeitrente, jede mit n Perioden. Beachte, daß bei der nachschüssigen Rente am Anfang keine Zahlung stattfindet, während bei der vorschüssigen Rente am Ende keine geleistet wird. Bei der nachschüssigen Rente findet am Ende der Laufzeit eine Zahlung statt, bei der vorschüssigen am Anfang.

Wir müssen für die Berechnungen bei vorschüssigen Renten keine neuen Formeln herleiten. Zu beachten sind nur obige Aussagen sowie die Definitionen von $a_{\overline{n}|i}$ und $s_{\overline{n}|i}$.

Beispiel 1.

Die Monatsmiete für eine Wohnung beträgt \$ 400 (im voraus). Wie groß ist die dazu äquivalente Jahresmiete X bei 6 %, monatlich berechnet?

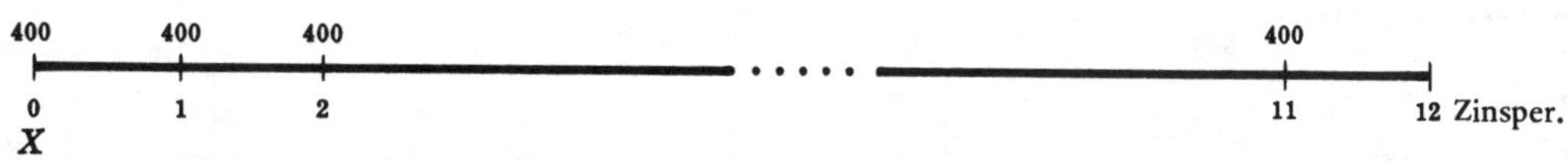

Beachte, daß $a_{\overline{n}|i}$ keine Zahlung zum Beginn der Laufzeit einschließt. Zinsen wir alle Beträge auf den Anfang des Jahres ab, so ist die erste Monatsmiete bar, während die restlichen 11 Mietzahlungen eine nachschüssige Rente darstellen. Also folgt

$$X = 400 + 400\,a_{\overline{11}|0{,}005} = 400 + 400(10{,}67703) = \$4670{,}81$$

Beispiel 2.

Am 15. jeden Monats investiert M \$ 100 in einen Fonds, der 3 % Zinsen, monatlich gutgeschrieben, bringt. Wieviel ist genau vor der 10. Einzahlung im Fonds?

Es sei X der gesuchte Betrag. Da $s_{\overline{n}|i}$ eine Barzahlung einschließt, ist $S = 100\,s_{\overline{9}|0{,}0025}$ der

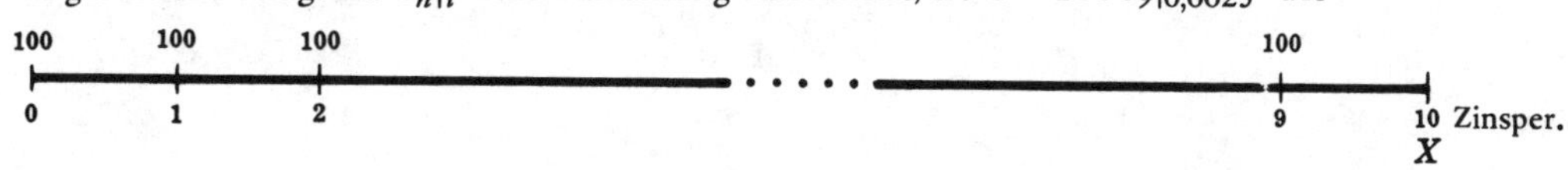

Betrag, der genau nach der 9. Einzahlung im Fonds ist. Also gilt

$$X = S(1{,}0025) = 100\, s_{\overline{9}|0{,}0025}\,(1{,}0025)$$
$$= 100(9{,}09053)(1{,}0025) = \$911{,}32$$

Alternativlösung

Mit Aufgabe 8, Kapitel 9, gilt $s_{\overline{n}|i}\,(1+i) = s_{\overline{n+1}|i} - 1.$ Also folgt

$$X = 100\, s_{\overline{9}|0{,}0025}\,(1{,}0025) = 100(s_{\overline{10}|0{,}0025} - 1)$$
$$= 100(10{,}11325 - 1) = \$911{,}32$$

Im allgemeinen ist dieser Lösungsweg vorzuziehen.

Siehe Aufgaben 1–5.

AUFGESCHOBENE ZEITRENTEN. Eine *aufgeschobene Zeitrente* ist eine Rente, deren erste Zahlung eine bestimmte Anzahl von Perioden nach der ersten Zinsperiode geleistet wird.

Beispiel 3.

Bei einer neuen Brücke werden erst nach 5 Jahren die ersten Reparaturen fällig, nämlich $ 300 für Anstrich. Es wird ferner vermutet, daß danach für die nächsten 20 Jahre, jeweils am Ende des Jahres, $ 300 benötigt werden. Bestimme den Barwert X dieser Summen (3 % Zins).

Die Rente ist für 4 Perioden (= Jahre) aufgeschoben und läuft dann 21 Jahre. Der Wert der Rente in 4 Jahren ist $A = 300\, a_{\overline{21}|0{,}03}$; also gilt

$$X = 300\, a_{\overline{21}|0{,}03}\,(1{,}03)^{-4} = 300(15{,}41502)(0{,}88849) = \$4108{,}83$$

Alternativlösung

Wir erinnern an den Trick in Aufgabe 5, Kapitel 9. Wir beziehen 4 zusätzliche (fiktive) Zahlungen am Ende der ersten 4 Jahre ein, bestimmen den Barwert der sich ergebenden nachschüssigen Gesamtrente und subtrahieren davon den Barwert der fiktiven Zahlungen (eine weitere nachschüssige Rente). Dies ergibt

$$X = 300\, a_{\overline{25}|0{,}03} - 300\, a_{\overline{4}|0{,}03} = 300(17{,}41315 - 3{,}71710) = \$4108{,}82$$

Siehe die Aufgaben 6–7.

EWIGE ZEITRENTEN. Eine *ewige Zeitrente* ist eine Rente, deren Zahlungen zu einem bestimmten Zeitpunkt beginnen und dann „ewig“ geleistet werden. Unter der Annahme, daß eine Aktiengesellschaft nicht Konkurs macht, stellen ihre Dividendenzahlungen eine ewige Zeitrente dar. Offensichtlich kann man nicht vom Endwert einer ewigen Zeitrente sprechen; sie besitzt jedoch einen bestimmten Barwert.

Wir betrachten eine ewige Zeitrente R, zahlbar am Ende jeder Zinsperiode, wobei mit Zinssatz i pro Zinsperiode gerechnet wird. Dann ist der Barwert dieser ewigen Rente die Summe A, die in einer Zinsperiode R Zinsen bringt, d.h. $Ai = R$ bzw.

$$A = \frac{R}{i} \tag{1}$$

Beispiel 4.

Von einer Gesellschaft wird angenommen, daß sie alle 6 Monate (auf ewig) $ 2,50 Dividende pro Aktie zahlt. B erwartet von seinem Geld, daß es 6 % Zinsen, halbjährlich gutgeschrieben, bringt. Wieviel ist er bereit, für eine Aktie zu zahlen?

$$A = 2{,}50,\ i = 0{,}03;\ \text{also}\quad A = \frac{R}{i} = \frac{2{,}50}{0{,}03} = \$83{,}33.$$

Falls Zahlungsintervall und Zinsperiode bei ewigen Zeitrenten nicht zusammenfallen, gibt es zwei Möglichkeiten: Entweder $k > 1$ Zinsperioden pro Zahlungsintervall oder $k > 1$ Zahlungsintervalle pro Zinsperiode. In beiden Fällen bestimmt man zuerst den äquivalenten Zinssatz pro Zahlungsintervall (siehe Kapitel 7) und wendet dann obige Formel (*1*) an.

Beispiel 5.

Wieviel wird C bereit sein, in Beispiel 4 für eine Aktie zu zahlen, wenn er sein Geld zu 5 %, vierteljährlich, anlegen will?

Hier ist das Zahlungsintervall 6 Monate und die Zinsperiode 3 Monate. Den nominalen Zinssatz

$2i$, halbjährlich berechnet, findet man durch Auflösen von

$$(1+i)^2 = \left(1+\frac{0{,}05}{4}\right)^4 = (1{,}0125)^4$$

$$i = (1{,}0125)^2 - 1 = 0{,}02515625$$

Somit kann unser Problem folgendermaßen umformuliert werden: Wieviel ist C bereit, für eine Aktie anzulegen, wenn er für sein Geld 5,03125 % Zinsen, halbjährlich gutgeschrieben, haben will?

Also:

mit $R = 2{,}50$ und $i = 0{,}02515625$. Also $A = \dfrac{2{,}50}{0{,}025156} = \$99{,}38$.

Beispiel 6.

Wieviel wird D bereit sein, in Beispiel 4 für eine Aktie zu zahlen, wenn er sein Geld zu 5 % (effektiv) anlegen will?

Hier ist das Zahlungsintervall 6 Monate und die Zinsperiode 1 Jahr. Den zu 5 % äquivalenten Zinssatz $2i$ findet man

$$(1+i)^2 = 1{,}05$$

nach $i = (1{,}05)^{1/2} - 1 = 0{,}02469508$, wobei Tabelle VI benutzt wurde. Somit läßt sich das Problem folgendermaßen formulieren: Wieviel ist D bereit, für eine Aktie anzulegen, wenn er für sein Geld 4,939016 % Zinsen,halbjährlich, haben will? Also:

mit $R = 2{,}50$ und $i = 0{,}024695$. Also $A = \dfrac{2{,}50}{0{,}024695} = \$101{,}24$.

Siehe die Aufgaben 8–9.

KAPITALISIERTE KOSTEN. Die *kapitalisierten Kosten C* eines Aktivpostens (etwa Maschinen, usw.) sind die ersten Kosten F plus dem Barwert einer unbegrenzten Anzahl von Ersatzkosten à R, d.h. eine Barzahlung F plus dem Barwert einer ewigen Rente R pro Ersatzintervall.

Beispiel 7.

Eine bestimmte Maschine kostet \$ 2500 und besitzt nach 10 Jahren einen Schrottwert von \$ 500. Bestimme die kapitalisierten Kosten der Maschine unter der Voraussetzung, daß ihr Neupreis konstant gleich \$ 2500 bleibt. Rechne dabei mit 4 % Zinssatz.

Die Kosten für das Ersetzen der Maschine sind 2500 – 500 = \$ 2000. Der Zinssatz i pro Ersatzintervall, d.h. Zinsperiode 10 Jahre, der zu 4 % jährlich äquivalent ist, ergibt sich durch Auflösen von

$$(1+i)^1 = (1{,}04)^{10}$$

nach $i = (1{,}04)^{10} - 1 = 0{,}48024428$. Der Barwert der ewigen Rente ist $\dfrac{2000}{0{,}480244} = \$4164{,}55$; d.h. die kapitalisierten Kosten sind $2500 + 4164{,}55 = \$6664{,}55$.

ALTERNATIVEN. Die Diskussion von ewigen Renten basiert auf der einzigen Formel $R = A/i$. Diese Einfachheit muß man manchmal mit dem Preis langer Divisionen bezahlen. Benutzt man einen Taschenrechner oder rechnet man logarithmisch, so ergeben sich keine Schwierigkeiten. Rechnet man jedoch „zu Fuß", so ist es wünschenswert, diese Division soweit wie möglich auszuschalten. Der Preis dafür ist eine kompliziertere Formel.

(i) Für eine ewige Rente R, die am Ende von jeweils k Zinsperioden fällig ist, wobei der Zinssatz pro Zinsperiode i beträgt, d.h. $(1+i)^k - 1$ pro Zahlungsintervall, gilt

$$A = \frac{R}{(1+i)^k - 1} = \frac{R}{i} \cdot \frac{i}{(1+i)^k - 1} = \frac{R}{i} \cdot \frac{1}{s_{\overline{k}|i}}$$

In Beispiel 5 gilt $k = 2$ und $A = \frac{2{,}50}{0{,}0125} \cdot \frac{1}{s_{\overline{2}|0{,}0125}} = 200(0{,}49689) = \$99{,}38.$

(ii) Für eine ewige Rente R, die p-mal pro Zinsperiode fällig wird, wobei i der Zinssatz pro Periode ist, d.h. $(1+i)^{1/p} - 1$ pro Zahlungsintervall, gilt

$$A = \frac{R}{(1+i)^{1/p} - 1} = \frac{R}{i} \cdot \frac{i}{[(1+i)^{1/p} - 1]} = \frac{R}{i} \cdot \frac{1}{s_{\overline{1/p}|i}}$$

Dabei kann man manche Werte von $\frac{1}{s_{\overline{1/p}|i}}$ in Tabelle X nachschlagen.

In Beispiel 6 gilt $k = 2$ und $A = \frac{2{,}50}{0{,}05} \cdot \frac{1}{s_{\overline{½}|0{,}05}} = 50(2{,}0247) = \$101{,}24.$

Aufgaben mit Lösungen

1. Anstatt für die nächsten 8 Jahre an jedem Monatsanfang \$ 125 Miete zu zahlen, beschließt M, ein Haus zu kaufen. Geld bringe 5 % Zinsen, monatlich gutgeschrieben. Welchen augenblicklichen Wert besitzen diese 8 Jahre Mietzahlungen?

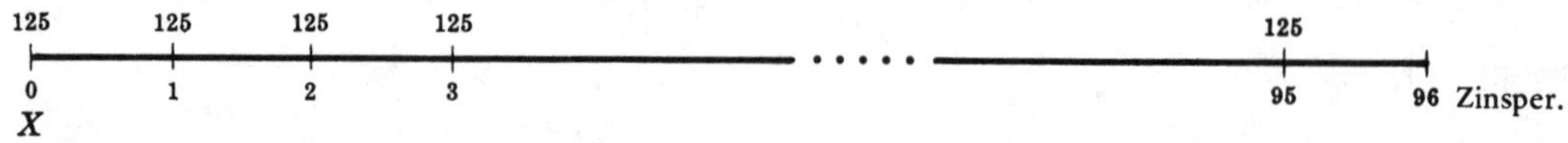

X, der gesuchte Betrag, ist der Barwert einer vorschüssigen Zeitrente von 96 Zahlungen, d.h. eine Barzahlung von \$ 125 plus dem Barwert einer nachschüssigen Rente von 95 Zahlungen à \$ 125. Also gilt

$$X = 125 + 125\, a_{\overline{95}|0{,}05/12} = 125 + 125(78{,}31856) = \$9914{,}82$$

2. Eine Firma legt von ihrem Gewinn am Anfang jeden Jahres \$ 10 000 in einen Fonds, um damit eine zukünftige Expansion zu finanzieren. Der Fonds bringe 3 % Zinsen. Welche Summe ist am Ende des 10. Jahres im Fonds?

Hier ist X der Endwert einer vorschüssigen Zeitrente mit 10 Zahlungen, d.h. der Endwert einer aufschüssigen Zeitrente genau vor der 11. Zahlung. Also gilt:

$$X = 10\,000[s_{\overline{11}|0,03} - 1] = 10\,000(11,8077957) = \$118\,077,96$$

3. M's Testament besagt, daß seine Lebensversicherung über \$ 150 000 zu 3 % investiert werden soll, und daß seine Witwe davon jährlich vorschüssig bis zu ihrem Tod \$ 7500 erhalten soll. Nach ihrem Tod soll das restliche Geld einem guten Zweck gestiftet werden, und zwar am Ende des laufenden Jahren. Wieviel war es, wenn die Witwe 7 Jahre und 9 Monate nach ihm starb?

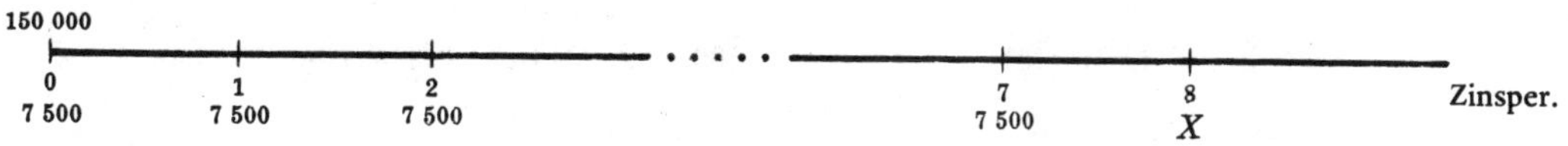

Es sei X der gesuchte Betrag. Betrachten wir alle Zahlungen am Ende des 8 Jahres, so bilden die Zahlungen à \$ 7500 eine vorschüssige Rente mit den Endwert $7500\,[s_{\overline{9}|0,03} - 1]$. Also folgt

$$7500[s_{\overline{9}|0,03} - 1] + X = 150\,000(1{,}03)^8$$

und

$$X = 150\,000(1{,}03)^8 - 7500[s_{\overline{9}|0,03} - 1]$$
$$= 150\,000(1{,}26677008) - 7500(9{,}159106) = \$121\,322{,}21$$

4. Eine Schuld von \$ 5000 mit Zinsen zu 4 %, vierteljährlich berechnet, soll durch 8 gleiche Vierteljahresraten, die erste sofort, abgetragen werden. Bestimme die Raten R.

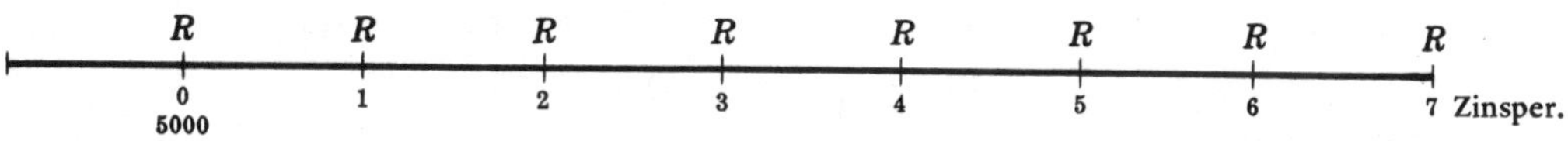

Erste Lösung.

Der Barwert einer vorschüssigen Rente von 8 Zahlungen R ist gleich der ersten Zahlung R plus dem Barwert einer nachschüssigen Rente von 7 Zahlungen R. Also folgt

$$R(1 + a_{\overline{7}|0,01}) = 5000$$

d.h.

$$R = \frac{5000}{1 + a_{\overline{7}|0,01}} = \frac{5000}{7{,}7281945} = \$646{,}98$$

Zweite Lösung.

Berechnen wir alle Beträge zu dem Zeitpunkt, der eine Zinsperiode vor der ersten Zahlung liegt, so folgt

$$R\, a_{\overline{8}|0,01} = 5000(1{,}01)^{-1}$$

Also:

$$R = 5000(1{,}01)^{-1} \frac{1}{a_{\overline{8}|0,01}} = 5000(0{,}990099)(0{,}130690) = \$646{,}98$$

5. In 10 Jahren benötigt eine Firma \$ 12 000, um gewisse Maschinen ersetzen zu können. Welche halbjährlichen Einzahlungen R müssen ab sofort 10 Jahre lang in einen Fonds geleistet werden, der 3 % Zinsen, halbjährlich gutgeschrieben, bringt, um diesen Betrag anzusammeln?

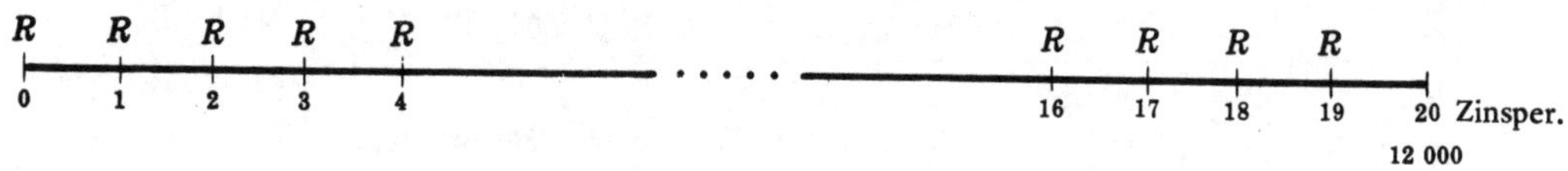

Erste Lösung.

Betrachtet man zusätzlich eine (fiktive) Extra-Einzahlung am Ende der 10 Jahre, so folgt

$$R(s_{\overline{21|}\,0,015} - 1) = 12\,000$$

Also:

$$R = \frac{12\,000}{s_{\overline{21|}\,0,015} - 1} = \frac{12\,000}{23,470522} = \$511,28$$

Zweite Lösung.

Nehmen wir das Ende der 19. Zinsperiode als Berechnungdatum, so gilt

$$R\, s_{\overline{20|}\,0,015} = 12\,000(1,015)^{-1}$$

Also:

$$R = 12\,000(1,015)^{-1}\frac{1}{s_{\overline{20|}\,0,015}} = 12\,000(0,9852217)(0,0432457) = \$511,28$$

6. Ein Obstgarten, der \$ 15 000 wert ist, wird mit \$ 5000 Anzahlung gekauft. Der Käufer stimmt zu, den Rest mit 5 % Zinsen, halbjährlich berechnet, durch 10 gleiche Halbjahrenraten à R zu begleichen, wobei die erste Rate in 4 Jahren fällig wird. Bestimme R.

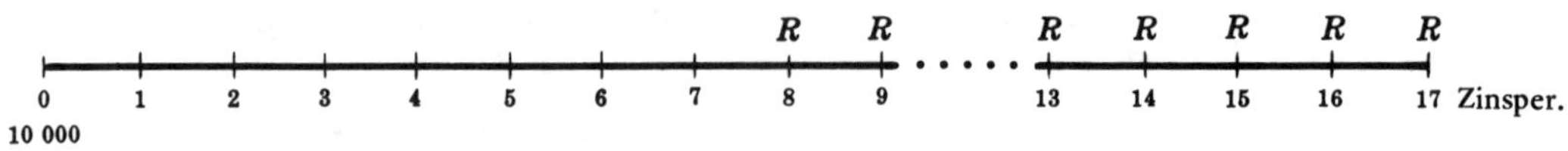

Die Raten bilden eine um 7 Zinsperioden aufgeschobene nachschüssige Rente.

Erste Lösung.

Betrachtet man zusätzlich (fiktive) Raten am Ende der ersten 7 Zinsperioden, so folgt

$$R(a_{\overline{17|}\,0,025} - a_{\overline{7|}\,0,025}) = 10\,000$$

Also:

$$R = \frac{10\,000}{a_{\overline{17|}\,0,025} - a_{\overline{7|}\,0,025}} = \frac{10\,000}{7,3628071} = \$1358,18$$

Zweite Lösung.

Nehmen wir das Ende der 7. Zinsperiode als Berechnungdatum, so gilt

$$R\, a_{\overline{10|}\,0,025} = 10\,000(1,025)^7$$

Also:

$$R = 10\,000(1,025)^7\frac{1}{a_{\overline{10|}\,0,025}} = 10\,000(1,1886858)(0,1142588) = \$1358,18$$

7. Am 1. Juni 1955 leiht sich M \$ 75 000 zu 4 % Zinsen, monatlich berechnet. Er plant, diese Schuld durch Monatsraten à \$ 1000, die erste am 1. Juni 1958, zurückzuzahlen. Bestimme die Anzahl der vollen Raten und die nötige Restzahlung.

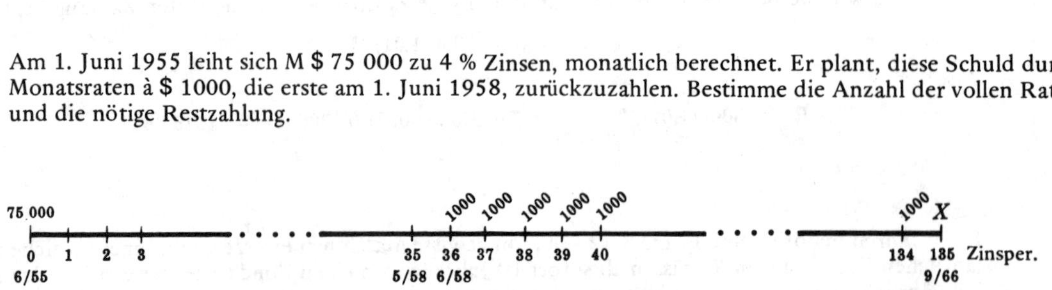

Nehmen wir den 1. Mai 1958 als Berechnungdatum, so folgt

$$1000\, a_{\overline{n|}\,0,01/3} = 75\,000(1 + 0,01/3)^{35}$$

d.h.

$$a_{\overline{n|}\,0,01/3} = 75(1 + 0,01/3)^{35} = 75(1,1235) = 84,2625$$

Die Anzahl der vollen Raten ist 99. Es sei X die Restzahlung (einen Monat danach).

(i) Wir berechnen alle Beträge zum 1. September 1966:

$$1000(s_{\overline{100}|\,0{,}01/3} - 1) + X = 75\,000(1 + 0{,}01/3)^{135}$$

d.h.

$$X = 75\,000(1{,}5671390) - 1000(117{,}451705) = \$83{,}72$$

(ii) Wir berechnen alle Beträge zum 1. Mai 1958:

$$1000\, a_{\overline{99}|\,0{,}01/3} + X(1 + 0{,}01/3)^{-100} = 75\,000(1 + 0{,}01/3)^{35}$$

$$X = \{75\,000(1 + 0{,}01/3)^{35} - 1000\, a_{\overline{99}|\,0{,}01/3}\}(1 + 0{,}01/3)^{100}$$
$$= \{75\,000(1{,}1235268) - 1000(84{,}20449)\}(1{,}3948) = \$83{,}72$$

8. Bestimme den Barwert einer ewigen nachschüssigen Jahresrente von \$ 780 bei (*a*) 6 % Zinsen, (*b*) 6 % Zinsen, halbjährlich berechnet, (*c*) 6 % Zinsen, vierteljährlich berechnet.

(*a*) $A = \dfrac{780}{0{,}06} = \$13\,000$

(*b*) $A = \dfrac{780}{(1{,}03)^2 - 1} = \dfrac{780}{0{,}0609} = \$12\,807{,}88$

(*c*) $A = \dfrac{780}{(1{,}015)^4 - 1} = \dfrac{780}{0{,}06136335} = \$12\,711{,}13$

Alternativlösungen.

(*b*) $R = 780,\ i = 0{,}03,\ k = 2$; also

$$A = \frac{R}{i} \cdot \frac{1}{s_{\overline{k}|i}} = \frac{780}{0{,}03} \cdot \frac{1}{s_{\overline{2}|0{,}03}} = 26\,000(0{,}4926108) = \$12\,807{,}88$$

(*c*) $R = 780,\ i = 0{,}015,\ k = 4$; also

$$A = \frac{780}{0{,}015} \cdot \frac{1}{s_{\overline{4}|0{,}015}} = 52\,000(0{,}2444448) = \$12\,711{,}13$$

9. Bestimme die ewige Halbjahresrente, deren Barwert \$ 36 000 ist, wenn mit 4 % Zinsen, halbjährlich gerechnet wird.

$A = 36\,000,\ i = 0{,}02$; also $R = Ai = 36\,000(0{,}02) = \$720.$

10. Eine Holztribüne mit einer Nutzungszeit von 15 Jahren kann man für \$ 100 000 bauen. Es werde mit 5 % Zinssatz gerechnet. Bestimme

(*a*) die kapitalisierten Kosten der Holztribüne,

(*b*) die Summe, die man stattdessen für eine Stahltribüne mit einer Nutzungszeit von 50 Jahren ausgeben könnte.

(*a*) $R = 100\,000,\ i = (1{,}05)^{15} - 1 = 1{,}07892818$; also

$$A = \frac{100\,000}{1{,}07892818} = \$92\,684{,}58 \quad \text{und} \quad C = 100\,000 + 92\,684{,}58 = \$192\,684{,}58$$

(*b*) Es sei R der gesuchte Preis für eine Stahltribüne. Da der Zinssatz für eine Periode von 50 Jahren, der zu 5 % äquivalent ist, gleich $i = (1{,}05)^{50} - 1 = 10{,}4674$ ist, folgt

$$R + \frac{R}{10{,}4674} = 192\,684{,}58 \quad \text{bzw.} \quad R = \frac{10{,}4674(192\,684{,}58)}{11{,}4674} = \$175\,881{,}75$$

Alternativlösung.

(*a*) $F = R = 100\,000,\ i = 0{,}05,\ k = 15$; also

$$C = F + \frac{R}{i}\cdot\frac{1}{s_{\overline{k}|i}} = 100\,000 + \frac{100\,000}{0{,}05}\cdot\frac{1}{s_{\overline{15}|0{,}05}}$$

$$= \frac{100\,000}{0{,}05}\left(0{,}05 + \frac{1}{s_{\overline{15}|0{,}05}}\right) = 2\,000\,000\,\frac{1}{a_{\overline{15}|\,0{,}05}}$$

$$= 2\,000\,000(0{,}09634229) = \$192\,684{,}58$$

(*b*) $C = 192\,684{,}58,\ i = 0{,}05,\ k = 50,\ F = R$; also

$$C = F + \frac{R}{i}\cdot\frac{1}{s_{\overline{k}|i}} = \frac{R}{i}\left[i + \frac{1}{s_{\overline{k}|i}}\right] = \frac{R}{i}\cdot\frac{1}{a_{\overline{k}|i}}$$

d.h. $$R = Ci\,a_{\overline{k}|i} = 192\,684{,}58(0{,}05)\,a_{\overline{50}|0{,}05} = 9634{,}23(18{,}255925) = \$175\,881{,}78$$

Ergänzungsaufgaben

11. Ein Fernseher wird für \$ 50 Anzahlung und 14 Monatsraten à \$ 50 gekauft. Wie groß ist der Barpreis des Fernsehers, wenn dabei 21 % Zinsen, monatlich, eingerechnet sind? *Lsg.* **\$666,10**

12. M vermietet ein Gebäude und erhält alle 3 Monate im voraus \$ 10 000. Er investiert davon jeweils sofort \$ 7500 in einen Fonds, der 5 %, vierteljährlich gutgeschrieben, bringt. Wieviel ist nach 6 Jahren in dem Fonds? *Lsg.* **\$211 015,76**

13. M muß am Anfang jedes Jahres 10 Jahre lang \$ 178,40 abbezahlen. Wie groß ist der Barwert dieser Rente bei $3\frac{1}{2}$ %? *Lsg.* **\$1535,61**

14. M muß Anfang jedes Jahres 15 Jahre lang \$ 250 abbezahlen. Es werde mit $4\frac{1}{2}$ % Zinssatz gerechnet. Bestimme den Wert der restlichen Zahlungen (*a*) genau nach der dritten Zahlung, (*b*) genau vor der sechsten Zahlung. Nach der ersten Rate konnte M die nächsten 4 Raten nicht bezahlen. (*c*) Wieviel müßte er bei der nun fälligen Rate insgesamt bezahlen, damit der Ratenplan ab dann wieder stimmt?
Lsg. (*a*) **\$2279,64**, (*b*) **\$2067,20**, (*c*) **\$1367,68**

15. Der Barpreis eines gebrauchten Autos ist \$ 1750. B will ihn in 15 gleichgroßen Monatsraten bezahlen, die erste sofort fällig. Dabei werden ihm 18 % Zinsen, monatlich, berechnet. Bestimme die Höhe der Monatsraten.
Hinweis. $x(1 + a_{\overline{14}|0{,}015}) = 1750$ bzw. $x = 1750(1{,}015)^{14}\,\frac{1}{s_{\overline{15}|\,0{,}015}}$

16. Die Miete für ein Landhaus beträgt \$ 1500 jährlich im voraus. Wie groß ist die äquivalente Monatsrente bei 6 % Zinsen, monatlich berechnet? *Lsg.* **\$128,46**

17. Ein Bauer kauft am 1. März einen Traktor für 24 Monatsraten à \$ 200, wobei die erste am 1. Oktober fällig ist. Es werden dabei von ihm 12 % Zinsen, monatlich berechnet, gefordert. Bestimme den äquivalenten Barpreis des Traktors. *Lsg.* **\$4002,45**

18. Am 1. Juni 1958 wurde ein Geschäft für \$ 10 000 Anzahlung und 10 Vierteljahresraten à \$ 2 500 gekauft, wobei die erste Rate am 1. Juni 1961 fällig war. Wie groß war der Barpreis des Geschäfts, wenn man von 6 % Zinsen, vierteljährlich berechnet, ausgeht? *Lsg.* **\$29 572,55**

19. B leiht sich heute \$ 25 000. Er plant, die Schuld einschließlich 5 1/2 % Zinsen in 10 Jahresraten abzuzahlen, die erste heute in 8 Jahren. Bestimme die einzelne Rate.
Lsg. **\$4824,73**

20. Zur Geburt seines Sohnes legt M einen gewissen Betrag auf ein Sparbuch, das 3 % Zinsen, halbjährlich gutgeschrieben, bringt. Er will, daß sein Sohn ab seinem 18. Geburtstag genau vier Jahre lang halbjährlich \$ 1 250 für sein Studium abheben kann. Wie groß ist der Betrag?
Lsg. **\$5557,05**

21. M nimmt einen Kredit mit 5 % Zinsen, vierteljährlich berechnet, auf. Er will ihn in 9 Jahren abbezahlen, und zwar in den ersten 5 Jahren durch vierteljährliche nachschüssige Raten à \$ 250 und anschließend 4 Jahre lang durch Vierteljahresraten à \$ 400. Wie groß ist der Kredit? *Lsg.* **\$8899,01**

22. Welches ist der faire Preis für einen Bauernhof, der jährlich \$ 5 000 (unendlich lange) Gewinn abwirft, wenn mit 5 % Zinsen gerechnet wird? *Lsg.* **\$100 000**

23. Welchen Betrag benötigt eine Universität jetzt, um ihre Vorlesungsskripten, für deren Druck jeweils zu Jahresanfang \$ 2500 benötigt werden, unendlich lange zu verlegen, wenn man von 5 % Zinsen, vierteljährlich berechnet, ausgeht. *Lsg.* \$ 5172,20

24. Eine Universität schätzt, daß für ein neues Studentenheim in den nächsten 10 Jahren jeweils \$ 800 am Jahresende benötigt werden und ab dann jeweils \$ 1 500 am Jahresende (unendlich lange). Wieviel müßte jetzt dafür zurückgelegt werden, wenn dieses Geld 4 % Zinsen bringt?

Lsg. $800\, a_{\overline{10}|0,04} + \dfrac{1500}{0,04}(1,04)^{-10}$

25. Für ein Büro kostet Teppichboden entweder (i) \$ 50 und muß alle 2 Jahre ersetzt werden oder (ii) \$ 300 und muß alle 10 Jahre zum selben Preis ersetzt werden. Welcher Teppichboden auf Basis von 5 % Zinsen ist wirtschaftlicher? *Lsg.* (i)

26. Zeige, daß $a_{\overline{n}|i} = \dfrac{1-(1+i)^{-n}}{i}$ die Differenz des Barwertes der nachschüssigen ewigen Rente 1 und des Barwertes der nachschüssigen, um n Perioden aufgeschoben, ewigen Rente 1 ist.

27. Eine Firma benutzt Batterien, die \$ 30 kosten und 2 Jahre lang halten. Es wird ihr ein anderes Modell angeboten, das \$ 40 kostet und 3 Jahre lang hält. Welche Wahl ist auf einer 5 %-Basis wirtschaftlicher?

28. Welches ist der maximale Preis, den die Firma in Aufgabe 27 für das zweite Modell anlegen kann, damit die kapitalisierten Kosten nicht die des bisher benutzten Modells überschreiten? *Lsg.* **\$43,94**

29. Das Bauholz, das bei einer bestimmten Konstruktion benutzt wird, kostet \$ 2 000 und hält 12 Jahre. Behandelt man es chemisch, so hält es 20 Jahre. Wieviel kann man für die chemische Behandlung auf 4 %-Basis bezahlen?

Lsg. $2000\left[\dfrac{1}{a_{\overline{12}|0,04}} \cdot a_{\overline{20}|0,04} - 1\right]$

Kapitel 14

Zeitrenten. Allgemeiner Fall

Eine **ALLGEMEINE ZEITRENTE** ist eine Rente, bei der Zinsperiode und Zahlungsintervall nicht zusammenfallen. Die meist anzutreffenden allgemeinen Zeitrenten besitzen entweder (*a*) eine bestimmte (ganzzahlige) Anzahl von Zinsperioden pro Zahlungsintervall oder (*b*) eine bestimmte (ganzzahlige) Anzahl von Zahlungsintervallen pro Zinsperiode. Siehe dazu die folgenden Schaubilder.

(*a*) (4 Zinsperioden pro Zahlungsintervall)

(*b*) (6 Zahlungsintervalle pro Zinsperiode)

Nun läßt sich eine allgemeine Zeitrente auf zwei Arten in eine äquivalente Zeitrente in einfacher Form überleiten: (i) man geht vom gegebenen Zinssatz zu einem äquivalenten (siehe Kapitel 7) über, bei dem die neue Zinsperiode gleich dem gegebenen Zahlungsintervall ist oder (ii) man ersetzt die gegebenen Zahlungen R durch äquivalente Zahlung X am Ende der Zinsperiode. Wir werden hier (ii) benutzen. Die Beispiele 1 und 2 stellen damit die Basis unserer Betrachtungen dieses Kapitels dar.

Beispiel 1.

Ersetze eine jährliche nachschüssige Zahlung von \$ 2 000 durch äquivalente vierteljährlich nachschüssige Zahlungen von X, wenn mit 6 %, vierteljährlich, gerechnet wird.

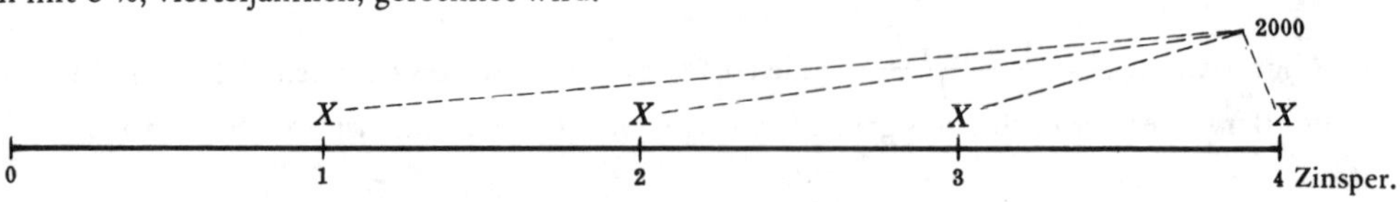

Wir haben

$$X\, s_{\overline{4}|0,015} = 2000 \quad \text{bzw.} \quad X = 2000\frac{1}{s_{\overline{4}|0,015}} = 2000(0,244445) = \$488,89$$

Ist R die periodische Zahlung, i der Zinssatz pro Zinsperiode, und gibt es k Zinsperioden pro Zahlungsintervall, so folgt aus Beispiel 1 sofort, daß R in k Zahlungen à X aufgeteilt werden kann, die am Ende der Zinsperioden fällig sind, wobei

$$X = R\frac{1}{s_{\overline{k}|i}} \qquad (1)$$

Wir können somit von $\frac{1}{s_{\overline{k}|i}}$ als *Aufteilungsfaktor* sprechen.

Beispiel 2.

Ersetze monatlich nachschüssige Zahlungen von \$ 1 000 durch äquivalente halbjährliche nachschüssige Zahlungen von X, wenn mit 6 % halbjährlich, gerechnet wird.

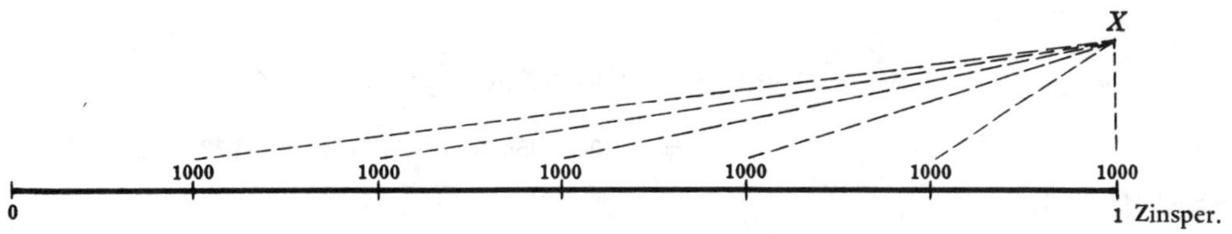

Es sei j der Zinssatz, der, monatlich angewandt, äquivalent ist zum gegebenen Zinssatz 6 %, halbjährlich berechnet. Dann gilt

$$\left(1+\frac{j}{12}\right)^6 = 1{,}03, \qquad 1+\frac{j}{12} = (1{,}03)^{1/6}, \qquad \text{d.h.} \qquad \frac{j}{12} = (1{,}03)^{1/6} - 1$$

Nun gilt

$$X = 1000\, s_{\overline{6}|j/12} = 1000\,\frac{(1+j/12)^6 - 1}{j/12}$$

$$= 1000\,\frac{1{,}03-1}{(1{,}03)^{1/6}-1} = 1000\,\frac{0{,}03}{(1{,}03)^{1/6}-1} = 1000\,\frac{1}{s_{\overline{1/6}|0,03}}$$

$$= 1000(6{,}074569) = \$6074{,}57 \qquad \text{(Tabelle X)}$$

Es ergibt sich folgendes aus Beispiel 2: Ist R die periodische Zahlung, i der Zinssatz pro Zinsperiode und hat man p Zahlungen pro Zinsperiode, so lassen sich die p Zahlungen R zu einer einzelnen Zahlung X am Ende der Zinsperiode vereinigen, wobei

$$X = R\,\frac{i}{(1+i)^{1/p}-1} = R\,\frac{1}{s_{\overline{1/p}|i}} \qquad (2)$$

In diesem Sinn können wir von $\dfrac{1}{s_{\overline{1/p}|i}} = \dfrac{i}{(1+i)^{1/p}-1}$ als dem *Vereinigungsfaktor* sprechen.

Siehe die Aufgaben 1–3.

ENDWERT und BARWERT. Nachdem wir durch Aufteilung oder Vereinigung der gegebenen periodischen Zahlungen erreicht haben, daß wir eine äquivalente Zahlung jeweils am Ende der Zinsperiode haben, können wir den Barwert einer allgemeinen Rente mit Hilfe der grundlegenden Formeln von Kapitel 9 bestimmen.

Beispiel 3.

Bestimme den Endwert und den Barwert einer 6 Jahre nachschüssig zahlbaren Rente von \$ 1 500, wenn Zinsen zu 6 %, halbjährlich, berechnet werden.

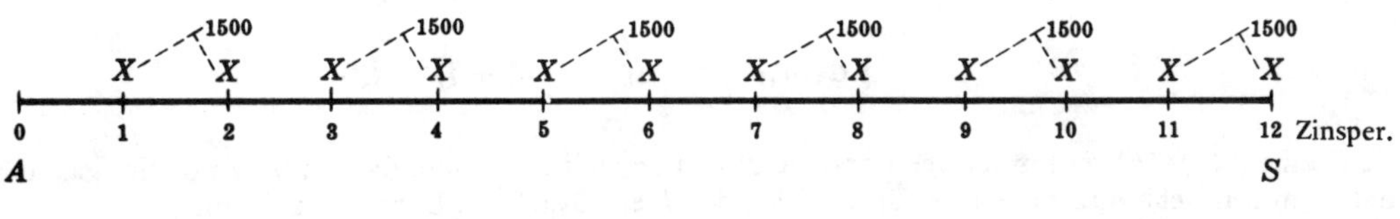

Das Zahlungsintervall ist 1 Jahr und die Zinsperiode 6 Monate; damit haben wir 2 Zinsperioden pro Zahlungsintervall. Wir müssen also die \$ 1 500 in zwei äquivalente Zahlungen à X aufteilen. Mit (*1*) folgt

$$X = 1500\,\frac{1}{s_{\overline{2}|0,03}}$$

Also gilt

$$S = X\, s_{\overline{12}|0,03} = 1500\, s_{\overline{12}|0,03}\,\frac{1}{s_{\overline{2}|0,03}}$$

$$= 1500(14{,}192030)(0{,}492611) = \$10\,486{,}72$$

und

$$A = X\,a_{\overline{12}|0{,}03} = 1500\,a_{\overline{12}|0{,}03}\,\frac{1}{s_{\overline{2}|0{,}03}}$$

$$= 1500(9{,}954004)(0{,}492611) = \$7355{,}18$$

Beispiel 4

Bestimme den Endwert und den Barwert einer nachschüssigen vierteljährlichen Rente von $ 1 000, die 5 Jahre lang läuft, wenn mit 6 % Zinsen, halbjährlich, gerechnet wird.

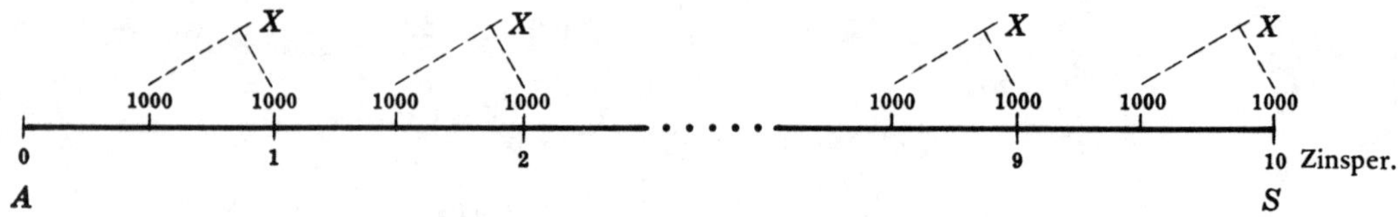

Das Zahlungsintervall ist 3 Monate und die Zinsperiode 6 Monate; damit haben wir zwei Zahlungsintervalle pro Zinsperiode. Wir vereinigen also zuerst die beiden Zahlungen jeder Zinsperiode zu einer äquivalenten Zahlung X am Ende der Zinsperiode, wobei mit (*2*):

$$X = 1000\,\frac{1}{s_{\overline{1/2}|0{,}03}}$$

Also:

$$S = X\,s_{\overline{10}|0{,}03} = 1000\,s_{\overline{10}|0{,}03}\,\frac{1}{s_{\overline{1/2}|0{,}03}}$$

$$= 1000(11{,}463879)(2{,}014889) = \$23\,098{,}44$$

und

$$A = X\,a_{\overline{10}|0{,}03} = 1000\,a_{\overline{10}|0{,}03}\,\frac{1}{s_{\overline{1/2}|0{,}03}}$$

$$= 1000(8{,}530203)(2{,}014889) = \$17\,187{,}41$$

Siehe die Aufgaben 4–5.

In den Beispielen 3 und 4 oben treten keine Schwierigkeiten auf, da die Werte der sich ergebenden Größen in den Tabellen zu finden sind. In Beispiel 5 unten ist dies nicht der Fall. Logarithmisches Rechnen läßt sich in solch einem Fall manchmal mit Hilfe folgender Identitäten vermeiden, die in den Aufgaben von Kapitel 9 hergeleitet wurden:

$$s_{\overline{h+k}|i} = s_{\overline{h}|i} + (1+i)^h\,s_{\overline{k}|i} \qquad (3)$$

$$s_{\overline{h-k}|i} = s_{\overline{h}|i} - (1+i)^h\,a_{\overline{k}|i} \qquad (4)$$

$$a_{\overline{h+k}|i} = a_{\overline{h}|i} + (1+i)^{-h}\,a_{\overline{k}|i} \qquad (5)$$

$$a_{\overline{h-k}|i} = a_{\overline{h}|i} - (1+i)^{-h}\,s_{\overline{k}|i} \qquad (6)$$

Die Formeln (*3*)–(*6*) sind unter der Voraussetzung hergeleitet worden, daß h und k positive ganze Zahlen sind. In diesem Kapitel brauchen wir sie für den Fall, daß k ein Bruch ist. Dann gilt z.B. mit (*3*):

$$s_{\overline{5\,1/2}|i} = s_{\overline{5+1/2}|i} = s_{\overline{5}|i} + (1+i)^5\,s_{\overline{1/2}|i}$$

In Aufgabe 6 zeigen wir, daß Symbole wie $s_{\overline{5\,1/2}|i}$ und $a_{\overline{3\,1/4}|i}$ einen Sinn haben.

Beispiel 5

Bestimme den Endwert und den Barwert einer monatlichen nachschüssigen Rente von $ 100, die 40 Monate läuft, wenn mit 5 % effektiv gerechnet wird.

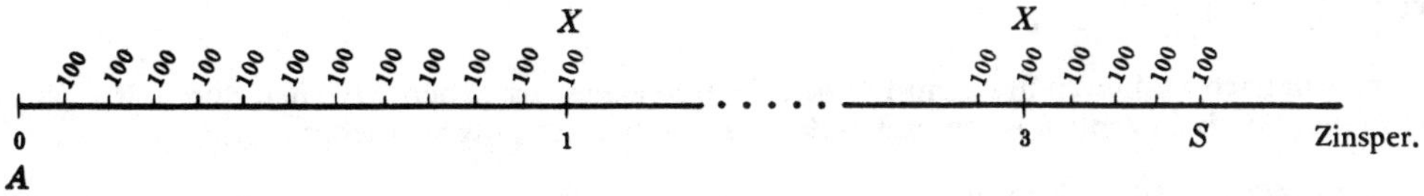

Das Zahlungsintervall ist ein Monat und die Zinsperiode 1 Jahr; damit haben wir 12 Zahlungen pro Zinsperiode. Die äquivalente jährliche Zahlung X ist durch

$$X = 100 \frac{1}{s_{\overline{1/12}|0,05}}$$

gegeben. Ferner ist die Laufzeit 40 Monate bzw. 3 1/3 Zinsperioden. Damit folgt aus (*3*) mit $h = 3$ und $k = \frac{1}{3}$, daß

$$\begin{aligned} S &= X\, s_{\overline{3\,1/3}|0,05} = X\,[s_{\overline{3}|0,05} + (1{,}05)^3\, s_{\overline{1/3}|0,05}] \\ &= 100\,[s_{\overline{3}|0,05} + (1{,}05)^3\, s_{\overline{1/3}|0,05}]\, \frac{1}{s_{\overline{1/12}|0,05}} \\ &= 100\,[3{,}15250 + (1{,}15762)(0{,}32793)]\,(12{,}27258) = \$4334{,}82 \end{aligned}$$

und, wenn wir (*5*) mit $h = 3$ und $k = \frac{1}{3}$ benutzen:

$$\begin{aligned} A &= X\, a_{\overline{3\,1/3}|0,05} = X\,[a_{\overline{3}|0,05} + (1{,}05)^{-3}\, a_{\overline{1/3}|0,05}] \\ &= 100\,[a_{\overline{3}|0,05} + (1{,}05)^{-3}\, a_{\overline{1/3}|0,05}]\, \frac{1}{s_{\overline{1/12}|0,05}} \\ &= 100\,[2{,}72325 + (0{,}86384)(0{,}32264)]\,(12{,}27258) = \$3684{,}18 \end{aligned}$$

Siehe die Aufgaben 7–8.

Die EINZELNE ZAHLUNG. Zur Bestimmung der einzelnen Zahlung R einer nachschüssigen Rente in allgemeiner Form

(i) notieren wir den Ausdruck für die gesuchte Zahlung X pro Zinsperiode,

(ii) drücken wir X mit Hilfe von (*1*) oder (*2*) durch R aus

(iii) eliminieren wir aus den beiden Relationen in (i) und (ii) X und berechnen dann R.

Werden die Formeln (*3*)–(*6*) benötigt, so wählt man eine davon im Sinne des Beispiels 5 bzw. im Sinne von Aufgabe 7 aus.

Beispiel 6

Welche vierteljährlichen nachschüssigen Raten à R sind 15 Jahre lang zu zahlen, um eine Schuld von $ 20 000 zu tilgen, wenn mit 4 % effektiv gerechnet wird?

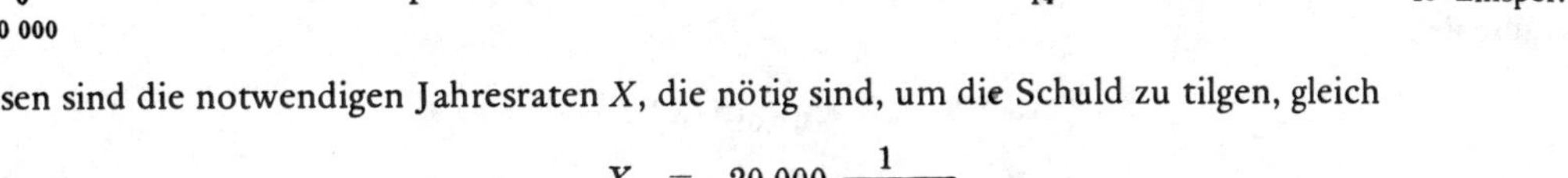

Zu 4 % Zinsen sind die notwendigen Jahresraten X, die nötig sind, um die Schuld zu tilgen, gleich

$$X = 20\,000 \frac{1}{a_{\overline{15}|0,04}}$$

Mit (2) gilt

$$X = R \frac{1}{s_{\overline{1/4}|0,04}}$$

Also:

$$R \frac{1}{s_{\overline{1/4}|0,04}} = 20\,000 \frac{1}{a_{\overline{15}|0,04}}$$

d.h.

$$R = 20\,000 \frac{1}{a_{\overline{15}|0,04}}\, s_{\overline{1/4}|0,04} = 20\,000(0{,}0899411)(0{,}2463352) = \$443{,}11$$

Beispiel 7.

Eine Firma will nach 10 Jahren in einem Fonds \$ 20 000 angespart haben. Welchen Betrag R muß sie jährlich nachschüssig in den Fonds einzahlen, wenn er 3 % Zinsen, halbjährlich gutgeschrieben, bringt?

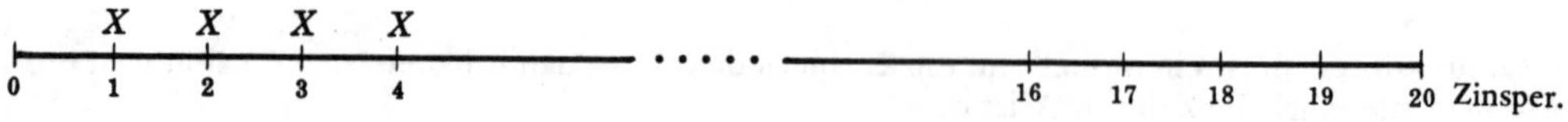

Bei 3 % Zinsen, halbjährlich, ist die halbjährliche Einzahlung X, die nötig ist, damit sich in 10 Jahren \$ 20 000 ansammeln, gleich

$$X = 20\,000 \frac{1}{s_{\overline{20}|0,015}}$$

Also:

$$R = X\, s_{\overline{2}|0,015} = 20\,000 \frac{1}{s_{\overline{20}|0,015}} s_{\overline{2}|0,015}$$

$$= 20\,000(0,0432457)(2,01500) = \$1742,80$$

Siehe die Aufgaben 9–10.

ANZAHL der ZAHLUNGEN. Die Berechnungen für die Anzahl der vollen Zahlungen und die anschließende Restzahlung laufen ähnlich dem Fall einer Rente in einfacher Form. Es erweist sich dabei die Identität

$$(1+i)^k \frac{1}{s_{\overline{k}|i}} = \frac{1}{a_{\overline{k}|i}} \qquad (k \text{ eine rationale Zahl}) \qquad (7)$$

als sehr nützlich.

Beispiel 8.

Wieviel jährliche Einzahlungen à \$ 1 000 und welche Restzahlung ein Jahr später sind nötig, um in einem Fonds, der 4 % Zinsen – vierteljährlich gutgeschrieben – bringt, \$ 15 000 anzusparen.

Es sei X die äquivalente Vierteljahresrate. Dann gilt

$$X\, s_{\overline{n}|0,01} = 15\,000 \qquad \text{, d.h.} \qquad X = 1000 \frac{1}{s_{\overline{4}|0,01}}$$

Also:

$$1000\, s_{\overline{n}|0,01} \frac{1}{s_{\overline{4}|0,01}} = 15\,000$$

d.h.

$$s_{\overline{n}|0,01} = 15\, s_{\overline{4}|0,01} = 15(4,06040100) = 60,90601500$$

Durch Interpolation in Tabelle XII ergibt sich annähernd $n = 47,8$; damit sind 11 Jahresraten à \$ 1 000 nötig. Es sei Y die gesuchte Resteinzahlung ein Jahr später. Zinsen wir alle Beträge auf den Tag der Resteinzahlung auf,

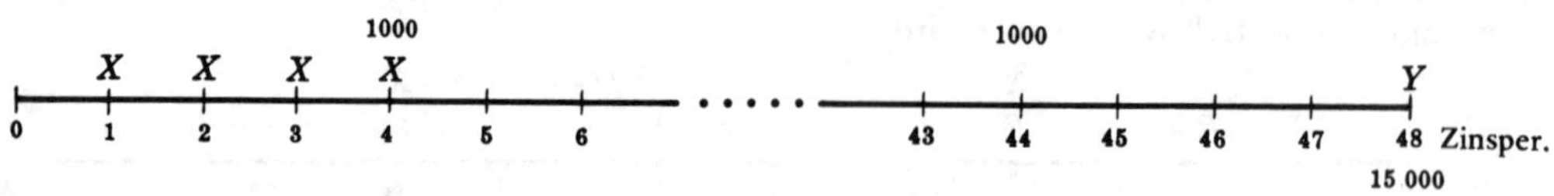

so ergibt sich

$$Y = 15\,000 - X\, s_{\overline{44}|0,01}(1,01)^4$$

$$= 15\,000 - 1000\, s_{\overline{44}|0,01} \frac{1}{s_{\overline{4}|0,01}} (1,01)^4$$

$$= 15\,000 - 1000\, s_{\overline{44}|0,01} \frac{1}{a_{\overline{4}|0,01}} \qquad [\text{mit } (7)]$$

$$= 15\,000 - 1000(54,931757)(0,256281) = \$922,03$$

Siehe die Aufgaben 11–13.

ZINSSATZ. Um den einer allgemeinen Zeitrente zugrundeliegenden Zinssatz zu bestimmen, lösen wir zuerst die äquivalente Zeitrente in einfacher Form auf.

Beispiel 9.

Ein Geldverleih bietet an, bei ihr aufgenommene Kredite von $ 402,92 in 18 Monatsraten à $ 28 zurückzuzahlen. Bestimme den zugrundeliegenden effektiven Zinssatz.

Es sei i der Zinssatz, der pro Monat berechnet wird. Dann gilt

$$28\, a_{\overline{18}|i} = 402{,}92 \qquad \text{, d.h.} \qquad a_{\overline{18}|i} = 14{,}3900$$

Durch Interpolation in Tabelle XIII ergibt sich $i = 0{,}02471$. Der äquivalente effektive Zinssatz r ist

$$r = (1{,}02471)^{12} - 1 = 0{,}3403 \qquad \text{(logarithmisch gerechnet)}$$

Damit ist 34,03 % der gesuchte Zinssatz.

Siehe die Aufgaben 16–17.

Aufgaben mit Lösungen

1. Welche vierteljährliche nachschüssige Zahlung X ist bei 4 % Zinsen, vierteljährlich berechnet, zu einer halbjährlichen nachschüssigen Zahlung von $ 500 äquivalent?

Wir müssen jede Zahlung à $ 500 in zwei Raten à X aufspalten. Mit (*1*) folgt

$$X = 500 \frac{1}{s_{\overline{2}|0,01}} = 500(0{,}49751) = \$248{,}76$$

2. Welche jährliche nachschüssige Zahlung X ist bei 5 % effektiv zu einer vierteljährlich nachschüssigen Zahlung von $ 250 äquivalent?

Wir müssen die 4 Zahlungen à $ 250 zu einer einzigen Zahlung X kombinieren. Mit (*2*) folgt

$$X = 250 \frac{1}{s_{\overline{1/4}|0,05}} = 250(4{,}07424) = \$1018{,}56$$

3. Welche halbjährlich nachschüssige Zahlung X ist bei 6 % Zinsen, halbjährlich berechnet, zu einer monatlich vorschüssigen Zahlung von $ 100 äquivalent?

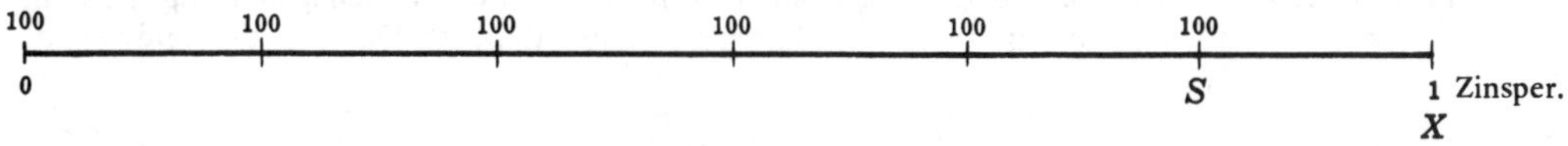

Der Wert zum Zeitpunkt der letzten Zahlung der 6 Zahlungen à $ 100 innerhalb einer Zinsperiode ist gemäß (*2*)

$$S = 100 \frac{1}{s_{\overline{1/6}|0,03}}$$

Also:

$$X = S(1{,}03)^{1/6} = 100 \frac{1}{s_{\overline{1/6}|0,03}}(1{,}03)^{1/6} = 100 \frac{1}{a_{\overline{1/6}|0,03}}$$

$$= 100(6{,}10457) = \$610{,}46$$

4. Eine Firma überweist am Ende jeden Jahres $ 10 000 in einen Fonds, der 4 % Zinsen, vierteljährlich gutgeschrieben, bringt. Wieviel ist nach 12 Jahren in dem Fonds?

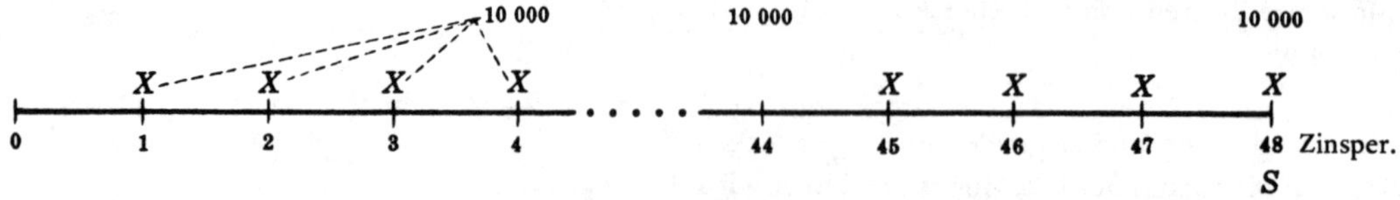

Das Zahlungsintervall ist ein Jahr und die Zinsperiode 3 Monate; damit sind 4 Zinsperioden pro Zahlungsintervall gegeben. Um eine äquivalente Zeitrente in der einfachen Form zu erhalten, muß die jährliche Einzahlung von \$ 10 000 in 4 gleiche vierteljährliche Einzahlungen X aufgeteilt werden. Mit (*1*) folgt

$$X = 10\,000 \frac{1}{s_{\overline{4}|0{,}01}}$$

Also:
$$S = X s_{\overline{48}|0{,}01} = 10\,000\, s_{\overline{48}|0{,}01} \frac{1}{s_{\overline{4}|0{,}01}}$$
$$= 10\,000(61{,}2226078)(0{,}2462811) = \$150\,779{,}71$$

5. Ein Haus kann für \$ 5 000 Anzahlung und 120 (nachschüssige) Monatsraten à \$ 100 gekauft werden. Welches ist der Barpreis C des Hauses, wenn mit 6 % Zinsen, halbjährlich gerechnet wird?

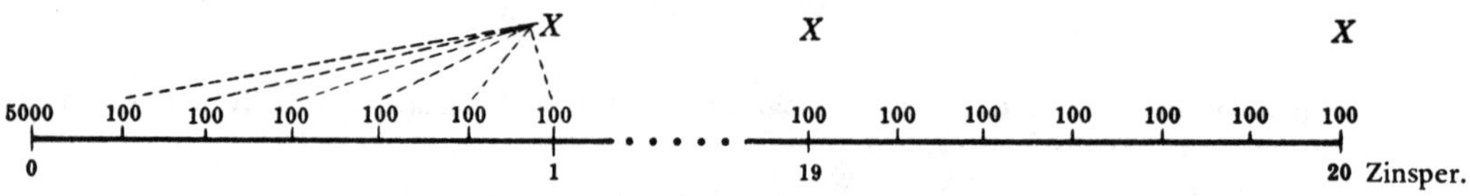

Wir betrachten zuerst die allgemeine Rente. Das Zahlungsintervall ist 1 Monat und die Zinsperiode 6 Monate; damit haben wir 6 Raten pro Zinsperiode. Um eine äquivalente Zeitrente in der einfachen Form zu erhalten, müssen wir statt der 6 Zahlungen à \$ 100 pro Zinsperiode eine einzelne Zahlung X am Ende der Zinsperiode betrachten. Mit (*2*) folgt

$$X = 100 \frac{1}{s_{\overline{1/6}|0{,}03}}$$

Also:
$$C = 5000 + X a_{\overline{20}|0{,}03} = 5000 + 100\, a_{\overline{20}|0{,}03} \frac{1}{s_{\overline{1/6}|0{,}03}}$$
$$= 5000 + 100(14{,}87747)(6{,}07457) = 5000 + 9037{,}42 = \$14\,037{,}42$$

6. Wir betrachten eine allgemeine nachschüssige Rente R (pro Zahlungsintervall), die m-mal gezahlt wird. Es sei i der Zinssatz pro Zinsperiode. Ferner seien p Zinsperioden gleich q Zahlungsintervallen. Schließlich sei j der Zinssatz pro Zahlungsintervall, der zu i äquivalent ist. Dann ist der Endwert der Rente gleich

$$S = R s_{\overline{m}|j} = R \frac{(1+j)^m - 1}{j}$$

Nun gilt $(1+j)^q = (1+i)^p$; also $1+j = (1+i)^{p/q}$ und damit

$$S = R \frac{(1+i)^{mp/q} - 1}{(1+i)^{p/q} - 1} = R \frac{(1+i)^{mp/q} - 1}{i} \cdot \frac{i}{(1+i)^{p/q} - 1} = R\, s_{\overline{mp/q}|i} \frac{1}{s_{\overline{p/q}|i}}$$

Nun ist mp/q die Anzahl n von Zinsperioden, die den m Zahlungsintervallen entspricht, also:

$$S = X s_{\overline{n}|i}, \qquad \text{wobei} \qquad X = R \frac{1}{s_{\overline{p/q}|i}}$$

Damit besitzt $s_{\overline{n}|i}$ auch dann eine Bedeutung, wenn n keine ganze Zahl ist. Genauso kann man zeigen, daß $a_{\overline{n}|i}$ ebenfalls für Zahlen n, die keine ganze Zahl sind, eine Bedeutung hat.

7. Bestimme den Endwert und den Barwert einer Rente von \$ 250, die monatlich nachschüssig für 5 Jahre und 10 Monate gezahlt wird, wenn Geld 4 % Zinsen, halbjährlich gutgeschrieben, bringt.

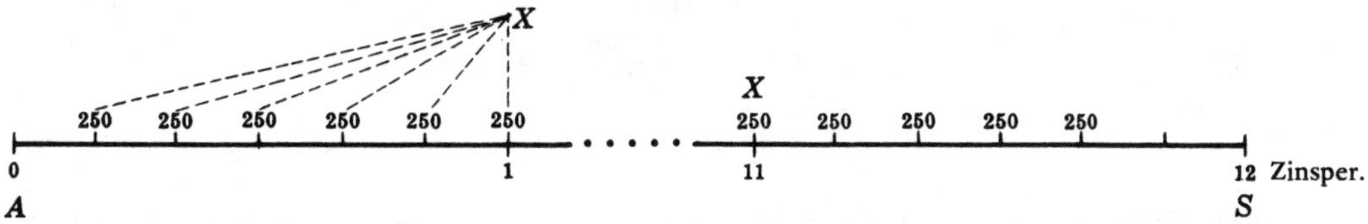

Das Zahlungsintervall ist ein Monat und die Zinsperiode 6 Monate; es werden in einer Zinsperiode 6 Zahlungen geleistet. Die dazu äquivalente halbjährliche Zahlung X ist durch

$$X = 250 \frac{1}{s_{\overline{1/6}|0,02}}$$

gegeben. Die Laufzeit ist ferner 5 Jahre und 10 Monate, d.h. 11 2/3 Zinsperioden. Benutzen wir (*4*) mit $h = 12$ und $k = \frac{1}{3}$, so folgt

$$\begin{aligned} S &= X s_{\overline{11\,2/3}|0,02} = X\,[s_{\overline{12}|0,02} - (1,02)^{12} a_{\overline{1/3}|0,02}] \\ &= 250\,[s_{\overline{12}|0,02} - (1,02)^{12} a_{\overline{1/3}|0,02}]\,\frac{1}{s_{\overline{1/6}|0,02}} \\ &= 250\,[13,41209 - (1,26824)(0,32896)]\,(6,04981) = \$19\,654,15 \end{aligned}$$

und benutzen wir (*6*) mit $h = 12$ und $k = \frac{1}{3}$, so ergibt sich

$$\begin{aligned} A &= X a_{\overline{11\,2/3}|0,02} = X\,[a_{\overline{12}|0,02} - (1,02)^{-12} s_{\overline{1/3}|0,02}] \\ &= 250\,[a_{\overline{12}|0,02} - (1,02)^{-12} s_{\overline{1/3}|0,02}]\,\frac{1}{s_{\overline{1/6}|0,02}} \\ &= 250\,[10,57534 - (0,78849)(0,33114)]\,(6,04981) = \$15\,599,80 \end{aligned}$$

Bem. Wir haben hier die Formeln (*4*) und (*6*) statt (*3*) und (*5*) (wie in Beispiel 5) benutzt, um unsere Tabellen anwenden zu können. (*3*) würde z.B. ergeben

$$s_{\overline{11\,2/3}|0,02} = s_{\overline{11}|0,02} + (1,02)^{11} s_{\overline{2/3}|0,02}$$

worin wir $s_{\overline{2/3}|0,02}$ logarithmisch berechnen müßten.

8. Ein Vertrag sieht für 50 Wochen wöchentlich nachschüssige Raten à \$ 5 vor. Bestimme den äquivalenten Barwert des Vertrags, wenn Geld 7 1/2 % Zinsen, monatlich berechnet, bringt.

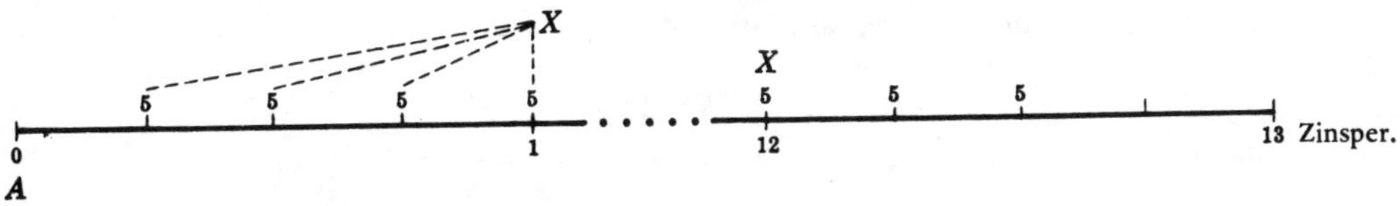

Das Zahlungsintervall ist eine Woche, die Zinsperiode ein Monat; damit finden pro Zinsperiode 4 Zahlungen statt. Die äquivalente Monatsrate X ist also

$$X = 5 \frac{1}{s_{\overline{1/4}|0,00625}}$$

Die Laufzeit beträgt ferner 50 Wochen bzw. 12 1/2 Zinsperioden. Also folgt

$$A = X a_{\overline{12\,1/2}|0,00625} = 5\, a_{\overline{12\,1/2}|0,00625} \frac{1}{s_{\overline{1/4}|0,00625}}$$

Da 5/8 % nicht tabelliert sind, müssen wir logarithmisch rechnen. Wir schreiben

$$A = 5 \frac{1-(1,00625)^{-12\,1/2}}{0,00625} \cdot \frac{0,00625}{(1,00625)^{1/4}-1} = 5 \frac{1-(1,00625)^{-12\,1/2}}{(1,00625)^{1/4}-1}$$

Nun gilt $\log 1,00625 = 0,0027059$; also folgt

$$\log (1,00625)^{-12\,1/2} = 12,5 \operatorname{colog} (1,00625) = 9,9661762 - 10$$

so daß

$$(1,00625)^{-12\,1/2} = 0,92507$$

Ferner gilt $\log (1{,}00625)^{1/4} = \frac{1}{4} \log 1{,}00625 = 0{,}0006765$

so daß $(1{,}00625)^{1/4} = 1{,}00156$

Also: $$A = 5\,\frac{0{,}07493}{0{,}00156} = \$240{,}16$$

9. Eine Firma will nach 12 Jahren in einem Fonds \$ 10 000 haben. Welchen Betrag R muß sie jeweils am Monatsende in den Fonds einzahlen, wenn er 4 % Zinsen, halbjährlich gutgeschrieben, bringt?

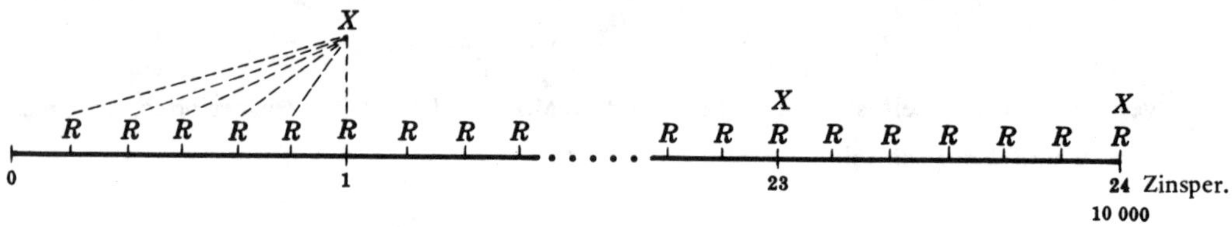

Die Einzahlung X, die man halbjährlich nachschüssig für 12 Jahre machen muß, damit sich \$ 10 000 ergeben, ist
$$X = 10\,000\,\frac{1}{s_{\overline{24}|0,03}}$$

Mit (2) gilt $$X = R\,\frac{1}{s_{\overline{1/6}|0,03}}$$

Also: $$R = 10\,000\,\frac{1}{s_{\overline{24}|0,03}}\,s_{\overline{1/6}|0,03} = 10\,000(0{,}0290474)(0{,}1646207) = \$47{,}82$$

10. Ein Auto zum Barpreis von \$ 3 500 wird für \$ 1 000 Anzahlung und 15 gleichgroße Monatsraten à R verkauft. Bestimme R, falls dabei 8 % Zinsen (effektiv) eingerechnet sind.

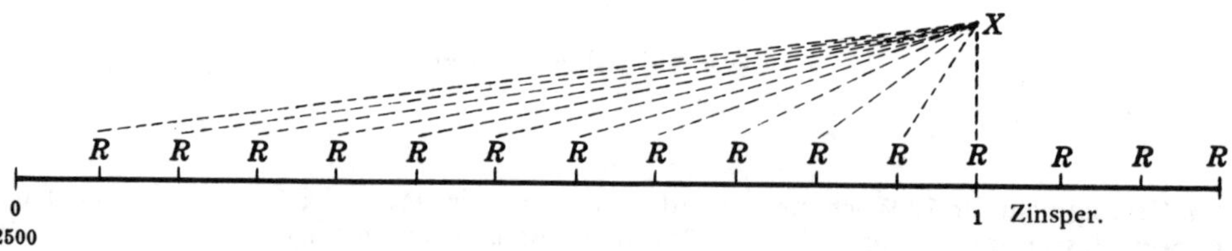

Es sei X die äquivalente Jahresrate; dann gilt
$$X\,a_{\overline{1\,1/4}|0,08} = 2500$$

Mit (2) gilt $$X = R\,\frac{1}{s_{\overline{1/12}|0,08}}$$

Also: $$R = 2500\,\frac{1}{a_{\overline{1\,1/4}|0,08}}\,s_{\overline{1/12}|0,08}$$
$$= 2500\,\frac{1}{a_{\overline{1}|0,08} + (1{,}08)^{-1}\,a_{\overline{1/4}|0,08}}\,s_{\overline{1/12}|0,08}$$
$$= 2500\,\frac{1}{0{,}925926 + (0{,}925926)(0{,}238204)}\,(0{,}080425) = \$175{,}37$$

11. M kauft ein gebrauchtes Auto, das \$ 2 500 wert ist. Er zahlt \$ 500 an und will dann, so lange wie nötig, den Rest durch Monatsraten à \$ 100 abbezahlen. Bestimme die Anzahl der vollen Raten und die nötige Restzahlung einen Monat später, wenn dabei 8 % Zinsen, vierteljährlich berechnet, gefordert werden.
Es sei X die äquivalente Vierteljahresrate. Dann gilt

$$X\,a_{\overline{n}|0,02} = 2000 \qquad \text{bzw.} \qquad X = 100\,\frac{1}{s_{\overline{1/3}|0,02}}$$

Also: $$100\, a_{\overline{n}|0,02} \frac{1}{s_{\overline{1/3}|0,02}} = 2000$$

d.h. $$a_{\overline{n}|0,02} = 20\, s_{\overline{1/3}|0,02} = 20(0,33113548) = 6,62270960$$

Durch Interpolation in Tabelle XIII ergibt sich annähernd $n = 7,2$. Da pro Zinsperiode drei Zahlungen stattfinden, sind 21 volle Raten nötig.

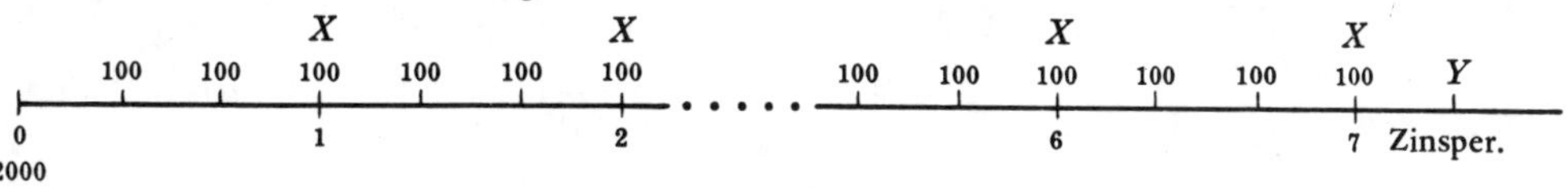

Y sei die Restzahlung (22. Rate). Betrachten wir alle Beträge zum Tag dieser Zahlung, so folgt

$$\begin{aligned} Y &= 2000(1,02)^{22/3} - X\, s_{\overline{7}|0,02}(1,02)^{1/3} \\ &= 2000(1,02)^{22/3} - 100\, s_{\overline{7}|0,02} \frac{1}{s_{\overline{1/3}|0,02}} (1,02)^{1/3} \\ &= 2000(1,02)^{7}(1,02)^{1/3} - 100\, s_{\overline{7}|0,02} \frac{1}{a_{\overline{1/3}|0,02}} \\ &= 2000(1,148686)(1,006623) - 100(7,43428)(3,03991) = \$52,64 \end{aligned}$$

12. Wieviele Monatsraten à \$ 50 und welche Restzahlung einen Monat nach der letzten Rate sind nötig, um \$ 2 500 bei 3 % Zinsen, vierteljährlich gutgeschrieben, anzusparen?
X sei die äquivalente vierteljährliche Einzahlung. Dann gilt

$$X\, s_{\overline{n}|0,0075} = 2500 \quad \text{, d.h.} \quad X = 50 \frac{1}{s_{\overline{1/3}|0,0075}}$$

Also: $$50\, s_{\overline{n}|0,0075} \frac{1}{s_{\overline{1/3}|0,0075}} = 2500$$

d.h. $$s_{\overline{n}|0,0075} = 50\, s_{\overline{1/3}|0,0075} = 50(0,33250345) = 16,62517250$$

Durch Interpolation in Tabelle XII ergibt sich $n = 15,7$, so daß $3 \times 15,7$ bzw. 47 volle Raten nötig sind.

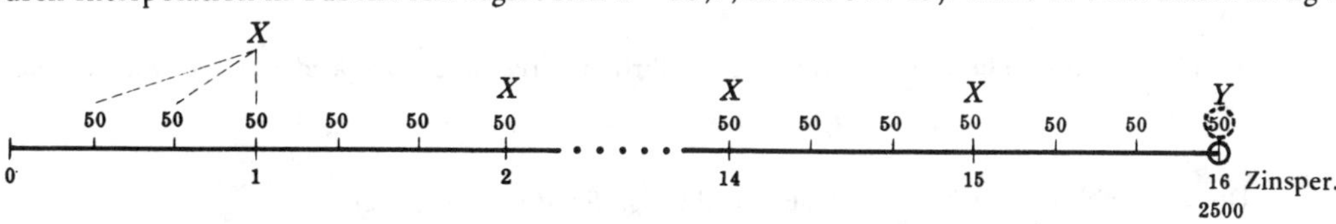

Es sei Y die Restzahlung (48. Rate). Zinsen wir zum Tag dieser Zahlung auf, so folgt

$$\begin{aligned} Y &= 2500 - X\, s_{\overline{15\,2/3}|0,0075}(1,0075)^{1/3} \\ &= 2500 - 50\,[s_{\overline{16}|0,0075} - (1,0075)^{16} a_{\overline{1/3}|0,0075}] \frac{1}{s_{\overline{1/3}|0,0075}} (1,0075)^{1/3} \\ &= 2500 - 50\,[s_{\overline{16}|0,0075} - (1,0075)^{16} a_{\overline{1/3}|0,0075}] \frac{1}{a_{\overline{1/3}|0,0075}} \\ &= 2500 - 50 \left[s_{\overline{16}|0,0075} \frac{1}{a_{\overline{1/3}|0,0075}} - (1,0075)^{16} \right] \\ &= 2500 - 50\,[(16,9323)(3,0150) - 1,1270] = \$3,81 \end{aligned}$$

Da an der Anzahl der vollen Einzahlungen nur eine fehlt, um 16 Zinsperioden aufzufüllen, bietet sich eine einfachere Lösung an. Wir betrachten eine zusätzliche volle Rate (oben in der Zeitgeraden eingekreist) und ziehen sie hinterher wieder ab;

$$\begin{aligned} Y &= 2500 - [X\, s_{\overline{16}|0,0075} - 50] \\ &= 2500 - 50 \left[s_{\overline{16}|0,0075} \frac{1}{s_{\overline{1/3}|0,0075}} - 1 \right] = 2500 - 50[(16,9323)(3,0075) - 1] = \$3,81 \end{aligned}$$

13. M investiert heute \$ 25 000 in einen Fonds, der 3 1/2 % effektiv bringt. Er plant, alle 6 Monate \$ 1 000 abzuheben, das erste Mal heute in 6 Monaten. Bestimme die Anzahl der vollen Abhebungen und die Restabhebung einen Monat später, so daß der Kontostand Null ist.

Es sei R die jährlich nachschüssige Abhebung, die zu \$ 1 000 halbjährlich nachschüssig äquivalent ist; dann gilt

$$R = 1000 \frac{1}{s_{\overline{1/2}|0,035}}$$

Nun gilt
$$R\, a_{\overline{n}|0,035} = 1000 \frac{1}{s_{\overline{1/2}|0,035}} a_{\overline{n}|0,035} = 25\,000$$

d.h.
$$a_{\overline{n}|0,035} = 25\, s_{\overline{1/2}|0,035} = 12,3925$$

Durch Interpolation in Tabelle XIII ergibt sich $n = 16,53$; damit haben wir 33 Abhebungen à \$ 1 000.

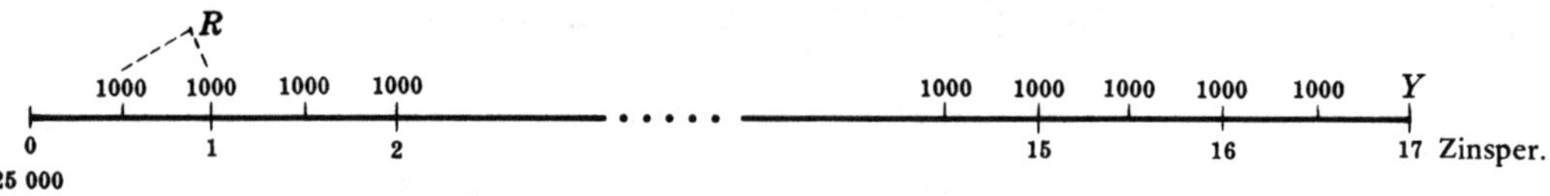

Es sei Y die Restabhebung am Ende des 17. Jahres. Wie in der zweiten Lösung von Aufgabe 12 ergibt sich (alle Beträge auf das Ende des 17. Jahres aufgezinst):

$$Y = 25\,000(1,035)^{17} - \left[1000 \frac{1}{s_{\overline{1/2}|0,035}} s_{\overline{17}|0,035} - 1000\right]$$
$$= 25\,000(1,7946756) - 1000[(2,017350)(22,705016) - 1] = \$62,93$$

14. Ersetze eine jährliche nachschüssige Zahlung R bei 4 % effektiv durch 4 gleichgroße vierteljährlich vorschüssige Zahlungen X.

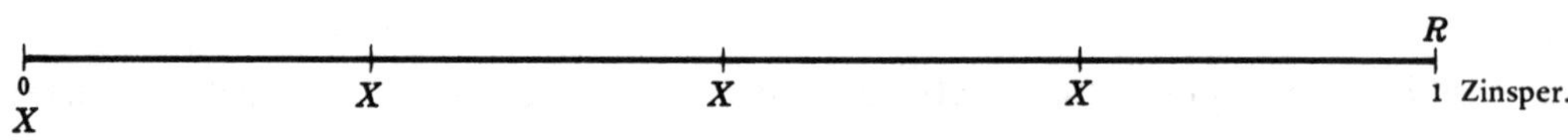

Es sei j der nominelle Zinssatz, der, vierteljährlich berechnet, zu 4 % effektivem Zinssatz äquivalent ist; dann gilt

$$(1 + j/4)^4 = 1,04 \qquad \text{und} \qquad 1 + j/4 = (1,04)^{1/4}$$

Die vier Zahlungen à X bilden eine vorschüssige Rente mit Endwert

$$X(s_{\overline{5}|j/4} - 1) = R$$

Nun gilt
$$s_{\overline{5}|j/4} - 1 = \frac{(1 + j/4)^5 - 1}{j/4} - 1 = \frac{(1,04)^{5/4} - 1}{(1,04)^{1/4} - 1} - 1$$
$$= \frac{(1,04)^{5/4} - (1,04)^{1/4}}{(1,04)^{1/4} - 1} = \frac{0,04}{1 - (1,04)^{-1/4}} = \frac{1}{a_{\overline{1/4}|0,04}}$$

d.h. $X = R\, a_{\overline{1/4}|0,04}$

15. Ersetze bei 4 % vierteljährlich gerechnet, eine halbjährliche nachschüssige Zahlung von \$ 2 000 durch Zahlungen à X (*a*) monatlich nachschüssig, (*b*) monatlich vorschüssig.

Es sei R die vierteljährlich nachschüssige Zahlung, die zu \$ 2 000, halbjährlich nachschüssig, äquivalent ist; dann gilt

$$R = 2000 \frac{1}{s_{\overline{2}|0,01}}$$

Ferner sei j der nominelle Zinssatz, der, monatlich berechnet, zu 4 %, vierteljährlich berechnet, äquivalent ist; dann folgt

$$(1 + j/12)^3 = 1,01 \quad \text{, d.h.} \quad 1 + j/12 = (1,01)^{1/3}$$

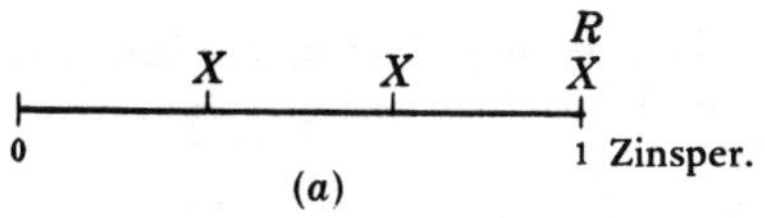

(a)

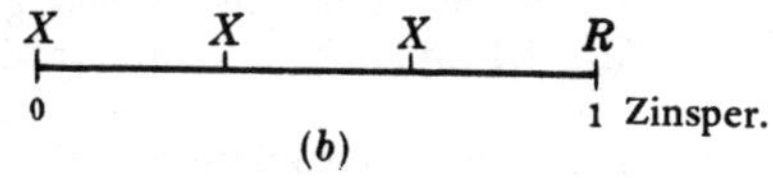

(b)

(a) $X \;=\; R\, s_{\overline{1/3}|0,01} = 2000 \dfrac{1}{s_{\overline{2}|0,01}} s_{\overline{1/3}|0,01} = 2000(0{,}497512)(0{,}332228) \;=\; \$330{,}57$

(b) Gemäß Aufgabe 14 folgt

$$X \;=\; R\, a_{\overline{1/3}|0,01} = 2000 \frac{1}{s_{\overline{2}|0,01}} a_{\overline{1/3}|0,01} = 2000(0{,}497512)(0{,}331128) \;=\; \$329{,}48$$

Bem. Die Teile (a) und (b) sind hier unabhängig voneinander gelöst worden; natürlich ergibt sich eine der Lösungen direkt aus der anderen. Setzt man $X_a = \$\ 330{,}57$ und $X_b = \$\ 329{,}48$ so gilt nämlich

$$X_b \;=\; X_a(1{,}01)^{-1/3} \qquad \text{und} \qquad X_a \;=\; X_b(1{,}01)^{1/3}$$

16. Um eine Schuld von \$ 500 abzutragen, muß man 15 Monatsraten à \$ 40 bezahlen. Welcher nominelle Zinssatz, halbjährlich berechnet, wird dabei gefordert?

Es sei i der berechnete Zinssatz pro Monat. Dann gilt

$$40\, a_{\overline{15}|i} \;=\; 500 \qquad \text{und} \qquad a_{\overline{15}|i} \;=\; 12{,}5000$$

Durch Interpolation in Tabelle XIII ergibt sich $i = 0{,}02373$. Ist j der dazu äquivalente Zinssatz, halbjährlich berechnet, so gilt

$$1 + j/2 \;=\; (1{,}02373)^6$$

d.h. $j = 0{,}3022$ (logarithmisch). Damit ist der gesuchte Zinssatz 30,22 %, halbjährlich berechnet.

17. Der Endwert einer Monatsrente von \$ 100 für 5 Jahre ist \$ 6 900. Bestimme den zugrundeliegenden vierteljährlich gerechneten Zinssatz.

Es sei i der Zinssatz pro Monat. Dann gilt

$$100\, s_{\overline{60}|i} \;=\; 6900 \qquad \text{und} \qquad s_{\overline{60}|i} \;=\; 69{,}0000$$

Durch Interpolation ergibt sich mit Tabelle XII: $i = 0{,}00464$. Ist j der äquivalente nominelle vierteljährlich gerechnete Zinssatz, so gilt

$$1 + j/4 \;=\; (1{,}00464)^3$$

d.h. $j = 0{,}0559$; Damit ist 5,59 % der gesuchte Zinssatz.

Ergänzungsaufgaben

18. Welche monatlich nachschüssige Zahlung X ersetzt bei 3 %, monatlich gerechnet, eine jährlich nachschüssige Zahlung von \$ 1 000? *Lsg.:* \$82,19

19. Welche vierteljährlich nachschüssige Zahlung X ersetzt bei 4 %, vierteljährlich gerechnet, monatlich nachschüssige Zahlungen à \$ 500? *Lsg.:* \$1504,99

20. Bestimme den Endwert und den Barwert folgender Renten

	Zahlung	Zahlungsintervall	Laufzeit	Zinssatz
(a)	\$ 500	6 Monate	12 Jahre	5 %, vierteljährlich
(b)	\$1000	1 Jahr	8 Jahre	3 %, monatlich
(c)	\$ 250	1 Monat	10 Jahre	5 %, halbjährlich
(d)	\$ 500	3 Monate	8 Jahre	6 % effektiv

Lsg.: (a) \$16 205,67; \$8927,00 (c) \$38 714,21; \$23 626,15
(b) \$8905,51; \$7007,42 (d) \$20 234,92; \$12 695,62

21. B zahlt monatlich nachschüssig \$ 150 in einen Fonds, der 4 % Zinsen, halbjährlich gutgeschrieben, bringt. Wieviel sind nach 5 Jahren im Fonds? *Lsg.*: \$ 9 936,56

22. Der Käufer eines Bauernhofs zahlt \$ 10 000 an und zahlt den Rest 10 Jahre lang in halbjährlich nachschüssigen Raten à \$ 1 000 ab. Wie groß ist der Barpreis des Bauernhofs bei 5 % Zinsen, vierteljährlich berechnet? *Lsg.*: \$ 25 566,16

23. Eine 5 %-Anleihe über \$ 1 000, Zinstermin Januar und Juli, wird am 1. Januar 1978 zum Nennwert zurückgezahlt. Bestimme den Kaufpreis am 1. Juli 1962, wenn man damit 4 %, monatlich berechnet, verdienen will. *Lsg;* \$ 1 112,22

24. Bestimme den Endwert und den Barwert einer vorschüssigen Jahresrente von \$ 800, die 6 Jahre läuft, wenn mit 4 %, vierteljährlich, gerechnet wird.

$$Lsg \quad S = 800\, s_{\overline{24}|0,01} \frac{1}{a_{\overline{4}|0,01}} = \$5530,21; \quad A = \$4355,40$$

25. Welchen Betrag muß man 6 Jahre lang vierteljährlich nachschüssig bei 5 %, halbjährlich gutgeschrieben, investieren, um dann \$ 5 000 zu besitzen? *Lsg.* \$ 180,10

26. Welchen Betrag muß man 8 Jahre lang jährlich nachschüssig bei 4 %, halbjährlich gutgeschrieben, investieren um dann \$ 5 000 zu besitzen? *Lsg.* \$ 541,86

27. Heute investiert M \$ 75 000 zu 3 %, vierteljährlich gutgeschrieben, um sich davon für 25 Jahre eine bestimmte Jahresrente zu ermöglichen, wobei er die erste Abhebung in 10 Jahren machen will. Bestimme die Rente. *Lsg.* \$ 5 657,79

28. Ersetze bei 6 %, vierteljährlich gerechnet, jährlich nachschüssige Zahlungen von \$ 2 000 durch äquivalente Zahlungen X, (*a*) monatlich nachschüssig, (*b*) monatlich vorschüssig. *Lsg.* (*a*) \$162,15, (*b*) \$161,35

29. Ersetze bei 5 %, halbjährlich, jährlich vorschüssige Zahlungen von \$ 2 000 durch äquivalente Zahlungen X, (*a*) monatlich nachschüssig, (*b*) monatlich vorschüssig. *Lsg.* (*a*) \$171,17, (*b*) \$170,47

30. Löse Beispiel 6 für den Fall, daß die Zahlung R vierteljährlich vorschüssig geleistet wird. *Lsg.* \$438,79

31. Welche halbjährlich nachschüssigen Raten X tilgen in 10 Jahren bei 5 %, vierteljährlich berechnet, eine Schuld von \$ 12 000? *Lsg.* \$770,90

32. Löse Aufgabe 31 für den Fall, daß die Raten X halbjährlich vorschüssig geleistet werden. *Lsg.* \$751,98

33. K kann monatlich \$ 125 sparen und investiert sie zu 5 %, halbjährlich, in einem Fonds. Bestimme die Anzahl der vollen Einzahlungen und die Resteinzahlung einen Monat später, so daß \$ 10 000 in dem Fonds sind. *Lsg.* 69; \$5,23

34. M kauft für\$ 9 000 eine vierteljährlich nachschüssige Rente von \$ 300. Wieviel volle Zahlungen und welche Schlußzahlung 3 Monate später erhält er bei 3 1/2 %, halbjährlich? *Lsg.* 34; \$277,46

35. Ein Bauernhof wird für \$ 12 000 Anzahlung und 6 Halbjahresraten à \$ 2 500 gekauft, wobei die erste nach 2 1/2 Jahren fällig ist. Bestimme bei 5 % Zinsen den Barpreis des Bauernhofs.

$$Lsg. \quad 12\,000 + 2500 \frac{1}{s_{\overline{1/2}|0,05}} [a_{\overline{5}|0,05} - a_{\overline{2}|0,05}]$$

36. Ein Kreditbüro bietet an, einen Kredit über \$ 1 756,20 in 36 Monatsraten à \$ 60 abzuzahlen. Bestimme den dabei berechneten effektiven Zinssatz. *Lsg.* 14,92 %

37. Ein Kreditbüro bietet an, einen Kleinkredit über \$ 99,40 in 12 Monatsraten à \$ 10 abzuzahlen. Bestimme den dabei berechneten effektiven Zinssatz. *Lsg.* 42,98 %

38. Ein Büro für Konsumentenkredite bietet an, einen Kredit über \$ 1 260 in 30 Monatsraten à \$ 50 abzuzahlen. Bestimme den dabei berechneten effektiven Zinssatz. *Lsg.* 14,91 %

39. Ein Ofen für \$ 250 wird für \$ 20 Anzahlung und 13 Monatsraten à \$ 20 verkauft. Bestimme den dabei berechneten effektiven Zinssatz. *Lsg.* 23,87 %

40. Beweise: $(1+i)^k \frac{1}{s_{\overline{k}|i}} = \frac{1}{a_{\overline{k}|i}}$.

Kapitel 15

Wahrscheinlichkeit und Sterbetafeln

JEDERMANN HAT eine VORSTELLUNG davon, was mit Chance bzw. Wahrscheinlichkeit gemeint ist, d.h. was gemeint ist, wenn man etwa davon spricht, daß M eine Chance von 1 zu 3 hat, ein Spiel zu gewinnen. Will man z.B. die Wahrscheinlichkeit angeben, daß ein gewisses Ereignis eintritt oder nicht, so kann man einmal, um etwa die Wahrscheinlichkeit zu bestimmen, aus einem Kartenspiel ein Bild zu ziehen, die für das Ereignis „günstigen" Fälle abzählen. Soll andererseits die Wahrscheinlichkeit abgeschätzt werden, daß eine 25 Jahre alte Person mindestens 30 Jahre alt wird, so gibt es nur die Möglichkeit, eventuell gegebene Informationen über entsprechende Ereignisse der Vergangenheit zu verwerten. Im ersten Fall sprechen wir von *mathematischer* bzw. *theoretischer Wahrscheinlichkeit,* im zweiten von *statistischer* bzw. *empirischer Wahrscheinlichkeit.*

MATHEMATISCHE WAHRSCHEINLICHKEIT. Gibt es für das Eintreten eines Ereignisses unter n verschiedenen „*gleichmöglichen*" Möglichkeiten genau s „günstige" Möglichkeiten (Erfolge), d.h. $f = n - s$ „ungünstige" Möglichkeiten (Mißerfolge), dann ist die Wahrscheinlichkeit, daß das Ereignis eintritt, durch $p = s/n$ definiert; die Wahrscheinlichkeit, daß es nicht eintritt, ist $q = f/n$.

$$\text{Wegen } p+q = \frac{s}{n}+\frac{f}{n} = \frac{s+f}{n} = \frac{n}{n} = 1 \quad \text{gilt } p = 1-q \text{ und } q = 1-p.$$

Beispiel 1.

Aus einem Spiel mit 52 Karten wird (zufällig) eine Karte gezogen. Wie groß ist die Wahrscheinlichkeit, daß es (*a*) eine rote Karte, (*b*) ein Pik, (*c*) ein König, (*d*) nicht das Pik-As, (*e*) weder ein Bube noch eine Dame ist?
Es gibt $n = 52$ Möglichkeiten, eine Karte zu ziehen.

(*a*) Es gibt $s = 26$ Möglichkeiten, eine rote Karte zu ziehen. Die gesuchte Wahrscheinlichkeit ist also $s/n = 26/52 = 1/2$.

(*b*) Es gibt $s = 13$ Möglichkeiten, ein Pik zu ziehen. Die gesuchte Wahrscheinlichkeit ist also $s/n = 13/52 = 1/4$.

(*c*) Es gibt 4 Möglichkeiten, einen König zu ziehen. Die gesuchte Wahrscheinlichkeit ist also $4/52 = 1/13$.

(*d*) Die Wahrscheinlichkeit, das Pik-As zu ziehen, ist 1/52. Die Wahrscheinlichkeit, es nicht zu ziehen, ist also $1 - 1/52 = 51/52$. Da es einfacher ist, haben wir hier zuerst die Anzahl der für unser Ereignis ungünstigen Fälle abgezählt.

(*e*) Es gibt 8 Möglichkeiten, einen Buben oder eine Dame zu ziehen; die Wahrscheinlichkeit für dieses Ereignis ist also $8/52 = 2/13$. Die Wahrscheinlichkeit, daß es nicht eintritt, ist damit $1 - 2/13 = 11/13$.

Siehe die Aufgaben 1–3.

STATISTISCHE WAHRSCHEINLICHKEIT. Hat man beobachtet, daß ein gewisses Ereignis in n Versuchen s-mal eingetreten ist, so schätzt man die Wahrscheinlichkeit für sein Eintreten (in der Zukunft) durch das Verhältnis s/n. Durch diesen Quotienten schätzt man die (unbekannte) Wahrscheinlichkeit um so besser, je größer die Anzahl der Beobachtungen (d.h. n) ist. Nimmt man etwa an, daß es in den letzten 25 Jahren in einer bestimmten Gegend an durchschnittlich 292 Tagen nicht geregnet hat, so ist die (empirische) Wahrscheinlichkeit dafür, daß es an einem Tag regnet, gleich

$$\frac{365-292}{365} = \frac{1}{5}$$

ERWARTUNGSWERT. Gewinnt M mit Wahrscheinlichkeit p eine Summe S, so nennen wir pS den *Erwartungswert* des Gewinns (den erwarteten Gewinn).

Beispiel 2.

M gewinnt \$ 5, wenn er aus einer Urne, die 3 schwarze und 2 rote Kugeln enthält, eine rote Kugel zieht. Die Wahrscheinlichkeit, daß M eine rote Kugel zieht, ist $p = 2/5$; sein erwarteter Gewinn ist damit $\frac{2}{5}(5) = \$\ 2$. Dies wäre dann der „faire" Einsatz bei dem betrachteten Spiel.

Ist p die Wahrscheinlichkeit dafür, daß M in n Jahren die Summe S erhält, so ist der Barwert des oben betrachteten Erwartungswertes bei einem Zinssatz i gleich $(1+i)^{-n}pS$

Beispiel 3.

Es hat sich in der Vergangenheit (über die letzten 20 Jahre) gezeigt, daß an einer bestimmten Universität 65 % der Studienanfänger ihr Examen machen. Die Studiendauer ist dabei 4 Jahre. Als M sein Studium beginnt, bekommt er von seinem Vater als Prämie für den Studienabschluß \$ 10 000 versprochen. Welchen heutigen Wert besitzt dieses Ver sprechen bei $2\frac{1}{2}$ % Zinssatz?

Der Erwartungswert der Prämie ist $pS = 0{,}65(10\,000) = \$\ 6\,500$. Der Barwert dieser Summe ist

$$6500(1{,}025)^{-4} = 6500(0{,}905951) = \$5888{,}68$$

Siehe Aufgabe 4.

STERBETAFELN. Eine Sterbetafel gibt die Entwicklung einer festen (großen) Gruppe von Menschen während der Lebensdauer dieser Gruppe wieder: Am Anfang jeden Jahres wird festgehalten, wieviele Personen der Gruppe noch leben. In diesem Buch ist eine amerikanische Sterbetafel, die sogenannte CSO-Tafel, abgedruckt (Commissioners 1941 Standard Ordinary Mortality Table): Da wir das Ziel haben, mit Hilfe von Sterbetafeln zu rechnen, ist es unwesentlich, welche spezielle Sterbetafel benutzt wird. Die CSO-Tafel, die in den ersten drei Spalten der Tabelle XV widergegeben ist, geht von einer Gruppe von $l_0 = 1\,023\,102$ Personen aus, von denen nach einem Jahr noch $l_1 = 1\,000\,000$ lebten. Es bezeichnet hier x das Lebensalter eines Menschen, und l_x gibt die Anzahl der Personen der betrachteten Gruppe an, die das Alter x erreicht haben (die Lebenden vom Alter x). Die Tafel bricht beim Lebensalter 100 ab, was beinhaltet, daß die Wahrscheinlichkeit, mindestens das Alter 100 zu erreichen, bei den Berechnungen der Lebensversicherer vernachlässigt werden kann, da sie sehr klein ist. In der dritten Spalte unserer Tafel, die mit d_x überschrieben ist, ist die Anzahl der Personen angegeben, die zwischen den Altern x und $x+1$ sterben. Es gilt also

$$d_x = l_x - l_{x+1}$$

Die übrigen Spalten der Tabelle XV erläutern wir in den folgenden Kapiteln.

Beispiel 4.

Es gilt für die betrachtete Gruppe von Personen:

(*a*) $l_{20} = 951\,483$ erreichten das Alter 20.

(*b*) $d_{25} = 2705$ starben zwischen 25 und 26, d.h. starben im 26. Lebensjahr

(*c*) $l_{20} - l_{30} = 951\,483 - 924\,609 = 26\,874$ starben zwischen 20 und 30, d.h. erreichten das Alter 20, jedoch nicht das Alter 30.

Wir wollen folgende Bezeichnungen einführen:

p_x: Die Wahrscheinlichkeit, daß jemand, der x Jahre alt ist, noch mindestens ein Jahr lebt, d.h. das Alter $x + 1$ erreicht.

$_np_x$: Die Wahrscheinlichkeit, daß jemand, der x Jahre alt ist, noch mindestens n Jahre lebt, d.h. das Alter $x + n$ erreicht.

q_x: Die Wahrscheinlichkeit, daß jemend, der x Jahre alt ist, kein ganzes Jahr mehr lebt, d.h. das Alter $x + 1$ nicht erreicht.

$_nq_x$: Die Wahrscheinlichkeit, daß jemand, der x Jahre alt ist, das Alter $x + n$ nicht erreicht.

Beispiel 5.

Bestimme die Wahrscheinlichkeit, daß jemand, der 20 Jahre alt ist, noch mindestens ein Jahr lebt.
Mit Hilfe der CSO-Tafel ergibt sich $l_{20} = 951\,483$ und $l_{21} = 949\,171$.

Damit folgt: $$p_{20} = \frac{l_{21}}{l_{20}} = \frac{949\,171}{951\,483} = 0{,}99757.$$

Beispiel 6.

Bestimme die Wahrscheinlichkeit, daß jemand, der 20 Jahre alt ist, mindestens weitere 30 Jahre lebt.
Gesucht ist die Wahrscheinlichkeit, daß jemand, der 20 Jahre alt ist, mindestens 50 Jahre alt wird. Wegen $l_{20} = 951\,483$ und $l_{50} = 810\,900$ ergibt sich

$$_{30}p_{20} = \frac{l_{50}}{l_{20}} = \frac{810\,900}{951\,483} = 0{,}85225$$

Beispiel 7.

Wie groß ist die Wahrscheinlichkeit, daß jemand, der 25 Jahre alt ist, vor Erreichung des Alters 65 stirbt?
Gesucht ist die Wahrscheinlichkeit, daß ein 25-jähriger keine $65 - 25 = 40$ Jahre mehr lebt.
Die Anzahl derjenigen, die zwischen den Altern 25 und 65 sterben, ist $l_{25} - l_{65}$; also gilt

$$_{40}q_{25} = \frac{l_{25} - l_{65}}{l_{25}} = \frac{939\,197 - 577\,882}{939\,197} = 0{,}38471$$

Siehe Aufgabe 5.

Eine **REINE ERLEBENSFALLVERSICHERUNG** ist ein Vertrag, der vorsieht, daß jemand bei Erreichen eines bestimmten Alters eine bestimmte Summe ausgezahlt bekommt. Wir wollen den Barwert $_nE_x$ der Erlebensfallversicherung 1 für einen Versicherten mit Alter x (bei Abschluß des Vertrags) bestimmen, wenn er diese Summe bei Erreichen des Alters $x + n$ ausbezahlt bekommt. Der zugrundeliegende Zinssatz sei dabei i. Die Wahrscheinlichkeit, dafür, daß ein x-Jähriger das Alter $x + n$ erreicht, ist

$$_np_x = \frac{l_{x+n}}{l_x}$$

Der Erwartungswert der Summe 1 ist damit $\frac{l_{x+n}}{l_x}(1)$, der Barwert dieses Erwartungswertes also

$$_nE_x = (1+i)^{-n}\,\frac{l_{x+n}}{l_x} \tag{1}$$

Beispiel 8.

Bestimme den Barwert einer Erlebensfallversicherung über $ 1 000, wenn der Versicherte bei Abschluß 25 Jahre alt ist und wenn diese Summe bei Erreichen des Alters 65 fällig wird. Rechne dabei mit 3 % Zinssatz.

Hier gilt $x = 25,\ n = 65 - 25 = 40,\ i = 0{,}03;$ mit (*1*) folgt

$$1000\ {}_{40}E_{25} \quad = \quad 1000(1{,}03)^{-40}\frac{l_{65}}{l_{25}} \quad = \quad 1000(0{,}306557)\frac{577\,882}{939\,197} \quad = \quad \$188{,}62$$

Siehe Aufgabe 6.

Bemerkung 1. Die Formel (*1*) läßt sich auch mit Hilfe des folgenden Arguments herleiten, das wir in den nächsten Kapiteln öfter anwenden werden. Es werde angenommen, daß l_x Personen, die alle x Jahre alt sind, soviel (jeder gleich viel) in einen Fonds einzahlen, der i Prozent Zinsen bringt, daß in ihm nach n Jahren die Summe ist, die es ermöglicht, jedem der Gruppe, der das Alter $x + n$ erreicht, den Betrag 1 auszuzahlen. Da l_{x+n} das Alter $x + n$ erreichen, ist die in n Jahren auszuzahlende Summe gleich l_{x+n}. Der Barwert dieser Summe ist

$$(1+i)^{-n}\, l_{x+n}$$

Damit muß jedes Mitglied der Gruppe den Betrag

$${}_nE_x \quad = \quad (1+i)^{-n}\frac{l_{x+n}}{l_x}$$

einzahlen.

Bemerkung 2. Bei der Formel (*1*) wurden die in Zusammenhang mit dem Vertrag stehenden Kosten nicht berücksichtigt. Daher heißt ${}_nE_x$ die *Nettoprämie (Einmalprämie)* der Erlebensfallversicherung 1. Die *Bruttoprämie*, das ist die Prämie, die eine Versicherungsgesellschaft dafür verlangen würde, ergibt sich durch Addition eines gewissen Betrags, der die Kosten des Versicherers abdeckt. Diese Kosten werden von den einzelnen Gesellschaften auf verschiedene Arten berechnet; wir befassen uns daher hier nur mit Nettoprämien.

Aufgaben mit Lösungen

1. Eine Urne enthält 8 schwarze, 6 weiße und 4 rote Kugeln. Wie groß ist die Wahrscheinlichkeit, daß eine zufällig gezogene Kugel (*a*) schwarz, (*b*) nicht rot ist?

   Es gibt 18 Möglichkeiten, eine Kugel zu ziehen, wobei 8 schwarze Kugeln möglich sind und $8 + 6 = 14$, die nicht rot sind.

   (*a*) Die Wahrscheinlichkeit ist also $8/18 = 4/9$.

   (*b*) Die Wahrscheinlichkeit ist also $14/18 = 7/9$.

2. Aus einem Kartenspiel mit 52 Karten hat M eine Karte gezogen, etwa den Karo-Buben. Ohne diese Karte zurückzulegen, zieht er eine zweite. Wie groß ist die Wahrscheinlichkeit, daß diese Karte (*a*) der Herz-Bube, (*b*) ein Bube, (*c*) eine Karte unter dem Buben ist?

   Es bleiben 51 Karten übrig, wovon 3 Buben sind.

   (*a*) Die Wahrscheinlichkeit ist 1/51.

   (*b*) Die Wahrscheinlichkeit ist $3/51 = 1/17$.

   (*c*) Es gibt 36 Karten unter dem Buben. Die Wahrscheinlichkeit, eine darunter zu ziehen, ist $36/51 = 12/17$.

3. M gewinnt, wenn er beim Wurf mit zwei Würfeln die Augensumme 7 erzielt und verliert, wenn die Augensumme 11 ist. Bestimme die Wahrscheinlichkeit, daß er (*a*) gewinnt, (*b*) verliert.

Es gibt 36 mögliche Fälle, wovon 6 die Augensumme 7 ergeben (6,1; 1,6; 5,2; 2,5; 4,3; 3,4) und zwei die Augensumme 11 (6,5; 5,6).

(*a*) Die Wahrscheinlichkeit, zu gewinnen, ist also $6/36 = 1/6$.

(*b*) Die Wahrscheinlichkeit, zu verlieren, ist also $2/36 = 1/18$.

4. Bei einer Verlosung gibt es einen Gewinn von \$ 20. Es wurden 100 Lose verkauft. Wie groß ist der Erwartungswert des Gewinns für B beim Kauf von 8 Losen?

Die Wahrscheinlichkeit, daß B den Preis gewinnt, ist $8/100 = 0{,}08$; der Erwartungswert des Gewinns also $0{,}08(20) = \$\,1{,}60$.

5. Bestimme für einem Man, der jetzt 30 Jahre alt ist, die Wahrscheinlichkeit, daß er (*a*) das Alter 45 erreicht, (*b*) das Alter 65 nicht erreicht, (*c*) das Alter 45 erreicht, aber nicht das Alter 65, (*d*) im Alter von 75 stirbt.

Wir haben $l_{30} = 924\,609$.

(*a*) Wegen $l_{45} = 852\,554$ gilt ${}_{15}p_{30} = \dfrac{l_{45}}{l_{30}} = \dfrac{852\,554}{924\,609} = 0{,}92207.$

(*b*) Zwischen 30 und 65 sterben $l_{30} - l_{65} = 924\,609 - 577\,882 = 346\,727$. Also:

$${}_{35}q_{30} = \frac{l_{30} - l_{65}}{l_{30}} = \frac{346\,727}{924\,609} = 0{,}37500$$

(*c*) Von den 924 609 Lebenden im Alter von 30 sterben $l_{45} - l_{65} = 852\,554 - 577\,882 = 274\,672$ zwischen 45 und 65. Damit ist die gesuchte Wahrscheinlichkeit

$$\frac{l_{45} - l_{65}}{l_{30}} = \frac{274\,672}{924\,609} = 0{,}29707$$

(*d*) Von den 924 609 Lebenden im Alter von 30 sterben d_{75} in dem Jahr, in dem sie 75 sind. Also folgt

$$\frac{d_{75}}{l_{30}} = \frac{28\,009}{924\,609} = 0{,}03029$$

6. An seinem 30. Geburtstag zahlt M für eine Erlebensversicherung mit Endalter 65 die Einmalprämie \$ 5 000. Wieviel erhält er bei Erreichung des Alters 65, wenn man mit 3 % Zinsen rechnet?

Die Nettoprämie für die Versicherungssumme 1 ist ${}_{35}E_{30} = (1{,}03)^{-35}\dfrac{l_{65}}{l_{30}}$. [Siehe Gleichung (*1*).]

Für \$ 5 000 Prämie ergibt sich damit eine Versicherungssumme von

$$\frac{5000}{{}_{35}E_{30}} = 5000(1{,}03)^{35}\frac{l_{30}}{l_{65}} = 5000(2{,}813862)\,\frac{924\,609}{577\,882} = \$22\,510{,}84$$

Ergänzungsaufgaben

7. Einer Urne mit 8 schwarzen, 10 weißen und 6 roten Kugeln wird zufällig eine Kugel entnommen. Wie groß ist die Wahrscheinlichkeit, daß die Kugel (*a*) weiß, (*b*) rot, (*c*) nicht weiß, (*d*) nicht schwarz ist?
Lsg. (*a*) 5/12, (*b*) 1/4, (*c*) 7/12, (*d*) 2/3

8. Die in Aufgabe 1 gezogene Kugel sei schwarz und werde nicht zurückgelegt. Es werde danach eine zweite Kugel zufällig entnommen. Wie groß ist die Wahrscheinlichkeit, daß diese (*a*) schwarz, (*b*) rot, (*c*) nicht weiß, (*d*) nicht rot ist? *Lsg.* (*a*) 7/17, (*b*) 4/17, (*c*) 11/17, (*d*) 13/17

9. Bestimme in Aufgabe 2 die Wahrscheinlichkeit, daß die zweite gezogene Karte (*a*) ein weiteres Karo, (*b*) der Herz-König, (*c*) der Karo-Bube. (*d*) eine Karte über dem Buben ist.
Lsg. (*a*) 4/17, (*b*) 1/51, (*c*) 0, (*d*) 4/17

10. Aus einem Kartenspiel mit 52 Karten zieht M eine Karte, stellt fest, welche es ist, legt sie zurück und zieht, nachdem er noch einmal gemischt hat, wieder eine Karte. Wie groß ist die Wahrscheinlichkeit, daß er dieselbe Karte wieder zieht? *Lsg.* 1/52

11. Drei identische Kästchen, die jeweils zwei Fächer haben, enthalten in jedem Fach ein Medallion. In einem Kästchen sind beide Medallions aus Gold, im zweiten beide aus Silber, im dritten ist eines aus Gold und eines aus Silber. (*a*) M darf ein Kästchen auswählen und eines seiner Fächer öffnen. Wie groß ist die Wahrscheinlichkeit, daß er ein goldenes Medaillon sieht? (*b*) Wie groß ist die Wahrscheinlichkeit, daß im zweiten Fach des ausgewählten Kästchens ebenfalls ein goldenes Medaillon ist, wenn im ersten Fach ein goldenes Medaillon liegt? *Lsg.* (*a*) 1/2, (*b*) 2/3

12. In einer bestimmten Stadt wird jedes 200. Auto gestohlen. Wie hoch ist die Bruttoprämie einer Diebstahlversicherung über $ 1 000 anzusetzen, wenn $ 1,25 für Unkosten bzw. Gewinn eingerechnet werden?
Lsg. $ 6,25

13. Bestimme mit Hilfe der CSO-Tafel (*a*) die Anzahl der Lebenden im Alter von 22, (*b*) die Anzahl derjenigen, die zwischen 45 und 46 sterben, (*c*) die Anzahl derjenigen, die zwischen 45 und 50 sterben, (*d*) das Alter, in dem ungefähr 50 % der Lebenden im Alter von 22 noch leben.
Lsg. (*a*) 946 789, (*b*) 7340, (*c*) 41 654, (*d*) 69

14. Bestimme auf drei Dezimalstellen die Wahrscheinlichkeit, daß jemand, der
(*a*) 30 ist, noch mindesten ein Jahr lebt,
(*b*) 65 ist, innerhalb eines Jahres stirbt,
(*c*) 40 ist, innerhalb der nächsten 35 Jahre stirbt,
(*d*) 25 ist, noch genau 40 Jahre lebt,
(*e*) 20 ist, im Alter von 65 noch lebt,
(*f*) 30 ist, im Alter von 66 stirbt.
Lsg. (*a*) 0,996, (*b*) 0,040, (*c*) 0,642, (*d*) 0,024, (*e*) 0,607, (*f*) 0,026

15. N beginnt sein Studium mit 18. Wie groß ist die Wahrscheinlichkeit, daß er (*a*) bei Studienabschluß in 4 Jahren lebt, (*b*) im ersten Studienjahr stirbt? *Lsg.* (*a*) 0,990, (*b*) 0,002

16. Die Abschlußklassen einer bestimmten Schule bestanden aus 200 21-jährigen und 100 22-jährigen. Wieviel davon leben noch bei der 50-Jahrfeier des Abschlusses? *Lsg.* 132

17. Bestimme die Nettoprämie der 20 Jahre laufenden reinen Erlebensfallversicherung über $ 5 000, wenn der Versicherte bei Abschluß (*a*) 30, (*b*) 45 Jahre alt ist. Rechne dabei mit $2\frac{1}{2}$% Zinsen.
Lsg. (*a*) $2676,10, (*b*) $2068,28

18. Bestimme den Barwert auf $2\frac{1}{2}$ %-Basis von $ 1 000, die in 20 Jahren fällig sind, wenn die Zahlung (*a*) sicher ist, (*b*) die Erlebensfallversicherung eines 40-Jährigen darstellt. *Lsg.* (*a*) $610,27, (*b*) $468,25

19. M ist jetzt 10 Jahre alt und erhält $ 10 000 für den Schulabschluß (mit 18) und $ 10 000 für den Studienabschluß (mit 22). Bestimme den Barwert des Erwartungswertes dieser Beträge bei $2\frac{1}{2}$ % Zinssatz.
Lsg. $ 15 317,66

Kapitel 16

Leibrenten

Eine LEIBRENTE ist eine Rente, deren Zahlungen während der Lebenszeit (bzw. eines Teils) einer Person, die *Annuitant* genannt wird, geleistet werden. Wie bei Zeitrenten ist jährliche, halbjährliche, vierteljährliche und monatliche Zahlung der Rente möglich; der Einfachheit halber betrachten wir hier jährliche Zahlungen. Da die Wahl der Sterblichkeitstafel auf die Theorie keinen Einfluß besitzt, benutzen wir wieder die in Tabelle XV abgedruckte CSO-Tafel.

LEBENSLÄNGLICHE LEIBRENTEN. Eine Leibrente, die an den Empfänger lebenslänglich geleistet wird, heißt *lebenslängliche Leibrente.* Werden an eine Person, die jetzt das Alter x hat, am Ende des Jahres Zahlungen geleistet, d.h. die erste Zahlung im Alter von $x + 1$, die zweite, wenn sie $x + 2$ Jahre ist, usw., so nennen wir die Rente eine *lebenslängliche nachschüssige Leibrente;* werden die Zahlungen am Anfang des Jahres geleistet, d.h. die erste im Alter von x, die zweite, wenn der Empfänger $x + 1$ Jahre alt ist, usw. so heißt die Rente *lebenslänglich vorschüssige Leibrente;* wird schließlich die Zahlung im Alter $x + k + 1$ geleistet, die zweite im Alter $x + k + 2$, so heißt die Rente um k Jahre *aufgeschoben.*

Eine lebenslängliche nachschüssige Leibrente ist einfach eine Reihe gleich großer Erlebensfallversicherungen, die am Ende des 1, 2, 3, . . . Jahres fällig werden und deren Zahlungen beim Tod des Empfängers enden. Ist a_x die Nettoeinmalprämie (Barwert) der lebenslänglich nachschüssigen Leibrente 1 für eine Person im Alter x, so gilt

$$\begin{aligned} a_x &= {}_1E_x + {}_2E_x + {}_3E_x + \cdots \text{ bis Tafelende} \\ &= (1+i)^{-1}\frac{l_{x+1}}{l_x} + (1+i)^{-2}\frac{l_{x+2}}{l_x} + (1+i)^{-3}\frac{l_{x+3}}{l_x} + \cdots \text{ bis Tafelende} \\ &= \frac{(1+i)^{-1}l_{x+1} + (1+i)^{-2}l_{x+2} + (1+i)^{-3}l_{x+3} + \cdots \text{ bis Tafelende}}{l_x} \end{aligned}$$

Für $x = 20$ etwa enthält der Zähler in obigem Ausdruck 79 Summanden. Unser Problem ist nun, diesen Ausdruck in eine für die Berechnungen geeignetere Form zu bringen. Es sei

$$v = (1+i)^{-1}$$

Multiplizieren wir nun den Zähler und den Nenner mit v^x, so erhalten wir

$$a_x = \frac{v^{x+1}l_{x+1} + v^{x+2}l_{x+2} + v^{x+3}l_{x+3} + \cdots + v^{99}l_{99}}{v^x l_x}$$

Setzen wir weiter

$$D_x = v^x l_x \quad \text{und} \quad N_x = D_x + D_{x+1} + D_{x+2} + \cdots + D_{99}$$

so ergibt sich

$$a_x = \frac{D_{x+1} + D_{x+2} + D_{x+3} + \cdots + D_{99}}{D_x}$$

und schließlich

$$a_x = \frac{N_{x+1}}{D_x} \qquad (1)$$

Die Werte von D_x und N_x sind in der vierten und fünften Spalte der Tabelle XV für den Zinssatz von $2\frac{1}{2}$ %, den wir in diesem und dem nächsten Kapitel betrachten, tabelliert. In allen Berechnungen runden wir auf ganze Zahlen.

Beispiel 1.

Bestimme die Nettoeinmalprämie einer jährlich nachschüssigen lebenslänglichen Leibrente über $ 1 000 für einen 30-Jährigen.
Mit (*1*) gilt

$$1000\, a_{30} = 1000 \frac{N_{31}}{D_{30}} = 1000 \frac{10\,153{,}480}{440\,801} = \$23\,034{,}16$$

Die *vorschüssig lebenslängliche Leibrente* 1 pro Jahr besteht aus einer baren Zahlung 1 (sofort) und der nachschüssig lebenslänglichen Leibrente 1. Vorschüssig lebenslängliche Leibrente sind u.a. deswegen wichtig, weil Lebensversicherungsprämien vorschüssig bezahlt werden.
Bezeichnet man mit $\ddot{a}_x$ die Nettoeinmalprämie der vorschüssig lebenslänglichen Leibrente 1 pro Jahr für eine Person, die jetzt x Jahre alt ist, so gilt

$$\ddot{a}_x = 1 + a_x = 1 + \frac{N_{x+1}}{D_x} = 1 + \frac{D_{x+1} + D_{x+2} + D_{x+3} + \cdots + D_{99}}{D_x}$$
$$= \frac{D_x + D_{x+1} + D_{x+2} + \cdots + D_{99}}{D_x}$$

bzw.

$$\ddot{a}_x = \frac{N_x}{D_x} \qquad (2)$$

Beispiel 2.

Bestimme die Nettoeinmalprämie einer jährlich vorschüssigen lebenslänglichen Leibrente über $ 50 für einen 20-Jährigen.
Mit (*2*) gilt $50\,\ddot{a}_{20} = 50 \frac{N_{20}}{D_{20}} = 50 \frac{15\,744\,216}{580\,662} = \$1355{,}71.$

Eine *um k Jahre aufgeschobene nachschüssig lebenslängliche Leibrente* ist eine Reihe von Erlebensfallversicherungen, von denen die erste nach $k + 1$ Jahren fällig ist, die zweite nach $k + 2$ Jahren, . . ., und deren Fälligkeit beim Tod des Empfängers endet. Bezeichnet man mit $_{k|}a_x$ die Nettoeinmalprämie der um k Jahre aufgeschobenen nachschüssigen lebenslänglichen Leibrente 1 für einen x-Jährigen, so gilt

$$_{k|}a_x = {}_{k+1}E_x + {}_{k+2}E_x + {}_{k+3}E_x + \cdots \text{ bis Tafelende}$$
$$= \frac{v^{k+1} l_{x+k+1} + v^{k+2} l_{x+k+2} + v^{k+3} l_{x+k+3} + \cdots \text{ bis Tafelende}}{l_x}$$
$$= \frac{v^{x+k+1} l_{x+k+1} + v^{x+k+2} l_{x+k+2} + v^{x+k+3} l_{x+k+3} + \cdots + v^{99} l_{99}}{v^x l_x}$$
$$= \frac{D_{x+k+1} + D_{x+k+2} + D_{x+k+3} + \cdots + D_{99}}{D_x}$$

d.h.

$$_{k|}a_x = \frac{N_{x+k+1}}{D_x} \qquad (3)$$

Beispiel 3.

Bestimme die Nettoeinmalprämie einer lebenslänglichen Zeitrente über \$ 1 000 für einen 45-Jährigen, wenn die erste Zahlung mit 65 fällig ist.

Es handelt sich um eine um 19 Jahre aufgeschobene nachschüssige lebenslängliche Leibrente. Mit (*3*) ergibt sich

$$1000\ {}_{19|}a_{45} = 1000\,\frac{N_{65}}{D_{45}} = 1000\,\frac{1\,172\,130}{280\,639} = \$4176{,}65$$

Die Nettoeinmalprämie für die *um k Jahre aufgeschobene vorschüssig lebenslängliche Leibrente* 1 für einen x-Jährigen ist

$$ {}_{k|}\ddot{a}_x = \frac{N_{x+k}}{D_x} \tag{4}$$

Die Rente in Beispiel 3 kann als um 20 Jahre aufgeschobene vorschüssig lebenslängliche Leibrente betrachtet werden. Die hier eingeführten Symbole (die a's) sind zwar Standard, jedoch relativ unwesentlich. Wichtig ist, daß jedes ein Ausdruck der Form

$$N_y/D_x$$

ist, wobei x das Alter des Annuitanten zum Zeitpunkt des Rentenkaufs ist sowie y sein Alter bei Beginn der Rentenzahlung. So beinhaltet etwa die nachschüssig lebenslängliche Zeitrente 1, die im Alter von 25 gekauft wird, daß die erste Zahlung ein Jahr später erfolgt, d.h. mit 26; die Nettoeinmalprämie ist N_{26}/D_{25}. Für denselben Annuitanten beinhaltet die um 15 Jahre aufgeschobene vorschüssige lebenslängliche Leibrente 1, daß die erste Zahlung 1 im Alter von 40 fällig ist; die Nettoeinmalprämie ist N_{40}/D_{25}. Der Leser sollte genauso die anderen Typen von Leibrenten analysieren.

Siehe die Aufgaben 1–3.

Eine *n*-MAL ZAHLBARE LEIBRENTE unterscheidet sich von der lebenslänglichen Leibrente dadurch, daß sie nach n Zahlungen endet, auch wenn der Annuitant noch lebt. So beinhaltet etwa eine 20-mal zahlbare jährliche Leibrente von \$ 1 000, daß die jährliche Zahlung \$ 1 000 höchstens 20-mal bis zum Tod des Annuitanten geleistet wird. Offensichtlich kann man sich eine nachschüssig lebenslängliche Leibrente als eine n-mal zahlbare nachschüssige Leibrente plus eine um n Jahre aufgeschobene nachschüssige lebenslängliche Leibrente denken. Ist also $a_{\overline{x:n}|}$ die Nettoeinmalprämie der n-mal zahlbaren nachschüssigen Leibrente 1 pro Jahr für einen x-Jährigen, so gilt

$$a_{\overline{x:n}|} = a_x - {}_{n|}a_x = \frac{N_{x+1} - N_{x+n+1}}{D_x} \tag{5}$$

Beispiel 4.

Bestimme die Nettoeinmalprämie der 15-mal zahlbaren nachschüssigen Leibrente von \$ 1 000 pro Jahr für einen 45-Jährigen.

Mit (*5*) folgt

$$1000\ a_{\overline{45:15}|} = 1000\,\frac{N_{46} - N_{61}}{D_{45}} = 1000\,\frac{4\,881\,357 - 1\,711\,567}{280\,639} = \$11\,294{,}90$$

Die Nettoeinmalprämie $\ddot{a}_{\overline{x:n}|}$ der n-mal zahlbaren vorschüssigen Leibrente 1 für einen x-Jährigen ist

$$\ddot{a}_{\overline{x:n}|} = \frac{N_x - N_{x+n}}{D_x} \tag{6}$$

Siehe Aufgabe 4.

Bei der hier BETRACHTETEN RENTENVERSICHERUNG zahlt eine Person n Jahre lang jährliche Prämien und erhält dann ab einem festgesetzten Zeitpunkt eine lebenslängliche Leibrente. Die Prämienzahlungen stellen eine n-mal zahlbare vorschüssige Leibrente dar (die der Versicherungsnehmer zahlt), da die erste Prämie bei Vertragsabschluß fällig ist; die an ihn gezahlte Rente ist eine aufgeschobene vorschüssig lebenslängliche Leibrente.

Beispiel 5.

Mit 30 kauft M eine Leibrente, aus der er ab dem Alter 66 jährlich $ 2 500 erhält. Die jährlichen Prämien R sind für 36 Jahre zu zahlen. Bestimme R.

Mit 30 kauft M die lebenslängliche Leibrente über jährlich $ 2 500. Ihr Barwert ist $2500\ {}_{36}\ddot{a}_{30}$; die jährlichen Prämien bilden eine 36-mal zahlbare vorschüssige Leibrente mit Barwert $R\,\ddot{a}_{\overline{30:36}|}$ dar. Also gilt

$$R\,\ddot{a}_{\overline{30:36}|} = 2500\ {}_{36}\ddot{a}_{30} \quad \text{oder} \quad R\,\frac{N_{30}-N_{66}}{D_{30}} = 2500\,\frac{N_{66}}{D_{30}}$$

d.h.

$$R = 2500\,\frac{N_{66}}{N_{30}-N_{66}} = 2500\,\frac{1\,056\,042}{10\,594\,280 - 1\,056\,042} = \$276{,}79$$

Siehe die Aufgaben 5–6.

Aufgaben mit Lösungen

1. Bestimme die Nettoeinmalprämie der um 15 Jahre aufgeschobenen vorschüssig lebenslänglichen Leibrente $ 1 000 für einen 50-Jährigen.

Mit (4):

$${}_{k|}\ddot{a}_x = \frac{N_{x+k}}{D_x}$$

folgt

$$1000\ {}_{15|}\ddot{a}_{50} = 1000\,\frac{N_{65}}{D_{50}} = 1000\,\frac{1\,172\,130}{235\,925} = \$4968{,}23$$

2. Eine 55 Jahre alte Witwe beschließt, ihre Lebensversicherung über $ 25 000 in eine vorschüssig lebenslängliche Leibrente umzuwandeln. Bestimme das jährliche Einkommen aus der Rente.
Es sei R die jährliche Zahlung. Mit (4) folgt

$$R\,\ddot{a}_{55} = R\,\frac{N_{55}}{D_{55}} = 25\,000$$

Also gilt:

$$R = 25\,000\,\frac{D_{55}}{N_{55}} = 25\,000\,\frac{193\,941}{2\,754\,769} = \$1760{,}05$$

3. M hat im Alter von 57 auf dem Sparbuch $ 10 000. Welchen Betrag erhält er jährlich, wenn er davon (*a*) eine nachschüssig lebenslängliche Leibrente kauft, (*b*) eine lebenslängliche Leibrente kauft, deren erste Zahlung mit 65 fällig ist?
Es sei R die gesuchte jährliche Zahlung.

(*a*) Wegen $a_x = \frac{N_{x+1}}{D_x}$ folgt $R\,a_{57} = R\,\frac{N_{58}}{D_{57}} = 10\,000$. Damit gilt

$$R = 10\,000\,\frac{D_{57}}{N_{58}} = 10\,000\,\frac{177\,754}{2\,197\,265} = \$808{,}98$$

(*b*) Wegen (*3*): $$_{k|}a_x = \frac{N_{x+k+1}}{D_x}, \quad \text{mit } k=7,$$

oder (*4*): $$_{k|}\ddot{a}_x = \frac{N_{x+k}}{D_x}, \quad \text{mit } k=8,$$

gilt $$R\,\frac{N_{65}}{D_{57}} = 10\,000$$

Also:

$$R = 10\,000\,\frac{D_{57}}{N_{65}} = 10\,000\,\frac{177\,754}{1\,172\,130} = \$1516{,}50$$

4. Bestimme die Nettoeinmalprämie der 10-mal zahlbaren vorschüssigen Leibrente $ 3 000 für einen 18-Jährigen.

Wegen (*6*): $\ddot{a}_{\overline{x:n}|} = \dfrac{N_x - N_{x+n}}{D_x}$ gilt

$$3000\,\ddot{a}_{\overline{18:10}|} = 3000\,\frac{N_{18}-N_{28}}{D_{18}} = 3000\,\frac{16\,953\,726 - 11\,513\,853}{612\,917} = \$26\,626{,}15$$

5. M, der jetzt 25 Jahre alt ist, will mit 55 in Pension gehen und dabei ein zusätzliches Jahreseinkommen von $ 3 000 haben, leistet die erste Zahlung an seinem 55. Geburtstag. Er kauft diese Rente, wobei er ab sofort bis zu seinem 54. Geburtstag jährliche Prämien *R* zahlt. Bestimme *R*.

Im Alter von 25 Jahren kauft M die um 30 Jahre aufgeschobene vorschüssige lebenslängliche Rente $ 3 000, deren Barwert $3000\,_{30|}\ddot{a}_{25}$ ist. Die Prämienzahlungen bilden eine 30-mal zahlbare vorschüssige Leibrente mit Barwert $R\,\ddot{a}_{\overline{25:30}|}$. Also gilt

$$R\,\ddot{a}_{\overline{25:30}|} = 3000\,_{30|}\ddot{a}_{25} \quad \text{oder} \quad R\,\frac{N_{25}-N_{55}}{D_{25}} = 3000\,\frac{N_{55}}{D_{25}}$$

d.h.

$$R = 3000\,\frac{N_{55}}{N_{25}-N_{55}} = 3000\,\frac{2\,754\,769}{12\,992\,619 - 2\,754\,769} = \$807{,}23$$

6. B, der jetzt 25 Jahre alt ist, zahlt ab sofort jährlich bis zu seinem 60. Geburtstag $ 150 Prämie für eine Rente *R*, die er lebenslänglich ab seinem 65. Geburtstag erhält. Bestimme *R*.

Die Prämienzahlungen bilden eine 36-mal zahlbare vorschüssige Leibrente mit Barwert $150\,\ddot{a}_{\overline{25:36}|}$, während die Rentenzahlungen eine um 40 Jahre aufgeschobene, vorschüssig lebenslängliche Leibrente *R* mit Barwert $R\,_{40|}\ddot{a}_{25}$ darstellen.

Mit $R\,_{40|}\ddot{a}_{25} = 150\,\ddot{a}_{\overline{25:36}|}$ folgt

$$R\,\frac{N_{65}}{D_{25}} = 150\,\frac{N_{25}-N_{61}}{D_{25}}$$

$$R = 150\,\frac{N_{25}-N_{61}}{N_{65}} = 150\,\frac{12\,992\,619 - 1\,711\,567}{1\,172\,130} = \$1443{,}66$$

7. Im Alter von 31 unterschreibt M einen Lebensversicherungsvertrag, bei dem er lebenslänglich vorschüssig die jährliche Prämie $ 56,25 zahlt. Bestimme den Barwert dieser Prämienzahlungen.

Die Prämienzahlungen bilden eine vorschüssig lebenslängliche Rente von $ 56,25 für einen 31-Jährigen. Damit ist der Barwert

$$56{,}25\,\frac{N_{31}}{D_{31}} = 56{,}25\,\frac{10\,153\,480}{428\,518} = \$1332{,}81$$

8. Wie groß ist die jährliche Prämie für die Versicherung in Aufgabe 7, wenn 20 Prämienzahlungen geleistet werden?

Es sei R die gesuchte Jahresprämie. Die Prämienzahlungen bilden eine 20-mal zahlbare vorschüssige Leibrente für einen 31-Jährigen mit Barwert

$$R\,\frac{N_{31}-N_{51}}{D_{31}} = 56{,}25\,\frac{N_{31}}{D_{31}}$$

Also:

$$R = 56{,}25\,\frac{N_{31}}{N_{31}-N_{51}} = 56{,}25\,\frac{10\,153\,480}{10\,153\,480 - 3\,613\,563} = \$87{,}33$$

9. Mit 65 hat M folgende Wahl: (*a*) \$ 25 000 aus einer Lebensversicherung zu erhalten und zu $2\frac{1}{2}$ % Zinsen zu investieren. Davon könnte er für sich dann eine vorschüssige Zeitrente über 20 Jahre (bis das Geld alle ist) beziehen. (*b*) Er könnte die Summe der Lebensversicherung auch in eine 20-mal zahlbare vorschüssige Leibrente umwandeln. Bestimme den jeweiligen Betrag, den er jährlich erhält. Wieviel bekommen in beiden Fällen seine Erben, wenn er vor seinem 80. Geburtstag stirbt?

Es sei R das jährliche Einkommen.

(*a*) Hier bilden die jährlichen Zahlungen eine 20-mal zahlbare vorschüssige Zeitrente; damit gilt

$$R + R\,a_{\overline{19}|0{,}025} = 25\,000$$

d.h.

$$R = \frac{25\,000}{1 + a_{\overline{19}|0{,}025}} = \frac{25\,000}{15{,}9788913} = \$1564{,}56$$

Stirbt er vor seinem 80. Geburtstag, so ist noch der Barwert A von 5 Zahlungen übrig, die eine 5-mal zahlbare vorschüssige Zeitrente bilden:

$$A = 1564{,}56\,(1 + a_{\overline{4}|0{,}025}) = 1564{,}56(4{,}761974) = \$7450{,}93$$

(*b*) Die jährlichen Zahlungen bilden eine 20-mal zahlbare vorschüssige Leibrente für einen 65-Jährigen; also gilt

$$R\,\ddot{a}_{65:\overline{20}|} = R\,\frac{N_{65}-N_{85}}{D_{65}} = 25\,000$$

Also:

$$R = 25\,000\,\frac{D_{65}}{N_{65}-N_{85}} = 25\,000\,\frac{116\,088}{1\,172\,130 - 37\,486} = \$2557{,}82$$

Beim Tod von M erhalten die Erben nichts.

10. M kauft im Alter von 55 die nachschüssig lebenslängliche Rente von \$ 2 500 jährlich. Der Vertrag besagt, daß die Rente für 15 Jahre sicher gezahlt wird (auch wenn M in dieser Zeit stirbt) und danach, so lange M lebt. Bestimme die Nettoeinmalprämie.

Mit 55 kauft M die 15-mal zahlbare nachschüssige Zeitrente von \$ 2 500 plus die um 15 Jahre aufgeschobene nachschüssige lebenslängliche Leibrente von \$ 2 500 pro Jahr. Die Nettoeinmalprämie ist damit

$$\begin{aligned} 2500\,a_{\overline{15}|0{,}025} + 2500\;{}_{15|}a_{55} &= 2500(12{,}381378) + 2500\,\frac{583\,035}{193\,941} \\ &= 30\,953{,}44 + 7\,515{,}62 \\ &= \$38\,469{,}06 \end{aligned}$$

Ergänzungsaufgaben

11. Bestimme die Nettoeinmalprämie der jährlich nachschüssigen lebenslänglichen Leibrente von $ 1 000 für einen Versicherungsnehmer im Alter von (*a*) 25, (*b*) 40, (*c*) 55. *Lsg.* (*a*) $ 24 647,01, (*b*) $ 19 391,79, (*c*) $ 13 204,16

12. Bestimme die Nettoeinmalprämie der jährlich vorschüssigen lebenslänglichen Leibrente von $ 1 000 für einen Versicherungsnehmer im Alter von (*a*) 28, (*b*) 43, (*c*) 57. *Lsg.* (*a*) $24 696,66, (*b*) $19 204,52, (*c*) $13 361,27

13. Bestimme die Nettoeinmalprämie der lebenslänglichen Leibrente von $ 1 000 pro Jahr für einen Versicherungsrungsnehmer im Alter von (*a*) 38, (*b*) 54, wenn die erste Zahlung mit 65 fällig ist.
Lsg. (*a*) $3353,09, (*b*) $5798,17

14. Mit 65 zahlt M $ 30 000 für eine nachschüssig lebenslängliche Leibrente. Wie groß ist diese?
Lsg. $3297,82

15. Wieviel erhält M in Aufgabe 14 bei der gleichen vorschüssigen Rente? *Lsg.* $2971,21

16. Mit 54 zahlt M $ 50 000 für eine lebenslängliche Leibrente, deren erste Zahlung mit 65 fällig wird. Wie groß ist diese? *Lsg.* $8623,40

17. Bestimme den Barwert einer 10-mal zahlbaren vorschüssigen Zeitrente von $ 3 000 pro Jahr und vergleiche mit Aufgabe 4.

18. Bestimme die Nettoeinmalprämie der 25-mal zahlbaren nachschüssigen Leibrente von $ 1 000 pro Jahr für einen 50-Jährigen. *Lsg.* $14 150,82

19. Bestimme die Nettoeinmalprämie der 15-mal zahlbaren Leibrente von $ 1 000 pro Jahr für einen 45-Jährigen, wenn die erste Zahlung mit 65 fällig ist. *Lsg.* $3718,27

20. M will für seinen Vater, der 70 Jahre alt ist, die 10-mal zahlbare vorschüssige Leibrente von $ 1 000 pro Jahr kaufen. Wieviel kostet sie (netto)? *Lsg.* $6630,21

21. Welches jährliche Einkommen ergibt eine 15-mal zahlbare nachschüssige Leibrente, die ein 60-Jähriger für $ 20 000 kauft? *Lsg.* $2144,69

22. M, der jetzt 30 ist, kauft eine lebenslängliche Leibrente von $ 2 500 jährlich, deren erste Zahlung an seinem 65. Geburtstag fällig ist. Er zahlt dafür jährlich ab sofort vorschüssig Prämien, die letzte an seinem 64. Geburtstag. Wie groß sind diese? *Lsg.* $311,00

23. Mit 45 kauft M folgende Police: Eine 15-mal zahlbare Zeitrente von $ 3 000 pro Jahr, die erste Zahlung mit 65, danach eine nachschüssige lebenslängliche Leibrente von $ 3 000 pro Jahr. Bestimme die (*a*) Nettoeinmalprämie, (*b*) jährliche Nettoprämie bei 20 Prämienzahlungen. *Lsg.* $24 609,81, (*b*) $1731,00

24. Mit 35 kauft M eine 15-mal zahlbare Leibrente von $ 2 000 pro Jahr, wobei die erste Zahlung an seinem 65. Geburtstag fällig ist. Bestimme die (*a*) Nettoeinmalprämie, (*b*) jährliche Nettoprämie bei 30 Prämienzahlungen.
Lsg. (*a*) $2000\,\dfrac{N_{65} - N_{80}}{D_{35}} = \$5463{,}37$, (*b*) $284,40

Kapitel 17

Lebensversicherungen

Eine **LEBENSVERSICHERUNG** ist ein Vertrag zwischen einer Lebensversicherungsgesellschaft und dem Versicherungsnehmer. Dabei wird festgesetzt, daß

(*a*) der Versicherungsnehmer eine oder mehrere Zahlungen (Prämienzahlungen) an die Gesellschaft leistet,

(*b*) die Gesellschaft beim Tod der versicherten Person innerhalb der festgesetzten Laufzeit dem Bezugsberechtigten, der vom Versicherungsnehmer benannt wird, eine feste Summe zahlt.

Wesentliche Formen von Lebensversicherungen sind:

(i) *Lebenslängliche Todesfallversicherung:* Die Versicherungssumme wird beim Tod der versicherten Person ausbezahlt.

(ii) *Kurze Todesfallversicherung* (Laufzeit n Jahre): Die Versicherungssumme wird nur bei Tod der versicherten Person innerhalb von n Jahren nach Abschluß des Vertrags ausbezahlt.

(iii) *Gemischte Versicherung:* Kapitalzahlung bei Tod in der n-jährigen Dauer oder beim Erleben des Alters $x + n$, wobei x das Eintrittsalter bedeutet.

In der Praxis wird die Versicherungssumme direkt nach dem Tod der versicherten Person ausbezahlt. Um die Berechnungen zu vereinfachen, wollen wir hier annehmen, daß die Summe am Ende des entsprechenden Versicherungsjahres ausbezahlt wird. Wie bei Leibrenten wollen wir ferner nur Nettoprämien betrachten.

LEBENSLÄNGLICHE TODESFALLVERSICHERUNG. Es sei A_x die Nettoeinmalprämie der lebenslänglichen Todesfallversicherung 1 für einen x-Jährigen. Die Aufgabe, A_x zu bestimmen, kann man auf folgendes Problem reduzieren: Gesucht ist der Betrag A_x, den l_x Personen, die alle x Jahre alt sind, in einen Fonds einzahlen müssen, damit daraus den Erben jeder Person dieser Gruppe, die stirbt, am Ende des Todesjahres der Betrag 1 ausbezahlt werden kann. Es ergibt sich damit im Fonds ein Anfangsbetrag von l_xA_x. Im ersten Jahr sterben d_x der betrachteten Gruppe, so daß am Ende des Jahres der Betrag d_x auszuzahlen ist. Der Barwert dieser Leistungen ist $(1 + i)^{-1}d_x = vd_x$. Im zweiten Jahr sterben d_{x+1}, der Barwert der entsprechenden Leistungen ist v^2d_{x+1} usw. Damit folgt

$$l_xA_x = vd_x + v^2d_{x+1} + v^3d_{x+2} + \cdots \text{ bis Tafelende}$$

d.h.

$$A_x = \frac{vd_x + v^2d_{x+1} + v^3d_{x+2} + \cdots \text{ bis Tafelende}}{l_x}$$

Multiplizieren wir Zähler und Nenner mit v^x, so folgt

$$A_x = \frac{v^{x+1} d_x + v^{x+2} d_{x+1} + v^{x+3} d_{x+2} + \cdots + v^{100} d_{99}}{v^x l_x}$$

Setzt man

$$D_x = v^x l_x \qquad C_x = v^{x+1} d_x \qquad M_x = C_x + C_{x+1} + C_{x+2} + \cdots + C_{99}$$

so folgt

$$A_x = \frac{C_x + C_{x+1} + C_{x+2} + \cdots + C_{99}}{D_x}$$

und schließlich

$$A_x = \frac{M_x}{D_x} \qquad (1)$$

Für den Zinssatz 2 1/2 % sind Werte von M_x in der letzten Spalte von Tabelle XV angegeben.

Beispiel 1.

Bestimme die Nettoeinmalprämie einer lebenslänglichen Todesfallversicherung über $ 1 000 für einen 22-Jährigen.

Mit (*1*) folgt $$1000\,A_{22} = 1000\,\frac{M_{22}}{D_{22}} = 1000\,\frac{193\,897}{549\,956} = \$352{,}57.$$

Lebensversicherungen mit Einmalprämienzahlung werden kaum abgeschlossen. Im allgemeinen wird jährliche Prämienzahlung vereinbart, wobei diese während (*a*) der Gesamtlaufzeit oder (*b*) während der ersten *m* Jahre *(abgekürzte Prämienzahlung)* der Laufzeit zu zahlen ist. Wir bezeichnen hier diese Arten als (*a*) *gewöhnliche* Lebensversicherung oder (*b*) als Lebensversicherung mit *m-maliger Prämienzahlung.*

Es sei P_x die jährliche Nettoprämie der lebenslänglichen Todesfallversicherung 1 mit lebenslänglicher Prämienzahlung für einen *x*-Jährigen. Da die Prämienzahlungen eine vorschüssige lebenslängliche Leibrente von P_x pro Jahr darstellen, gilt [siehe Formel (*2*), Kapitel 16]:

$$P_x \ddot{a}_x = A_x$$

Also:

$$P_x = \frac{A_x}{\ddot{a}_x} = \frac{M_x/D_x}{N_x/D_x}$$

d.h.

$$P_x = \frac{M_x}{N_x} \qquad (2)$$

Beispiel 2.

Bestimme die jährliche Nettoprämie der gewöhnlichen lebenslänglichen Todesfallversicherung $ 1 000 für einen 22-Jährigen.

Mit (*2*) folgt $$1000\,P_{22} = 1000\,\frac{M_{22}}{N_{22}} = 1000\,\frac{193\,897}{14\,598\,430} = \$13{,}28.$$

Es sei ${}_mP_x$ die jährliche Nettoprämie der lebenslänglichen Todesfallversicherung 1 mit *m*-maliger Prämienzahlung für einen *x*-Jährigen. Da die Prämienzahlungen eine vorschüssige Leibrente mit *m*-maliger Zahlung darstellen, folgt [siehe Formel (*5*), Kapitel 16]:

$${}_mP_x\, \ddot{a}_{x:\overline{m|}} = A_x$$

Also:

$${}_mP_x = \frac{A_x}{\ddot{a}_{x:\overline{m|}}} = \frac{M_x/D_x}{(N_x - N_{x+m})/D_x}$$

d.h.

$${}_mP_x = \frac{M_x}{N_x - N_{x+m}} \qquad (3)$$

Beispiel 3.

Bestimme die jährliche Nettoprämie der lebenslänglichen Lebensversicherung $ 1 000 mit 10-maliger Prämienzahlung für einen 22-Jährigen.

Mit (3) folgt $$1000\ {}_{10}P_{22} = 1000\frac{M_{22}}{N_{22}-N_{32}} = 1000\frac{193\,897}{14\,598\,430 - 9\,724\,962} = \$39{,}79.$$

Siehe die Aufgaben 1–4.

KURZE TODESFALLVERSICHERUNG. Es sei $A^{1}_{x:\overline{n}|}$ die Nettoeinmalprämie der n Jahre laufenden Todesfallversicherung 1 für einen x-Jährigen (Kapitalzahlung bei Tod innerhalb der n-jährigen Dauer). Wie eben bei der Herleitung von A_x ergibt sich

$$l_x A^{1}_{x:\overline{n}|} = vd_x + v^2 d_{x+1} + v^3 d_{x+2} + \cdots + v^n d_{x+n-1}$$

da die letzte Versicherungsleistung nach n Jahren fällig ist.

Also:

$$A^{1}_{x:\overline{n}|} = \frac{v^{x+1}d_x + v^{x+2}d_{x+1} + v^{x+3}d_{x+2} + \cdots + v^{x+n}d_{x+n-1}}{v^x l_x}$$
$$= \frac{C_x + C_{x+1} + C_{x+2} + \cdots + C_{x+n-1}}{D_x}$$
$$= \frac{C_x + C_{x+1} + C_{x+2} + \cdots + C_{99}}{D_x} - \frac{C_{x+n} + C_{x+n+1} + C_{x+n+2} + \cdots + C_{99}}{D_x}$$

d.h.

$$A^{1}_{x:\overline{n}|} = \frac{M_x - M_{x+n}}{D_x} \qquad (4)$$

Beispiel 4.

Bestimme die Nettoeinmalprämie der 10 Jahre laufenden Todesfallversicherung $ 1 000 für einen 30-Jährigen.

Mit (4) folgt $$1000\,A^{1}_{30:\overline{10}|} = 1000\frac{M_{30}-M_{40}}{D_{30}} = 1000\frac{182\,403 - 165\,360}{440\,801} = \$38{,}66.$$

Es sei $P^{1}_{x:\overline{n}|}$ die jährliche Nettoprämie der n Jahre laufenden gewöhnlichen Todesfallversicherung 1 für einen x-Jährigen. Da die Prämienzahlungen eine n-mal zahlbare vorschüssige Leibrente bilden, folgt

$$P^{1}_{x:\overline{n}|}\cdot \ddot{a}_{x:\overline{n}|} = A^{1}_{x:\overline{n}|}$$
$$P^{1}_{x:\overline{n}|} = \frac{A^{1}_{x:\overline{n}|}}{\ddot{a}_{x:\overline{n}|}} = \frac{(M_x - M_{x+n})/D_x}{(N_x - N_{x+n})/D_x}$$

und schließlich

$$P^{1}_{x:\overline{n}|} = \frac{M_x - M_{x+n}}{N_x - N_{x+n}} \qquad (5)$$

Beispiel 5.

Bestimme die jährliche Nettoprämie der 10 Jahre laufenden gewöhnlichen Todesfallversicherung $ 1 000 für einen 30-Jährigen.

Mit (5) folgt $$1000\,P^{1}_{30:\overline{10}|} = 1000\frac{M_{30}-M_{40}}{N_{30}-N_{40}} = 1000\frac{182\,403 - 165\,360}{10\,594\,280 - 6\,708\,573} = \$4{,}39$$

Es sei ${}_mP^{1}_{x:\overline{n}|}$ die jährliche Nettoprämie der n Jahre laufenden Todesfallversicherung 1 bei m-maligen Prämienzahlungen für einen x-Jährigen. Dann gilt

$${}_mP^{1}_{x:\overline{n}|} = \frac{M_x - M_{x+n}}{N_x - N_{x+m}} \qquad (6)$$

Beispiel 6.

Bestimme die jährliche Nettoprämie der 20 Jahre laufenden Todesfallversicherung \$ 1 000 mit 15-maliger Prämienzahlung für einen 30-Jährigen.
Mit (*6*), wobei $m = 15$ und $n = 20$, folgt

$$1000\ {}_{15}P^{1}_{30:\overline{20|}} = 1000\,\frac{M_{30} - M_{50}}{N_{30} - N_{45}} = 1000\,\frac{182\,403 - 142\,035}{10\,594\,280 - 5\,161\,996} = \$7{,}43$$

Siehe die Aufgaben 5–7.

GEMISCHTE VERSICHERUNG. Hier wird die Versicherungssumme bei Tod innerhalb der n-jährigen Dauer oder beim Erleben des Alters $x + n$ ausgezahlt. Ist $A_{x:\overline{n|}}$ die Nettoeinmalprämie der gemischten Versicherung 1 für einen x-Jährigen so folgt

$$A_{x:\overline{n|}} = A^{1}_{x:\overline{n|}} + {}_nE_x = \frac{M_x - M_{x+n}}{D_x} + \frac{D_{x+n}}{D_x}$$

d.h.

$$A_{x:\overline{n|}} = \frac{M_x - M_{x+n} + D_{x+n}}{D_x} \qquad (7)$$

Beispiel 7.

Bestimme die Nettoeinmalprämie der 25 Jahre laufenden gemischten Versicherung \$ 1 000 für einen 40-Jährigen.
Mit (7) folgt

$$1000\,A_{40:\overline{25|}} = 1000\,\frac{M_{40} - M_{65} + D_{65}}{D_{40}} = 1000\,\frac{165\,360 - 87\,500 + 116\,088}{328\,984} = \$589{,}54.$$

Ist $P_{x:\overline{n|}}$ die jährliche Nettoprämie der n Jahre laufenden (gewöhnlichen) gemischten Versicherung 1 für einen x-Jährigen, so folgt

$$P_{x:\overline{n|}} = \frac{M_x - M_{x+n} + D_{x+n}}{N_x - N_{x+n}} \qquad (8)$$

Beispiel 8.

Bestimme die jährliche Nettoprämie der 25 Jahre laufenden gemischten Versicherung \$ 1 000 für einen 40-Jährigen.
Mit (*8*) folgt

$$1000\,P_{40:\overline{25|}} = 1000\,\frac{M_{40} - M_{65} + D_{65}}{N_{40} - N_{65}} = 1000\,\frac{193\,948}{6\,708\,573 - 1\,172\,130} = \$35{,}03.$$

Ist ${}_mP_{x:\overline{n|}}$ die jährliche Nettoprämie der n Jahre laufenden gemischten Versicherung 1 mit m-maliger Prämienzahlung für einen x-Jährigen, so ergibt sich

$${}_mP_{x:\overline{n|}} = \frac{M_x - M_{x+n} + D_{x+n}}{N_x - N_{x+m}} \qquad (9)$$

Beispiel 9.

Bestimme die jährliche Nettoprämie der 25 Jahre laufenden gemischten Versicherung \$ 1 000 mit 20-maliger Prämienzahlung für einen 40-Jährigen.
Mit (*9*), wobei $m = 20$ und $n = 25$, folgt

$$1000\ {}_{20}P_{40:\overline{25|}} = 1000\,\frac{M_{40} - M_{65} + D_{65}}{N_{40} - N_{60}} = 1000\,\frac{193\,948}{6\,708\,573 - 1\,865\,614} = \$40{,}05$$

Siehe die Aufgaben 8–9.

NATÜRLICHE PRÄMIE. Die Nettoeinmalprämie der 1 Jahr laufenden kurzen Todesfallversicherung 1 für einen x-Jährigen heißt *natürliche Prämie.*
Mit (*5*) erhalten wir

$$P^{\,1}_{x:\overline{1|}} = \frac{M_x - M_{x+1}}{N_x - N_{x+1}} = \frac{M_x - M_{x+1}}{D_x} \qquad (10)$$

Beispiel 10.
Bestimme die natürliche Prämie einer $ 1 000-Versicherung für einen Versicherungsnehmer im Alter von (*a*) 22, (*b*) 23, (*c*) 75.

Mit (*10*) folgt

$$(a) \quad 1000\,P^{\,1}_{22:\overline{1|}} = 1000\,\frac{M_{22} - M_{23}}{D_{22}} = 1000\,\frac{193\,897 - 192\,507}{549\,956} = \$2{,}53$$

$$(b) \quad 1000\,P^{\,1}_{23:\overline{1|}} = 1000\,\frac{M_{23} - M_{24}}{D_{23}} = 1000\,\frac{192\,507 - 191\,108}{535\,153} = \$2{,}61$$

$$(c) \quad 1000\,P^{\,1}_{75:\overline{1|}} = 1000\,\frac{M_{75} - M_{76}}{D_{75}} = 1000\,\frac{41\,670 - 37\,382}{49\,588} = \$86{,}47$$

Siehe Aufgabe 10.

DECKUNGSKAPITAL. Wir betrachten im folgenden die lebenslängliche Todesfallversicherung $ 1 000 für einen 22-Jährigen. In der nachstehenden Tabelle wird die jährliche Nettoprämie (siehe Beispiel 2) mit den natürlichen Prämien bei verschiedenen Altern x (siehe Beispiel 10) verglichen.

Alter	Jährliche Nettoprämie für einen 22-Jährigen	Natürliche Prämie
22	13,28	2,53
23	13,28	2,61
40	13,28	6,03
51	13,28	12,95
52	13,28	13,95
75	13,28	86,47
85	13,28	189,38

Man sieht, daß der Versicherte in den ersten Jahren der Gesellschaft mehr zahlt als die natürliche Prämie ausmacht, die den Kosten der Police entspricht, nämlich 13,28 − 2,53 = $ 10,75 im ersten Jahr und 13,28 − 2,61 = $ 10,67 im zweiten Jahr. Dieser Überschuß wird von der Versicherungsgesellschaft zum eingerechneten Zinssatz angelegt (etwa in einem Fonds). Beim Alter 52 übersteigt die natürliche Prämie das erste Mal die jährliche Nettoprämie. Ab diesem Alter muß also die Gesellschaft dem gebildeten Fonds jährlich die Differenzbeträge entnehmen, 13,95 − 13,28 = $ 0,67 im Alter 52 und 86,47 − 13,28 = $ 73,19 im Alter 75. Der Betrag in obigem Fonds steigt bei der hier betrachteten Versicherung während der Laufzeit an. Gemäß der hier benutzten CSO-Tafel wäre die Rückstellung im Alter 99 gleich $1000v$ = $ 975,61, d.h. gleich der Nettoeinmalprämie der lebenslänglichen Todesfallversicherung $ 1 000 für einen 99-Jährigen.

Der Betrag in dem oben betrachteten Fonds am Ende eines Versicherungsjahres ist das *Netto-Deckungskapital* dieses Versicherungsjahres. Der *Rückkaufwert* einer Versicherung ergibt sich aus Netto-Deckungskapital minus gewisser Unkosten (der Gesellschaft). Der Versicherungsnehmer kann seine Versicherung stets ohne weitere Sicherheiten bis zum Rückkaufwert beleihen. Er kann auch die Prämienzahlung einstellen und die Versicherung umwandeln, wobei das Deckungskapital als Einmalprämie der neuen Versicherung betrachtet wird.

Das Netto-Deckungskapital am Ende eines Versicherungsjahres läßt sich aufgrund des finanzmathematischen Äquivalenzprinzips folgendermaßen bestimmen:

$$\left\{\begin{matrix}\text{Netto-Deckungskapital am Ende}\\ \text{des } r\text{-ten Versicherungsjahres}\end{matrix}\right\} + \left\{\begin{matrix}\text{Barwert aller}\\ \text{zukünftigen Prämien}\end{matrix}\right\} = \left\{\begin{matrix}\text{Barwert aller}\\ \text{zukünftigen Leistungen}\end{matrix}\right\} \qquad (11)$$

Es sei etwa ${}_rV$ das Nettodeckungskapital der lebenslänglichen Todesfallversicherung 1 für einen im Alter x Eingetretenen, r Jahre nach Beginn der Versicherung. Der Barwert aller zukünftigen Prämienzahlungen ist gleich $P_x \cdot \ddot{a}_{x+r}$ das ist der Barwert der vorschüssigen lebenslänglichen Leibrente P_x pro Jahr für einen $(x + r)$-Jährigen. Ferner ist der Barwert aller zukünftigen Leistungen gleich der Nettoeinmalprämie A_{x+r} der lebenslänglichen Todesfallversicherung 1 für einen $(x + r)$-Jährigen. Damit gilt

$$ {}_rV + P_x \cdot \ddot{a}_{x+r} = A_{x+r} $$

d.h.

$$ {}_rV = A_{x+r} - P_x \cdot \ddot{a}_{x+r} = \frac{M_{x+r}}{D_{x+r}} - \frac{M_x}{N_x} \cdot \frac{N_{x+r}}{D_{x+r}} $$

Beispiel 11.

Bestimme das Netto-Deckungskapital der lebenslänglichen Todesfallversicherung \$ 1 000 für einen im Alter 22 Eingetretenen 10 Jahre nach Beginn der Versicherung.
Gemäß Beispiel 2 ist \$ 13,28 die jährliche Nettoprämie. Der Barwert aller zukünftigen Prämienzahlungen ist also $13{,}28\,\ddot{a}_{32}$, der Barwert aller zukünftigen Leistungen ist $1000\,A_{32}$. Damit gilt

$$ 1000\,{}_{10}V = 1000\,A_{32} - 13{,}28\,\ddot{a}_{32} = 1000\,\frac{M_{32}}{D_{32}} - 13{,}28\,\frac{N_{32}}{D_{32}} $$

$$ = \frac{1000\,M_{32} - 13{,}28\,N_{32}}{D_{32}} = \frac{50\,165\,505}{416\,507} = \$120{,}44 $$

Siehe die Aufgaben 11–14.

Aufgaben mit Lösungen

1. Bestimme die Nettoeinmalprämie der lebenslänglichen Todesfallversicherung \$ 1 000 für einen 30-Jährigen.

Mit (*1*) folgt
$$ A_x = \frac{M_x}{D_x} $$

$$ 1000\,A_{30} = 1000\,\frac{M_{30}}{D_{30}} = 1000\,\frac{182\,403}{440\,801} = \$413{,}80 $$

2. Bestimme die jährliche Nettoprämie der (gewöhnlichen) lebenslänglichen Todesfallversicherung \$ 1 000 für einen 30-Jährigen.

Mit (*2*) folgt
$$ P_x = \frac{M_x}{N_x} $$

$$ 1000\,P_{30} = 1000\,\frac{M_{30}}{N_{30}} = 1000\,\frac{182\,403}{10\,594\,280} = \$17{,}22 $$

3. Bestimme die jährliche Nettoprämie der lebenslänglichen Todesfallversicherung \$ 1 000 mit 20-maliger Prämienzahlung für einen 30-Jährigen.

Mit (*3*) folgt
$$ {}_mP_x = \frac{M_x}{N_x - N_{x+m}} $$

$$ 1000\,{}_{20}P_{30} = 1000\,\frac{M_{30}}{N_{30} - N_{50}} = 1000\,\frac{182.403}{10\,594\,280 - 3\,849\,488} = \$27{,}04 $$

4. Mit 25 erbt M \$ 2 000. Welche lebenslängliche Todesfallversicherung kann er sich dafür kaufen?
Es sei I die gesuchte Versicherungssumme; dann gilt

$$I \cdot A_{25} = I\,\frac{M_{25}}{D_{25}} = 2000 \quad \text{, d.h.} \quad I = 2000\,\frac{D_{25}}{M_{25}} = 2000\,\frac{506\,594}{189\,701} = \$5340{,}97$$

5. Bestimme die Nettoeinmalprämie der 30 Jahre laufenden Todesfallversicherung \$ 1 000 für einen 30-Jährigen.

Mit (4) folgt
$$A^{1}_{\overline{x:n|}} = \frac{M_x - M_{x+n}}{D_x}$$

$$1000\,A^{1}_{\overline{30:30|}} = 1000\,\frac{M_{30} - M_{60}}{D_{30}} = 1000\,\frac{73\,860}{440\,801} = \$167{,}56$$

6. Bestimme die jährliche Nettoprämie der 30 Jahre laufenden Todesfallversicherung \$ 1 000 für einen 30-Jährigen bei (*a*) Prämienzahlung während der Gesamtlaufzeit, (*b*) 20-maliger Prämienzahlung .

(*a*) Mit (*5*) folgt
$$P^{1}_{\overline{x:n|}} = \frac{M_x - M_{x+n}}{N_x - N_{x+n}}$$

$$1000\,P^{1}_{\overline{30:30|}} = 1000\,\frac{M_{30} - M_{60}}{N_{30} - N_{60}} = 1000\,\frac{73\,860}{8\,728\,666} = \$8{,}46$$

(*b*) Mit (*6*) folgt
$${}_mP^{1}_{\overline{x:n|}} = \frac{M_x - M_{x+n}}{N_x - N_{x+m}}$$

$$1000\,{}_{20}P^{1}_{\overline{35:30|}} = 1000\,\frac{M_{35} - M_{65}}{N_{35} - N_{55}} = 1000\,\frac{86\,924}{5\,755\,674} = \$15{,}10$$

7. Bestimme die Nettoeinmalprämie folgender Lebensversicherung für einen 25-Jährigen: Zahlung von \$ 10 000, wenn er innerhalb der nächsten 10 Jahre stirbt, und Zahlung von \$ 5 000 bei Tod innerhalb der daran anschließenden 10 Jahre.
Wir können die Versicherung in die 20 Jahre laufende Todesfallversicherung \$ 5 000 und die 10 Jahre laufende Todesfallversicherung \$ 5 000 aufteilen, beide für einen 25-Jährigen. Damit folgt

$$5000\,A^{1}_{\overline{25:20|}} + 5000\,A^{1}_{\overline{25:10|}} = 5000\left\{\frac{M_{25} - M_{45}}{D_{25}} + \frac{M_{25} - M_{35}}{D_{25}}\right\}$$

$$= 5000\,\frac{2\,M_{25} - M_{45} - M_{35}}{D_{25}} = 5000\,\frac{50\,241}{506\,594} = \$495{,}87$$

8. Bestimme die Nettoeinmalprämie der 35 Jahre laufenden gemischten Versicherung \$ 1 000 für einen 30-Jährigen.

Mit (7) folgt
$$A_{\overline{x:n|}} = \frac{M_x - M_{x+n} + D_{x+n}}{D_x}$$

$$1000\,A_{\overline{30:35|}} = 1000\,\frac{M_{30} - M_{65} + D_{65}}{D_{30}} = 1000\,\frac{210\,991}{440\,801} = \$478{,}65$$

9. Bestimme für die Versicherung in Aufgabe 8 (*a*) die natürliche Prämie, (*b*) die jährliche Nettoprämie bei 20-maliger Prämienzahlung.

(*a*) Mit (*8*) folgt
$$P_{\overline{x:n|}} = \frac{M_x - M_{x+n} + D_{x+n}}{N_x - N_{x+n}}$$

$$1000\,P_{\overline{30:35|}} = 1000\,\frac{M_{30} - M_{65} + D_{65}}{N_{30} - N_{65}} = 1000\,\frac{210\,991}{9\,422\,150} = \$22{,}39$$

(*b*) Mit (*9*) folgt $${}_{m}P_{x:\overline{n}|} = \frac{M_x - M_{x+n} + D_{x+n}}{N_x - N_{x+m}}$$

$$1000\ {}_{20}P_{30:\overline{35}|} = 1000\,\frac{M_{30} - M_{65} + D_{65}}{N_{30} - N_{50}} = 1000\,\frac{210\,991}{6\,744\,792} = \$31{,}28$$

10. Bestimme die natürliche Prämie einer $ 1 000-Versicherung für einen Versicherungsnehmer im Alter von (*a*) 51, (*b*) 52.

Mit (*10*) folgt $$P^{\,1}_{x:\overline{1}|} = \frac{M_x - M_{x+1}}{D_x}$$

(*a*) $$1000\,P^{\,1}_{51:\overline{1}|} = 1000\,\frac{M_{51} - M_{52}}{D_{51}} = 1000\,\frac{2943}{227\,335} = \$12{,}95$$

(*b*) $$1000\,P^{\,1}_{52:\overline{1}|} = 1000\,\frac{M_{52} - M_{53}}{D_{52}} = 1000\,\frac{3053}{218\,847} = \$13{,}95$$

11. Bestimme das Netto-Deckungskapital nach 15 Jahren der gewöhnlichen lebenslänglichen Todesfallversicherung $ 1 000, die ein 30-Jähriger abgeschlossen hat.

Die jährliche Nettoprämie ist $ 17,22 (siehe Aufgabe 2). Der Barwert aller zukünftigen, d.h. noch ausstehenden, Prämienzahlungen ist $17{,}22\,\ddot{a}_{45}$, das ist der Barwert der vorschüssigen lebenslänglichen Leibrente $ 17,22 pro Jahr für einen 45-Jährigen. Der Barwert aller zukünftigen Leistungen ist $1000\,A_{45}$, die Nettoeinmalprämie der lebenslänglichen Todesfallversicherung $ 1 000 für einen 45-Jährigen. Damit folgt

$$1000\ {}_{15}V = 1000\,A_{45} - 17{,}22\,\ddot{a}_{45}$$

$$= 1000\,\frac{M_{45}}{D_{45}} - 17{,}22\,\frac{N_{45}}{D_{45}} = \frac{1000\,M_{45} - 17{,}22\,N_{45}}{D_{45}} = \frac{65\,847\,429}{280\,639} = \$234{,}63$$

12. Bestimme das Netto-Deckungskapital nach 20 Jahren der (gewöhnlichen) 30 Jahre laufenden Todesfallversicherung $ 1 000 für einen 30-Jährigen.

Die jährliche Nettoprämie ist $ 8,46 (siehe Aufgabe 6). Der Barwert aller noch ausstehenden Prämien ist $8{,}46\,\ddot{a}_{50:\overline{10}|}$, das ist der Barwert der 10-mal zahlbaren vorschüssigen Leibrente $ 8,46 pro Jahr für einen 50-Jährigen. Der Barwert aller zukünftigen Leistungen ist die Nettoeinmalprämie $1000\,A^{\,1}_{50:\overline{10}|}$ der 10 Jahre laufenden Todesfallversicherung $ 1 000 für einen 50-Jährigen. Damit folgt

$$1000\ {}_{20}V = 1000\,A^{\,1}_{50:\overline{10}|} - 8{,}46\,\ddot{a}_{50:\overline{10}|}$$

$$= 1000\,\frac{M_{50} - M_{60}}{D_{50}} - 8{,}46\,\frac{N_{50} - N_{60}}{D_{50}} = \frac{16\,708\,426}{235{,}925} = \$70{,}82$$

13. Bestimme das Netto-Deckungskapital nach 15 Jahren der 25 Jahre laufenden gemischten Versicherung $ 1 000 mit 20-maliger Prämienzahlung für einen 40-Jährigen.

Die jährliche Nettoprämie ist $ 40,05 (siehe Beispiel 9). Der Barwert aller zukünftigen Prämien ist der Barwert $40{,}05\,\ddot{a}_{55:\overline{5}|}$ der 5-mal zahlbaren vorschüssigen Leibrente $ 40,05 pro Jahr für einen 55-Jährigen; der Barwert aller zukünftigen Leistungen ist die Nettoeinmalprämie $1000\,A_{55:\overline{10}|}$, der 10 Jahre laufenden gemischten Versicherung $ 1 000 für einen 55-Jährigen. Damit gilt

$$1000\ {}_{15}V = 1000\,A_{55:\overline{10}|} - 40{,}05\,\ddot{a}_{55:\overline{5}|}$$

$$= \frac{1000(M_{55} - M_{65} + D_{65}) - 40{,}05(N_{55} - N_{60})}{D_{55}} = \frac{119\,728\,342}{193\,941} = \$617{,}34$$

14. Bestimme für die Versicherung in Aufgabe 13 das Netto-Deckungskapital nach 22 Jahren.
Nach 22 Jahren werden keine Prämienzahlungen mehr geleistet. Damit ist das Netto-Deckungskapital gleich der Nettoeinmalprämie der 3 Jahre laufenden gemischten Versicherung $ 1 000 für einen 62-Jährigen.

$$_{22}V \quad = \quad 1000\,A_{\overline{62:3|}} \quad = \quad 1000\,\frac{M_{62} - M_{65} + D_{65}}{D_{62}} \quad = \quad 1000\,\frac{129\,028}{138\,617} \quad = \quad \$930{,}82$$

Ergänzungsaufgaben

15. Bestimme für die lebenslängliche Todesfallversicherung $ 1 000, die ein 40-Jähriger abschließt, (*a*) die Nettoeinmalprämie, (*b*) die jährliche Nettoprämie, die jährliche Nettoprämie bei (*c*) 10-, (*d*) 15-, (*e*) 20-maliger Prämienzahlung. *Lsg.* (*a*) $502,64, (*b*) $24,65, (*c*) $57,84, (*d*) $41,82, (*e*) $34,14

16. Bestimme für die 10 Jahre laufende Todesfallversicherung $ 1 000 die ein 24-Jähriger abschließt, die (*a*) Nettoeinmalprämie, (*b*) jährliche Nettoprämie. *Lsg.* (*a*) $28,84, (*b*) $3,26

17. Bestimme für die 20 Jahre laufende Todesfallversicherung $ 1 000, die ein 30-Jähriger abschließt, die (*a*) Nettoeinmalprämie, (*b*) jährliche Nettoprämie. *Lsg.* (*a*) $91,58, (*b*) $5,99

18. Bestimme die jährliche Nettoprämie der 30 Jahre laufenden Todesfallversicherung $ 1 000 mit 20-maliger Prämienzahlung für einen 25-Jährigen. *Lsg.* $8,04

19. Bestimme die jährliche Nettoprämie der 25 Jahre laufenden Todesfallversicherung $ 1 000 mit 15-maliger Prämienzahlung für einen 30-Jährigen. *Lsg.* $10,24

20. Ein Versicherungsvertrag, den ein 25-Jähriger abschließt, besagt, daß bei Tod vor 40 die Summe $ 5 000 fällig ist sowie $ 1 000 bei späterem Tod. Bestimme (*a*) die Nettoeinmalprämie, (*b*) jährliche Nettoprämie bei 10-maliger Prämienzahlung. *Lsg.* (*a*) $566,66, (*b*) $64,05

21. Ein 35-Jähriger schließt eine 30 Jahre laufende gemischte Versicherung über $ 1 000 ab. Bestimme die (*a*) Nettoeinmalprämie, (*b*) jährliche Nettoprämie, (*c*) jährliche Nettoprämie bei 20-maliger Prämienzahlung. *Lsg.* (*a*) $531,45, (*b*) $27,66, (*c*) $35,27

22. Ein 25-Jähriger schließt eine 40 Jahre laufende gemischte Versicherung über $ 1 000 ab. Bestimme die (*a*) Nettoeinmalprämie, (*b*) jährliche Nettoprämie, (*c*) jährliche Nettoprämie bei 20-maliger Prämienzahlung. *Lsg.* (*a*) $430,90, (*b*) $18,47, (*c*) $27,88

23. Mit 40 schließt M folgenden Lebensversicherungsvertrag ab: Auszahlung von $ 10 000 bei Tod vor dem Alter 65 und Zahlung einer vorschüssigen Leibrente von $ 2 000 pro Jahr ab dem 65. Lebensjahr. Bestimme die jährliche Nettoprämie bei 20-maliger Prämienzahlung. *Lsg.* $644,83

24. Welche lebenslängliche Todesfallversicherung kann ein 30-Jähriger mit der Nettoeinmalprämie $ 1 000 abschließen? *Lsg.* $2416,63

25. Welche lebenslängliche Todesfallversicherung kann ein 20-Jähriger für die jährliche Nettoprämie \$ 25 abschließen? *Lsg.* **\$2001,48**

26. Welche 25 Jahre laufende gemischte Versicherung mit 20-maliger jährlicher Prämienzahlung zu \$ 100 kann ein 40-Jähriger abschließen? *Lsg.* **\$2497,04**

27. Bestimme die natürliche Prämie einer \$ 1 000-Versicherung für einen Versicherungsnehmer im Alter von (*a*) 25, (*b*) 30, (*c*) 40, (*d*) 85.
Lsg. (*a*) **\$2,81**, (*b*) **\$3,47**, (*c*) **\$6,03**, (*d*) **\$189,38**

28. Bestimme das Netto-Deckungskapital nach (*a*) 20, (*b*) 35, (*c*) 50 Jahren der (gewöhnlichen) lebenslänglichen Todesfallversicherung \$ 1 000, die ein 40-Jähriger abgeschlossen hat (siehe Aufgabe 15).
Lsg. (*a*) **\$406,08**, (*b*) **\$678,96**, (*c*) **\$855,32**

29. Bestimme das Netto-Deckungskapital nach (*a*) 12, (*b*) 18, (*c*) 30 Jahren der lebenslänglichen Todesfallversicherung \$ 1 000 mit 20-maliger Prämienzahlung, die ein 40-Jähriger abgeschlossen hat (siehe Aufgabe 15).
Lsg. (*a*) **\$385,39**, (*b*) **\$617,65**, (*c*) **\$799,41**

30. Bestimme das Netto-Deckungskapital nach (*a*) 5, (*b*) 15 Jahren der 30 Jahre laufenden Todesfallversicherung \$ 1 000 mit 20-maliger Prämienzahlung, die ein 25-Jähriger abgeschlossen hat (siehe Aufgabe 18).
Lsg. (*a*) **\$27,17**, (*b*) **\$79,56**

31. Bestimme das Netto-Deckungskapital nach (*a*) 10, (*b*) 25 Jahren der (gewöhnlichen) 30 Jahre laufenden gemischten Versicherung \$ 1 000, die ein 35-Jähriger abgeschlossen hat (siehe Aufgabe 21).
Lsg. (*a*) **\$260,00**, (*b*) **\$765,68**

32. Bestimme das Netto-Deckungskapital nach (*a*) 5, (*b*) 15, (*c*) 25 Jahren der 30 Jahre laufenden gemischten Versicherung \$ 1 000 mit 20-maliger Prämienzahlung, die ein 35-Jähriger abgeschlossen hat (siehe Aufgabe 21). *Lsg.* (*a*) **\$165,65**, (*b*) **\$559,55**, (*c*) **\$890,20**

33. Mit 25 schließt M die lebenslängliche Todesfallversicherung \$ 5 000 mit 20-maliger Prämienzahlung ab. Nach 25 Jahren will er die Versicherung in eine 15 Jahre laufende gemischte Versicherung umwandeln. Welche Versicherungssumme ergibt sich unter der Annahme, daß das gesamte Netto-Deckungskapital verwandt wird?
Lsg. **\$4162,25**

Aufgaben im Überblick

1. Bestimme die Zinsen zu 5 % für einen Schuldschein über (*a*) \$ 4000, der am 15. Januar 1962 ausgestellt wurde und am 28. August 1962 fällig war, (*b*) \$ 2500, der 3 Monate läuft.
Lsg.: (*a*) \$ 125, (*b*) \$ 31,25

2. Bestimme den Diskont auf \$ 4000 für 150 Tage bei (*a*) 6 % Zinssatz, (*b*) 6 % Diskontsatz.
Lsg.: (*a*) \$ 97,56, (*b*) \$ 100

3. Ein Schuldschein über \$ 1200 vom 1. Juli, Laufzeit 90 Tage, der 5 % Zinsen beinhaltet, wurde am 10. August bei einer Bank diskontiert, deren Diskontsatz 6 % war. Bestimme (*a*) den Erlös und (*b*) den Zinssatz, mit dem die Bank rechnete. *Lsg.:* (*a*) \$ 1204,88, (*b*) 6,05 %

4. X schuldet Y \$ 500, die in 9 Monaten fällig werden. Wieviel mußte X jetzt bei 4 % Zinssatz zahlen, um die Schuld zu begleichen? *Lsg.:* \$ 485,44

5. Um eine Rechnung über \$ 1800 zu bezahlen, übergibt die Firma A der Firma B einen Wechsel, der in 60 Tagen fällig ist. Dieser wird von der Firma B sofort bei einer Bank eingereicht, die mit 6 % diskontiert, wobei der Firma B die \$ 1800 gutgeschrieben werden. Auf welchen Betrag lautete der Wechsel? *Lsg.:* \$ 1818,18

6. M erhielt für einen Wechsel über \$ 600, der in 90 Tagen fällig war, von einer Bank \$ 591,75. Welcher Diskontsatz lag zugrunde? *Lsg.:* $5\frac{1}{2}$ %

7. M zahlt \$ 4000 auf sein Sparbuch ein. Auf welchen Betrag ist diese Summe in 12 Jahren angewachsen, wenn die Bank (*a*) 3 % vierteljährlich, (*b*) 4 %, halbjährlich, (*c*) 3,75 % effektiv, (*d*) 3,3 %, vierteljährlich, bezahlt?
Lsg.: (*a*) \$ 5725,62, (*b*) \$ 6433,75, (*c*) \$ 6221,80, (*d*) \$ 5933,90

8. Eine Schuld von \$ 2250 ist in 6 Jahren fällig. Nach 2 Jahren werden \$ 500 abbezahlt. Welcher Betrag löst in 4 Jahren die Schuld ab, wenn mit 5 % gerechnet wird? *Lsg.:* \$ 1489,57

9. Bestimme den nominalen Zinssatz, vierteljährlich berechnet, der zu (*a*) 5 %, monatlich, (*b*) 4,84 %, halbjährlich, äquivalent ist. *Lsg.:* (*a*) 5,02 %, (*b*) 4,81 %

10. Für eine Schuld über \$ 8000 sind 4 % Zinsen, vierteljährlich berechnet, zu zahlen. Bestimme die vierteljährlichen Kosten dieser Schuld, wenn sie nach 10 Jahren durch einen Rücklagenfonds, der 3 %, vierteljährlich gutgeschrieben, bringt, abgetragen werden soll. *Lsg.:* \$ 252,24

11. Eine Gesellschaft leiht sich \$ 750 000, die einschließlich 5,5 % Zinsen in 20 gleich großen Jahresraten zurückgezahlt werden sollen, wobei die erste in 5 Jahren fällig ist. Bestimme die einzelne Rate.
Lsg.: \$ 77.748,01

12. In welcher Zeit wachsen \$ 3000 bei 5 %, halbjährlich gutgeschrieben, auf \$ 3750 an? *Lsg.:* 4,52 Jahre

13. Ein 4 %-Rentenbrief über \$ 7500 beinhaltet 10 gleich große jährliche Zahlungen. Wieviel bezahlt M genau nach der vierten Rate dafür, um 6 % effektiv zu verdienen? *Lsg.:* \$ 4546,96

14. Bestimme die vorschüssige Monatsrate, die äquivalent ist zu Zahlungen von \$ 10 000, die alle 5 Jahre fällig werden und zwar (*a*) nachschüssig, (*b*) vorschüssig. Rechne dabei mit 4 %, vierteljährlich.
Lsg.: (*a*) \$ 150,38, (*b*) \$ 183,50

15. M leiht sich \$ 3000 und stimmt zu, die Schuld einschließlich 5 % Zinsen, vierteljährlich berechnet, durch Vierteljahresraten à \$ 225 abzuzahlen. Bestimme die nötige Anzahl von vollen Raten und die Restzahlung eine Periode später. *Lsg.:* 14; \$ 152,27

16. M hat Schulden über \$ 6000 (jetzt fällig) und will sie durch (*a*) 5 gleich große Halbjahresraten, die erste in 3 Jahren, (*b*) 5 gleich große Jahresraten, die erste in 3 Jahren, abbezahlen. Bestimme die jeweiligen Raten bei 4,5 %, halbjährlich. *Lsg.:* (*a*) \$ 1433,09, (*b*) \$ 1496,08

17. Eine Mine bringt in den nächsten 20 Jahren einen jährlichen Ertrag von \$ 30 000. M erwartet auf seine Investition 8 % Gewinn und kann Geld zu 4 % anlegen. Wieviel ist M die Mine jetzt wert, wenn sie nach 20 Jahren (*a*) wertlos ist, (*b*) für \$ 5000 verkauft werden kann?
Lsg.: (*a*) \$ 264 126,94, (*b*) \$ 265 605,26

18. Ein 3 %-Anleihestück über \$ 1000, Zinstermine am 1. Februar und 1. August, wird am 1. Februar 1998 zu 105 zurückgekauft. Bestimme den Kaufpreis, der 5 %, halbjährlich, erbringt, wenn es am (*a*) 1. August 1962, (*b*) 20. September 1962 gekauft wird. *Lsg.:* (*a*) \$ 677,95, (*b*) \$ 682,66

19. Ein \$ 1000, $4\frac{1}{2}$ % MS-Anleihestück, das am 1. März 1970 zu Pari zurückgekauft wird, hat am 1. März 1960 einen Kurs von $95\frac{1}{4}$. Bestimme annäherungsweise die Rendite. *Lsg.:* $5\frac{1}{8}$ %

20. Bestimme den Endwert und den Barwert der vorschüssigen Jahresrente über $ 1500, die 7 Jahre läuft, wenn mit 4 %, vierteljährlich, gerechnet wird. *Lsg.* $ 12 351,12, $ 9347,76

21. Die Ausstattung eines Lehrstuhls an der Universität kostet jährlich $ 12 500. Bestimme den Barwert der Ausstattung bei 4 %, vierteljährlich. *Lsg.* $ 307 851,36

22. Eine Maschine kostet $ 75 000, hat eine Lebensdauer von 15 Jahren und danach einen Schrottwert von $ 12 000. Bestimme ihren Buchwert nach 8 Jahren mit der (*a*) linearen Methode, (*b*) digitalen Methode, (*c*) geometrisch-degressiven Methode, (*d*) Methode der Rücklagenfonds, wobei mit 3 % effektiv gerechnet wird. *Lsg.* (*a*) $ 41 400, (*b*) $ 26 700, (*c*) $ 28 222, (*d*) $ 44 879,03

23. Ein Obstgarten bringt nach 5 Jahren die erste volle Ernte und es wird erwartet, daß er dann alles in allem 20 Jahre lang einen jährlichen Ertrag von $ 5000 abwirft. Bestimme den Barwert des Obstgartens bei 5 % Zinssatz. *Lsg.* $ 51 263,46

24. Ein unbehandelter Pfosten kostet $ 2,00 und hält 15 Jahre. Behandelt man ihn mit einem bestimmten Mittel, so hält er 25 Jahre. Wieviel kann bei 5 %, halbjährlich, für die Behandlung aufgewendet werden? *Lsg.* $ 2,71

25. Wieviel kostet eine Rente von $ 2000, die 15 Jahre lang halbjährlich gezahlt wird? *Lsg.* $ 39 423,24

26. Ein Kreditbüro bietet an, $ 300 durch 15 Monatsraten à $ 23,04 abzuzahlen. Approximiere mit Hilfe der Formel direkter Verhältnisse den eingerechneten Zinssatz. *Lsg.* 21,8 %

27. Ein 4 %-Rentebrief über $ 10 000 beinhaltet 10 gleich große jährliche Zahlungen. Wieviel zahlt ein Anleger dafür genau nach der dritten Rate, wenn er 6 % verdienen will? $ 6882,57

28. Beginnend an seinem 41. Geburtstag und endend an seinem 65. Geburtstag zahlt M jährlich $ 500 in einen Fonds, der 3,5 % effektiv erbringt. Wieviel ist an seinem 65. Geburtstag im Fonds? *Lsg.* $ 19 474,93

29. Ein Schuldschein über $ 400 mit 5 % Zinsen, der 6 Monate läuft, wird 80 Tage vor Fälligkeit an M verkauft, der an seiner Investition 6 % verdienen will. Bestimme seinen Preis. *Lsg.* $ 404,61

30. Ersetze jährlich nachschüssige Zahlungen von $ 1000 durch gleich große monatlich nachschüssige Zahlungen, wenn mit (*a*) 6 %, monatlich, (*b*) 6 %, jährlich, gerechnet wird. *Lsg.* (*a*) $ 81,07, (*b*) $ 81,13

31. Heute werden $ 7500 in einen Fonds eingezahlt, der 4 %, halbjährlich, bringt. Es ist geplant, den Fonds durch 10 gleich große halbjährliche Abhebungen von X auszuschöpfen, wobei die erste in 5 Jahren gemacht wird. Bestimme X. *Lsg.* $ 997,85

32. Eine Schuld über $ 10 000, die 6 % Zinsen, vierteljährlich berechnet, trägt, soll durch vierteljährliche Zahlungen à $ 1000 getilgt werden. (*a*) Bestimme die Restschuld genau nach der 8. Zahlung, (*b*) Wieviel volle Raten und welche Restzahlung eine Periode später lösen die Schuld vollständig ab? *Lsg.* (*a*) $ 2832,09, (*b*) 10, $ 916,23

33. Ein $ 1000, 6 % JJ-Anleihestück wird am 1. Juli 1980 zu Pari zurückgekauft und besitzt optimale Rückkaufdaten zu jedem Zinstermin ab dem 1. Juli 1970. Bestimme seinen Kaufpreis am 1. Juli 1963, so daß mindestens (*a*) 8 %, halbjährlich, (*b*) 8 %, vierteljährlich, (*c*) 4 %, halbjährlich, (*d*) 5 %, effektiv verdient werden. *Lsg.* (*a*) $ 815,89, (*b*) $ 809,48, (*c*) $ 1121,06, (*d*) $ 1062,15

34. Vor acht Jahren wurden $ 1000 investiert. Welcher nominale Zinssatz, vierteljährlich, lag zugrunde, wenn jetzt $ 1425,10 vorhanden sind? *Lsg.* 4,44 %

35. Eine Schuld über $ 4000 einschließlich 5 % Zinsen, halbjährlich berechnet, soll durch jährliche Raten à $ 500 beglichen werden. Bestimme die Anzahl der vollen Raten und die nötige Restzahlung. *Lsg.* 10; $ 259,61

36. M will heute soviel in einen Fonds einzahlen, der 3 %, vierteljährlich gutgeschrieben, bringt, daß er vierteljährliche Abhebungen à $ 1000 machen kann, die erste in 5 Jahren, die letzte in 10 Jahren. Bestimme die Höhe der Einzahlung. *Lsg.* $ 16 800,11

37. M erhält für einen Wechsel über $ 200, der 120 Tage läuft, $ 192. Welcher (*a*) Diskontsatz, (*b*) Zinssatz wurde berechnet? *Lsg.* (*a*) 12 %, (*b*) $12\frac{1}{2}$ %

38. M schuldet $ 3000, die in 3 Jahren fällig sind. Durch welche gleich großen Raten in (*a*) 1, 2 und 3, (*b*) 1 und 3 Jahren wird die Schuld bei 3 % effektiv beglichen? *Lsg.* (*a*) $ 970,59, (*b*) $ 1455,67

39. Bestimme den nominalen Zinssatz, monatlich berechnet, der zu (*a*) 5,5 % effektiv, (*b*) 5,5 %, halbjährlich, (*c*) 5,5 %, vierteljährlich, äquivalent ist. *Lsg.* (*a*) 5,37 %, (*b*) 5,44 %, (*c*) 5,47 %

40. Bestimme den Barwert einer ewigen Rente von (*a*) $ 1000 jährlich, (*b*) $ 1000 halbjährlich, wenn mit 5 % effektiv gerechnet wird. *Lsg.* (*a*) $ 20 000, (*b*) $ 40 493,90

41. Bestimme unter der Annahme, daß das Anleihestück in Aufgabe 33 am 1. Juli 1975 zurückgekauft wird, den Gewinn des Anlegers. *Lsg.* (*a*) $ 81,11, (*b*) $ 84,19, (*c*) $ 109,50, (*d*) $ 59,35

42. Bestimme den Endwert von \$ 2000 nach 4,5 Jahren bei 5 % effektiv mit Hilfe des (*a*) theoretischen, (*b*) praktischen Verfahrens. *Lsg.* (*a*) \$ 2491,04, (*b*) \$ 2491,78

43. Eine Schuld über \$ 4000, die in 4 Jahren mit 4 % Zinsen, halbjährlich berechnet, fällig ist, soll durch eine Zahlung von \$ 1500 in 2 Jahren und eine Zahlung von X in 4 Jahren zurückgezahlt werden. Bestimme X, wenn Geld 5 % effektiv bringt. *Lsg.* \$ 3032,89

44. Am 1. Juli 1960 leiht sich M \$ 1400 für 6 Jahre (Zinsen 4 % effektiv) und am 1. Juli 1962 \$ 1600 für 4 Jahre (Zinsen 4 %, halbjährlich). Durch welche gleich großen Zahlungen am 1. Juli 1964 und 1. Juli 1966 werden seine Schulden abgelöst, wenn mit 4 %, vierteljährlich, gerechnet wird?
Lsg. \$ 1750,53

45. Ein Bauernhof wird für \$ 10 000 Anzahlung und 8 halbjährlichen Zahlungen à \$ 2500 verkauft, wobei die erste nach 3 Jahren fällig ist. Bestimme seinen Barpreis, wenn mit (*a*) 6 % effektiv, (*b*) 5 %, halbjährlich, (*c*) 5 %, vierteljährlich, gerechnet wird.
Lsg. (*a*) $10\,000 + 2500 \frac{1}{s_{\overline{1/2}|0{,}06}} [a_{\overline{6}|0{,}06} - a_{\overline{2}|0{,}06}](1{,}06)^{-1/2} = 10\,000 + 2500[1 + (1{,}06)^{-1/2}][a_{\overline{6}|0{,}06} - a_{\overline{2}|0{,}06}]$,
(*b*) \$25 843,39, (*c*) \$25 820,77

46. Ein Schuldschein über \$ 1250, datiert 2. Januar 1961, lief 120 Tage und brachte 5 % Zinsen. Am 11. Februar 1961 wurde er an die A-Bank verkauft, die mit 8 % gewöhnlichem Diskont rechnet. Am 18. März 1961 wurde er an die B-Bank weiterverkauft, die mit 6 % exaktem Diskont rechnet. Bestimme die jeweiligen Verkaufspreise. *Lsg.* \$ 1241,39; \$ 1259,14

47. Ein \$ 1000, $4\frac{1}{2}$% MS-Anleihestück wird am 1. September 1985 zu 105 zurückgekauft. Bestimme den Kaufpreis am (*a*) 1. September 1963, (*b*) 1. Dezember 1963, durch den 6 %, halbjährlich, verdient werden soll.
Lsg. (*a*) \$ 831,71, (*b*) \$ 844,19

48. Bei welchem nominalen Zinssatz, vierteljährlich gutgeschrieben, wachsen \$ 300 in 10 Jahren auf \$ 500 an?
Lsg. 5,14 %

49. Eine Maschine, die \$ 4000 kostet, hat eine Lebensdauer von 8 Jahren und dann einen Schrottwert von \$ 800. Bestimme ihren Buchwert nach 5 Jahren mit Hilfe der (*a*) linearen Methode, (*b*) geometrisch-degressiven Methode, (*c*) Methode der Rücklagenfonds, wenn investiertes Geld 4 % effektiv bringt.
Lsg. (*a*) \$ 2000, (*b*) \$ 1462,90, (*c*) \$ 2118,97

50. Auf ein Sparbuch, das 4 % Zinsen, vierteljährlich gutgeschrieben, bringt, werden jedes Vierteljahr Einzahlungen von \$ 100 gemacht. Wieviel befindet sich auf dem Sparbuch genau (*a*) nach der 15., (*b*) vor der 10. Einzahlung? (*c*) Wie groß ist der Zinsanteil des Zuwachses zur Zeit der 12. Einzahlung?
Lsg. (*a*) \$ 1609,69, (*b*) \$ 946,22, (*c*) \$ 11,57

51. M hat Schulden über \$ 1000, in 5 Jahren fällig, und \$ 2000, in 10 Jahren fällig. Wann löst eine Zahlung von \$ 3000 diese Schulden ab, wenn mit 4 % effektiv gerechnet wird? *Lsg.* In 8,23 Jahren.

52. Durch welche monatlichen Einzahlungen auf ein Sparbuch, das 2,5 % Zinsen, halbjährlich gutgeschrieben, bringt, ergeben sich in 5 Jahren \$ 5000? *Lsg.* \$ 78,35

53. M zahlt 25 Jahre lang jedes Vierteljahr \$ 100 in einen Fonds. Danach hebt er monatlich \$ 100 ab, das erste Mal einen Monat nach der letzten Einzahlung. Wieviel volle Abhebungen kann er machen, wenn 3 % Zinsen, halbjährlich, bezahlt werden? *Lsg.* 184

54. Auf ein Sparbuch, das 3 % Zinsen, halbjährlich gutgeschrieben, bringt, werden jährlich \$ 2000 eingezahlt. Wieviel ist genau vor der 8. Einzahlung auf dem Sparbuch? *Lsg.* $2000\left[\frac{1}{s_{\overline{2}|0{,}015}} s_{\overline{16}|0{,}015} - 1\right]$

55. Durch welche Summe, die heute in einen Fonds eingezahlt wird, der 4 %, vierteljährlich, bringt, lassen sich 20 vierteljährliche Abhebungen à \$ 500 machen, die erste in 3 Jahren? *Lsg.* \$ 8087,33

56. Ein Haus, das \$ 15 000 wert ist, wird für \$ 5000 Anzahlung und 40 gleich große halbjährliche Zahlungen verkauft. Wie groß sind diese, wenn mit (*a*) 4,5 % effektiv, (*b*) 4 %, vierteljährlich, gerechnet wird?
Lsg. (*a*) \$ 380,15, (*b*) \$ 366,20

57. M kann eine Maschine für \$ 2000 kaufen, die nach 10 Jahren bei Kosten von \$ 1600 ersetzt werden muß, oder eine andere, die \$ 2500 kostet und nach 15 Jahren bei Kosten von \$ 2000 ersetzt werden muß. Welche soll er nehmen, wenn mit 5 % effektiv gerechnet wird?

58. An einem bestimmten Zinstermin ist der Kaufpreis eines Anleihestücks, das \$ 30, halbjährlich, bringt, \$ 1163,44. Dabei ergibt sich eine Rendite von 4 %, halbjährlich. Wie groß sollte der Kurs 2 Monate später sein, damit sich dieselbe Rendite ergibt? *Lsg.* $116\frac{1}{8}$

59. Ein Kühlschrank kann für \$ 10 Anzahlung und 17 Monatsraten à \$ 10 gekauft werden. Wie groß ist sein Barpreis bei 6 %, monatlich? *Lsg.* \$ 172,59

60. M will durch 5 gleich große jährliche Einzahlungen in einen Fonds, der 5 % effektiv bringt, \$ 5000 ansparen. Wieviel befindet sich genau nach der 3. Einzahlung im Fonds? *Lsg.* \$ 2852,60

61. M hat \$ 2000 zu 4 %, \$ 8000 zu 5 % und \$ 20 000 zu 3 % investiert. Wie groß ist der durchschnittlich verdiente Zinssatz? *Lsg.* 3,6 %

62. Eine Maschine kostet neu \$ 500 und muß nach 15 Jahren ersetzt werden, wobei der Schrottwert \$ 50 beträgt. Bestimme die kapitalisierten Kosten bei 5 % effektiv. *Lsg.* \$ 917,10

63. Ein \$ 1000, $3\frac{1}{2}$ % JD-Anleihestück wird am 1. Juni 1988 zurückgekauft. Bestimme den Kaufpreis (Einheitspreis) am 15. Januar 1963, wenn sein „plus Zinsen"-Preis $102\frac{3}{4}$ war. *Lsg.* \$ 1031,88

64. M zahlt 4 Jahre lang halbjährlich nachschüssig \$ 100 in einen Fonds. Welcher Betrag ist in ihm, wenn (*a*) 3,5 %, halbjährlich, (*b*) 4 % effektiv, (*c*) 4 %, vierteljährlich, gutgeschrieben werden?
Lsg. (*a*) \$ 850,75, (*b*) \$ 857,70, (*c*) \$ 858,60

65. M stimmt zu, eine Schuld über \$ 1500 durch 30 Monatsraten à \$ 60 abzuzahlen. Welchen effektiven Zinssatz bezahlt er?

Hinweis. $i = (1+j/12)^{12} - 1$, wobei $\frac{1}{a_{\overline{30}|j/12}} = 0{,}04$

66. Beginnend mit dem 1. Geburtstag und endend mit dem 21. Geburtstag seines Sohnes zahlt der Vater einen Betrag in einen Fonds, der gleich X mal dem Alter des Sohnes ist. Zeige: Ist i der effektive Zinssatz, so befindet sich genau nach der letzten Einzahlung ein Betrag im Fonds von

$$S = \frac{X}{i}(s_{\overline{22}|i} - 22)$$

67. Löse Aufgabe 66, falls die jeweiligen Einzahlungen $X, X+Y, X+2Y, \ldots, X+20Y$ sind.

Lsg. $S = X\, s_{\overline{21}|i} + \frac{Y}{i}(s_{\overline{21}|i} - 21)$

68. Eine Schuld B (siehe Kapitel 6) wird durch n gleich große Raten à R abbezahlt. Ist $i = r/m$ der Zinssatz pro Zahlungsintervall, so gilt

$$B = R\, a_{\overline{n}|i} = R\frac{1-(1+i)^{-n}}{i} \qquad (1)$$

(*a*) Approximiert man $(1+i)^{-n}$ durch $1 - ni + \frac{1}{2}n(n+1)i^2$ die ersten drei Terme der Binomial-Entwicklung, so erhält man $r = mi = \frac{2mI}{Rn(n+1)}$, die Diskontierungsformel

(*b*) Setzt man $Rn = B + I$ in (*1*), so ergibt sich $B = \frac{I[1-(1+i)^{-n}]}{ni - [1-(1+i)^{-n}]}$. Daraus folgt annähernd

$$B = \frac{I[1-(1-ni)]}{ni - [1 - \{1 - ni + \frac{1}{2}n(n+1)i^2\}]} = \frac{2I}{(n+1)i} \quad \text{d.h.} \quad r = \frac{2mI}{B(n+1)}$$

die Formel konstanter Verhältnisse.

(*c*) Aus (*1*) ergibt sich $B(1+i)^n = R\frac{(1+i)^n - 1}{i}$, so daß annähernd

$$B(1+ni) = R\frac{(1+ni+\frac{1}{2}n(n-1)i^2) - 1}{i} \quad \text{d.h.} \quad r = \frac{2mI}{B(n+1) - I(n-1)}$$

die Kaufmannsformel.

Verzeichnis der Tabellen

Hinweis: In den folgenden Tabellen ist die amerikanische Dezimalpunkt-Schreibweise beibehalten worden. So entspricht etwa .023 der Zahl 0,023 in der bei uns üblichen Schreibweise.

TABELLE I. Sechsstellige Mantissen

N.	0	1	2	3	4	5	6	7	8	9	Diff.
100	00 0000	0434	0868	1301	1734	2166	2598	3029	3461	3891	432
1	4321	4751	5181	5609	6038	6466	6894	7321	7748	8174	428
2	8600	9026	9451	9876	*0300	*0724	*1147	*1570	*1993	*2415	424
3	01 2837	3259	3680	4100	4521	4940	5360	5779	6197	6616	420
4	7033	7451	7868	8284	8700	9116	9532	9947	*0361	*0775	416
105	02 1189	1603	2016	2428	2841	3252	3664	4075	4486	4896	412
6	5306	5715	6125	6533	6942	7350	7757	8164	8571	8978	408
7	9384	9789	*0195	*0600	*1004	*1408	*1812	*2216	*2619	*3021	404
8	03 3424	3826	4227	4628	5029	5430	5830	6230	6629	7028	400
9	7426	7825	8223	8620	9017	9414	9811	*0207	*0602	*0998	397

Proportionalanteile

Diff.	1	2	3	4	5	6	7	8	9
434	43.4	86.8	130.2	173.6	217.0	260.4	303.8	347.2	390.6
433	43.3	86.6	129.9	173.2	216.5	259.8	303.1	346.4	389.7
432	43.2	86.4	129.6	172.8	216.0	259.2	302.4	345.6	388.8
431	43.1	86.2	129.3	172.4	215.5	258.6	301.7	344.8	387.9
430	43.0	86.0	129.0	172.0	215.0	258.0	301.0	344.0	387.0
429	42.9	85.8	128.7	171.6	214.5	257.4	300.3	343.2	386.1
428	42.8	85.6	128.4	171.2	214.0	256.8	299.6	342.4	385.2
427	42.7	85.4	128.1	170.8	213.5	256.2	298.9	341.6	384.3
426	42.6	85.2	127.8	170.4	213.0	255.6	298.2	340.8	383.4
425	42.5	85.0	127.5	170.0	212.5	255.0	297.5	340.0	382.5
424	42.4	84.8	127.2	169.6	212.0	254.4	296.8	339.2	381.6
423	42.3	84.6	126.9	169.2	211.5	253.8	296.1	338.4	380.7
422	42.2	84.4	126.6	168.8	211.0	253.2	295.4	337.6	379.8
421	42.1	84.2	126.3	168.4	210.5	252.6	294.7	336.8	378.9
420	42.0	84.0	126.0	168.0	210.0	252.0	294.0	336.0	378.0
419	41.9	83.8	125.7	167.6	209.5	251.4	293.3	335.2	377.1
418	41.8	83.6	125.4	167.2	209.0	250.8	292.6	334.4	376.2
417	41.7	83.4	125.1	166.8	208.5	250.2	291.9	333.6	375.3
416	41.6	83.2	124.8	166.4	208.0	249.6	291.2	332.8	374.4
415	41.5	83.0	124.5	166.0	207.5	249.0	290.5	332.0	373.5
414	41.4	82.8	124.2	165.6	207.0	248.4	289.8	331.2	372.6
413	41.3	82.6	123.9	165.2	206.5	247.8	289.1	330.4	371.7
412	41.2	82.4	123.6	164.8	206.0	247.2	288.4	329.6	370.8
411	41.1	82.2	123.3	164.4	205.5	246.6	287.7	328.8	369.9
410	41.0	82.0	123.0	164.0	205.0	246.0	287.0	328.0	369.0
409	40.9	81.8	122.7	163.6	204.5	245.4	286.3	327.2	368.1
408	40.8	81.6	122.4	163.2	204.0	244.8	285.6	326.4	367.2
407	40.7	81.4	122.1	162.8	203.5	244.2	284.9	325.6	366.3
406	40.6	81.2	121.8	162.4	203.0	243.6	284.2	324.8	365.4
405	40.5	81.0	121.5	162.0	202.5	243.0	283.5	324.0	364.5
404	40.4	80.8	121.2	161.6	202.0	242.4	282.8	323.2	363.6
403	40.3	80.6	120.9	161.2	201.5	241.8	282.1	322.4	362.7
402	40.2	80.4	120.6	160.8	201.0	241.2	281.4	321.6	361.8
401	40.1	80.2	120.3	160.4	200.5	240.6	280.7	320.8	360.9
400	40.0	80.0	120.0	160.0	200.0	240.0	280.0	320.0	360.0
399	39.9	79.8	119.7	159.6	199.5	239.4	279.3	319.2	359.1
398	39.8	79.6	119.4	159.2	199.0	238.8	278.6	318.4	358.2
397	39.7	79.4	119.1	158.8	198.5	238.2	277.9	317.6	357.3
396	39.6	79.2	118.8	158.4	198.0	237.6	277.2	316.8	356.4

TABELLE I. Sechsstellige Mantissen

N.	0	1	2	3	4	5	6	7	8	9	Diff.
110	04 1393	1787	2182	2576	2969	3362	3755	4148	4540	4932	393
1	5323	5714	6105	6495	6885	7275	7664	8053	8442	8830	390
2	9218	9606	9993	*0380	*0766	*1153	*1538	*1924	*2309	*2694	386
3	05 3078	3463	3846	4230	4613	4996	5378	5760	6142	6524	383
4	6905	7286	7666	8046	8426	8805	9185	9563	9942	*0320	379
115	06 0698	1075	1452	1829	2206	2582	2958	3333	3709	4083	376
6	4458	4832	5206	5580	5953	6326	6699	7071	7443	7815	373
7	8186	8557	8928	9298	9668	*0038	*0407	*0776	*1145	*1514	370
8	07 1882	2250	2617	2985	3352	3718	4085	4451	4816	5182	366
9	5547	5912	6276	6640	7004	7368	7731	8094	8457	8819	363

Proportionalanteile

Diff.	1	2	3	4	5	6	7	8	9
395	39.5	79.0	118.5	158.0	197.5	237.0	276.5	316.0	355.5
394	39.4	78.8	118.2	157.6	197.0	236.4	275.8	315.2	354.6
393	39.3	78.6	117.9	157.2	196.5	235.8	275.1	314.4	353.7
392	39.2	78.4	117.6	156.8	196.0	235.2	274.4	313.6	352.8
391	39.1	78.2	117.3	156.4	195.5	234.6	273.7	312.8	351.9
390	39.0	78.0	117.0	156.0	195.0	234.0	273.0	312.0	351.0
389	38.9	77.8	116.7	155.6	194.5	233.4	272.3	311.2	350.1
388	38.8	77.6	116.4	155.2	194.0	232.8	271.6	310.4	349.2
387	38.7	77.4	116.1	154.8	193.5	232.2	270.9	309.6	348.3
386	38.6	77.2	115.8	154.4	193.0	231.6	270.2	308.8	347.4
385	38.5	77.0	115.5	154.0	192.5	231.0	269.5	308.0	346.5
384	38.4	76.8	115.2	153.6	192.0	230.4	268.8	307.2	345.6
383	38.3	76.6	114.9	153.2	191.5	229.8	268.1	306.4	344.7
382	38.2	76.4	114.6	152.8	191.0	229.2	267.4	305.6	343.8
381	38.1	76.2	114.3	152.4	190.5	228.6	266.7	304.8	342.9
380	38.0	76.0	114.0	152.0	190.0	228.0	266.0	304.0	342.0
379	37.9	75.8	113.7	151.6	189.5	227.4	265.3	303.2	341.1
378	37.8	75.6	113.4	151.2	189.0	226.8	264.6	302.4	340.2
377	37.7	75.4	113.1	150.8	188.5	226.2	263.9	301.6	339.3
376	37.6	75.2	112.8	150.4	188.0	225.6	263.2	300.8	338.4
375	37.5	75.0	112.5	150.0	187.5	225.0	262.5	300.0	337.5
374	37.4	74.8	112.2	149.6	187.0	224.4	261.8	299.2	336.6
373	37.3	74.6	111.9	149.2	186.5	223.8	261.1	298.4	335.7
372	37.2	74.4	111.6	148.8	186.0	223.2	260.4	297.6	334.8
371	37.1	74.2	111.3	148.4	185.5	222.6	259.7	296.8	333.9
370	37.0	74.0	111.0	148.0	185.0	222.0	259.0	296.0	333.0
369	36.9	73.8	110.7	147.6	184.5	221.4	258.3	295.2	332.1
368	36.8	73.6	110.4	147.2	184.0	220.8	257.6	294.4	331.2
367	36.7	73.4	110.1	146.8	183.5	220.2	256.9	293.6	330.3
366	36.6	73.2	109.8	146.4	183.0	219.6	256.2	292.8	329.4
365	36.5	73.0	109.5	146.0	182.5	219.0	255.5	292.0	328.5
364	36.4	72.8	109.2	145.6	182.0	218.4	254.8	291.2	327.6
363	36.3	72.6	108.9	145.2	181.5	217.8	254.1	290.4	326.7
362	36.2	72.4	108.6	144.8	181.0	217.2	253.4	289.6	325.8

TABELLE I. Sechsstellige Mantissen

N.	0	1	2	3	4	5	6	7	8	9	Diff.
120	07 9181	9543	9904	*0266	*0626	*0987	*1347	*1707	*2067	*2426	360
1	08 2785	3144	3503	3861	4219	4576	4934	5291	5647	6004	357
2	6360	6716	7071	7426	7781	8136	8490	8845	9198	9552	355
3	9905	*0258	*0611	*0963	*1315	*1667	*2018	*2370	*2721	*3071	352
4	09 3422	3772	4122	4471	4820	5169	5518	5866	6215	6562	349
125	09 6910	7257	7604	7951	8298	8644	8990	9335	9681	*0026	346
6	10 0371	0715	1059	1403	1747	2091	2434	2777	3119	3462	343
7	3804	4146	4487	4828	5169	5510	5851	6191	6531	6871	341
8	7210	7549	7888	8227	8565	8903	9241	9579	9916	*0253	338
9	11 0590	0926	1263	1599	1934	2270	2605	2940	3275	3609	335
130	11 3943	4277	4611	4944	5278	5611	5943	6276	6608	6940	333
1	7271	7603	7934	8265	8595	8926	9256	9586	9915	*0245	330
2	12 0574	0903	1231	1560	1888	2216	2544	2871	3198	3525	328
3	3852	4178	4504	4830	5156	5481	5806	6131	6456	6781	325
4	7105	7429	7753	8076	8399	8722	9045	9368	9690	*0012	323

Proportionalanteile

Diff.	1	2	3	4	5	6	7	8	9
362	36.2	72.4	108.6	144.8	181.0	217.2	253.4	289.6	325.8
361	36.1	72.2	108.3	144.4	180.5	216.6	252.7	288.8	324.9
360	36.0	72.0	108.0	144.0	180.0	216.0	252.0	288.0	324.0
359	35.9	71.8	107.7	143.6	179.5	215.4	251.3	287.2	323.1
358	35.8	71.6	107.4	143.2	179.0	214.8	250.6	286.4	322.2
357	35.7	71.4	107.1	142.8	178.5	214.2	249.9	285.6	321.3
356	35.6	71.2	106.8	142.4	178.0	213.6	249.2	284.8	320.4
355	35.5	71.0	106.5	142.0	177.5	213.0	248.5	284.0	319.5
354	35.4	70.8	106.2	141.6	177.0	212.4	247.8	283.2	318.6
353	35.3	70.6	105.9	141.2	176.5	211.8	247.1	282.4	317.7
352	35.2	70.4	105.6	140.8	176.0	211.2	246.4	281.6	316.8
351	35.1	70.2	105.3	140.4	175.5	210.6	245.7	280.8	315.9
350	35.0	70.0	105.0	140.0	175.0	210.0	245.0	280.0	315.0
349	34.9	69.8	104.7	139.6	174.5	209.4	244.3	279.2	314.1
348	34.8	69.6	104.4	139.2	174.0	208.8	243.6	278.4	313.2
347	34.7	69.4	104.1	138.8	173.5	208.2	242.9	277.6	312.3
346	34.6	69.2	103.8	138.4	173.0	207.6	242.2	276.8	311.4
345	34.5	69.0	103.5	138.0	172.5	207.0	241.5	276.0	310.5
344	34.4	68.8	103.2	137.6	172.0	206.4	240.8	275.2	309.6
343	34.3	68.6	102.9	137.2	171.5	205.8	240.1	274.4	308.7
342	34.2	68.4	102.6	136.8	171.0	205.2	239.4	273.6	307.8
341	34.1	68.2	102.3	136.4	170.5	204.6	238.7	272.8	306.9
340	34.0	68.0	102.0	136.0	170.0	204.0	238.0	272.0	306.0
339	33.9	67.8	101.7	135.6	169.5	203.4	237.3	271.2	305.1
338	33.8	67.6	101.4	135.2	169.0	202.8	236.6	270.4	304.2
337	33.7	67.4	101.1	134.8	168.5	202.2	235.9	269.6	303.3
336	33.6	67.2	100.8	134.4	168.0	201.6	235.2	268.8	302.4
335	33.5	67.0	100.5	134.0	167.5	201.0	234.5	268.0	301.5
334	33.4	66.8	100.2	133.6	167.0	200.4	233.8	267.2	300.6
333	33.3	66.6	99.9	133.2	166.5	199.8	233.1	266.4	299.7
332	33.2	66.4	99.6	132.8	166.0	199.2	232.4	265.6	298.8
331	33.1	66.2	99.3	132.4	165.5	198.6	231.7	264.8	297.9
330	33.0	66.0	99.0	132.0	165.0	198.0	231.0	264.0	297.0
329	32.9	65.8	98.7	131.6	164.5	197.4	230.3	263.2	296.1
328	32.8	65.6	98.4	131.2	164.0	196.8	229.6	262.4	295.2
327	32.7	65.4	98.1	130.8	163.5	196.2	228.9	261.6	294.3
326	32.6	65.2	97.8	130.4	163.0	195.6	228.2	260.8	293.4
325	32.5	65.0	97.5	130.0	162.5	195.0	227.5	260.0	292.5
324	32.4	64.8	97.2	129.6	162.0	194.4	226.8	259.2	291.6
323	32.3	64.6	96.9	129.2	161.5	193.8	226.1	258.4	290.7
322	32.2	64.4	96.6	128.8	161.0	193.2	225.4	257.6	289.8

TABELLE I. Sechsstellige Mantissen

N.	0	1	2	3	4	5	6	7	8	9	Diff.
135	13 0334	0655	0977	1298	1619	1939	2260	2580	2900	3219	321
6	3539	3858	4177	4496	4814	5133	5451	5769	6086	6403	318
7	6721	7037	7354	7671	7987	8303	8618	8934	9249	9564	316
8	9879	*0194	*0508	*0822	*1136	*1450	*1763	*2076	*2389	*2702	314
9	14 3015	3327	3639	3951	4263	4574	4885	5196	5507	5818	311
140	14 6128	6438	6748	7058	7367	7676	7985	8294	8603	8911	309
1	9219	9527	9835	*0142	*0449	*0756	*1063	*1370	*1676	*1982	307
2	15 2288	2594	2900	3205	3510	3815	4120	4424	4728	5032	305
3	5336	5640	5943	6246	6549	6852	7154	7457	7759	8061	303
4	8362	8664	8965	9266	9567	9868	*0168	*0469	*0769	*1068	301
145	16 1368	1667	1967	2266	2564	2863	3161	3460	3758	4055	299
6	4353	4650	4947	5244	5541	5838	6134	6430	6726	7022	297
7	7317	7613	7908	8203	8497	8792	9086	9380	9674	9968	295
8	17 0262	0555	0848	1141	1434	1726	2019	2311	2603	2895	293
9	3186	3478	3769	4060	4351	4641	4932	5222	5512	5802	291

Proportionalanteile

Diff.	1	2	3	4	5	6	7	8	9
322	32.2	64.4	96.6	128.8	161.0	193.2	225.4	257.6	289.8
321	32.1	64.2	96.3	128.4	160.5	192.6	224.7	256.8	288.9
320	32.0	64.0	96.0	128.0	160.0	192.0	224.0	256.0	288.0
319	31.9	63.8	95.7	127.6	159.5	191.4	223.3	255.2	287.1
318	31.8	63.6	95.4	127.2	159.0	190.8	222.6	254.4	286.2
317	31.7	63.4	95.1	126.8	158.5	190.2	221.9	253.6	285.3
316	31.6	63.2	94.8	126.4	158.0	189.6	221.2	252.8	284.4
315	31.5	63.0	94.5	126.0	157.5	189.0	220.5	252.0	283.5
314	31.4	62.8	94.2	125.6	157.0	188.4	219.8	251.2	282.6
313	31.3	62.6	93.9	125.2	156.5	187.8	219.1	250.4	281.7
312	31.2	62.4	93.6	124.8	156.0	187.2	218.4	249.6	280.8
311	31.1	62.2	93.3	124.4	155.5	186.6	217.7	248.8	279.9
310	31.0	62.0	93.0	124.0	155.0	186.0	217.0	248.0	279.0
309	30.9	61.8	92.7	123.6	154.5	185.4	216.3	247.2	278.1
308	30.8	61.6	92.4	123.2	154.0	184.8	215.6	246.4	277.2
307	30.7	61.4	92.1	122.8	153.5	184.2	214.9	245.6	276.3
306	30.6	61.2	91.8	122.4	153.0	183.6	214.2	244.8	275.4
305	30.5	61.0	91.5	122.0	152.5	183.0	213.5	244.0	274.5
304	30.4	60.8	91.2	121.6	152.0	182.4	212.8	243.2	273.6
303	30.3	60.6	90.9	121.2	151.5	181.8	212.1	242.4	272.7
302	30.2	60.4	90.6	120.8	151.0	181.2	211.4	241.6	271.8
301	30.1	60.2	90.3	120.4	150.5	180.6	210.7	240.8	270.9
300	30.0	60.0	90.0	120.0	150.0	180.0	210.0	240.0	270.0
299	29.9	59.8	89.7	119.6	149.5	179.4	209.3	239.2	269.1
298	29.8	59.6	89.4	119.2	149.0	178.8	208.6	238.4	268.2
297	29.7	59.4	89.1	118.8	148.5	178.2	207.9	237.6	267.3
296	29.6	59.2	88.8	118.4	148.0	177.6	207.2	236.8	266.4
295	29.5	59.0	88.5	118.0	147.5	177.0	206.5	236.0	265.5
294	29.4	58.8	88.2	117.6	147.0	176.4	205.8	235.2	264.6
293	29.3	58.6	87.9	117.2	146.5	175.8	205.1	234.4	263.7
292	29.2	58.4	87.6	116.8	146.0	175.2	204.4	233.6	262.8
291	29.1	58.2	87.3	116.4	145.5	174.6	203.7	232.8	261.9
290	29.0	58.0	87.0	116.0	145.0	174.0	203.0	232.0	261.0

TABELLE I. Sechsstellige Mantissen

N.	0	1	2	3	4	5	6	7	8	9	Diff.
150	17 6091	6381	6670	6959	7248	7536	7825	8113	8401	8689	289
1	8977	9264	9552	9839	*0126	*0413	*0699	*0986	*1272	*1558	287
2	18 1844	2129	2415	2700	2985	3270	3555	3839	4123	4407	285
3	4691	4975	5259	5542	5825	6108	6391	6674	6956	7239	283
4	7521	7803	8084	8366	8647	8928	9209	9490	9771	*0051	281
155	19 0332	0612	0892	1171	1451	1730	2010	2289	2567	2846	279
6	3125	3403	3681	3959	4237	4514	4792	5069	5346	5623	278
7	5900	6176	6453	6729	7005	7281	7556	7832	8107	8382	276
8	8657	8932	9206	9481	9755	*0029	*0303	*0577	*0850	*1124	274
9	20 1397	1670	1943	2216	2488	2761	3033	3305	3577	3848	272
160	20 4120	4391	4663	4934	5204	5475	5746	6016	6286	6556	271
1	6826	7096	7365	7634	7904	8173	8441	8710	8979	9247	269
2	9515	9783	*0051	*0319	*0586	*0853	*1121	*1388	*1654	*1921	267
3	21 2188	2454	2720	2986	3252	3518	3783	4049	4314	4579	266
4	4844	5109	5373	5638	5902	6166	6430	6694	6957	7221	264
165	21 7484	7747	8010	8273	8536	8798	9060	9323	9585	9846	262
6	22 0108	0370	0631	0892	1153	1414	1675	1936	2196	2456	261
7	2716	2976	3236	3496	3755	4015	4274	4533	4792	5051	259
8	5309	5568	5826	6084	6342	6600	6858	7115	7372	7630	258
9	7887	8144	8400	8657	8913	9170	9426	9682	9938	*0193	256

Proportionalanteile

Diff.	1	2	3	4	5	6	7	8	9
290	29.0	58.0	87.0	116.0	145.0	174.0	203.0	232.0	261.0
289	28.9	57.8	86.7	115.6	144.5	173.4	202.3	231.2	260.1
288	28.8	57.6	86.4	115.2	144.0	172.8	201.6	230.4	259.2
287	28.7	57.4	86.1	114.8	143.5	172.2	200.9	229.6	258.3
286	28.6	57.2	85.8	114.4	143.0	171.6	200.2	228.8	257.4
285	28.5	57.0	85.5	114.0	142.5	171.0	199.5	228.0	256.5
284	28.4	56.8	85.2	113.6	142.0	170.4	198.8	227.2	255.6
283	28.3	56.6	84.9	113.2	141.5	169.8	198.1	226.4	254.7
282	28.2	56.4	84.6	112.8	141.0	169.2	197.4	225.6	253.8
281	28.1	56.2	84.3	112.4	140.5	168.6	196.7	224.8	252.9
280	28.0	56.0	84.0	112.0	140.0	168.0	196.0	224.0	252.0
279	27.9	55.8	83.7	111.6	139.5	167.4	195.3	223.2	251.1
278	27.8	55.6	83.4	111.2	139.0	166.8	194.6	222.4	250.2
277	27.7	55.4	83.1	110.8	138.5	166.2	193.9	221.6	249.3
276	27.6	55.2	82.8	110.4	138.0	165.6	193.2	220.8	248.4
275	27.5	55.0	82.5	110.0	137.5	165.0	192.5	220.0	247.5
274	27.4	54.8	82.2	109.6	137.0	164.4	191.8	219.2	246.6
273	27.3	54.6	81.9	109.2	136.5	163.8	191.1	218.4	245.7
272	27.2	54.4	81.6	108.8	136.0	163.2	190.4	217.6	244.8
271	27.1	54.2	81.3	108.4	135.5	162.6	189.7	216.8	243.9
270	27.0	54.0	81.0	108.0	135.0	162.0	189.0	216.0	243.0
269	26.9	53.8	80.7	107.6	134.5	161.4	188.3	215.2	242.1
268	26.8	53.6	80.4	107.2	134.0	160.8	187.6	214.4	241.2
267	26.7	53.4	80.1	106.8	133.5	160.2	186.9	213.6	240.3
266	26.6	53.2	79.8	106.4	133.0	159.6	186.2	212.8	239.4
265	26.5	53.0	79.5	106.0	132.5	159.0	185.5	212.0	238.5
264	26.4	52.8	79.2	105.6	132.0	158.4	184.8	211.2	237.6
263	26.3	52.6	78.9	105.2	131.5	157.8	184.1	210.4	236.7
262	26.2	52.4	78.6	104.8	131.0	157.2	183.4	209.6	235.8
261	26.1	52.2	78.3	104.4	130.5	156.6	182.7	208.8	234.9
260	26.0	52.0	78.0	104.0	130.0	156.0	182.0	208.0	234.0
259	25.9	51.8	77.7	103.6	129.5	155.4	181.3	207.2	233.1
258	25.8	51.6	77.4	103.2	129.0	154.8	180.6	206.4	232.2
257	25.7	51.4	77.1	102.8	128.5	154.2	179.9	205.6	231.3
256	25.6	51.2	76.8	102.4	128.0	153.6	179.2	204.8	230.4
255	25.5	51.0	76.5	102.0	127.5	153.0	178.5	204.0	229.5

TABELLE I. Sechstellige Mantissen

N.	0	1	2	3	4	5	6	7	8	9	Diff.
170	23 0449	0704	0960	1215	1470	1724	1979	2234	2488	2742	255
1	2996	3250	3504	3757	4011	4264	4517	4770	5023	5276	253
2	5528	5781	6033	6285	6537	6789	7041	7292	7544	7795	252
3	8046	8297	8548	8799	9049	9299	9550	9800	*0050	*0300	250
4	24 0549	0799	1048	1297	1546	1795	2044	2293	2541	2790	249
175	24 3038	3286	3534	3782	4030	4277	4525	4772	5019	5266	248
6	5513	5759	6006	6252	6499	6745	6991	7237	7482	7728	246
7	7973	8219	8464	8709	8954	9198	9443	9687	9932	*0176	245
8	25 0420	0664	0908	1151	1395	1638	1881	2125	2368	2610	243
9	2853	3096	3338	3580	3822	4064	4306	4548	4790	5031	242
180	25 5273	5514	5755	5996	6237	6477	6718	6958	7198	7439	241
1	7679	7918	8158	8398	8637	8877	9116	9355	9594	9833	239
2	26 0071	0310	0548	0787	1025	1263	1501	1739	1976	2214	238
3	2451	2688	2925	3162	3399	3636	3873	4109	4346	4582	237
4	4818	5054	5290	5525	5761	5996	6232	6467	6702	6937	235
185	26 7172	7406	7641	7875	8110	8344	8578	8812	9046	9279	234
6	9513	9746	9980	*0213	*0446	*0679	*0912	*1144	*1377	*1609	233
7	27 1842	2074	2306	2538	2770	3001	3233	3464	3696	3927	232
8	4158	4389	4620	4850	5081	5311	5542	5772	6002	6232	230
9	6462	6692	6921	7151	7380	7609	7838	8067	8296	8525	229
190	27 8754	8982	9211	9439	9667	9895	*0123	*0351	*0578	*0806	228
1	28 1033	1261	1488	1715	1942	2169	2396	2622	2849	3075	227
2	3301	3527	3753	3979	4205	4431	4656	4882	5107	5332	226
3	5557	5782	6007	6232	6456	6681	6905	7130	7354	7578	225
4	7802	8026	8249	8473	8696	8920	9143	9366	9589	9812	223

Proportionalanteile

Diff.	1	2	3	4	5	6	7	8	9
255	25.5	51.0	76.5	102.0	127.5	153.0	178.5	204.0	229.5
254	25.4	50.8	76.2	101.6	127.0	152.4	177.8	203.2	228.6
253	25.3	50.6	75.9	101.2	126.5	151.8	177.1	202.4	227.7
252	25.2	50.4	75.6	100.8	126.0	151.2	176.4	201.6	226.8
251	25.1	50.2	75.3	100.4	125.5	150.6	175.7	200.8	225.9
250	25.0	50.0	75.0	100.0	125.0	150.0	175.0	200.0	225.0
249	24.9	49.8	74.7	99.6	124.5	149.4	174.3	199.2	224.1
248	24.8	49.6	74.4	99.2	124.0	148.8	173.6	198.4	223.2
247	24.7	49.4	74.1	98.8	123.5	148.2	172.9	197.6	222.3
246	24.6	49.2	73.8	98.4	123.0	147.6	172.2	196.8	221.4
245	24.5	49.0	73.5	98.0	122.5	147.0	171.5	196.0	220.5
244	24.4	48.8	73.2	97.6	122.0	146.4	170.8	195.2	219.6
243	24.3	48.6	72.9	97.2	121.5	145.8	170.1	194.4	218.7
242	24.2	48.4	72.6	96.8	121.0	145.2	169.4	193.6	217.8
241	24.1	48.2	72.3	96.4	120.5	144.6	168.7	192.8	216.9
240	24.0	48.0	72.0	96.0	120.0	144.0	168.0	192.0	216.0
239	23.9	47.8	71.7	95.6	119.5	143.4	167.3	191.2	215.1
238	23.8	47.6	71.4	95.2	119.0	142.8	166.6	190.4	214.2
237	23.7	47.4	71.1	94.8	118.5	142.2	165.9	189.6	213.3
236	23.6	47.2	70.8	94.4	118.0	141.6	165.2	188.8	212.4
235	23.5	47.0	70.5	94.0	117.5	141.0	164.5	188.0	211.5
234	23.4	46.8	70.2	93.6	117.0	140.4	163.8	187.2	210.6
233	23.3	46.6	69.9	93.2	116.5	139.8	163.1	186.4	209.7
232	23.2	46.4	69.6	92.8	116.0	139.2	162.4	185.6	208.8
231	23.1	46.2	69.3	92.4	115.5	138.6	161.7	184.8	207.9
230	23.0	46.0	69.0	92.0	115.0	138.0	161.0	184.0	207.0
229	22.9	45.8	68.7	91.6	114.5	137.4	160.3	183.2	206.1
228	22.8	45.6	68.4	91.2	114.0	136.8	159.6	182.4	205.2
227	22.7	45.4	68.1	90.8	113.5	136.2	158.9	181.6	204.3
226	22.6	45.2	67.8	90.4	113.0	135.6	158.2	180.8	203.4
225	22.5	45.0	67.5	90.0	112.5	135.0	157.5	180.0	202.5
224	22.4	44.8	67.2	89.6	112.0	134.4	156.8	179.2	201.6
223	22.3	44.6	66.9	89.2	111.5	133.8	156.1	178.4	200.7

TABELLE I. Sechsstellige Mantissen

N.	0	1	2	3	4	5	6	7	8	9	Diff.
195	29 0035	0257	0480	0702	0925	1147	1369	1591	1813	2034	222
6	2256	2478	2699	2920	3141	3363	3584	3804	4025	4246	221
7	4466	4687	4907	5127	5347	5567	5787	6007	6226	6446	220
8	6665	6884	7104	7323	7542	7761	7979	8198	8416	8635	219
9	8853	9071	9289	9507	9725	9943	*0161	*0378	*0595	*0813	218
200	30 1030	1247	1464	1681	1898	2114	2331	2547	2764	2980	217
1	3196	3412	3628	3844	4059	4275	4491	4706	4921	5136	216
2	5351	5566	5781	5996	6211	6425	6639	6854	7068	7282	215
3	7496	7710	7924	8137	8351	8564	8778	8991	9204	9417	213
4	9630	9843	*0056	*0268	*0481	*0693	*0906	*1118	*1330	*1542	212
205	31 1754	1966	2177	2389	2600	2812	3023	3234	3445	3656	211
6	3867	4078	4289	4499	4710	4920	5130	5340	5551	5760	210
7	5970	6180	6390	6599	6809	7018	7227	7436	7646	7854	209
8	8063	8272	8481	8689	8898	9106	9314	9522	9730	9938	208
9	32 0146	0354	0562	0769	0977	1184	1391	1598	1805	2012	207
210	32 2219	2426	2633	2839	3046	3252	3458	3665	3871	4077	206
1	4282	4488	4694	4899	5105	5310	5516	5721	5926	6131	205
2	6336	6541	6745	6950	7155	7359	7563	7767	7972	8176	204
3	8380	8583	8787	8991	9194	9398	9601	9805	*0008	*0211	203
4	33 0414	0617	0819	1022	1225	1427	1630	1832	2034	2236	202
215	33 2438	2640	2842	3044	3246	3447	3649	3850	4051	4253	202
6	4454	4655	4856	5057	5257	5458	5658	5859	6059	6260	201
7	6460	6660	6860	7060	7260	7459	7659	7858	8058	8257	200
8	8456	8656	8855	9054	9253	9451	9650	9849	*0047	*0246	199
9	34 0444	0642	0841	1039	1237	1435	1632	1830	2028	2225	198

Proportionalanteile

Diff.	1	2	3	4	5	6	7	8	9
223	22.3	44.6	66.9	89.2	111.5	133.8	156.1	178.4	200.7
222	22.2	44.4	66.6	88.8	111.0	133.2	155.4	177.6	199.8
221	22.1	44.2	66.3	88.4	110.5	132.6	154.7	176.8	198.9
220	22.0	44.0	66.0	88.0	110.0	132.0	154.0	176.0	198.0
219	21.9	43.8	65.7	87.6	109.5	131.4	153.3	175.2	197.1
218	21.8	43.6	65.4	87.2	109.0	130.8	152.6	174.4	196.2
217	21.7	43.4	65.1	86.8	108.5	130.2	151.9	173.6	195.3
216	21.6	43.2	64.8	86.4	108.0	129.6	151.2	172.8	194.4
215	21.5	43.0	64.5	86.0	107.5	129.0	150.5	172.0	193.5
214	21.4	42.8	64.2	85.6	107.0	128.4	149.8	171.2	192.6
213	21.3	42.6	63.9	85.2	106.5	127.8	149.1	170.4	191.7
212	21.2	42.4	63.6	84.8	106.0	127.2	148.4	169.6	190.8
211	21.1	42.2	63.3	84.4	105.5	126.6	147.7	168.8	189.9
210	21.0	42.0	63.0	84.0	105.0	126.0	147.0	168.0	189.0
209	20.9	41.8	62.7	83.6	104.5	125.4	146.3	167.2	188.1
208	20.8	41.6	62.4	83.2	104.0	124.8	145.6	166.4	187.2
207	20.7	41.4	62.1	82.8	103.5	124.2	144.9	165.6	186.3
206	20.6	41.2	61.8	82.4	103.0	123.6	144.2	164.8	185.4
205	20.5	41.0	61.5	82.0	102.5	123.0	143.5	164.0	184.5
204	20.4	40.8	61.2	81.6	102.0	122.4	142.8	163.2	183.6
203	20.3	40.6	60.9	81.2	101.5	121.8	142.1	162.4	182.7
202	20.2	40.4	60.6	80.8	101.0	121.2	141.4	161.6	181.8
201	20.1	40.2	60.3	80.4	100.5	120.6	140.7	160.8	180.9
200	20.0	40.0	60.0	80.0	100.0	120.0	140.0	160.0	180.0
199	19.9	39.8	59.7	79.6	99.5	119.4	139.3	159.2	179.1
198	19.8	39.6	59.4	79.2	99.0	118.8	138.6	158.4	178.2
197	19.7	39.4	59.1	78.8	98.5	118.2	137.9	157.6	177.3

TABELLE I. Sechsstellige Mantissen

N.	0	1	2	3	4	5	6	7	8	9	Diff.
220	34 2423	2620	2817	3014	3212	3409	3606	3802	3999	4196	197
1	4392	4589	4785	4981	5178	5374	5570	5766	5962	6157	196
2	6353	6549	6744	6939	7135	7330	7525	7720	7915	8110	195
3	8305	8500	8694	8889	9083	9278	9472	9666	9860	*0054	194
4	35 0248	0442	0636	0829	1023	1216	1410	1603	1796	1989	193
225	35 2183	2375	2568	2761	2954	3147	3339	3532	3724	3916	193
6	4108	4301	4493	4685	4876	5068	5260	5452	5643	5834	192
7	6026	6217	6408	6599	6790	6981	7172	7363	7554	7744	191
8	7935	8125	8316	8506	8696	8886	9076	9266	9456	9646	190
9	9835	*0025	*0215	*0404	*0593	*0783	*0972	*1161	*1350	*1539	189
230	36 1728	1917	2105	2294	2482	2671	2859	3048	3236	3424	188
1	3612	3800	3988	4176	4363	4551	4739	4926	5113	5301	188
2	5488	5675	5862	6049	6236	6423	6610	6796	6983	7169	187
3	7356	7542	7729	7915	8101	8287	8473	8659	8845	9030	186
4	9216	9401	9587	9772	9958	*0143	*0328	*0513	*0698	*0883	185
235	37 1068	1253	1437	1622	1806	1991	2175	2360	2544	2728	184
6	2912	3096	3280	3464	3647	3831	4015	4198	4382	4565	184
7	4748	4932	5115	5298	5481	5664	5846	6029	6212	6394	183
8	6577	6759	6942	7124	7306	7488	7670	7852	8034	8216	182
9	8398	8580	8761	8943	9124	9306	9487	9668	9849	*0030	181
240	38 0211	0392	0573	0754	0934	1115	1296	1476	1656	1837	181
1	2017	2197	2377	2557	2737	2917	3097	3277	3456	3636	180
2	3815	3995	4174	4353	4533	4712	4891	5070	5249	5428	179
3	5606	5785	5964	6142	6321	6499	6677	6856	7034	7212	178
4	7390	7568	7746	7923	8101	8279	8456	8634	8811	8989	178
245	38 9166	9343	9520	9698	9875	*0051	*0228	*0405	*0582	*0759	177
6	39 0935	1112	1288	1464	1641	1817	1993	2169	2345	2521	176
7	2697	2873	3048	3224	3400	3575	3751	3926	4101	4277	176
8	4452	4627	4802	4977	5152	5326	5501	5676	5850	6025	175
9	6199	6374	6548	6722	6896	7071	7245	7419	7592	7766	174

Proportionalanteile

Diff.	1	2	3	4	5	6	7	8	9
198	19.8	39.6	59.4	79.2	99.0	118.8	138.6	158.4	178.2
197	19.7	39.4	59.1	78.8	98.5	118.2	137.9	157.6	177.3
196	19.6	39.2	58.8	78.4	98.0	117.6	137.2	156.8	176.4
195	19.5	39.0	58.5	78.0	97.5	117.0	136.5	156.0	175.5
194	19.4	38.8	58.2	77.6	97.0	116.4	135.8	155.2	174.6
193	19.3	38.6	57.9	77.2	96.5	115.8	135.1	154.4	173.7
192	19.2	38.4	57.6	76.8	96.0	115.2	134.4	153.6	172.8
191	19.1	38.2	57.3	76.4	95.5	114.6	133.7	152.8	171.9
190	19.0	38.0	57.0	76.0	95.0	114.0	133.0	152.0	171.0
189	18.9	37.8	56.7	75.6	94.5	113.4	132.3	151.2	170.1
188	18.8	37.6	56.4	75.2	94.0	112.8	131.6	150.4	169.2
187	18.7	37.4	56.1	74.8	93.5	112.2	130.9	149.6	168.3
186	18.6	37.2	55.8	74.4	93.0	111.6	130.2	148.8	167.4
185	18.5	37.0	55.5	74.0	92.5	111.0	129.5	148.0	166.5
184	18.4	36.8	55.2	73.6	92.0	110.4	128.8	147.2	165.6
183	18.3	36.6	54.9	73.2	91.5	109.8	128.1	146.4	164.7
182	18.2	36.4	54.6	72.8	91.0	109.2	127.4	145.6	163.8
181	18.1	36.2	54.3	72.4	90.5	108.6	126.7	144.8	162.9
180	18.0	36.0	54.0	72.0	90.0	108.0	126.0	144.0	162.0
179	17.9	35.8	53.7	71.6	89.5	107.4	125.3	143.2	161.1
178	17.8	35.6	53.4	71.2	89.0	106.8	124.6	142.4	160.2
177	17.7	35.4	53.1	70.8	88.5	106.2	123.9	141.6	159.3
176	17.6	35.2	52.8	70.4	88.0	105.6	123.2	140.8	158.4
175	17.5	35.0	52.5	70.0	87.5	105.0	122.5	140.0	157.5
174	17.4	34.8	52.2	69.6	87.0	104.4	121.8	139.2	156.6
173	17.3	34.6	51.9	69.2	86.5	103.8	121.1	138.4	155.7

TABELLE I. Sechsstellige Mantissen

N.	0	1	2	3	4	5	6	7	8	9	Diff.
250	39 7940	8114	8287	8461	8634	8808	8981	9154	9328	9501	173
1	9674	9847	*0020	*0192	*0365	*0538	*0711	*0883	*1056	*1228	173
2	40 1401	1573	1745	1917	2089	2261	2433	2605	2777	2949	172
3	3121	3292	3464	3635	3807	3978	4149	4320	4492	4663	171
4	4834	5005	5176	5346	5517	5688	5858	6029	6199	6370	171
255	40 6540	6710	6881	7051	7221	7391	7561	7731	7901	8070	170
6	8240	8410	8579	8749	8918	9087	9257	9426	9595	9764	169
7	9933	*0102	*0271	*0440	*0609	*0777	*0946	*1114	*1283	*1451	169
8	41 1620	1788	1956	2124	2293	2461	2629	2796	2964	3132	168
9	3300	3467	3635	3803	3970	4137	4305	4472	4639	4806	167
260	41 4973	5140	5307	5474	5641	5808	5974	6141	6308	6474	167
1	6641	6807	6973	7139	7306	7472	7638	7804	7970	8135	166
2	8301	8467	8633	8798	8964	9129	9295	9460	9625	9791	165
3	9956	*0121	*0286	*0451	*0616	*0781	*0945	*1110	*1275	*1439	165
4	42 1604	1768	1933	2097	2261	2426	2590	2754	2918	3082	164
265	42 3246	3410	3574	3737	3901	4065	4228	4392	4555	4718	164
6	4882	5045	5208	5371	5534	5697	5860	6023	6186	6349	163
7	6511	6674	6836	6999	7161	7324	7486	7648	7811	7973	162
8	8135	8297	8459	8621	8783	8944	9106	9268	9429	9591	162
9	9752	9914	*0075	*0236	*0398	*0559	*0720	*0881	*1042	*1203	161
270	43 1364	1525	1685	1846	2007	2167	2328	2488	2649	2809	161
1	2969	3130	3290	3450	3610	3770	3930	4090	4249	4409	160
2	4569	4729	4888	5048	5207	5367	5526	5685	5844	6004	159
3	6163	6322	6481	6640	6799	6957	7116	7275	7433	7592	159
4	7751	7909	8067	8226	8384	8542	8701	8859	9017	9175	158
275	43 9333	9491	9648	9806	9964	*0122	*0279	*0437	*0594	*0752	158
6	44 0909	1066	1224	1381	1538	1695	1852	2009	2166	2323	157
7	2480	2637	2793	2950	3106	3263	3419	3576	3732	3889	157
8	4045	4201	4357	4513	4669	4825	4981	5137	5293	5449	156
9	5604	5760	5915	6071	6226	6382	6537	6692	6848	7003	155

Proportionalanteile

Diff.	1	2	3	4	5	6	7	8	9
174	17.4	34.8	52.2	69.6	87.0	104.4	121.8	139.2	156.6
173	17.3	34.6	51.9	69.2	86.5	103.8	121.1	138.4	155.7
172	17.2	34.4	51.6	68.8	86.0	103.2	120.4	137.6	154.8
171	17.1	34.2	51.3	68.4	85.5	102.6	119.7	136.8	153.9
170	17.0	34.0	51.0	68.0	85.0	102.0	119.0	136.0	153.0
169	16.9	33.8	50.7	67.6	84.5	101.4	118.3	135.2	152.1
168	16.8	33.6	50.4	67.2	84.0	100.8	117.6	134.4	151.2
167	16.7	33.4	50.1	66.8	83.5	100.2	116.9	133.6	150.3
166	16.6	33.2	49.8	66.4	83.0	99.6	116.2	132.8	149.4
165	16.5	33.0	49.5	66.0	82.5	99.0	115.5	132.0	148.5
164	16.4	32.8	49.2	65.6	82.0	98.4	114.8	131.2	147.6
163	16.3	32.6	48.9	65.2	81.5	97.8	114.1	130.4	146.7
162	16.2	32.4	48.6	64.8	81.0	97.2	113.4	129.6	145.8
161	16.1	32.2	48.3	64.4	80.5	96.6	112.7	128.8	144.9
160	16.0	32.0	48.0	64.0	80.0	96.0	112.0	128.0	144.0
159	15.9	31.8	47.7	63.6	79.5	95.4	111.3	127.2	143.1
158	15.8	31.6	47.4	63.2	79.0	94.8	110.6	126.4	142.2
157	15.7	31.4	47.1	62.8	78.5	94.2	109.9	125.6	141.3
156	15.6	31.2	46.8	62.4	78.0	93.6	109.2	124.8	140.4
155	15.5	31.0	46.5	62.0	77.5	93.0	108.5	124.0	139.5

TABELLE I. Sechsstellige Mantissen

N.	0	1	2	3	4	5	6	7	8	9	Diff.
280	44 7158	7313	7468	7623	7778	7933	8088	8242	8397	8552	155
1	8706	8861	9015	9170	9324	9478	9633	9787	9941	*0095	154
2	45 0249	0403	0557	0711	0865	1018	1172	1326	1479	1633	154
3	1786	1940	2093	2247	2400	2553	2706	2859	3012	3165	153
4	3318	3471	3624	3777	3930	4082	4235	4387	4540	4692	153
285	45 4845	4997	5150	5302	5454	5606	5758	5910	6062	6214	152
6	6366	6518	6670	6821	6973	7125	7276	7428	7579	7731	152
7	7882	8033	8184	8336	8487	8638	8789	8940	9091	9242	151
8	9392	9543	9694	9845	9995	*0146	*0296	*0447	*0597	*0748	151
9	46 0898	1048	1198	1348	1499	1649	1799	1948	2098	2248	150
290	46 2398	2548	2697	2847	2997	3146	3296	3445	3594	3744	150
1	3893	4042	4191	4340	4490	4639	4788	4936	5085	5234	149
2	5383	5532	5680	5829	5977	6126	6274	6423	6571	6719	149
3	6868	7016	7164	7312	7460	7608	7756	7904	8052	8200	148
4	8347	8495	8643	8790	8938	9085	9233	9380	9527	9675	148
295	46 9822	9969	*0116	*0263	*0410	*0557	*0704	*0851	*0998	*1145	147
6	47 1292	1438	1585	1732	1878	2025	2171	2318	2464	2610	146
7	2756	2903	3049	3195	3341	3487	3633	3779	3925	4071	146
8	4216	4362	4508	4653	4799	4944	5090	5235	5381	5526	146
9	5671	5816	5962	6107	6252	6397	6542	6687	6832	6976	145
300	47 7121	7266	7411	7555	7700	7844	7989	8133	8278	8422	145
1	8566	8711	8855	8999	9143	9287	9431	9575	9719	9863	144
2	48 0007	0151	0294	0438	0582	0725	0869	1012	1156	1299	144
3	1443	1586	1729	1872	2016	2159	2302	2445	2588	2731	143
4	2874	3016	3159	3302	3445	3587	3730	3872	4015	4157	143
305	48 4300	4442	4585	4727	4869	5011	5153	5295	5437	5579	142
6	5721	5863	6005	6147	6289	6430	6572	6714	6855	6997	142
7	7138	7280	7421	7563	7704	7845	7986	8127	8269	8410	141
8	8551	8692	8833	8974	9114	9255	9396	9537	9677	9818	141
9	9958	*0099	*0239	*0380	*0520	*0661	*0801	*0941	*1081	*1222	140
310	49 1362	1502	1642	1782	1922	2062	2201	2341	2481	2621	140
1	2760	2900	3040	3179	3319	3458	3597	3737	3876	4015	139
2	4155	4294	4433	4572	4711	4850	4989	5128	5267	5406	139
3	5544	5683	5822	5960	6099	6238	6376	6515	6653	6791	139
4	6930	7068	7206	7344	7483	7621	7759	7897	8035	8173	138

Proportionalanteile

Diff.	1	2	3	4	5	6	7	8	9
155	15.5	31.0	46.5	62.0	77.5	93.0	108.5	124.0	139.5
154	15.4	30.8	46.2	61.6	77.0	92.4	107.8	123.2	138.6
153	15.3	30.6	45.9	61.2	76.5	91.8	107.1	122.4	137.7
152	15.2	30.4	45.6	60.8	76.0	91.2	106.4	121.6	136.8
151	15.1	30.2	45.3	60.4	75.5	90.6	105.7	120.8	135.9
150	15.0	30.0	45.0	60.0	75.0	90.0	105.0	120.0	135.0
149	14.9	29.8	44.7	59.6	74.5	89.4	104.3	119.2	134.1
148	14.8	29.6	44.4	59.2	74.0	88.8	103.6	118.4	133.2
147	14.7	29.4	44.1	58.8	73.5	88.2	102.9	117.6	132.3
146	14.6	29.2	43.8	58.4	73.0	87.6	102.2	116.8	131.4
145	14.5	29.0	43.5	58.0	72.5	87.0	101.5	116.0	130.5
144	14.4	28.8	43.2	57.6	72.0	86.4	100.8	115.2	129.6
143	14.3	28.6	42.9	57.2	71.5	85.8	100.1	114.4	128.7
142	14.2	28.4	42.6	56.8	71.0	85.2	99.4	113.6	127.8
141	14.1	28.2	42.3	56.4	70.5	84.6	98.7	112.8	126.9
140	14.0	28.0	42.0	56.0	70.0	84.0	98.0	112.0	126.0
139	13.9	27.8	41.7	55.6	69.5	83.4	97.3	111.2	125.1
138	13.8	27.6	41.4	55.2	69.0	82.8	96.6	110.4	124.2

TABELLE I. Sechsstellige Mantissen

N.	0	1	2	3	4	5	6	7	8	9	Diff.
315	49 8311	8448	8586	8724	8862	8999	9137	9275	9412	9550	138
6	9687	9824	9962	*0099	*0236	*0374	*0511	*0648	*0785	*0922	137
7	50 1059	1196	1333	1470	1607	1744	1880	2017	2154	2291	137
8	2427	2564	2700	2837	2973	3109	3246	3382	3518	3655	136
9	3791	3927	4063	4199	4335	4471	4607	4743	4878	5014	136
320	50 5150	5286	5421	5557	5693	5828	5964	6099	6234	6370	136
1	6505	6640	6776	6911	7046	7181	7316	7451	7586	7721	135
2	7856	7991	8126	8260	8395	8530	8664	8799	8934	9068	135
3	9203	9337	9471	9606	9740	9874	*0009	*0143	*0277	*0411	134
4	51 0545	0679	0813	0947	1081	1215	1349	1482	1616	1750	134
325	51 1883	2017	2151	2284	2418	2551	2684	2818	2951	3084	133
6	3218	3351	3484	3617	3750	3883	4016	4149	4282	4415	133
7	4548	4681	4813	4946	5079	5211	5344	5476	5609	5741	133
8	5874	6006	6139	6271	6403	6535	6668	6800	6932	7064	132
9	7196	7328	7460	7592	7724	7855	7987	8119	8251	8382	132
330	51 8514	8646	8777	8909	9040	9171	9303	9434	9566	9697	131
1	9828	9959	*0090	*0221	*0353	*0484	*0615	*0745	*0876	*1007	131
2	52 1138	1269	1400	1530	1661	1792	1922	2053	2183	2314	131
3	2444	2575	2705	2835	2966	3096	3226	3356	3486	3616	130
4	3746	3876	4006	4136	4266	4396	4526	4656	4785	4915	130
335	52 5045	5174	5304	5434	5563	5693	5822	5951	6081	6210	129
6	6339	6469	6598	6727	6856	6985	7114	7243	7372	7501	129
7	7630	7759	7888	8016	8145	8274	8402	8531	8660	8788	129
8	8917	9045	9174	9302	9430	9559	9687	9815	9943	*0072	128
9	53 0200	0328	0456	0584	0712	0840	0968	1096	1223	1351	128
340	53 1479	1607	1734	1862	1990	2117	2245	2372	2500	2627	128
1	2754	2882	3009	3136	3264	3391	3518	3645	3772	3899	127
2	4026	4153	4280	4407	4534	4661	4787	4914	5041	5167	127
3	5294	5421	5547	5674	5800	5927	6053	6180	6306	6432	126
4	6558	6685	6811	6937	7063	7189	7315	7441	7567	7693	126
345	53 7819	7945	8071	8197	8322	8448	8574	8699	8825	8951	126
6	9076	9202	9327	9452	9578	9703	9829	9954	*0079	*0204	125
7	54 0329	0455	0580	0705	0830	0955	1080	1205	1330	1454	125
8	1579	1704	1829	1953	2078	2203	2327	2452	2576	2701	125
9	2825	2950	3074	3199	3323	3447	3571	3696	3820	3944	124

Proportionalanteile

Diff.	1	2	3	4	5	6	7	8	9
138	13.8	27.6	41.4	55.2	69.0	82.8	96.6	110.4	124.2
137	13.7	27.4	41.1	54.8	68.5	82.2	95.9	109.6	123.3
136	13.6	27.2	40.8	54.4	68.0	81.6	95.2	108.8	122.4
135	13.5	27.0	40.5	54.0	67.5	81.0	94.5	108.0	121.5
134	13.4	26.8	40.2	53.6	67.0	80.4	93.8	107.2	120.6
133	13.3	26.6	39.9	53.2	66.5	79.8	93.1	106.4	119.7
132	13.2	26.4	39.6	52.8	66.0	79.2	92.4	105.6	118.8
131	13.1	26.2	39.3	52.4	65.5	78.6	91.7	104.8	117.9
130	13.0	26.0	39.0	52.0	65.0	78.0	91.0	104.0	117.0
129	12.9	25.8	38.7	51.6	64.5	77.4	90.3	103.2	116.1
128	12.8	25.6	38.4	51.2	64.0	76.8	89.6	102.4	115.2
127	12.7	25.4	38.1	50.8	63.5	76.2	88.9	101.6	114.3
126	12.6	25.2	37.8	50.4	63.0	75.6	88.2	100.8	113.4
125	12.5	25.0	37.5	50.0	62.5	75.0	87.5	100.0	112.5
124	12.4	24.8	37.2	49.6	62.0	74.4	86.8	99.2	111.6

TABELLE I. Sechsstellige Mantissen

N.	0	1	2	3	4	5	6	7	8	9	Diff.
350	54 4068	4192	4316	4440	4564	4688	4812	4936	5060	5183	124
1	5307	5431	5555	5678	5802	5925	6049	6172	6296	6419	124
2	6543	6666	6789	6913	7036	7159	7282	7405	7529	7652	123
3	7775	7898	8021	8144	8267	8389	8512	8635	8758	8881	123
4	9003	9126	9249	9371	9494	9616	9739	9861	9984	*0106	123
355	55 0228	0351	0473	0595	0717	0840	0962	1084	1206	1328	122
6	1450	1572	1694	1816	1938	2060	2181	2303	2425	2547	122
7	2668	2790	2911	3033	3155	3276	3398	3519	3640	3762	121
8	3883	4004	4126	4247	4368	4489	4610	4731	4852	4973	121
9	5094	5215	5336	5457	5578	5699	5820	5940	6061	6182	121
360	55 6303	6423	6544	6664	6785	6905	7026	7146	7267	7387	120
1	7507	7627	7748	7868	7988	8108	8228	8349	8469	8589	120
2	8709	8829	8948	9068	9188	9308	9428	9548	9667	9787	120
3	9907	*0026	*0146	*0265	*0385	*0504	*0624	*0743	*0863	*0982	119
4	56 1101	1221	1340	1459	1578	1698	1817	1936	2055	2174	119
365	56 2293	2412	2531	2650	2769	2887	3006	3125	3244	3362	119
6	3481	3600	3718	3837	3955	4074	4192	4311	4429	4548	119
7	4666	4784	4903	5021	5139	5257	5376	5494	5612	5730	118
8	5848	5966	6084	6202	6320	6437	6555	6673	6791	6909	118
9	7026	7144	7262	7379	7497	7614	7732	7849	7967	8084	118
370	56 8202	8319	8436	8554	8671	8788	8905	9023	9140	9257	117
1	9374	9491	9608	9725	9842	9959	*0076	*0193	*0309	*0426	117
2	57 0543	0660	0776	0893	1010	1126	1243	1359	1476	1592	117
3	1709	1825	1942	2058	2174	2291	2407	2523	2639	2755	116
4	2872	2988	3104	3220	3336	3452	3568	3684	3800	3915	116
375	57 4031	4147	4263	4379	4494	4610	4726	4841	4957	5072	116
6	5188	5303	5419	5534	5650	5765	5880	5996	6111	6226	115
7	6341	6457	6572	6687	6802	6917	7032	7147	7262	7377	
8	7492	7607	7722	7836	7951	8066	8181	8295	8410	8525	
9	8639	8754	8868	8983	9097	9212	9326	9441	9555	9669	114
380	57 9784	9898	*0012	*0126	*0241	*0355	*0469	*0583	*0697	*0811	
1	58 0925	1039	1153	1267	1381	1495	1608	1722	1836	1950	
2	2063	2177	2291	2404	2518	2631	2745	2858	2972	3085	
3	3199	3312	3426	3539	3652	3765	3879	3992	4105	4218	113
4	4331	4444	4557	4670	4783	4896	5009	5122	5235	5348	
385	58 5461	5574	5686	5799	5912	6024	6137	6250	6362	6475	
6	6587	6700	6812	6925	7037	7149	7262	7374	7486	7599	112
7	7711	7823	7935	8047	8160	8272	8384	8496	8608	8720	
8	8832	8944	9056	9167	9279	9391	9503	9615	9726	9838	
9	9950	*0061	*0173	*0284	*0396	*0507	*0619	*0730	*0842	*0953	

Proportionalanteile

Diff.	1	2	3	4	5	6	7	8	9
124	12.4	24.8	37.2	49.6	62.0	74.4	86.8	99.2	111.6
123	12.3	24.6	36.9	49.2	61.5	73.8	86.1	98.4	110.7
122	12.2	24.4	36.6	48.8	61.0	73.2	85.4	97.6	109.8
121	12.1	24.2	36.3	48.4	60.5	72.6	84.7	96.8	108.9
120	12.0	24.0	36.0	48.0	60.0	72.0	84.0	96.0	108.0
119	11.9	23.8	35.7	47.6	59.5	71.4	83.3	95.2	107.1
118	11.8	23.6	35.4	47.2	59.0	70.8	82.6	94.4	106.2
117	11.7	23.4	35.1	46.8	58.5	70.2	81.9	93.6	105.3
116	11.6	23.2	34.8	46.4	58.0	69.6	81.2	92.8	104.4
115	11.5	23.0	34.5	46.0	57.5	69.0	80.5	92.0	103.5
114	11.4	22.8	34.2	45.6	57.0	68.4	79.8	91.2	102.6
113	11.3	22.6	33.9	45.2	56.5	67.8	79.1	90.4	101.7
112	11.2	22.4	33.6	44.8	56.0	67.2	78.4	89.6	100.8
111	11.1	22.2	33.3	44.4	55.5	66.6	77.7	88.8	99.9

TABELLE I. Sechsstellige Mantissen

N.	0	1	2	3	4	5	6	7	8	9	Diff.
390	59 1065	1176	1287	1399	1510	1621	1732	1843	1955	2066	111
1	2177	2288	2399	2510	2621	2732	2843	2954	3064	3175	
2	3286	3397	3508	3618	3729	3840	3950	4061	4171	4282	
3	4393	4503	4614	4724	4834	4945	5055	5165	5276	5386	110
4	5496	5606	5717	5827	5937	6047	6157	6267	6377	6487	
395	59 6597	6707	6817	6927	7037	7146	7256	7366	7476	7586	
6	7695	7805	7914	8024	8134	8243	8353	8462	8572	8681	
7	8791	8900	9009	9119	9228	9337	9446	9556	9665	9774	109
8	9883	9992	*0101	*0210	*0319	*0428	*0537	*0646	*0755	*0864	
9	60 0973	1082	1191	1299	1408	1517	1625	1734	1843	1951	
400	60 2060	2169	2277	2386	2494	2603	2711	2819	2928	3036	108
1	3144	3253	3361	3469	3577	3686	3794	3902	4010	4118	
2	4226	4334	4442	4550	4658	4766	4874	4982	5089	5197	
3	5305	5413	5521	5628	5736	5844	5951	6059	6166	6274	
4	6381	6489	6596	6704	6811	6919	7026	7133	7241	7348	107
405	60 7455	7562	7669	7777	7884	7991	8098	8205	8312	8419	
6	8526	8633	8740	8847	8954	9061	9167	9274	9381	9488	
7	9594	9701	9808	9914	*0021	*0128	*0234	*0341	*0447	*0554	
8	61 0660	0767	0873	0979	1086	1192	1298	1405	1511	1617	106
9	1723	1829	1936	2042	2148	2254	2360	2466	2572	2678	
410	61 2784	2890	2996	3102	3207	3313	3419	3525	3630	3736	
1	3842	3947	4053	4159	4264	4370	4475	4581	4686	4792	
2	4897	5003	5108	5213	5319	5424	5529	5634	5740	5845	105
3	5950	6055	6160	6265	6370	6476	6581	6686	6790	6895	
4	7000	7105	7210	7315	7420	7525	7629	7734	7839	7943	
415	61 8048	8153	8257	8362	8466	8571	8676	8780	8884	8989	
6	9093	9198	9302	9406	9511	9615	9719	9824	9928	*0032	104
7	62 0136	0240	0344	0448	0552	0656	0760	0864	0968	1072	
8	1176	1280	1384	1488	1592	1695	1799	1903	2007	2110	
9	2214	2318	2421	2525	2628	2732	2835	2939	3042	3146	
420	62 3249	3353	3456	3559	3663	3766	3869	3973	4076	4179	103
1	4282	4385	4488	4591	4695	4798	4901	5004	5107	5210	
2	5312	5415	5518	5621	5724	5827	5929	6032	6135	6238	
3	6340	6443	6546	6648	6751	6853	6956	7058	7161	7263	
4	7366	7468	7571	7673	7775	7878	7980	8082	8185	8287	102
425	62 8389	8491	8593	8695	8797	8900	9002	9104	9206	9308	
6	9410	9512	9613	9715	9817	9919	*0021	*0123	*0224	*0326	
7	63 0428	0530	0631	0733	0835	0936	1038	1139	1241	1342	
8	1444	1545	1647	1748	1849	1951	2052	2153	2255	2356	101
9	2457	2559	2660	2761	2862	2963	3064	3165	3266	3367	

Proportionalanteile

Diff.	1	2	3	4	5	6	7	8	9
112	11.2	22.4	33.6	44.8	56.0	67.2	78.4	89.6	100.8
111	11.1	22.2	33.3	44.4	55.5	66.6	77.7	88.8	99.9
110	11.0	22.0	33.0	44.0	55.0	66.0	77.0	88.0	99.0
109	10.9	21.8	32.7	43.6	54.5	65.4	76.3	87.2	98.1
108	10.8	21.6	32.4	43.2	54.0	64.8	75.6	86.4	97.2
107	10.7	21.4	32.1	42.8	53.5	64.2	74.9	85.6	96.3
106	10.6	21.2	31.8	42.4	53.0	63.6	74.2	84.8	95.4
105	10.5	21.0	31.5	42.0	52.5	63.0	73.5	84.0	94.5
104	10.4	20.8	31.2	41.6	52.0	62.4	72.8	83.2	93.6
103	10.3	20.6	30.9	41.2	51.5	61.8	72.1	82.4	92.7
102	10.2	20.4	30.6	40.8	51.0	61.2	71.4	81.6	91.8
101	10.1	20.2	30.3	40.4	50.5	60.6	70.7	80.8	90.9

TABELLE I. Sechsstellige Mantissen

N.	0	1	2	3	4	5	6	7	8	9	Diff.
430	63 3468	3569	3670	3771	3872	3973	4074	4175	4276	4376	101
1	4477	4578	4679	4779	4880	4981	5081	5182	5283	5383	
2	5484	5584	5685	5785	5886	5986	6087	6187	6287	6388	100
3	6488	6588	6688	6789	6889	6989	7089	7189	7290	7390	
4	7490	7590	7690	7790	7890	7990	8090	8190	8290	8389	
435	63 8489	8589	8689	8789	8888	8988	9088	9188	9287	9387	
6	9486	9586	9686	9785	9885	9984	*0084	*0183	*0283	*0382	
7	64 0481	0581	0680	0779	0879	0978	1077	1177	1276	1375	99
8	1474	1573	1672	1771	1871	1970	2069	2168	2267	2366	
9	2465	2563	2662	2761	2860	2959	3058	3156	3255	3354	
440	64 3453	3551	3650	3749	3847	3946	4044	4143	4242	4340	
1	4439	4537	4636	4734	4832	4931	5029	5127	5226	5324	98
2	5422	5521	5619	5717	5815	5913	6011	6110	6208	6306	
3	6404	6502	6600	6698	6796	6894	6992	7089	7187	7285	
4	7383	7481	7579	7676	7774	7872	7969	8067	8165	8262	
445	64 8360	8458	8555	8653	8750	8848	8945	9043	9140	9237	
6	9335	9432	9530	9627	9724	9821	9919	*0016	*0113	*0210	97
7	65 0308	0405	0502	0599	0696	0793	0890	0987	1084	1181	
8	1278	1375	1472	1569	1666	1762	1859	1956	2053	2150	
9	2246	2343	2440	2536	2633	2730	2826	2923	3019	3116	
450	65 3213	3309	3405	3502	3598	3695	3791	3888	3984	4080	96
1	4177	4273	4369	4465	4562	4658	4754	4850	4946	5042	
2	5138	5235	5331	5427	5523	5619	5715	5810	5906	6002	
3	6098	6194	6290	6386	6482	6577	6673	6769	6864	6960	
4	7056	7152	7247	7343	7438	7534	7629	7725	7820	7916	
455	65 8011	8107	8202	8298	8393	8488	8584	8679	8774	8870	95
6	8965	9060	9155	9250	9346	9441	9536	9631	9726	9821	
7	9916	*0011	*0106	*0201	*0296	*0391	*0486	*0581	*0676	*0771	
8	66 0865	0960	1055	1150	1245	1339	1434	1529	1623	1718	
9	1813	1907	2002	2096	2191	2286	2380	2475	2569	2663	
460	66 2758	2852	2947	3041	3135	3230	3324	3418	3512	3607	94
1	3701	3795	3889	3983	4078	4172	4266	4360	4454	4548	
2	4642	4736	4830	4924	5018	5112	5206	5299	5393	5487	
3	5581	5675	5769	5862	5956	6050	6143	6237	6331	6424	
4	6518	6612	6705	6799	6892	6986	7079	7173	7266	7360	
465	66 7453	7546	7640	7733	7826	7920	8013	8106	8199	8293	93
6	8386	8479	8572	8665	8759	8852	8945	9038	9131	9224	
7	9317	9410	9503	9596	9689	9782	9875	9967	*0060	*0153	
8	67 0246	0339	0431	0524	0617	0710	0802	0895	0988	1080	
9	1173	1265	1358	1451	1543	1636	1728	1821	1913	2005	

Proportionalanteile

Diff.	1	2	3	4	5	6	7	8	9
101	10.1	20.2	30.3	40.4	50.5	60.6	70.7	80.8	90.9
100	10.0	20.0	30.0	40.0	50.0	60.0	70.0	80.0	90.0
99	9.9	19.8	29.7	39.6	49.5	59.4	69.3	79.2	89.1
98	9.8	19.6	29.4	39.2	49.0	58.8	68.6	78.4	88.2
97	9.7	19.4	29.1	38.8	48.5	58.2	67.9	77.6	87.3
96	9.6	19.2	28.8	38.4	48.0	57.6	67.2	76.8	86.4
95	9.5	19.0	28.5	38.0	47.5	57.0	66.5	76.0	85.5
94	9.4	18.8	28.2	37.6	47.0	56.4	65.8	75.2	84.6
93	9.3	18.6	27.9	37.2	46.5	55.8	65.1	74.4	83.7
92	9.2	18.4	27.6	36.8	46.0	55.2	64.4	73.6	82.8

TABELLE I. Sechsstellige Mantissen

N.	0	1	2	3	4	5	6	7	8	9	Diff.
470	67 2098	2190	2283	2375	2467	2560	2652	2744	2836	2929	92
1	3021	3113	3205	3297	3390	3482	3574	3666	3758	3850	
2	3942	4034	4126	4218	4310	4402	4494	4586	4677	4769	
3	4861	4953	5045	5137	5228	5320	5412	5503	5595	5687	
4	5778	5870	5962	6053	6145	6236	6328	6419	6511	6602	
475	67 6694	6785	6876	6968	7059	7151	7242	7333	7424	7516	91
6	7607	7698	7789	7881	7972	8063	8154	8245	8336	8427	
7	8518	8609	8700	8791	8882	8973	9064	9155	9246	9337	
8	9428	9519	9610	9700	9791	9882	9973	*0063	*0154	*0245	
9	68 0336	0426	0517	0607	0698	0789	0879	0970	1060	1151	
480	68 1241	1332	1422	1513	1603	1693	1784	1874	1964	2055	90
1	2145	2235	2326	2416	2506	2596	2686	2777	2867	2957	
2	3047	3137	3227	3317	3407	3497	3587	3677	3767	3857	
3	3947	4037	4127	4217	4307	4396	4486	4576	4666	4756	
4	4845	4935	5025	5114	5204	5294	5383	5473	5563	5652	
485	68 5742	5831	5921	6010	6100	6189	6279	6368	6458	6547	89
6	6636	6726	6815	6904	6994	7083	7172	7261	7351	7440	
7	7529	7618	7707	7796	7886	7975	8064	8153	8242	8331	
8	8420	8509	8598	8687	8776	8865	8953	9042	9131	9220	
9	9309	9398	9486	9575	9664	9753	9841	9930	*0019	*0107	
490	69 0196	0285	0373	0462	0550	0639	0728	0816	0905	0993	
1	1081	1170	1258	1347	1435	1524	1612	1700	1789	1877	88
2	1965	2053	2142	2230	2318	2406	2494	2583	2671	2759	
3	2847	2935	3023	3111	3199	3287	3375	3463	3551	3639	
4	3727	3815	3903	3991	4078	4166	4254	4342	4430	4517	
495	69 4605	4693	4781	4868	4956	5044	5131	5219	5307	5394	
6	5482	5569	5657	5744	5832	5919	6007	6094	6182	6269	87
7	6356	6444	6531	6618	6706	6793	6880	6968	7055	7142	
8	7229	7317	7404	7491	7578	7665	7752	7839	7926	8014	
9	8101	8188	8275	8362	8449	8535	8622	8709	8796	8883	
500	69 8970	9057	9144	9231	9317	9404	9491	9578	9664	9751	
1	9838	9924	*0011	*0098	*0184	*0271	*0358	*0444	*0531	*0617	
2	70 0704	0790	0877	0963	1050	1136	1222	1309	1395	1482	86
3	1568	1654	1741	1827	1913	1999	2086	2172	2258	2344	
4	2431	2517	2603	2689	2775	2861	2947	3033	3119	3205	
505	70 3291	3377	3463	3549	3635	3721	3807	3893	3979	4065	
6	4151	4236	4322	4408	4494	4579	4665	4751	4837	4922	
7	5008	5094	5179	5265	5350	5436	5522	5607	5693	5778	
8	5864	5949	6035	6120	6206	6291	6376	6462	6547	6632	85
9	6718	6803	6888	6974	7059	7144	7229	7315	7400	7485	
510	70 7570	7655	7740	7826	7911	7996	8081	8166	8251	8336	
1	8421	8506	8591	8676	8761	8846	8931	9015	9100	9185	
2	9270	9355	9440	9524	9609	9694	9779	9863	9948	*0033	
3	71 0117	0202	0287	0371	0456	0540	0625	0710	0794	0879	
4	0963	1048	1132	1217	1301	1385	1470	1554	1639	1723	84

Proportionalanteile

Diff.	1	2	3	4	5	6	7	8	9
93	9.3	18.6	27.9	37.2	46.5	55.8	65.1	74.4	83.7
92	9.2	18.4	27.6	36.8	46.0	55.2	64.4	73.6	82.8
91	9.1	18.2	27.3	36.4	45.5	54.6	63.7	72.8	81.9
90	9.0	18.0	27.0	36.0	45.0	54.0	63.0	72.0	81.0
89	8.9	17.8	26.7	35.6	44.5	53.4	62.3	71.2	80.1
88	8.8	17.6	26.4	35.2	44.0	52.8	61.6	70.4	79.2
87	8.7	17.4	26.1	34.8	43.5	52.2	60.9	69.6	78.3
86	8.6	17.2	25.8	34.4	43.0	51.6	60.2	68.8	77.4
85	8.5	17.0	25.5	34.0	42.5	51.0	59.5	68.0	76.5
84	8.4	16.8	25.2	33.6	42.0	50.4	58.8	67.2	75.6

TABELLE I. Sechstellige Mantissen

N.	0	1	2	3	4	5	6	7	8	9	Diff.
515	71 1807	1892	1976	2060	2144	2229	2313	2397	2481	2566	84
6	2650	2734	2818	2902	2986	3070	3154	3238	3323	3407	
7	3491	3575	3659	3742	3826	3910	3994	4078	4162	4246	
8	4330	4414	4497	4581	4665	4749	4833	4916	5000	5084	
9	5167	5251	5335	5418	5502	5586	5669	5753	5836	5920	
520	71 6003	6087	6170	6254	6337	6421	6504	6588	6671	6754	83
1	6838	6921	7004	7088	7171	7254	7338	7421	7504	7587	
2	7671	7754	7837	7920	8003	8086	8169	8253	8336	8419	
3	8502	8585	8668	8751	8834	8917	9000	9083	9165	9248	
4	9331	9414	9497	9580	9663	9745	9828	9911	9994	*0077	
525	72 0159	0242	0325	0407	0490	0573	0655	0738	0821	0903	
6	0986	1068	1151	1233	1316	1398	1481	1563	1646	1728	82
7	1811	1893	1975	2058	2140	2222	2305	2387	2469	2552	
8	2634	2716	2798	2881	2963	3045	3127	3209	3291	3374	
9	3456	3538	3620	3702	3784	3866	3948	4030	4112	4194	
530	72 4276	4358	4440	4522	4604	4685	4767	4849	4931	5013	
1	5095	5176	5258	5340	5422	5503	5585	5667	5748	5830	
2	5912	5993	6075	6156	6238	6320	6401	6483	6564	6646	
3	6727	6809	6890	6972	7053	7134	7216	7297	7379	7460	81
4	7541	7623	7704	7785	7866	7948	8029	8110	8191	8273	
535	72 8354	8435	8516	8597	8678	8759	8841	8922	9003	9084	
6	9165	9246	9327	9408	9489	9570	9651	9732	9813	9893	
7	9974	*0055	*0136	*0217	*0298	*0378	*0459	*0540	*0621	*0702	
8	73 0782	0863	0944	1024	1105	1186	1266	1347	1428	1508	
9	1589	1669	1750	1830	1911	1991	2072	2152	2233	2313	
540	73 2394	2474	2555	2635	2715	2796	2876	2956	3037	3117	80
1	3197	3278	3358	3438	3518	3598	3679	3759	3839	3919	
2	3999	4079	4160	4240	4320	4400	4480	4560	4640	4720	
3	4800	4880	4960	5040	5120	5200	5279	5359	5439	5519	
4	5599	5679	5759	5838	5918	5998	6078	6157	6237	6317	
545	73 6397	6476	6556	6635	6715	6795	6874	6954	7034	7113	
6	7193	7272	7352	7431	7511	7590	7670	7749	7829	7908	79
7	7987	8067	8146	8225	8305	8384	8463	8543	8622	8701	
8	8781	8860	8939	9018	9097	9177	9256	9335	9414	9493	
9	9572	9651	9731	9810	9889	9968	*0047	*0126	*0205	*0284	
550	74 0363	0442	0521	0600	0678	0757	0836	0915	0994	1073	
1	1152	1230	1309	1388	1467	1546	1624	1703	1782	1860	
2	1939	2018	2096	2175	2254	2332	2411	2489	2568	2647	
3	2725	2804	2882	2961	3039	3118	3196	3275	3353	3431	78
4	3510	3588	3667	3745	3823	3902	3980	4058	4136	4215	

Proportionalanteile

Diff.	1	2	3	4	5	6	7	8	9
85	8.5	17.0	25.5	34.0	42.5	51.0	59.5	68.0	76.5
84	8.4	16.8	25.2	33.6	42.0	50.4	58.8	67.2	75.6
83	8.3	16.6	24.9	33.2	41.5	49.8	58.1	66.4	74.7
82	8.2	16.4	24.6	32.8	41.0	49.2	57.4	65.6	73.8
81	8.1	16.2	24.3	32.4	40.5	48.6	56.7	64.8	72.9
80	8.0	16.0	24.0	32.0	40.0	48.0	56.0	64.0	72.0
79	7.9	15.8	23.7	31.6	39.5	47.4	55.3	63.2	71.1
78	7.8	15.6	23.4	31.2	39.0	46.8	54.6	62.4	70.2

TABELLE I. Sechsstellige Mantissen

N.	0	1	2	3	4	5	6	7	8	9	Diff.
555	74 4293	4371	4449	4528	4606	4684	4762	4840	4919	4997	78
6	5075	5153	5231	5309	5387	5465	5543	5621	5699	5777	
7	5855	5933	6011	6089	6167	6245	6323	6401	6479	6556	
8	6634	6712	6790	6868	6945	7023	7101	7179	7256	7334	
9	7412	7489	7567	7645	7722	7800	7878	7955	8033	8110	
560	74 8188	8266	8343	8421	8498	8576	8653	8731	8808	8885	77
1	8963	9040	9118	9195	9272	9350	9427	9504	9582	9659	
2	9736	9814	9891	9968	*0045	*0123	*0200	*0277	*0354	*0431	
3	75 0508	0586	0663	0740	0817	0894	0971	1048	1125	1202	
4	1279	1356	1433	1510	1587	1664	1741	1818	1895	1972	
565	75 2048	2125	2202	2279	2356	2433	2509	2586	2663	2740	
6	2816	2893	2970	3047	3123	3200	3277	3353	3430	3506	
7	3583	3660	3736	3813	3889	3966	4042	4119	4195	4272	
8	4348	4425	4501	4578	4654	4730	4807	4883	4960	5036	76
9	5112	5189	5265	5341	5417	5494	5570	5646	5722	5799	
570	75 5875	5951	6027	6103	6180	6256	6332	6408	6484	6560	
1	6636	6712	6788	6864	6940	7016	7092	7168	7244	7320	
2	7396	7472	7548	7624	7700	7775	7851	7927	8003	8079	
3	8155	8230	8306	8382	8458	8533	8609	8685	8761	8836	
4	8912	8988	9063	9139	9214	9290	9366	9441	9517	9592	
575	75 9668	9743	9819	9894	9970	*0045	*0121	*0196	*0272	*0347	75
6	76 0422	0498	0573	0649	0724	0799	0875	0950	1025	1101	
7	1176	1251	1326	1402	1477	1552	1627	1702	1778	1853	
8	1928	2003	2078	2153	2228	2303	2378	2453	2529	2604	
9	2679	2754	2829	2904	2978	3053	3128	3203	3278	3353	
580	76 3428	3503	3578	3653	3727	3802	3877	3952	4027	4101	
1	4176	4251	4326	4400	4475	4550	4624	4699	4774	4848	
2	4923	4998	5072	5147	5221	5296	5370	5445	5520	5594	
3	5669	5743	5818	5892	5966	6041	6115	6190	6264	6338	74
4	6413	6487	6562	6636	6710	6785	6859	6933	7007	7082	
585	76 7156	7230	7304	7379	7453	7527	7601	7675	7749	7823	
6	7898	7972	8046	8120	8194	8268	8342	8416	8490	8564	
7	8638	8712	8786	8860	8934	9008	9082	9156	9230	9303	
8	9377	9451	9525	9599	9673	9746	9820	9894	9968	*0042	
9	77 0115	0189	0263	0336	0410	0484	0557	0631	0705	0778	
590	77 0852	0926	0999	1073	1146	1220	1293	1367	1440	1514	
1	1587	1661	1734	1808	1881	1955	2028	2102	2175	2248	73
2	2322	2395	2468	2542	2615	2688	2762	2835	2908	2981	
3	3055	3128	3201	3274	3348	3421	3494	3567	3640	3713	
4	3786	3860	3933	4006	4079	4152	4225	4298	4371	4444	
595	77 4517	4590	4663	4736	4809	4882	4955	5028	5100	5173	
6	5246	5319	5392	5465	5538	5610	5683	5756	5829	5902	
7	5974	6047	6120	6193	6265	6338	6411	6483	6556	6629	
8	6701	6774	6846	6919	6992	7064	7137	7209	7282	7354	
9	7427	7499	7572	7644	7717	7789	7862	7934	8006	8079	72

Proportionalanteile

Diff.	1	2	3	4	5	6	7	8	9
79	7.9	15.8	23.7	31.6	39.5	47.4	55.3	63.2	71.1
78	7.8	15.6	23.4	31.2	39.0	46.8	54.6	62.4	70.2
77	7.7	15.4	23.1	30.8	38.5	46.2	53.9	61.6	69.3
76	7.6	15.2	22.8	30.4	38.0	45.6	53.2	60.8	68.4
75	7.5	15.0	22.5	30.0	37.5	45.0	52.5	60.0	67.5
74	7.4	14.8	22.2	29.6	37.0	44.4	51.8	59.2	66.6
73	7.3	14.6	21.9	29.2	36.5	43.8	51.1	58.4	65.7
72	7.2	14.4	21.6	28.8	36.0	43.2	50.4	57.6	64.8

TABELLE I. Sechsstellige Mantissen

N.	0	1	2	3	4	5	6	7	8	9	Diff.
600	77 8151	8224	8296	8368	8441	8513	8585	8658	8730	8802	72
1	8874	8947	9019	9091	9163	9236	9308	9380	9452	9524	
2	9596	9669	9741	9813	9885	9957	*0029	*0101	*0173	*0245	
3	78 0317	0389	0461	0533	0605	0677	0749	0821	0893	0965	
4	1037	1109	1181	1253	1324	1396	1468	1540	1612	1684	
605	78 1755	1827	1899	1971	2042	2114	2186	2258	2329	2401	
6	2473	2544	2616	2688	2759	2831	2902	2974	3046	3117	
7	3189	3260	3332	3403	3475	3546	3618	3689	3761	3832	71
8	3904	3975	4046	4118	4189	4261	4332	4403	4475	4546	
9	4617	4689	4760	4831	4902	4974	5045	5116	5187	5259	
610	78 5330	5401	5472	5543	5615	5686	5757	5828	5899	5970	
1	6041	6112	6183	6254	6325	6396	6467	6538	6609	6680	
2	6751	6822	6893	6964	7035	7106	7177	7248	7319	7390	
3	7460	7531	7602	7673	7744	7815	7885	7956	8027	8098	
4	8168	8239	8310	8381	8451	8522	8593	8663	8734	8804	
615	78 8875	8946	9016	9087	9157	9228	9299	9369	9440	9510	
6	9581	9651	9722	9792	9863	9933	*0004	*0074	*0144	*0215	70
7	79 0285	0356	0426	0496	0567	0637	0707	0778	0848	0918	
8	0988	1059	1129	1199	1269	1340	1410	1480	1550	1620	
9	1691	1761	1831	1901	1971	2041	2111	2181	2252	2322	
620	79 2392	2462	2532	2602	2672	2742	2812	2882	2952	3022	
1	3092	3162	3231	3301	3371	3441	3511	3581	3651	3721	
2	3790	3860	3930	4000	4070	4139	4209	4279	4349	4418	
3	4488	4558	4627	4697	4767	4836	4906	4976	5045	5115	
4	5185	5254	5324	5393	5463	5532	5602	5672	5741	5811	
625	79 5880	5949	6019	6088	6158	6227	6297	6366	6436	6505	69
6	6574	6644	6713	6782	6852	6921	6990	7060	7129	7198	
7	7268	7337	7406	7475	7545	7614	7683	7752	7821	7890	
8	7960	8029	8098	8167	8236	8305	8374	8443	8513	8582	
9	8651	8720	8789	8858	8927	8996	9065	9134	9203	9272	
630	79 9341	9409	9478	9547	9616	9685	9754	9823	9892	9961	
1	80 0029	0098	0167	0236	0305	0373	0442	0511	0580	0648	
2	0717	0786	0854	0923	0992	1061	1129	1198	1266	1335	
3	1404	1472	1541	1609	1678	1747	1815	1884	1952	2021	
4	2089	2158	2226	2295	2363	2432	2500	2568	2637	2705	68
635	80 2774	2842	2910	2979	3047	3116	3184	3252	3321	3389	
6	3457	3525	3594	3662	3730	3798	3867	3935	4003	4071	
7	4139	4208	4276	4344	4412	4480	4548	4616	4685	4753	
8	4821	4889	4957	5025	5093	5161	5229	5297	5365	5433	
9	5501	5569	5637	5705	5773	5841	5908	5976	6044	6112	
640	80 6180	6248	6316	6384	6451	6519	6587	6655	6723	6790	
1	6858	6926	6994	7061	7129	7197	7264	7332	7400	7467	
2	7535	7603	7670	7738	7806	7873	7941	8008	8076	8143	
3	8211	8279	8346	8414	8481	8549	8616	8684	8751	8818	67
4	8886	8953	9021	9088	9156	9223	9290	9358	9425	9492	
645	80 9560	9627	9694	9762	9829	9896	9964	*0031	*0098	*0165	
6	81 0233	0300	0367	0434	0501	0569	0636	0703	0770	0837	
7	0904	0971	1039	1106	1173	1240	1307	1374	1441	1508	
8	1575	1642	1709	1776	1843	1910	1977	2044	2111	2178	
9	2245	2312	2379	2445	2512	2579	2646	2713	2780	2847	

Proportionalanteile

Diff.	1	2	3	4	5	6	7	8	9
73	7.3	14.6	21.9	29.2	36.5	43.8	51.1	58.4	65.7
72	7.2	14.4	21.6	28.8	36.0	43.2	50.4	57.6	64.8
71	7.1	14.2	21.3	28.4	35.5	42.6	49.7	56.8	63.9
70	7.0	14.0	21.0	28.0	35.0	42.0	49.0	56.0	63.0
69	6.9	13.8	20.7	27.6	34.5	41.4	48.3	55.2	62.1
68	6.8	13.6	20.4	27.2	34.0	40.8	47.6	54.4	61.2
67	6.7	13.4	20.1	26.8	33.5	40.2	46.9	53.6	60.3
66	6.6	13.2	19.8	26.4	33.0	39.6	46.2	52.8	59.4

TABELLE I. Sechsstellige Mantissen

N.	0	1	2	3	4	5	6	7	8	9	Diff.
650	81 2913	2980	3047	3114	3181	3247	3314	3381	3448	3514	67
1	3581	3648	3714	3781	3848	3914	3981	4048	4114	4181	
2	4248	4314	4381	4447	4514	4581	4647	4714	4780	4847	
3	4913	4980	5046	5113	5179	5246	5312	5378	5445	5511	66
4	5578	5644	5711	5777	5843	5910	5976	6042	6109	6175	
655	81 6241	6308	6374	6440	6506	6573	6639	6705	6771	6838	
6	6904	6970	7036	7102	7169	7235	7301	7367	7433	7499	
7	7565	7631	7698	7764	7830	7896	7962	8028	8094	8160	
8	8226	8292	8358	8424	8490	8556	8622	8688	8754	8820	
9	8885	8951	9017	9083	9149	9215	9281	9346	9412	9478	
660	81 9544	9610	9676	9741	9807	9873	9939	*0004	*0070	*0136	
1	82 0201	0267	0333	0399	0464	0530	0595	0661	0727	0792	
2	0858	0924	0989	1055	1120	1186	1251	1317	1382	1448	
3	1514	1579	1645	1710	1775	1841	1906	1972	2037	2103	65
4	2168	2233	2299	2364	2430	2495	2560	2626	2691	2756	
665	82 2822	2887	2952	3018	3083	3148	3213	3279	3344	3409	
6	3474	3539	3605	3670	3735	3800	3865	3930	3996	4061	
7	4126	4191	4256	4321	4386	4451	4516	4581	4646	4711	
8	4776	4841	4906	4971	5036	5101	5166	5231	5296	5361	
9	5426	5491	5556	5621	5686	5751	5815	5880	5945	6010	
670	82 6075	6140	6204	6269	6334	6399	6464	6528	6593	6658	
1	6723	6787	6852	6917	6981	7046	7111	7175	7240	7305	
2	7369	7434	7499	7563	7628	7692	7757	7821	7886	7951	
3	8015	8080	8144	8209	8273	8338	8402	8467	8531	8595	64
4	8660	8724	8789	8853	8918	8982	9046	9111	9175	9239	
675	82 9304	9368	9432	9497	9561	9625	9690	9754	9818	9882	
6	9947	*0011	*0075	*0139	*0204	*0268	*0332	*0396	*0460	*0525	
7	83 0589	0653	0717	0781	0845	0909	0973	1037	1102	1166	
8	1230	1294	1358	1422	1486	1550	1614	1678	1742	1806	
9	1870	1934	1998	2062	2126	2189	2253	2317	2381	2445	
680	83 2509	2573	2637	2700	2764	2828	2892	2956	3020	3083	
1	3147	3211	3275	3338	3402	3466	3530	3593	3657	3721	
2	3784	3848	3912	3975	4039	4103	4166	4230	4294	4357	
3	4421	4484	4548	4611	4675	4739	4802	4866	4929	4993	
4	5056	5120	5183	5247	5310	5373	5437	5500	5564	5627	63
685	83 5691	5754	5817	5881	5944	6007	6071	6134	6197	6261	
6	6324	6387	6451	6514	6577	6641	6704	6767	6830	6894	
7	6957	7020	7083	7146	7210	7273	7336	7399	7462	7525	
8	7588	7652	7715	7778	7841	7904	7967	8030	8093	8156	
9	8219	8282	8345	8408	8471	8534	8597	8660	8723	8786	
690	83 8849	8912	8975	9038	9101	9164	9227	9289	9352	9415	
1	9478	9541	9604	9667	9729	9792	9855	9918	9981	*0043	
2	84 0106	0169	0232	0294	0357	0420	0482	0545	0608	0671	
3	0733	0796	0859	0921	0984	1046	1109	1172	1234	1297	
4	1359	1422	1485	1547	1610	1672	1735	1797	1860	1922	
695	84 1985	2047	2110	2172	2235	2297	2360	2422	2484	2547	62
6	2609	2672	2734	2796	2859	2921	2983	3046	3108	3170	
7	3233	3295	3357	3420	3482	3544	3606	3669	3731	3793	
8	3855	3918	3980	4042	4104	4166	4229	4291	4353	4415	
9	4477	4539	4601	4664	4726	4788	4850	4912	4974	5036	

Proportionalanteile

Diff.	1	2	3	4	5	6	7	8	9
67	6.7	13.4	20.1	26.8	33.5	40.2	46.9	53.6	60.3
66	6.6	13.2	19.8	26.4	33.0	39.6	46.2	52.8	59.4
65	6.5	13.0	19.5	26.0	32.5	39.0	45.5	52.0	58.5
64	6.4	12.8	19.2	25.6	32.0	38.4	44.8	51.2	57.6
63	6.3	12.6	18.9	25.2	31.5	37.8	44.1	50.4	56.7
62	6.2	12.4	18.6	24.8	31.0	37.2	43.4	49.6	55.8

TABELLE I. Sechsstellige Mantissen

N.	0	1	2	3	4	5	6	7	8	9	Diff.
700	84 5098	5160	5222	5284	5346	5408	5470	5532	5594	5656	62
1	5718	5780	5842	5904	5966	6028	6090	6151	6213	6275	
2	6337	6399	6461	6523	6585	6646	6708	6770	6832	6894	
3	6955	7017	7079	7141	7202	7264	7326	7388	7449	7511	
4	7573	7634	7696	7758	7819	7881	7943	8004	8066	8128	
705	84 8189	8251	8312	8374	8435	8497	8559	8620	8682	8743	
6	8805	8866	8928	8989	9051	9112	9174	9235	9297	9358	61
7	9419	9481	9542	9604	9665	9726	9788	9849	9911	9972	
8	85 0033	0095	0156	0217	0279	0340	0401	0462	0524	0585	
9	0646	0707	0769	0830	0891	0952	1014	1075	1136	1197	
710	85 1258	1320	1381	1442	1503	1564	1625	1686	1747	1809	
1	1870	1931	1992	2053	2114	2175	2236	2297	2358	2419	
2	2480	2541	2602	2663	2724	2785	2846	2907	2968	3029	
3	3090	3150	3211	3272	3333	3394	3455	3516	3577	3637	
4	3698	3759	3820	3881	3941	4002	4063	4124	4185	4245	
715	85 4306	4367	4428	4488	4549	4610	4670	4731	4792	4852	
6	4913	4974	5034	5095	5156	5216	5277	5337	5398	5459	
7	5519	5580	5640	5701	5761	5822	5882	5943	6003	6064	
8	6124	6185	6245	6306	6366	6427	6487	6548	6608	6668	60
9	6729	6789	6850	6910	6970	7031	7091	7152	7212	7272	
720	85 7332	7393	7453	7513	7574	7634	7694	7755	7815	7875	
1	7935	7995	8056	8116	8176	8236	8297	8357	8417	8477	
2	8537	8597	8657	8718	8778	8838	8898	8958	9018	9078	
3	9138	9198	9258	9318	9379	9439	9499	9559	9619	9679	
4	9739	9799	9859	9918	9978	*0038	*0098	*0158	*0218	*0278	
725	86 0338	0398	0458	0518	0578	0637	0697	0757	0817	0877	
6	0937	0996	1056	1116	1176	1236	1295	1355	1415	1475	
7	1534	1594	1654	1714	1773	1833	1893	1952	2012	2072	
8	2131	2191	2251	2310	2370	2430	2489	2549	2608	2668	
9	2728	2787	2847	2906	2966	3025	3085	3144	3204	3263	
730	86 3323	3382	3442	3501	3561	3620	3680	3739	3799	3858	59
1	3917	3977	4036	4096	4155	4214	4274	4333	4392	4452	
2	4511	4570	4630	4689	4748	4808	4867	4926	4985	5045	
3	5104	5163	5222	5282	5341	5400	5459	5519	5578	5637	
4	5696	5755	5814	5874	5933	5992	6051	6110	6169	6228	
735	86 6287	6346	6405	6465	6524	6583	6642	6701	6760	6819	
6	6878	6937	6996	7055	7114	7173	7232	7291	7350	7409	
7	7467	7526	7585	7644	7703	7762	7821	7880	7939	7998	
8	8056	8115	8174	8233	8292	8350	8409	8468	8527	8586	
9	8644	8703	8762	8821	8879	8938	8997	9056	9114	9173	
740	86 9232	9290	9349	9408	9466	9525	9584	9642	9701	9760	
1	9818	9877	9935	9994	0053	*0111	*0170	*0228	*0287	0345	
2	87 0404	0462	0521	0579	0638	0696	0755	0813	0872	0930	58
3	0989	1047	1106	1164	1223	1281	1339	1398	1456	1515	
4	1573	1631	1690	1748	1806	1865	1923	1981	2040	2098	
745	87 2156	2215	2273	2331	2389	2448	2506	2564	2622	2681	
6	2739	2797	2855	2913	2972	3030	3088	3146	3204	3262	
7	3321	3379	3437	3495	3553	3611	3669	3727	3785	3844	
8	3902	3960	4018	4076	4134	4192	4250	4308	4366	4424	
9	4482	4540	4598	4656	4714	4772	4830	4888	4945	5003	

Proportionalanteile

Diff.	1	2	3	4	5	6	7	8	9
62	6.2	12.4	18.6	24.8	31.0	37.2	43.4	49.6	55.8
61	6.1	12.2	18.3	24.4	30.5	36.6	42.7	48.8	54.9
60	6.0	12.0	18.0	24.0	30.0	36.0	42.0	48.0	54.0
59	5.9	11.8	17.7	23.6	29.5	35.4	41.3	47.2	53.1
58	5.8	11.6	17.4	23.2	29.0	34.8	40.6	46.4	52.2
57	5.7	11.4	17.1	22.8	28.5	34.2	39.9	45.6	51.3

TABELLE I. Sechsstellige Mantissen

N.	0	1	2	3	4	5	6	7	8	9	Diff.
750	87 5061	5119	5177	5235	5293	5351	5409	5466	5524	5582	58
1	5640	5698	5756	5813	5871	5929	5987	6045	6102	6160	
2	6218	6276	6333	6391	6449	6507	6564	6622	6680	6737	
3	6795	6853	6910	6968	7026	7083	7141	7199	7256	7314	
4	7371	7429	7487	7544	7602	7659	7717	7774	7832	7889	
755	87 7947	8004	8062	8119	8177	8234	8292	8349	8407	8464	57
6	8522	8579	8637	8694	8752	8809	8866	8924	8981	9039	
7	9096	9153	9211	9268	9325	9383	9440	9497	9555	9612	
8	9669	9726	9784	9841	9898	9956	*0013	*0070	*0127	*0185	
9	88 0242	0299	0356	0413	0471	0528	0585	0642	0699	0756	
760	88 0814	0871	0928	0985	1042	1099	1156	1213	1271	1328	
1	1385	1442	1499	1556	1613	1670	1727	1784	1841	1898	
2	1955	2012	2069	2126	2183	2240	2297	2354	2411	2468	
3	2525	2581	2638	2695	2752	2809	2866	2923	2980	3037	
4	3093	3150	3207	3264	3321	3377	3434	3491	3548	3605	
765	88 3661	3718	3775	3832	3888	3945	4002	4059	4115	4172	
6	4229	4285	4342	4399	4455	4512	4569	4625	4682	4739	
7	4795	4852	4909	4965	5022	5078	5135	5192	5248	5305	
8	5361	5418	5474	5531	5587	5644	5700	5757	5813	5870	
9	5926	5983	6039	6096	6152	6209	6265	6321	6378	6434	56
770	88 6491	6547	6604	6660	6716	6773	6829	6885	6942	6998	
1	7054	7111	7167	7223	7280	7336	7392	7449	7505	7561	
2	7617	7674	7730	7786	7842	7898	7955	8011	8067	8123	
3	8179	8236	8292	8348	8404	8460	8516	8573	8629	8685	
4	8741	8797	8853	8909	8965	9021	9077	9134	9190	9246	
775	88 9302	9358	9414	9470	9526	9582	9638	9694	9750	9806	
6	9862	9918	9974	*0030	*0086	*0141	*0197	*0253	*0309	*0365	
7	89 0421	0477	0533	0589	0645	0700	0756	0812	0868	0924	
8	0980	1035	1091	1147	1203	1259	1314	1370	1426	1482	
9	1537	1593	1649	1705	1760	1816	1872	1928	1983	2039	
780	89 2095	2150	2206	2262	2317	2373	2429	2484	2540	2595	
1	2651	2707	2762	2818	2873	2929	2985	3040	3096	3151	
2	3207	3262	3318	3373	3429	3484	3540	3595	3651	3706	
3	3762	3817	3873	3928	3984	4039	4094	4150	4205	4261	55
4	4316	4371	4427	4482	4538	4593	4648	4704	4759	4814	
785	89 4870	4925	4980	5036	5091	5146	5201	5257	5312	5367	
6	5423	5478	5533	5588	5644	5699	5754	5809	5864	5920	
7	5975	6030	6085	6140	6195	6251	6306	6361	6416	6471	
8	6526	6581	6636	6692	6747	6802	6857	6912	6967	7022	
9	7077	7132	7187	7242	7297	7352	7407	7462	7517	7572	
790	89 7627	7682	7737	7792	7847	7902	7957	8012	8067	8122	
1	8176	8231	8286	8341	8396	8451	8506	8561	8615	8670	
2	8725	8780	8835	8890	8944	8999	9054	9109	9164	9218	
3	9273	9328	9383	9437	9492	9547	9602	9656	9711	9766	
4	9821	9875	9930	9985	*0039	*0094	*0149	*0203	*0258	*0312	
795	90 0367	0422	0476	0531	0586	0640	0695	0749	0804	0859	
6	0913	0968	1022	1077	1131	1186	1240	1295	1349	1404	
7	1458	1513	1567	1622	1676	1731	1785	1840	1894	1948	54
8	2003	2057	2112	2166	2221	2275	2329	2384	2438	2492	
9	2547	2601	2655	2710	2764	2818	2873	2927	2981	3036	

Proportionalanteile

Diff.	1	2	3	4	5	6	7	8	9
58	5.8	11.6	17.4	23.2	29.0	34.8	40.6	46.4	52.2
57	5.7	11.4	17.1	22.8	28.5	34.2	39.9	45.6	51.3
56	5.6	11.2	16.8	22.4	28.0	33.6	39.2	44.8	50.4
55	5.5	11.0	16.5	22.0	27.5	33.0	38.5	44.0	49.5
54	5.4	10.8	16.2	21.6	27.0	32.4	37.8	43.2	48.6

TABELLE I. Sechsstellige Mantissen

N.	0	1	2	3	4	5	6	7	8	9	Diff.
800	90 3090	3144	3199	3253	3307	3361	3416	3470	3524	3578	54
1	3633	3687	3741	3795	3849	3904	3958	4012	4066	4120	
2	4174	4229	4283	4337	4391	4445	4499	4553	4607	4661	
3	4716	4770	4824	4878	4932	4986	5040	5094	5148	5202	
4	5256	5310	5364	5418	5472	5526	5580	5634	5688	5742	
805	90 5796	5850	5904	5958	6012	6066	6119	6173	6227	6281	
6	6335	6389	6443	6497	6551	6604	6658	6712	6766	6820	
7	6874	6927	6981	7035	7089	7143	7196	7250	7304	7358	
8	7411	7465	7519	7573	7626	7680	7734	7787	7841	7895	
9	7949	8002	8056	8110	8163	8217	8270	8324	8378	8431	
810	90 8485	8539	8592	8646	8699	8753	8807	8860	8914	8967	
1	9021	9074	9128	9181	9235	9289	9342	9396	9449	9503	
2	9556	9610	9663	9716	9770	9823	9877	9930	9984	*0037	53
3	91 0091	0144	0197	0251	0304	0358	0411	0464	0518	0571	
4	0624	0678	0731	0784	0838	0891	0944	0998	1051	1104	
815	91 1158	1211	1264	1317	1371	1424	1477	1530	1584	1637	
6	1690	1743	1797	1850	1903	1956	2009	2063	2116	2169	
7	2222	2275	2328	2381	2435	2488	2541	2594	2647	2700	
8	2753	2806	2859	2913	2966	3019	3072	3125	3178	3231	
9	3284	3337	3390	3443	3496	3549	3602	3655	3708	3761	
820	91 3814	3867	3920	3973	4026	4079	4132	4184	4237	4290	
1	4343	4396	4449	4502	4555	4608	4660	4713	4766	4819	
2	4872	4925	4977	5030	5083	5136	5189	5241	5294	5347	
3	5400	5453	5505	5558	5611	5664	5716	5769	5822	5875	
4	5927	5980	6033	6085	6138	6191	6243	6296	6349	6401	
825	91 6454	6507	6559	6612	6664	6717	6770	6822	6875	6927	
6	6980	7033	7085	7138	7190	7243	7295	7348	7400	7453	
7	7506	7558	7611	7663	7716	7768	7820	7873	7925	7978	52
8	8030	8083	8135	8188	8240	8293	8345	8397	8450	8502	
9	8555	8607	8659	8712	8764	8816	8869	8921	8973	9026	
830	91 9078	9130	9183	9235	9287	9340	9392	9444	9496	9549	
1	9601	9653	9706	9758	9810	9862	9914	9967	*0019	*0071	
2	92 0123	0176	0228	0280	0332	0384	0436	0489	0541	0593	
3	0645	0697	0749	0801	0853	0906	0958	1010	1062	1114	
4	1166	1218	1270	1322	1374	1426	1478	1530	1582	1634	
835	92 1686	1738	1790	1842	1894	1946	1998	2050	2102	2154	
6	2206	2258	2310	2362	2414	2466	2518	2570	2622	2674	
7	2725	2777	2829	2881	2933	2985	3037	3089	3140	3192	
8	3244	3296	3348	3399	3451	3503	3555	3607	3658	3710	
9	3762	3814	3865	3917	3969	4021	4072	4124	4176	4228	
840	92 4279	4331	4383	4434	4486	4538	4589	4641	4693	4744	
1	4796	4848	4899	4951	5003	5054	5106	5157	5209	5261	
2	5312	5364	5415	5467	5518	5570	5621	5673	5725	5776	
3	5828	5879	5931	5982	6034	6085	6137	6188	6240	6291	51
4	6342	6394	6445	6497	6548	6600	6651	6702	6754	6805	
845	92 6857	6908	6959	7011	7062	7114	7165	7216	7268	7319	
6	7370	7422	7473	7524	7576	7627	7678	7730	7781	7832	
7	7883	7935	7986	8037	8088	8140	8191	8242	8293	8345	
8	8396	8447	8498	8549	8601	8652	8703	8754	8805	8857	
9	8908	8959	9010	9061	9112	9163	9215	9266	9317	9368	

Proportionalanteile

Diff.	1	2	3	4	5	6	7	8	9
55	5.5	11.0	16.5	22.0	27.5	33.0	38.5	44.0	49.5
54	5.4	10.8	16.2	21.6	27.0	32.4	37.8	43.2	48.6
53	5.3	10.6	15.9	21.2	26.5	31.8	37.1	42.4	47.7
52	5.2	10.4	15.6	20.8	26.0	31.2	36.4	41.6	46.8
51	5.1	10.2	15.3	20.4	25.5	30.6	35.7	40.8	45.9

TABELLE I. Sechsstellige Mantissen

N.	0	1	2	3	4	5	6	7	8	9	Diff.
850	92 9419	9470	9521	9572	9623	9674	9725	9776	9827	9879	51
1	9930	9981	*0032	*0083	*0134	*0185	*0236	*0287	*0338	*0389	
2	93 0440	0491	0542	0592	0643	0694	0745	0796	0847	0898	
3	0949	1000	1051	1102	1153	1204	1254	1305	1356	1407	
4	1458	1509	1560	1610	1661	1712	1763	1814	1865	1915	
855	93 1966	2017	2068	2118	2169	2220	2271	2322	2372	2423	
6	2474	2524	2575	2626	2677	2727	2778	2829	2879	2930	
7	2981	3031	3082	3133	3183	3234	3285	3335	3386	3437	
8	3487	3538	3589	3639	3690	3740	3791	3841	3892	3943	
9	3993	4044	4094	4145	4195	4246	4296	4347	4397	4448	
860	93 4498	4549	4599	4650	4700	4751	4801	4852	4902	4953	50
1	5003	5054	5104	5154	5205	5255	5306	5356	5406	5457	
2	5507	5558	5608	5658	5709	5759	5809	5860	5910	5960	
3	6011	6061	6111	6162	6212	6262	6313	6363	6413	6463	
4	6514	6564	6614	6665	6715	6765	6815	6865	6916	6966	
865	93 7016	7066	7117	7167	7217	7267	7317	7367	7418	7468	
6	7518	7568	7618	7668	7718	7769	7819	7869	7919	7969	
7	8019	8069	8119	8169	8219	8269	8320	8370	8420	8470	
8	8520	8570	8620	8670	8720	8770	8820	8870	8920	8970	
9	9020	9070	9120	9170	9220	9270	9320	9369	9419	9469	
870	93 9519	9569	9619	9669	9719	9769	9819	9869	9918	9968	
1	94 0018	0068	0118	0168	0218	0267	0317	0367	0417	0467	
2	0516	0566	0616	0666	0716	0765	0815	0865	0915	0964	
3	1014	1064	1114	1163	1213	1263	1313	1362	1412	1462	
4	1511	1561	1611	1660	1710	1760	1809	1859	1909	1958	
875	94 2008	2058	2107	2157	2207	2256	2306	2355	2405	2455	
6	2504	2554	2603	2653	2702	2752	2801	2851	2901	2950	
7	3000	3049	3099	3148	3198	3247	3297	3346	3396	3445	49
8	3495	3544	3593	3643	3692	3742	3791	3841	3890	3939	
9	3989	4038	4088	4137	4186	4236	4285	4335	4384	4433	
880	94 4483	4532	4581	4631	4680	4729	4779	4828	4877	4927	
1	4976	5025	5074	5124	5173	5222	5272	5321	5370	5419	
2	5469	5518	5567	5616	5665	5715	5764	5813	5862	5912	
3	5961	6010	6059	6108	6157	6207	6256	6305	6354	6403	
4	6452	6501	6551	6600	6649	6698	6747	6796	6845	6894	
885	94 6943	6992	7041	7090	7140	7189	7238	7287	7336	7385	
6	7434	7483	7532	7581	7630	7679	7728	7777	7826	7875	
7	7924	7973	8022	8070	8119	8168	8217	8266	8315	8364	
8	8413	8462	8511	8560	8609	8657	8706	8755	8804	8853	
9	8902	8951	8999	9048	9097	9146	9195	9244	9292	9341	
890	94 9390	9439	9488	9536	9585	9634	9683	9731	9780	9829	
1	9878	9926	9975	*0024	*0073	*0121	*0170	*0219	*0267	*0316	
2	95 0365	0414	0462	0511	0560	0608	0657	0706	0754	0803	
3	0851	0900	0949	0997	1046	1095	1143	1192	1240	1289	
4	1338	1386	1435	1483	1532	1580	1629	1677	1726	1775	
895	95 1823	1872	1920	1969	2017	2066	2114	2163	2211	2260	48
6	2308	2356	2405	2453	2502	2550	2599	2647	2696	2744	
7	2792	2841	2889	2938	2986	3034	3083	3131	3180	3228	
8	3276	3325	3373	3421	3470	3518	3566	3615	3663	3711	
9	3760	3808	3856	3905	3953	4001	4049	4098	4146	4194	

Proportionalanteile

Diff.	1	2	3	4	5	6	7	8	9
52	5.2	10.4	15.6	20.8	26.0	31.2	36.4	41.6	46.8
51	5.1	10.2	15.3	20.4	25.5	30.6	35.7	40.8	45.9
50	5.0	10.0	15.0	20.0	25.0	30.0	35.0	40.0	45.0
49	4.9	9.8	14.7	19.6	24.5	29.4	34.3	39.2	44.1
48	4.8	9.6	14.4	19.2	24.0	28.8	33.6	38.4	43.2

TABELLE I. Sechsstellige Mantissen

N.	0	1	2	3	4	5	6	7	8	9	Diff.
900	95 4243	4291	4339	4387	4435	4484	4532	4580	4628	4677	48
1	4725	4773	4821	4869	4918	4966	5014	5062	5110	5158	
2	5207	5255	5303	5351	5399	5447	5495	5543	5592	5640	
3	5688	5736	5784	5832	5880	5928	5976	6024	6072	6120	
4	6168	6216	6265	6313	6361	6409	6457	6505	6553	6601	
905	95 6649	6697	6745	6793	6840	6888	6936	6984	7032	7080	
6	7128	7176	7224	7272	7320	7368	7416	7464	7512	7559	
7	7607	7655	7703	7751	7799	7847	7894	7942	7990	8038	
8	8086	8134	8181	8229	8277	8325	8373	8421	8468	8516	
9	8564	8612	8659	8707	8755	8803	8850	8898	8946	8994	
910	95 9041	9089	9137	9185	9232	9280	9328	9375	9423	9471	
1	9518	9566	9614	9661	9709	9757	9804	9852	9900	9947	
2	9995	*0042	*0090	*0138	*0185	*0233	*0280	*0328	*0376	*0423	
3	96 0471	0518	0566	0613	0661	0709	0756	0804	0851	0899	
4	0946	0994	1041	1089	1136	1184	1231	1279	1326	1374	
915	96 1421	1469	1516	1563	1611	1658	1706	1753	1801	1848	47
6	1895	1943	1990	2038	2085	2132	2180	2227	2275	2322	
7	2369	2417	2464	2511	2559	2606	2653	2701	2748	2795	
8	2843	2890	2937	2985	3032	3079	3126	3174	3221	3268	
9	3316	3363	3410	3457	3504	3552	3599	3646	3693	3741	
920	96 3788	3835	3882	3929	3977	4024	4071	4118	4165	4212	
1	4260	4307	4354	4401	4448	4495	4542	4590	4637	4684	
2	4731	4778	4825	4872	4919	4966	5013	5061	5108	5155	
3	5202	5249	5296	5343	5390	5437	5484	5531	5578	5625	
4	5672	5719	5766	5813	5860	5907	5954	6001	6048	6095	
925	96 6142	6189	6236	6283	6329	6376	6423	6470	6517	6564	
6	6611	6658	6705	6752	6799	6845	6892	6939	6986	7033	
7	7080	7127	7173	7220	7267	7314	7361	7408	7454	7501	
8	7548	7595	7642	7688	7735	7782	7829	7875	7922	7969	
9	8016	8062	8109	8156	8203	8249	8296	8343	8390	8436	
930	96 8483	8530	8576	8623	8670	8716	8763	8810	8856	8903	
1	8950	8996	9043	9090	9136	9183	9229	9276	9323	9369	
2	9416	9463	9509	9556	9602	9649	9695	9742	9789	9835	
3	9882	9928	9975	*0021	*0068	*0114	*0161	*0207	*0254	*0300	
4	97 0347	0393	0440	0486	0533	0579	0626	0672	0719	0765	46
935	97 0812	0858	0904	0951	0997	1044	1090	1137	1183	1229	
6	1276	1322	1369	1415	1461	1508	1554	1601	1647	1693	
7	1740	1786	1832	1879	1925	1971	2018	2064	2110	2157	
8	2203	2249	2295	2342	2388	2434	2481	2527	2573	2619	
9	2666	2712	2758	2804	2851	2897	2943	2989	3035	3082	
940	97 3128	3174	3220	3266	3313	3359	3405	3451	3497	3543	
1	3590	3636	3682	3728	3774	3820	3866	3913	3959	4005	
2	4051	4097	4143	4189	4235	4281	4327	4374	4420	4466	
3	4512	4558	4604	4650	4696	4742	4788	4834	4880	4926	
4	4972	5018	5064	5110	5156	5202	5248	5294	5340	5386	
945	97 5432	5478	5524	5570	5616	5662	5707	5753	5799	5845	
6	5891	5937	5983	6029	6075	6121	6167	6212	6258	6304	
7	6350	6396	6442	6488	6533	6579	6625	6671	6717	6763	
8	6808	6854	6900	6946	6992	7037	7083	7129	7175	7220	
9	7266	7312	7358	7403	7449	7495	7541	7586	7632	7678	

Proportionalanteile

Diff.	1	2	3	4	5	6	7	8	9
49	4.9	9.8	14.7	19.6	24.5	29.4	34.3	39.2	44.1
48	4.8	9.6	14.4	19.2	24.0	28.8	33.6	38.4	43.2
47	4.7	9.4	14.1	18.8	23.5	28.2	32.9	37.6	42.3
46	4.6	9.2	13.8	18.4	23.0	27.6	32.2	36.8	41.4
45	4.5	9.0	13.5	18.0	22.5	27.0	31.5	36.0	40.5

TABELLE I. Sechsstellige Mantissen

N.	0	1	2	3	4	5	6	7	8	9	Diff.
950	97 7724	7769	7815	7861	7906	7952	7998	8043	8089	8135	46
1	8181	8226	8272	8317	8363	8409	8454	8500	8546	8591	
2	8637	8683	8728	8774	8819	8865	8911	8956	9002	9047	
3	9093	9138	9184	9230	9275	9321	9366	9412	9457	9503	
4	9548	9594	9639	9685	9730	9776	9821	9867	9912	9958	
955	98 0003	0049	0094	0140	0185	0231	0276	0322	0367	0412	45
6	0458	0503	0549	0594	0640	0685	0730	0776	0821	0867	
7	0912	0957	1003	1048	1093	1139	1184	1229	1275	1320	
8	1366	1411	1456	1501	1547	1592	1637	1683	1728	1773	
9	1819	1864	1909	1954	2000	2045	2090	2135	2181	2226	
960	98 2271	2316	2362	2407	2452	2497	2543	2588	2633	2678	
1	2723	2769	2814	2859	2904	2949	2994	3040	3085	3130	
2	3175	3220	3265	3310	3356	3401	3446	3491	3536	3581	
3	3626	3671	3716	3762	3807	3852	3897	3942	3987	4032	
4	4077	4122	4167	4212	4257	4302	4347	4392	4437	4482	
965	98 4527	4572	4617	4662	4707	4752	4797	4842	4887	4932	
6	4977	5022	5067	5112	5157	5202	5247	5292	5337	5382	
7	5426	5471	5516	5561	5606	5651	5696	5741	5786	5830	
8	5875	5920	5965	6010	6055	6100	6144	6189	6234	6279	
9	6324	6369	6413	6458	6503	6548	6593	6637	6682	6727	
970	98 6772	6817	6861	6906	6951	6996	7040	7085	7130	7175	
1	7219	7264	7309	7353	7398	7443	7488	7532	7577	7622	
2	7666	7711	7756	7800	7845	7890	7934	7979	8024	8068	
3	8113	8157	8202	8247	8291	8336	8381	8425	8470	8514	
4	8559	8604	8648	8693	8737	8782	8826	8871	8916	8960	
975	98 9005	9049	9094	9138	9183	9227	9272	9316	9361	9405	
6	9450	9494	9539	9583	9628	9672	9717	9761	9806	9850	44
7	9895	9939	9983	*0028	*0072	*0117	*0161	*0206	*0250	*0294	
8	99 0339	0383	0428	0472	0516	0561	0605	0650	0694	0738	
9	0783	0827	0871	0916	0960	1004	1049	1093	1137	1182	
980	99 1226	1270	1315	1359	1403	1448	1492	1536	1580	1625	
1	1669	1713	1758	1802	1846	1890	1935	1979	2023	2067	
2	2111	2156	2200	2244	2288	2333	2377	2421	2465	2509	
3	2554	2598	2642	2686	2730	2774	2819	2863	2907	2951	
4	2995	3039	3083	3127	3172	3216	3260	3304	3348	3392	
985	99 3436	3480	3524	3568	3613	3657	3701	3745	3789	3833	
6	3877	3921	3965	4009	4053	4097	4141	4185	4229	4273	
7	4317	4361	4405	4449	4493	4537	4581	4625	4669	4713	
8	4757	4801	4845	4889	4933	4977	5021	5065	5108	5152	
9	5196	5240	5284	5328	5372	5416	5460	5504	5547	5591	
990	99 5635	5679	5723	5767	5811	5854	5898	5942	5986	6030	
1	6074	6117	6161	6205	6249	6293	6337	6380	6424	6468	
2	6512	6555	6599	6643	6687	6731	6774	6818	6862	6906	
3	6949	6993	7037	7080	7124	7168	7212	7255	7299	7343	
4	7386	7430	7474	7517	7561	7605	7648	7692	7736	7779	
995	99 7823	7867	7910	7954	7998	8041	8085	8129	8172	8216	
6	8259	8303	8347	8390	8434	8477	8521	8564	8608	8652	
7	8695	8739	8782	8826	8869	8913	8956	9000	9043	9087	
8	9131	9174	9218	9261	9305	9348	9392	9435	9479	9522	
9	9565	9609	9652	9696	9739	9783	9826	9870	9913	9957	43

Proportionalanteile

Diff.	1	2	3	4	5	6	7	8	9
46	4.6	9.2	13.8	18.4	23.0	27.6	32.2	36.8	41.4
45	4.5	9.0	13.5	18.0	22.5	27.0	31.5	36.0	40.5
44	4.4	8.8	13.2	17.6	22.0	26.4	30.8	35.2	39.6
43	4.3	8.6	12.9	17.2	21.5	25.8	30.1	34.4	38.7

TABELLE II. Siebenstellige Mantissen

N.	0	1	2	3	4	5	6	7	8	9	Diff.
1000	000 0000	0434	0869	1303	1737	2171	2605	3039	3473	3907	434
1	4341	4775	5208	5642	6076	6510	6943	7377	7810	8244	434
2	8677	9111	9544	9977	*0411	*0844	*1277	*1710	*2143	*2576	433
3	001 3009	3442	3875	4308	4741	5174	5607	6039	6472	6905	433
4	7337	7770	8202	8635	9067	9499	9932	*0364	*0796	*1228	432
1005	002 1661	2093	2525	2957	3389	3821	4253	4685	5116	5548	432
6	5980	6411	6843	7275	7706	8138	8569	9001	9432	9863	431
7	003 0295	0726	1157	1588	2019	2451	2882	3313	3744	4174	431
8	4605	5036	5467	5898	6328	6759	7190	7620	8051	8481	431
9	8912	9342	9772	*0203	*0633	*1063	*1493	*1924	*2354	*2784	430
1010	004 3214	3644	4074	4504	4933	5363	5793	6223	6652	7082	430
1	7512	7941	8371	8800	9229	9659	*0088	*0517	*0947	*1376	429
2	005 1805	2234	2663	3092	3521	3950	4379	4808	5237	5666	429
3	6094	6523	6952	7380	7809	8238	8666	9094	9523	9951	429
4	006 0380	0808	1236	1664	2092	2521	2949	3377	3805	4233	428
1015	4660	5088	5516	5944	6372	6799	7227	7655	8082	8510	428
6	8937	9365	9792	*0219	*0647	*1074	*1501	*1928	*2355	*2782	427
7	007 3210	3637	4064	4490	4917	5344	5771	6198	6624	7051	427
8	7478	7904	8331	8757	9184	9610	*0037	*0463	*0889	*1316	426
9	008 1742	2168	2594	3020	3446	3872	4298	4724	5150	5576	426
1020	6002	6427	6853	7279	7704	8130	8556	8981	9407	9832	426
1	009 0257	0683	1108	1533	1959	2384	2809	3234	3659	4084	425
2	4509	4934	5359	5784	6208	6633	7058	7483	7907	8332	425
3	8756	9131	9605	*0030	*0454	*0878	*1303	*1727	*2151	*2575	424
4	010 3000	3424	3848	4272	4696	5120	5544	5967	6391	6815	424
1025	7239	7662	8086	8510	8933	9357	9780	*0204	*0627	*1050	424
6	011 1474	1897	2320	2743	3166	3590	4013	4436	4859	5282	423
7	5704	6127	6550	6973	7396	7818	8241	8664	9086	9509	423
8	9931	*0354	*0776	*1198	*1621	*2043	*2465	*2887	*3310	*3732	422
9	012 4154	4576	4998	5420	5842	6264	6685	7107	7529	7951	422
1030	8372	8794	9215	9637	*0059	*0480	*0901	*1323	*1744	*2165	422
1	013 2587	3008	3429	3850	4271	4692	5113	5534	5955	6376	421
2	6797	7218	7639	8059	8480	8901	9321	9742	*0162	*0583	421
3	014 1003	1424	1844	2264	2685	3105	3525	3945	4365	4785	420
4	5205	5625	6045	6465	6885	7305	7725	8144	8564	8984	420
1035	9403	9823	*0243	*0662	*1082	*1501	*1920	*2340	*2759	*3178	420
6	015 3598	4017	4436	4855	5274	5693	6112	6531	6950	7369	419
7	7788	8206	8625	9044	9462	9881	*0300	*0718	*1137	*1555	419
8	016 1974	2392	2810	3229	3647	4065	4483	4901	5319	5737	418
9	6155	6573	6991	7409	7827	8245	8663	9080	9498	9916	418
1040	017 0333	0751	1168	1586	2003	2421	2838	3256	3673	4090	417
1	4507	4924	5342	5759	6176	6593	7010	7427	7844	8260	417
2	8677	9094	9511	9927	*0344	*0761	*1177	*1594	*2010	*2427	417
3	018 2843	3259	3676	4092	4508	4925	5341	5757	6173	6589	416
4	7005	7421	7837	8253	8669	9084	9500	9916	*0332	*0747	416
1045	019 1163	1578	1994	2410	2825	3240	3656	4071	4486	4902	415
6	5317	5732	6147	6562	6977	7392	7807	8222	8637	9052	415
7	9467	9882	*0296	*0711	*1126	*1540	*1955	*2369	*2784	*3198	415
8	020 3613	4027	4442	4856	5270	5684	6099	6513	6927	7341	414
9	7755	8169	8583	8997	9411	9824	*0238	*0652	*1066	*1479	414

TABELLE II. Siebenstellige Mantissen

N.	0	1	2	3	4	5	6	7	8	9	Diff.
1050	021 1893	2307	2720	3134	3547	3961	4374	4787	5201	5614	413
1	6027	6440	6854	7267	7680	8093	8506	8919	9332	9745	413
2	022 0157	0570	0983	1396	1808	2221	2634	3046	3459	3871	413
3	4284	4696	5109	5521	5933	6345	6758	7170	7582	7994	412
4	8406	8818	9230	9642	*0054	*0466	*0878	*1289	*1701	*2113	412
1055	023 2525	2936	3348	3759	4171	4582	4994	5405	5817	6228	411
6	6639	7050	7462	7873	8284	8695	9106	9517	9928	*0339	411
7	024 0750	1161	1572	1982	2393	2804	3214	3625	4036	4446	411
8	4857	5267	5678	6088	6498	6909	7319	7729	8139	8549	410
9	8960	9370	9780	*0190	*0600	*1010	*1419	*1829	*2239	*2649	410
1060	025 3059	3468	3878	4288	4697	5107	5516	5926	6335	6744	410
1	7154	7563	7972	8382	8791	9200	9609	*0018	*0427	*0836	409
2	026 1245	1654	2063	2472	2881	3289	3698	4107	4515	4924	409
3	5333	5741	6150	6558	6967	7375	7783	8192	8600	9008	408
4	9416	9824	*0233	*0641	*1049	*1457	*1865	*2273	*2680	*3088	408
1065	027 3496	3904	4312	4719	5127	5535	5942	6350	6757	7165	408
6	7572	7979	8387	8794	9201	9609	*0016	*0423	*0830	*1237	407
7	028 1644	2051	2458	2865	3272	3679	4086	4492	4899	5306	407
8	5713	6119	6526	6932	7339	7745	8152	8558	8964	9371	406
9	9777	*0183	*0590	*0996	*1402	*1808	*2214	*2620	*3026	*3432	406
1070	029 3838	4244	4649	5055	5461	5867	6272	6678	7084	7489	406
1	7895	8300	8706	9111	9516	9922	*0327	*0732	*1138	*1543	405
2	030 1948	2353	2758	3163	3568	3973	4378	4783	5188	5592	405
3	5997	6402	6807	7211	7616	8020	8425	8830	9234	9638	405
4	031 0043	0447	0851	1256	1660	2064	2468	2872	3277	3681	404
1075	4085	4489	4893	5296	5700	6104	6508	6912	7315	7719	404
6	8123	8526	8930	9333	9737	*0140	*0544	*0947	*1350	*1754	403
7	032 2157	2560	2963	3367	3770	4173	4576	4979	5382	5785	403
8	6188	6590	6993	7396	7799	8201	8604	9007	9409	9812	403
9	033 0214	0617	1019	1422	1824	2226	2629	3031	3433	3835	402
1080	4238	4640	5042	5444	5846	6248	6650	7052	7453	7855	402
1	8257	8659	9060	9462	9864	*0265	*0667	*1068	*1470	*1871	402
2	034 2273	2674	3075	3477	3878	4279	4680	5081	5482	5884	401
3	6285	6686	7087	7487	7888	8289	8690	9091	9491	9892	401
4	035 0293	0693	1094	1495	1895	2296	2696	3096	3497	3897	400
1085	4297	4698	5098	5498	5898	6298	6698	7098	7498	7898	400
6	8298	8698	9098	9498	9898	*0297	*0697	*1097	*1496	*1896	400
7	036 2295	2695	3094	3494	3893	4293	4692	5091	5491	5890	399
8	6289	6688	7087	7486	7885	8284	8683	9082	9481	9880	399
9	037 0279	0678	1076	1475	1874	2272	2671	3070	3468	3867	399
1090	4265	4663	5062	5460	5858	6257	6655	7053	7451	7849	398
1	8248	8646	9044	9442	9839	*0237	*0635	*1033	*1431	*1829	398
2	038 2226	2624	3022	3419	3817	4214	4612	5009	5407	5804	398
3	6202	6599	6996	7393	7791	8188	8585	8982	9379	9776	397
4	039 0173	0570	0967	1364	1761	2158	2554	2951	3348	3745	397
1095	4141	4538	4934	5331	5727	6124	6520	6917	7313	7709	397
6	8106	8502	8898	9294	9690	*0086	*0482	*0878	*1274	*1670	396
7	040 2066	2462	2858	3254	3650	4045	4441	4837	5232	5628	396
8	6023	6419	6814	7210	7605	8001	8396	8791	9187	9582	395
9	9977	*0372	*0767	*1162	*1557	*1952	*2347	*2742	*3137	*3532	395

TABELLE III.

Numerierung der Tage eines Jahres

Tag des Monats	Jan.	Feb.	März	Apr.	Mai	Juni	Juli	Aug.	Sept.	Okt.	Nov.	Dez.	Tag des Monats
1	1	32	60	91	121	152	182	213	244	274	305	335	1
2	2	33	61	92	122	153	183	214	245	275	306	336	2
3	3	34	62	93	123	154	184	215	246	276	307	337	3
4	4	35	63	94	124	155	185	216	247	277	308	338	4
5	5	36	64	95	125	156	186	217	248	278	309	339	5
6	6	37	65	96	126	157	187	218	249	279	310	340	6
7	7	38	66	97	127	158	188	219	250	280	311	341	7
8	8	39	67	98	128	159	189	220	251	281	312	342	8
9	9	40	68	99	129	160	190	221	252	282	313	343	9
10	10	41	69	100	130	161	191	222	253	283	314	344	10
11	11	42	70	101	131	162	192	223	254	284	315	345	11
12	12	43	71	102	132	163	193	224	255	285	316	346	12
13	13	44	72	103	133	164	194	225	256	286	317	347	13
14	14	45	73	104	134	165	195	226	257	287	318	348	14
15	15	46	74	105	135	166	196	227	258	288	319	349	15
16	16	47	75	106	136	167	197	228	259	289	320	350	16
17	17	48	76	107	137	168	198	229	260	290	321	351	17
18	18	49	77	108	138	169	199	230	261	291	322	352	18
19	19	50	78	109	139	170	200	231	262	292	323	353	19
20	20	51	79	110	140	171	201	232	263	293	324	354	20
21	21	52	80	111	141	172	202	233	264	294	325	355	21
22	22	53	81	112	142	173	203	234	265	295	326	356	22
23	23	54	82	113	143	174	204	235	266	296	327	357	23
24	24	55	83	114	144	175	205	236	267	297	328	358	24
25	25	56	84	115	145	176	206	237	268	298	329	359	25
26	26	57	85	116	146	177	207	238	269	299	330	360	26
27	27	58	86	117	147	178	208	239	270	300	331	361	27
28	28	59	87	118	148	179	209	240	271	301	332	362	28
29	29	..	88	119	149	180	210	241	272	302	333	363	29
30	30	..	89	120	150	181	211	242	273	303	334	364	30
31	31	..	90	...	151	...	212	243	...	304	...	365	31

Bem. Bei Schaltjahren sind die Zahlen ab dem 1. März um 1 größer.

$s = (1+i)^n$

n	$\frac{1}{4}\%$	$\frac{1}{3}\%$	$\frac{5}{12}\%$	$\frac{1}{2}\%$	$\frac{7}{12}\%$	$\frac{2}{3}\%$	n
1	1.0025 0000	1.0033 3333	1.0041 6667	1.0050 0000	1.0058 3333	1.0066 6667	1
2	1.0050 0625	1.0066 7778	1.0083 5069	1.0100 2500	1.0117 0069	1.0133 7778	2
3	1.0075 1877	1.0100 3337	1.0125 5216	1.0150 7513	1.0176 0228	1.0201 3363	3
4	1.0100 3756	1.0134 0015	1.0167 7112	1.0201 5050	1.0235 3830	1.0269 3452	4
5	1.0125 6266	1.0167 7815	1.0210 0767	1.0252 5125	1.0295 0894	1.0337 8075	5
6	1.0150 9406	1.0201 6741	1.0252 6187	1.0303 7751	1.0355 1440	1.0406 7262	6
7	1.0176 3180	1.0235 6797	1.0295 3379	1.0355 2940	1.0415 5490	1.0476 1044	7
8	1.0201 7588	1.0269 7986	1.0338 2352	1.0407 0704	1.0476 3064	1.0545 9451	8
9	1.0227 2632	1.0304 0313	1.0381 3111	1.0459 1058	1.0537 4182	1.0616 2514	9
10	1.0252 8313	1.0338 3780	1.0424 5666	1.0511 4013	1.0598 8865	1.0687 0264	10
11	1.0278 4634	1.0372 8393	1.0468 0023	1.0563 9583	1.0660 7133	1.0758 2732	11
12	1.0304 1596	1.0407 4154	1.0511 6190	1.0616 7781	1.0722 9008	1.0829 9951	12
13	1.0329 9200	1.0442 1068	1.0555 4174	1.0669 8620	1.0785 4511	1.0902 1950	13
14	1.0355 7448	1.0476 9138	1.0599 3983	1.0723 2113	1.0848 3662	1.0974 8763	14
15	1.0381 6341	1.0511 8369	1.0643 5625	1.0776 8274	1.0911 6483	1.1048 0422	15
16	1.0407 5882	1.0546 8763	1.0687 9106	1.0830 7115	1.0975 2996	1.1121 6958	16
17	1.0433 6072	1.0582 0326	1.0732 4436	1.0884 8651	1.1039 3222	1.1195 8404	17
18	1.0459 6912	1.0617 3060	1.0777 1621	1.0939 2894	1.1103 7182	1.1270 4794	18
19	1.0485 8404	1.0652 6971	1.0822 0670	1.0993 9858	1.1168 4899	1.1345 6159	19
20	1.0512 0550	1.0688 2060	1.0867 1589	1.1048 9558	1.1233 6395	1.1421 2533	20
21	1.0538 3352	1.0723 8334	1.0912 4387	1.1104 2006	1.1299 1690	1.1497 3950	21
22	1.0564 6810	1.0759 5795	1.0957 9072	1.1159 7216	1.1365 0808	1.1574 0443	22
23	1.0591 0927	1.0795 4448	1.1003 5652	1.1215 5202	1.1431 3771	1.1651 2046	23
24	1.0617 5704	1.0831 4296	1.1049 4134	1.1271 5978	1.1498 0602	1.1728 8793	24
25	1.0644 1144	1.0867 5344	1.1095 4526	1.1327 9558	1.1565 1322	1.1807 0718	25
26	1.0670 7247	1.0903 7595	1.1141 6836	1.1384 5955	1.1632 5955	1.1885 7857	26
27	1.0697 4015	1.0940 1053	1.1188 1073	1.1441 5185	1.1700 4523	1.1965 0242	27
28	1.0724 1450	1.0976 5724	1.1234 7244	1.1498 7261	1.1768 7049	1.2044 7911	28
29	1.0750 9553	1.1013 1609	1.1281 5358	1.1556 2197	1.1837 3557	1.2125 0897	29
30	1.0777 8327	1.1049 8715	1.1328 5422	1.1614 0008	1.1906 4069	1.2205 9236	30
31	1.0804 7773	1.1086 7044	1.1375 7444	1.1672 0708	1.1975 8610	1.2287 2964	31
32	1.0831 7892	1.1123 6601	1.1423 1434	1.1730 4312	1.2045 7202	1.2369 2117	32
33	1.0858 8687	1.1160 7389	1.1470 7398	1.1789 0833	1.2115 9869	1.2451 6731	33
34	1.0886 0159	1.1197 9414	1.1518 5346	1.1848 0288	1.2186 6634	1.2534 6843	34
35	1.0913 2309	1.1235 2679	1.1566 5284	1.1907 2689	1.2257 7523	1.2618 2489	35
36	1.0940 5140	1.1272 7187	1.1614 7223	1.1966 8052	1.2329 2559	1.2702 3705	36
37	1.0967 8653	1.1310 2945	1.1663 1170	1.2026 6393	1.2401 1765	1.2787 0530	37
38	1.0995 2850	1.1347 9955	1.1711 7133	1.2086 7725	1.2473 5167	1.2872 3000	38
39	1.1022 7732	1.1385 8221	1.1760 5121	1.2147 2063	1.2546 2789	1.2958 1153	39
40	1.1050 3301	1.1423 7748	1.1809 5142	1.2207 9424	1.2619 4655	1.3044 5028	40
41	1.1077 9559	1.1461 8541	1.1858 7206	1.2268 9821	1.2693 0791	1.3131 4661	41
42	1.1105 6508	1.1500 0603	1.1908 1319	1.2330 3270	1.2767 1220	1.3219 0092	42
43	1.1133 4149	1.1538 3938	1.1957 7491	1.2391 9786	1.2841 5969	1.3307 1360	43
44	1.1161 2485	1.1576 8551	1.2007 5731	1.2453 9385	1.2916 5062	1.3395 8502	44
45	1.1189 1516	1.1615 4446	1.2057 6046	1.2516 2082	1.2991 8525	1.3485 1559	45
46	1.1217 1245	1.1654 1628	1.2107 8446	1.2578 7892	1.3067 6383	1.3575 0569	46
47	1.1245 1673	1.1693 0100	1.2158 2940	1.2641 6832	1.3143 8662	1.3665 5573	47
48	1.1273 2802	1.1731 9867	1.2208 9536	1.2704 8916	1.3220 5388	1.3756 6610	48
49	1.1301 4634	1.1771 0933	1.2259 8242	1.2768 4161	1.3297 6586	1.3848 3721	49
50	1.1329 7171	1.1810 3303	1.2310 9068	1.2832 2581	1.3375 2283	1.3940 6946	50

$s = (1 + i)^n$

n	$\frac{1}{4}\%$	$\frac{1}{3}\%$	$\frac{5}{12}\%$	$\frac{1}{2}\%$	$\frac{7}{12}\%$	$\frac{2}{3}\%$	n
51	1.1358 0414	1.1849 6981	1.2362 2022	1.2896 4194	1.3453 2504	1.4033 6325	51
52	1.1386 4365	1.1889 1971	1.2413 7114	1.2960 9015	1.3531 7277	1.4127 1901	52
53	1.1414 9026	1.1928 8277	1.2465 4352	1.3025 7060	1.3610 6628	1.4221 3713	53
54	1.1443 4398	1.1968 5905	1.2517 3745	1.3090 8346	1.3690 0583	1.4316 1805	54
55	1.1472 0484	1.2008 4858	1.2569 5302	1.3156 2887	1.3769 9170	1.4411 6217	55
56	1.1500 7285	1.2048 5141	1.2621 9033	1.3222 0702	1.3850 2415	1.4507 6992	56
57	1.1529 4804	1.2088 6758	1.2674 4946	1.3288 1805	1.3931 0346	1.4604 4172	57
58	1.1558 3041	1.2128 9714	1.2727 3050	1.3354 6214	1.4012 2990	1.4701 7799	58
59	1.1587 1998	1.2169 4013	1.2780 3354	1.3421 3946	1.4094 0374	1.4799 7918	59
60	1.1616 1678	1.2209 9659	1.2833 5868	1.3488 5015	1.4176 2526	1.4898 4571	60
61	1.1645 2082	1.2250 6658	1.2887 0601	1.3555 9440	1.4258 9474	1.4997 7801	61
62	1.1674 3213	1.2291 5014	1.2940 7561	1.3623 7238	1.4342 1246	1.5097 7653	62
63	1.1703 5071	1.2332 4730	1.2994 6760	1.3691 8424	1.4425 7870	1.5198 4171	63
64	1.1732 7658	1.2373 5813	1.3048 8204	1.3760 3016	1.4509 9374	1.5299 7399	64
65	1.1762 0977	1.2414 8266	1.3103 1905	1.3829 1031	1.4594 5787	1.5401 7381	65
66	1.1791 5030	1.2456 2093	1.3157 7872	1.3898 2486	1.4679 7138	1.5504 4164	66
67	1.1820 9817	1.2497 7300	1.3212 6113	1.3967 7399	1.4765 3454	1.5607 7792	67
68	1.1850 5342	1.2539 3891	1.3267 6638	1.4037 5785	1.4851 4766	1.5711 8310	68
69	1.1880 1605	1.2581 1871	1.3322 9458	1.4107 7664	1.4938 1102	1.5816 5766	69
70	1.1909 8609	1.2623 1244	1.3378 4580	1.4178 3053	1.5025 2492	1.5922 0204	70
71	1.1939 6356	1.2665 2015	1.3434 2016	1.4249 1968	1.5112 8965	1.6028 1672	71
72	1.1969 4847	1.2707 4188	1.3490 1774	1.4320 4428	1.5201 0550	1.6135 0217	72
73	1.1999 4084	1.2749 7769	1.3546 3865	1.4392 0450	1.5289 7279	1.6242 5885	73
74	1.2029 4069	1.2792 2761	1.3602 8298	1.4464 0052	1.5378 9179	1.6350 8724	74
75	1.2059 4804	1.2834 9170	1.3659 5082	1.4536 3252	1.5468 6283	1.6459 8782	75
76	1.2089 6291	1.2877 7001	1.3716 4229	1.4609 0069	1.5558 8620	1.6569 6107	76
77	1.2119 8532	1.2920 6258	1.3773 5746	1.4682 0519	1.5649 6220	1.6680 0748	77
78	1.2150 1528	1.2963 6945	1.3830 9645	1.4755 4622	1.5740 9115	1.6791 2753	78
79	1.2180 5282	1.3006 9068	1.3888 5935	1.4829 2395	1.5832 7334	1.6903 2172	79
80	1.2210 9795	1.3050 2632	1.3946 4627	1.4903 3857	1.5925 0910	1.7015 9053	80
81	1.2241 5070	1.3093 7641	1.4004 5729	1.4977 9026	1.6017 9874	1.7129 3446	81
82	1.2272 1108	1.3137 4099	1.4062 9253	1.5052 7921	1.6111 4257	1.7243 5403	82
83	1.2302 7910	1.3181 2013	1.4121 5209	1.5128 0561	1.6205 4090	1.7358 4972	83
84	1.2333 5480	1.3225 1386	1.4180 3605	1.5203 6964	1.6299 9405	1.7474 2205	84
85	1.2364 3819	1.3269 2224	1.4239 4454	1.5279 7148	1.6395 0235	1.7590 7153	85
86	1.2395 2928	1.3313 4532	1.4298 7764	1.5356 1134	1.6490 6612	1.7707 9868	86
87	1.2426 2811	1.3357 8314	1.4358 3546	1.5432 8940	1.6586 8567	1.7826 0400	87
88	1.2457 3468	1.3402 3575	1.4418 1811	1.5510 0585	1.6683 6134	1.7944 8803	88
89	1.2488 4901	1.3447 0320	1.4478 2568	1.5587 6087	1.6780 9344	1.8064 5128	89
90	1.2519 7114	1.3491 8554	1.4538 5829	1.5665 5468	1.6878 8232	1.8184 9429	90
91	1.2551 0106	1.3536 8283	1.4599 1603	1.5743 8745	1.6977 2830	1.8306 1758	91
92	1.2582 3882	1.3581 9510	1.4659 9902	1.5822 5939	1.7076 3172	1.8428 2170	92
93	1.2613 8441	1.3627 2242	1.4721 0735	1.5901 7069	1.7175 9290	1.8551 0718	93
94	1.2645 3787	1.3672 6483	1.4782 4113	1.5981 2154	1.7276 1219	1.8674 7456	94
95	1.2676 9922	1.3718 2238	1.4844 0047	1.6061 1215	1.7376 8993	1.8799 2439	95
96	1.2708 6847	1.3763 9512	1.4905 8547	1.6141 4271	1.7478 2646	1.8924 5722	96
97	1.2740 4564	1.3809 8310	1.4967 9624	1.6222 1342	1.7580 2211	1.9050 7360	97
98	1.2772 3075	1.3855 8638	1.5030 3289	1.6303 2449	1.7682 7724	1.9177 7409	98
99	1.2804 2383	1.3902 0500	1.5092 9553	1.6384 7611	1.7785 9219	1.9305 5925	99
100	1.2836 2489	1.3948 3902	1.5155 8426	1.6466 6849	1.7889 6731	1.9434 2965	100

$$s = (1 + i)^n$$

n	$\frac{1}{4}\%$	$\frac{1}{3}\%$	$\frac{5}{12}\%$	$\frac{1}{2}\%$	$\frac{7}{12}\%$	$\frac{2}{3}\%$	n
101	1.2868 3395	1.3994 8848	1.5218 9919	1.6549 0183	1.7994 0295	1.9563 8585	101
102	1.2900 5104	1.4041 5344	1.5282 4044	1.6631 7634	1.8098 9947	1.9694 2842	102
103	1.2932 7616	1.4088 3395	1.5346 0811	1.6714 9223	1.8204 5722	1.9825 5794	103
104	1.2965 0935	1.4135 3007	1.5410 0231	1.6798 4969	1.8310 7655	1.9957 7499	104
105	1.2997 5063	1.4182 4183	1.5474 2315	1.6882 4894	1.8417 5783	2.0090 8016	105
106	1.3030 0000	1.4229 6931	1.5538 7075	1.6966 9018	1.8525 0142	2.0224 7403	106
107	1.3062 5750	1.4277 1254	1.5603 4521	1.7051 7363	1.8633 0768	2.0359 5719	107
108	1.3095 2315	1.4324 7158	1.5668 4665	1.7136 9950	1.8741 7697	2.0495 3024	108
109	1.3127 9696	1.4372 4649	1.5733 7518	1.7222 6800	1.8851 0967	2.0631 9377	109
110	1.3160 7895	1.4420 3731	1.5799 3091	1.7308 7934	1.8961 0614	2.0769 4840	110
111	1.3193 6915	1.4468 4410	1.5865 1395	1.7395 3373	1.9071 6676	2.0907 9472	111
112	1.3226 6757	1.4516 6691	1.5931 2443	1.7482 3140	1.9182 9190	2.1047 3335	112
113	1.3259 7424	1.4565 0580	1.5997 6245	1.7569 7256	1.9294 8194	2.1187 6491	113
114	1.3292 8917	1.4613 6082	1.6064 2812	1.7657 5742	1.9407 3725	2.1328 9000	114
115	1.3326 1240	1.4662 3202	1.6131 2157	1.7745 8621	1.9520 5822	2.1471 0927	115
116	1.3359 4393	1.4711 1946	1.6198 4291	1.7834 5914	1.9634 4522	2.1614 2333	116
117	1.3392 8379	1.4760 2320	1.6265 9226	1.7923 7644	1.9748 9865	2.1758 3282	117
118	1.3426 3200	1.4809 4327	1.6333 6973	1.8013 3832	1.9864 1890	2.1903 3837	118
119	1.3459 8858	1.4858 7975	1.6401 7543	1.8103 4501	1.9980 0634	2.2049 4063	119
120	1.3493 5355	1.4908 3268	1.6470 0950	1.8193 9673	2.0096 6138	2.2196 4023	120
121	1.3527 2693	1.4958 0212	1.6538 7204	1.8284 9372	2.0213 8440	2.2344 3784	121
122	1.3561 0875	1.5007 8813	1.6607 6317	1.8376 3619	2.0331 7581	2.2493 3409	122
123	1.3594 9902	1.5057 9076	1.6676 8302	1.8468 2437	2.0450 3600	2.2643 2965	123
124	1.3628 9777	1.5108 1006	1.6746 3170	1.8560 5849	2.0569 6538	2.2794 2518	124
125	1.3663 0501	1.5158 4609	1.6816 0933	1.8653 3878	2.0689 6434	2.2946 2135	125
126	1.3697 2077	1.5208 9892	1.6886 1603	1.8746 6548	2.0810 3330	2.3099 1882	126
127	1.3731 4508	1.5259 6858	1.6956 5193	1.8840 3880	2.0931 7266	2.3253 1828	127
128	1.3765 7794	1.5310 5514	1.7027 1715	1.8934 5900	2.1053 8284	2.3408 2040	128
129	1.3800 1938	1.5361 5866	1.7098 1181	1.9029 2629	2.1176 6424	2.3564 2587	129
130	1.3834 6943	1.5412 7919	1.7169 3602	1.9124 4092	2.1300 1728	2.3721 3538	130
131	1.3869 2811	1.5464 1678	1.7240 8992	1.9220 0313	2.1424 4238	2.3879 4962	131
132	1.3903 9543	1.5515 7151	1.7312 7363	1.9316 1314	2.1549 3996	2.4038 6928	132
133	1.3938 7142	1.5567 4341	1.7384 8727	1.9412 7121	2.1675 1044	2.4198 9507	133
134	1.3973 5609	1.5619 3256	1.7457 3097	1.9509 7757	2.1801 5425	2.4360 2771	134
135	1.4008 4948	1.5671 3900	1.7530 0485	1.9607 3245	2.1928 7182	2.4522 6789	135
136	1.4043 5161	1.5723 6279	1.7603 0903	1.9705 3612	2.2056 6357	2.4686 1635	136
137	1.4078 6249	1.5776 0400	1.7676 4365	1.9803 8880	2.2185 2994	2.4850 7379	137
138	1.4113 8214	1.5828 6268	1.7750 0884	1.9902 9074	2.2314 7137	2.5016 4095	138
139	1.4149 1060	1.5881 3889	1.7824 0471	2.0002 4219	2.2444 8828	2.5183 1855	139
140	1.4184 4787	1.5934 3269	1.7898 3139	2.0102 4340	2.2575 8113	2.5351 0734	140
141	1.4219 9399	1.5987 4413	1.7972 8902	2.0202 9462	2.2707 5036	2.5520 0806	141
142	1.4255 4898	1.6040 7328	1.8047 7773	2.0303 9609	2.2839 9640	2.5690 2145	142
143	1.4291 1285	1.6094 2019	1.8122 9763	2.0405 4808	2.2973 1971	2.5861 4826	143
144	1.4326 8563	1.6147 8492	1.8198 4887	2.0507 5082	2.3107 2074	2.6033 8924	144
145	1.4362 6735	1.6201 6754	1.8274 3158	2.0610 0457	2.3241 9995	2.6207 4517	145
146	1.4398 5802	1.6255 6810	1.8350 4588	2.0713 0959	2.3377 5778	2.6382 1681	146
147	1.4434 5766	1.6309 8666	1.8426 9190	2.0816 6614	2.3513 9470	2.6558 0492	147
148	1.4470 6631	1.6364 2328	1.8503 6978	2.0920 7447	2.3651 1117	2.6735 1028	148
149	1.4506 8397	1.6418 7802	1.8580 7966	2.1025 3484	2.3789 0765	2.6913 3369	149
150	1.4543 1068	1.6473 5095	1.8658 2166	2.1130 4752	2.3927 8461	2.7092 7591	150

TABELLE IV. Endwert des Kapitals 1

$$s = (1 + i)^n$$

n	$\frac{3}{4}\%$	1%	$1\frac{1}{4}\%$	$1\frac{1}{2}\%$	$1\frac{3}{4}\%$	2%	n
1	1.0075 0000	1.0100 0000	1.0125 0000	1.0150 0000	1.0175 0000	1.0200 0000	1
2	1.0150 5625	1.0201 0000	1.0251 5625	1.0302 2500	1.0353 0625	1.0404 0000	2
3	1.0226 6917	1.0303 0100	1.0379 7070	1.0456 7838	1.0534 2411	1.0612 0800	3
4	1.0303 3919	1.0406 0401	1.0509 4534	1.0613 6355	1.0718 5903	1.0824 3216	4
5	1.0380 6673	1.0510 1005	1.0640 8215	1.0772 8400	1.0906 1656	1.1040 8080	5
6	1.0458 5224	1.0615 2015	1.0773 8318	1.0934 4326	1.1097 0235	1.1261 6242	6
7	1.0536 9613	1.0721 3535	1.0908 5047	1.1098 4491	1.1291 2215	1.1486 8567	7
8	1.0615 9885	1.0828 5671	1.1044 8610	1.1264 9259	1.1488 8178	1.1716 5938	8
9	1.0695 6084	1.0936 8527	1.1182 9218	1.1433 8998	1.1689 8721	1.1950 9257	9
10	1.0775 8255	1.1046 2213	1.1322 7083	1.1605 4083	1.1894 4449	1.2189 9442	10
11	1.0856 6441	1.1156 6835	1.1464 2422	1.1779 4894	1.2102 5977	1.2433 7431	11
12	1.0938 0690	1.1268 2503	1.1607 5452	1.1956 1817	1.2314 3931	1.2682 4179	12
13	1.1020 1045	1.1380 9328	1.1752 6395	1.2135 5244	1.2529 8950	1.2936 0663	13
14	1.1102 7553	1.1494 7421	1.1899 5475	1.2317 5573	1.2749 1682	1.3194 7876	14
15	1.1186 0259	1.1609 6896	1.2048 2918	1.2502 3207	1.2972 2786	1.3458 6834	15
16	1.1269 9211	1.1725 7864	1.2198 8955	1.2689 8555	1.3199 2935	1.3727 8571	16
17	1.1354 4455	1.1843 0443	1.2351 3817	1.2880 2033	1.3430 2811	1.4002 4142	17
18	1.1439 6039	1.1961 4748	1.2505 7739	1.3073 4064	1.3665 3111	1.4282 4625	18
19	1.1525 4009	1.2081 0895	1.2662 0961	1.3269 5075	1.3904 4540	1.4568 1117	19
20	1.1611 8414	1.2201 9004	1.2820 3723	1.3468 5501	1.4147 7820	1.4859 4740	20
21	1.1698 9302	1.2323 9194	1.2980 6270	1.3670 5783	1.4395 3681	1.5156 6634	21
22	1.1786 6722	1.2447 1586	1.3142 8848	1.3875 6370	1.4647 2871	1.5459 7967	22
23	1.1875 0723	1.2571 6302	1.3307 1709	1.4083 7715	1.4903 6146	1.5768 9926	23
24	1.1964 1353	1.2697 3465	1.3473 5105	1.4295 0281	1.5164 4279	1.6084 3725	24
25	1.2053 8663	1.2824 3200	1.3641 9294	1.4509 4535	1.5429 8054	1.6406 0599	25
26	1.2144 2703	1.2952 5631	1.3812 4535	1.4727 0953	1.5699 8269	1.6734 1811	26
27	1.2235 3523	1.3082 0888	1.3985 1092	1.4948 0018	1.5974 5739	1.7068 8648	27
28	1.2327 1175	1.3212 9097	1.4159 9230	1.5172 2218	1.6254 1290	1.7410 2421	28
29	1.2419 5709	1.3345 0388	1.4336 9221	1.5399 8051	1.6538 5762	1.7758 4469	29
30	1.2512 7176	1.3478 4892	1.4516 1336	1.5630 8022	1.6828 0013	1.8113 6158	30
31	1.2606 5630	1.3613 2740	1.4697 5853	1.5865 2642	1.7122 4913	1.8475 8882	31
32	1.2701 1122	1.3749 4068	1.4881 3051	1.6103 2432	1.7422 1349	1.8845 4059	32
33	1.2796 3706	1.3886 9009	1.5067 3214	1.6344 7918	1.7727 0223	1.9222 3140	33
34	1.2892 3434	1.4025 7699	1.5255 6629	1.6589 9637	1.8037 2452	1.9606 7603	34
35	1.2989 0359	1.4166 0276	1.5446 3587	1.6838 8132	1.8352 8970	1.9998 8955	35
36	1.3086 4537	1.4307 6878	1.5639 4382	1.7091 3954	1.8674 0727	2.0398 8734	36
37	1.3184 6021	1.4450 7647	1.5834 9312	1.7347 7663	1.9000 8689	2.0806 8509	37
38	1.3283 4866	1.4595 2724	1.6032 8678	1.7607 9828	1.9333 3841	2.1222 9879	38
39	1.3383 1128	1.4741 2251	1.6233 2787	1.7872 1025	1.9671 7184	2.1647 4477	39
40	1.3483 4861	1.4888 6373	1.6436 1946	1.8140 1841	2.0015 9734	2.2080 3966	40
41	1.3584 6123	1.5037 5237	1.6641 6471	1.8412 2868	2.0366 2530	2.2522 0046	41
42	1.3686 4969	1.5187 8989	1.6849 6677	1.8688 4712	2.0722 6624	2.2972 4447	42
43	1.3789 1456	1.5339 7779	1.7060 2885	1.8968 7982	2.1085 3090	2.3431 8936	43
44	1.3892 5642	1.5493 1757	1.7273 5421	1.9253 3302	2.1454 3019	2.3900 5314	44
45	1.3996 7584	1.5648 1075	1.7489 4614	1.9542 1301	2.1829 7522	2.4378 5421	45
46	1.4101 7341	1.5804 5885	1.7708 0797	1.9835 2621	2.2211 7728	2.4866 1129	46
47	1.4207 4971	1.5962 6344	1.7929 4306	2.0132 7910	2.2600 4789	2.5363 4351	47
48	1.4314 0533	1.6122 2608	1.8153 5485	2.0434 7829	2.2995 9872	2.5870 7039	48
49	1.4421 4087	1.6283 4834	1.8380 4679	2.0741 3046	2.3398 4170	2.6388 1179	49
50	1.4529 5693	1.6446 3182	1.8610 2237	2.1052 4242	2.3807 8893	2.6915 8803	50

$$s = (1 + i)^n$$

n	$\frac{3}{4}\%$	1%	$1\frac{1}{4}\%$	$1\frac{1}{2}\%$	$1\frac{3}{4}\%$	2%	n
51	1.4638 5411	1.6610 7814	1.8842 8515	2.1368 2106	2.4224 5274	2.7454 1979	51
52	1.4748 3301	1.6776 8892	1.9078 3872	2.1688 7337	2.4648 4566	2.8003 2819	52
53	1.4858 9426	1.6944 6581	1.9316 8670	2.2014 0647	2.5079 8046	2.8563 3475	53
54	1.4970 3847	1.7114 1047	1.9558 3279	2.2344 2757	2.5518 7012	2.9134 6144	54
55	1.5082 6626	1.7285 2457	1.9802 8070	2.2679 4398	2.5965 2785	2.9717 3067	55
56	1.5195 7825	1.7458 0982	2.0050 3420	2.3019 6314	2.6419 6708	3.0311 6529	56
57	1.5309 7509	1.7632 6792	2.0300 9713	2.3364 9259	2.6882 0151	3.0917 8859	57
58	1.5424 5740	1.7809 0060	2.0554 7335	2.3715 3998	2.7352 4503	3.1536 2436	58
59	1.5540 2583	1.7987 0960	2.0811 6676	2.4071 1308	2.7831 1182	3.2166 9685	59
60	1.5656 8103	1.8166 9670	2.1071 8135	2.4432 1978	2.8318 1628	3.2810 3079	60
61	1.5774 2363	1.8348 6367	2.1335 2111	2.4798 6807	2.8813 7306	3.3466 5140	61
62	1.5892 5431	1.8532 1230	2.1601 9013	2.5170 6609	2.9317 9709	3.4135 8443	62
63	1.6011 7372	1.8717 4443	2.1871 9250	2.5548 2208	2.9831 0354	3.4818 5612	63
64	1.6131 8252	1.8904 6187	2.2145 3241	2.5931 4442	3.0343 0785	3.5514 9324	64
65	1.6252 8139	1.9093 6649	2.2422 1407	2.6320 4158	3.0884 2574	3.6225 2311	65
66	1.6374 7100	1.9284 6015	2.2702 4174	2.6715 2221	3.1424 7319	3.6949 7357	66
67	1.6497 5203	1.9477 4475	2.2986 1976	2.7115 9504	3.1974 6647	3.7688 7304	67
68	1.6621 2517	1.9672 2220	2.3273 5251	2.7522 6896	3.2534 2213	3.8442 5050	68
69	1.6745 9111	1.9868 9442	2.3564 4442	2.7935 5300	3.3103 5702	3.9211 3551	69
70	1.6871 5055	2.0067 6337	2.3858 9997	2.8354 5629	3.3682 8827	3.9995 5822	70
71	1.6998 0418	2.0268 3100	2.4157 2372	2.8779 8814	3.4272 3331	4.0795 4939	71
72	1.7125 5271	2.0470 9931	2.4459 2027	2.9211 5796	3.4872 0990	4.1611 4038	72
73	1.7253 9685	2.0675 7031	2.4764 9427	2.9649 7533	3.5482 3607	4.2443 6318	73
74	1.7383 3733	2.0882 4601	2.5074 5045	3.0094 4996	3.6103 3020	4.3292 5045	74
75	1.7513 7486	2.1091 2847	2.5387 9358	3.0545 9171	3.6735 1098	4.4158 3546	75
76	1.7645 1017	2.1302 1975	2.5705 2850	3.1004 1059	3.7377 9742	4.5041 5216	76
77	1.7777 4400	2.1515 2195	2.6026 6011	3.1469 1674	3.8032 0888	4.5942 3521	77
78	1.7910 7708	2.1730 3717	2.6351 9336	3.1941 2050	3.8697 6503	4.6861 1991	78
79	1.8045 1015	2.1947 6754	2.6681 3327	3.2420 3230	3.9374 8592	4.7798 4231	79
80	1.8180 4398	2.2167 1522	2.7014 8494	3.2906 6279	4.0063 9192	4.8754 3916	80
81	1.8316 7931	2.2388 8237	2.7352 5350	3.3400 2273	4.0765 0378	4.9729 4794	81
82	1.8454 1691	2.2612 7119	2.7694 4417	3.3901 2307	4.1478 4260	5.0724 0690	82
83	1.8592 5753	2.2838 8390	2.8040 6222	3.4409 7492	4.2204 2984	5.1738 5504	83
84	1.8732 0196	2.3067 2274	2.8391 1300	3.4925 8954	4.2942 8737	5.2773 3214	84
85	1.8872 5098	2.3297 8997	2.8746 0191	3.5449 7838	4.3694 3740	5.3828 7878	85
86	1.9014 0536	2.3530 8787	2.9105 3444	3.5981 5306	4.4459 0255	5.4905 3636	86
87	1.9156 6590	2.3766 1875	2.9469 1612	3.6521 2535	4.5237 0584	5.6003 4708	87
88	1.9300 3339	2.4003 8494	2.9837 5257	3.7069 0723	4.6028 7070	5.7123 5402	88
89	1.9445 0865	2.4243 8879	3.0210 4948	3.7625 1084	4.6834 2093	5.8266 0110	89
90	1.9590 9246	2.4486 3267	3.0588 1260	3.8189 4851	4.7653 8080	5.9431 3313	90
91	1.9737 8565	2.4731 1900	3.0970 4775	3.8762 3273	4.8487 7496	6.0619 9579	91
92	1.9885 8905	2.4978 5019	3.1357 6085	3.9343 7622	4.9336 2853	6.1832 3570	92
93	2.0035 0346	2.5228 2869	3.1749 5786	3.9933 9187	5.0199 6703	6.3069 0042	93
94	2.0185 2974	2.5480 5698	3.2146 4483	4.0532 9275	5.1078 1645	6.4330 3843	94
95	2.0336 6871	2.5735 3755	3.2548 2789	4.1140 9214	5.1972 0324	6.5616 9920	95
96	2.0489 2123	2.5992 7293	3.2955 1324	4.1758 0352	5.2881 5429	6.6929 3318	96
97	2.0642 8814	2.6252 6565	3.3367 0716	4.2384 4057	5.3806 9699	6.8267 9184	97
98	2.0797 7030	2.6515 1831	3.3784 1600	4.3020 1718	5.4748 5919	6.9633 2768	98
99	2.0953 6858	2.6780 3349	3.4206 4620	4.3665 4744	5.5706 6923	7.1025 9423	99
100	2.1110 8384	2.7048 1383	3.4634 0427	4.4320 4565	5.6681 5594	7.2446 4612	100

TABELLE IV. Endwert des Kapitals 1

$$s = (1 + i)^n$$

n	$2\frac{1}{2}\%$	3%	$3\frac{1}{2}\%$	4%	$4\frac{1}{2}\%$	5%	n
1	1.0250 0000	1.0300 0000	1.0350 0000	1.0400 0000	1.0450 0000	1.0500 0000	1
2	1.0506 2500	1.0609 0000	1.0712 2500	1.0816 0000	1.0920 2500	1.1025 0000	2
3	1.0768 9063	1.0927 2700	1.1087 1788	1.1248 6400	1.1411 6613	1.1576 2500	3
4	1.1038 1289	1.1255 0881	1.1475 2300	1.1698 5856	1.1925 1860	1.2155 0625	4
5	1.1314 0821	1.1592 7407	1.1876 8631	1.2166 5290	1.2461 8194	1.2762 8156	5
6	1.1596 9342	1.1940 5230	1.2292 5533	1.2653 1902	1.3022 6012	1.3400 9564	6
7	1.1886 8575	1.2298 7387	1.2722 7926	1.3159 3178	1.3608 6183	1.4071 0042	7
8	1.2184 0290	1.2667 7008	1.3168 0904	1.3685 6905	1.4221 0061	1.4774 5544	8
9	1.2488 6297	1.3047 7318	1.3628 9735	1.4233 1181	1.4860 9514	1.5513 2822	9
10	1.2800 8454	1.3439 1638	1.4105 9876	1.4802 4428	1.5529 6942	1.6288 9463	10
11	1.3120 8666	1.3842 3387	1.4599 6972	1.5394 5406	1.6228 5305	1.7103 3936	11
12	1.3448 8882	1.4257 6089	1.5110 6866	1.6010 3222	1.6958 8143	1.7958 5633	12
13	1.3785 1104	1.4685 3371	1.5639 5606	1.6650 7351	1.7721 9610	1.8856 4914	13
14	1.4129 7382	1.5125 8972	1.6186 9452	1.7316 7645	1.8519 4492	1.9799 3160	14
15	1.4482 9817	1.5579 6742	1.6753 4883	1.8009 4351	1.9352 8244	2.0789 2818	15
16	1.4845 0562	1.6047 0644	1.7339 8604	1.8729 8125	2.0223 7015	2.1828 7459	16
17	1.5216 1826	1.6528 4763	1.7946 7555	1.9479 0050	2.1133 7681	2.2920 1832	17
18	1.5596 5872	1.7024 3306	1.8574 8920	2.0258 1652	2.2084 7877	2.4066 1923	18
19	1.5986 5019	1.7535 0605	1.9225 0132	2.1068 4918	2.3078 6031	2.5269 5020	19
20	1.6386 1644	1.8061 1123	1.9897 8886	2.1911 2314	2.4117 1402	2.6532 9771	20
21	1.6795 8185	1.8602 9457	2.0594 3147	2.2787 6807	2.5202 4116	2.7859 6259	21
22	1.7215 7140	1.9161 0341	2.1315 1158	2.3699 1879	2.6336 5201	2.9252 6072	22
23	1.7646 1068	1.9735 8651	2.2061 1448	2.4647 1554	2.7521 6635	3.0715 2376	23
24	1.8087 2595	2.0327 9411	2.2833 2849	2.5633 0416	2.8760 1383	3.2250 9994	24
25	1.8539 4410	2.0937 7793	2.3632 4498	2.6658 3633	3.0054 3446	3.3863 5494	25
26	1.9002 9270	2.1565 9127	2.4459 5856	2.7724 6978	3.1406 7901	3.5556 7269	26
27	1.9478 0002	2.2212 8901	2.5315 6711	2.8833 6858	3.2820 0956	3.7334 5632	27
28	1.9964 9502	2.2879 2768	2.6201 7196	2.9987 0332	3.4296 9999	3.9201 2914	28
29	2.0464 0739	2.3565 6551	2.7118 7798	3.1186 5145	3.5840 3649	4.1161 3560	29
30	2.0975 6758	2.4272 6247	2.8067 9370	3.2433 9751	3.7453 1813	4.3219 4238	30
31	2.1500 0677	2.5000 8035	2.9050 3148	3.3731 3341	3.9138 5745	4.5380 3949	31
32	2.2037 5694	2.5750 8276	3.0067 0759	3.5080 5875	4.0899 8104	4.7649 4147	32
33	2.2588 5086	2.6523 3524	3.1119 4235	3.6483 8110	4.2740 3018	5.0031 8854	33
34	2.3153 2213	2.7319 0530	3.2208 6033	3.7943 1634	4.4663 6154	5.2533 4797	34
35	2.3732 0519	2.8138 6245	3.3335 9045	3.9460 8899	4.6673 4781	5.5160 1537	35
36	2.4325 3532	2.8982 7833	3.4502 6611	4.1039 3255	4.8773 7846	5.7918 1614	36
37	2.4933 4870	2.9852 2668	3.5710 2543	4.2680 8986	5.0968 6049	6.0814 0694	37
38	2.5556 8242	3.0747 8348	3.6960 1132	4.4388 1345	5.3262 1921	6.3854 7729	38
39	2.6195 7448	3.1670 2698	3.8253 7171	4.6163 6599	5.5658 9908	6.7047 5115	39
40	2.6850 6384	3.2620 3779	3.9592 5972	4.8010 2063	5.8163 6454	7.0399 8871	40
41	2.7521 9043	3.3598 9893	4.0978 3381	4.9930 6145	6.0781 0094	7.3919 8815	41
42	2.8209 9520	3.4606 9589	4.2412 5799	5.1927 8391	6.3516 1548	7.7615 8756	42
43	2.8915 2008	3.5645 1677	4.3897 0202	5.4004 9527	6.6374 3818	8.1496 6693	43
44	2.9638 0808	3.6714 5227	4.5433 4160	5.6165 1508	6.9361 2290	8.5571 5028	44
45	3.0379 0328	3.7815 9584	4.7023 5855	5.8411 7568	7.2482 4843	8.9850 0779	45
46	3.1138 5086	3.8950 4372	4.8669 4110	6.0748 2271	7.5744 1961	9.4342 5818	46
47	3.1916 9713	4.0118 9503	5.0372 8404	6.3178 1562	7.9152 6849	9.9059 7109	47
48	3.2714 8956	4.1322 5188	5.2135 8898	6.5705 2824	8.2714 5557	10.4012 6965	48
49	3.3532 7680	4.2562 1944	5.3960 6459	6.8333 4937	8.6436 7107	10.9213 3313	49
50	3.4371 0872	4.3839 0602	5.5849 2686	7.1066 8335	9.0326 3627	11.4673 9979	50

TABELLE IV. Endwert des Kapitals 1

$$s = (1 + i)^n$$

n	$2\frac{1}{2}\%$	3%	$3\frac{1}{2}\%$	4%	$4\frac{1}{2}\%$	5%	n
51	3.5230 3644	4.5154 2320	5.7803 9930	7.3909 5068	9.4391 0490	12.0407 6978	51
52	3.6111 1235	4.6508 8590	5.9827 1327	7.6865 8871	9.8638 6463	12.6428 0826	52
53	3.7013 9016	4.7904 1247	6.1921 0824	7.9940 5226	10.3077 3853	13.2749 4868	53
54	3.7939 2491	4.9341 2485	6.4088 3202	8.3138 1435	10.7715 8677	13.9386 9611	54
55	3.8887 7303	5.0821 4859	6.6331 4114	8.6463 6692	11.2563 0817	14.6356 3092	55
56	3.9859 9236	5.2346 1305	6.8653 0108	8.9922 2160	11.7628 4204	15.3674 1246	56
57	4.0856 4217	5.3916 5144	7.1055 8662	9.3519 1046	12.2921 6993	16.1357 8309	57
58	4.1877 8322	5.5534 0098	7.3542 8215	9.7259 8688	12.8453 1758	16.9425 7224	58
59	4.2924 7780	5.7200 0301	7.6116 8203	10.1150 2635	13.4233 5687	17.7897 0085	59
60	4.3997 8975	5.8916 0310	7.8780 9090	10.5196 2741	14.0274 0793	18.6791 8589	60
61	4.5097 8449	6.0683 5120	8.1538 2408	10.9404 1250	14.6586 4129	19.6131 4519	61
62	4.6225 2910	6.2504 0173	8.4392 0793	11.3780 2900	15.3182 8014	20.5938 0245	62
63	4.7380 9233	6.4379 1379	8.7345 8020	11.8331 5016	16.0076 0275	21.6234 9257	63
64	4.8565 4464	6.6310 5120	9.0402 9051	12.3064 7617	16.7279 4487	22.7046 6720	64
65	4.9779 5826	6.8299 8273	9.3567 0068	12.7987 3522	17.4807 0239	23.8399 0056	65
66	5.1024 0721	7.0348 8222	9.6841 8520	13.3106 8463	18.2673 3400	25.0318 9559	66
67	5.2299 6739	7.2459 2868	10.0231 3168	13.8431 1201	19.0893 6403	26.2834 9037	67
68	5.3607 1658	7.4633 0654	10.3739 4129	14.3968 3649	19.9483 8541	27.5976 6488	68
69	5.4947 3449	7.6872 0574	10.7370 2924	14.9727 0995	20.8460 6276	28.9775 4813	69
70	5.6321 0286	7.9178 2191	11.1128 2526	15.5716 1835	21.7841 3558	30.4264 2554	70
71	5.7729 0543	8.1553 5657	11.5017 7414	16.1944 8308	22.7644 2168	31.9477 4681	71
72	5.9172 2806	8.4000 1727	11.9043 3624	16.8422 6241	23.7888 2066	33.5451 3415	72
73	6.0651 5876	8.6520 1778	12.3209 8801	17.5159 5290	24.8593 1759	35.2223 9086	73
74	6.2167 8773	8.9115 7832	12.7522 2259	18.2165 9102	25.9779 8688	36.9835 1040	74
75	6.3722 0743	9.1789 2567	13.1985 5038	18.9452 5466	27.1469 9629	38.8326 8592	75
76	6.5315 1261	9.4542 9344	13.6604 9964	19.7030 6485	28.3686 1112	40.7743 2022	76
77	6.6948 0043	9.7379 2224	14.1386 1713	20.4911 8744	29.6451 9862	42.8130 3623	77
78	6.8621 7044	10.0300 5991	14.6334 6873	21.3108 3494	30.9792 3256	44.9536 8804	78
79	7.0337 2470	10.3309 6171	15.1456 4013	22.1632 6834	32.3732 9802	47.2013 7244	79
80	7.2095 6782	10.6408 9056	15.6757 3754	23.0497 9907	33.8300 9643	49.5614 4107	80
81	7.3898 0701	10.9601 1727	16.2243 8835	23.9717 9103	35.3524 5077	52.0395 1312	81
82	7.5745 5219	11.2889 2079	16.7922 4195	24.9306 6267	36.9433 1106	54.6414 8878	82
83	7.7639 1599	11.6275 8842	17.3799 7041	25.9278 8918	38.6057 6006	57.3735 6322	83
84	7.9580 1389	11.9764 1607	17.9882 6938	26.9650 0475	40.3430 1926	60.2422 4138	84
85	8.1569 6424	12.3357 0855	18.6178 5881	28.0436 0494	42.1584 5513	63.2543 5344	85
86	8.3608 8834	12.7057 7981	19.2694 8387	29.1653 4914	44.0555 8561	66.4170 7112	86
87	8.5699 1055	13.0869 5320	19.9439 1580	30.3319 6310	46.0380 8696	69.7379 2467	87
88	8.7841 5832	13.4795 6180	20.6419 5285	31.5452 4163	48.1098 0087	73.2248 2091	88
89	9.0037 6228	13.8839 4865	21.3644 2120	32.8070 5129	50.2747 4191	76.8860 6195	89
90	9.2288 5633	14.3004 6711	22.1121 7595	34.1193 3334	52.5371 0530	80.7303 6505	90
91	9.4595 7774	14.7294 8112	22.8861 0210	35.4841 0668	54.9012 7503	84.7668 8330	91
92	9.6960 6718	15.1713 6556	23.6871 1568	36.9034 7094	57.3718 3241	89.0052 2747	92
93	9.9384 6886	15.6265 0652	24.5161 6473	38.3796 0978	59.9535 6487	93.4554 8884	93
94	10.1869 3058	16.0953 0172	25.3742 3049	39.9147 9417	62.6514 7529	98.1282 6328	94
95	10.4416 0385	16.5781 6077	26.2623 2856	41.5113 8594	65.4707 9168	103.0346 7645	95
96	10.7026 4395	17.0755 0559	27.1815 1006	43.1718 4138	68.4169 7730	108.1864 1027	96
97	10.9702 1004	17.5877 7076	28.1328 6291	44.8987 1503	71.4957 4128	113.5957 3078	97
98	11.2444 6530	18.1154 0388	29.1175 1311	46.6946 6363	74.7130 4964	119.2755 1732	98
99	11.5255 7693	18.6588 6600	30.1366 2607	48.5624 5018	78.0751 3687	125.2392 9319	99
100	11.8137 1635	19.2186 3198	31.1914 0798	50.5049 4818	81.5885 1803	131.5012 5785	100

TABELLE IV. Endwert des Kapitals 1

$$s = (1 + i)^n$$

n	$5\frac{1}{2}\%$	6%	$6\frac{1}{2}\%$	7%	$7\frac{1}{2}\%$	8%	n
1	1.0550 0000	1.0600 0000	1.0650 0000	1.0700 0000	1.0750 0000	1.0800 0000	1
2	1.1130 2500	1.1236 0000	1.1342 2500	1.1449 0000	1.1556 2500	1.1664 0000	2
3	1.1742 4138	1.1910 1600	1.2079 4963	1.2250 4300	1.2422 9688	1.2597 1200	3
4	1.2388 2465	1.2624 7696	1.2864 6635	1.3107 9601	1.3354 6914	1.3604 8896	4
5	1.3069 6001	1.3382 2558	1.3700 8666	1.4025 5173	1.4356 2933	1.4693 2808	5
6	1.3788 4281	1.4185 1911	1.4591 4230	1.5007 3035	1.5433 0153	1.5868 7432	6
7	1.4546 7916	1.5036 3026	1.5539 8655	1.6057 8148	1.6590 4914	1.7138 2427	7
8	1.5346 8651	1.5938 4807	1.6549 9567	1.7181 8618	1.7834 7783	1.8509 3021	8
9	1.6190 9427	1.6894 7896	1.7625 7039	1.8384 5921	1.9172 3866	1.9990 0463	9
10	1.7081 4446	1.7908 4770	1.8771 3747	1.9671 5136	2.0610 3156	2.1589 2500	10
11	1.8020 9240	1.8982 9856	1.9991 5140	2.1048 5195	2.2156 0893	2.3316 3900	11
12	1.9012 0749	2.0121 9647	2.1290 9624	2.2521 9159	2.3817 7960	2.5181 7012	12
13	2.0057 7390	2.1329 2826	2.2674 8750	2.4098 4500	2.5604 1307	2.7196 2373	13
14	2.1160 9146	2.2609 0396	2.4148 7418	2.5785 3415	2.7524 4405	2.9371 9362	14
15	2.2324 7649	2.3965 5819	2.5718 4101	2.7590 3154	2.9588 7735	3.1721 6911	15
16	2.3552 6270	2.5403 5168	2.7390 1067	2.9521 6375	3.1807 9315	3.4259 4264	16
17	2.4848 0215	2.6927 7279	2.9170 4637	3.1588 1521	3.4193 5264	3.7000 1805	17
18	2.6214 6627	2.8543 3915	3.1066 5438	3.3799 3228	3.6758 0409	3.9960 1950	18
19	2.7656 4691	3.0255 9950	3.3085 8691	3.6165 2754	3.9514 8940	4.3157 0106	19
20	2.9177 5749	3.2071 3547	3.5236 4506	3.8696 8446	4.2478 5110	4.6609 5714	20
21	3.0782 3415	3.3995 6360	3.7526 8199	4.1405 6237	4.5664 3993	5.0338 3372	21
22	3.2475 3703	3.6035 3742	3.9966 0632	4.4304 0174	4.9089 2293	5.4365 4041	22
23	3.4261 5157	3.8197 4966	4.2563 8573	4.7405 2986	5.2770 9215	5.8714 6365	23
24	3.6145 8990	4.0489 3464	4.5330 5081	5.0723 6695	5.6728 7406	6.3411 8074	24
25	3.8133 9235	4.2918 7072	4.8276 9911	5.4274 3264	6.0983 3961	6.8484 7520	25
26	4.0231 2893	4.5493 8296	5.1414 9955	5.8073 5292	6.5557 1508	7.3963 5321	26
27	4.2444 0102	4.8223 4594	5.4756 9702	6.2138 6763	7.0473 9371	7.9880 6147	27
28	4.4778 4307	5.1116 8670	5.8316 1733	6.6488 3836	7.5759 4824	8.6271 0639	28
29	4.7241 2444	5.4183 8790	6.2106 7245	7.1142 5705	8.1441 4436	9.3172 7490	29
30	4.9839 5129	5.7434 9117	6.6143 6616	7.6122 5504	8.7549 5519	10.0626 5689	30
31	5.2580 6861	6.0881 0064	7.0442 9996	8.1451 1290	9.4115 7683	10.8676 6944	31
32	5.5472 6238	6.4533 8668	7.5021 7946	8.7152 7080	10.1174 4509	11.7370 8300	32
33	5.8523 6181	6.8405 8988	7.9898 2113	9.3253 3975	10.8762 5347	12.6760 4964	33
34	6.1742 4171	7.2510 2528	8.5091 5950	9.9781 1354	11.6919 7248	13.6901 3361	34
35	6.5138 2501	7.6860 8679	9.0622 5487	10.6765 8148	12.5688 7042	14.7853 4429	35
36	6.8720 8538	8.1472 5200	9.6513 0143	11.4239 4219	13.5115 3570	15.9681 7184	36
37	7.2500 5008	8.6360 8712	10.2786 3603	12.2236 1814	14.5249 0088	17.2456 2558	37
38	7.6488 0283	9.1542 5235	10.9467 4737	13.0792 7141	15.6142 6844	18.6252 7563	38
39	8.0694 8699	9.7035 0749	11.6582 8595	13.9948 2041	16.7853 3858	20.1152 9768	39
40	8.5133 0877	10.2857 1794	12.4160 7453	14.9744 5784	18.0442 3897	21.7245 2150	40
41	8.9815 4076	10.9028 6101	13.2231 1938	16.0226 6989	19.3975 5689	23.4624 8322	41
42	9.4755 2550	11.5570 3267	14.0826 2214	17.1442 5678	20.8523 7366	25.3394 8187	42
43	9.9966 7940	12.2504 5463	14.9979 9258	18.3443 5475	22.4163 0168	27.3666 4042	43
44	10.5464 9677	12.9854 8191	15.9728 6209	19.6284 5959	24.0975 2431	29.5559 7166	44
45	11.1265 5409	13.7646 1083	17.0110 9813	21.0024 5176	25.9048 3863	31.9204 4939	45
46	11.7385 1456	14.5904 8748	18.1168 1951	22.4726 2338	27.8477 0153	34.4740 8534	46
47	12.3841 3287	15.4659 1673	19.2944 1278	24.0457 0702	29.9362 7915	37.2320 1217	47
48	13.0652 6017	16.3938 7173	20.5485 4961	25.7289 0651	32.1815 0008	40.2105 7314	48
49	13.7838 4948	17.3775 0403	21.8842 0533	27.5299 2997	34.5951 1259	43.4274 1899	49
50	14.5419 6120	18.4201 5427	23.3066 7868	29.4570 2506	37.1897 4603	46.9016 1251	50

TABELLE V. Barwert des Kapitals 1

$$a = v^n = (1+i)^{-n}$$

n	$\frac{1}{4}\%$	$\frac{1}{3}\%$	$\frac{5}{12}\%$	$\frac{1}{2}\%$	$\frac{7}{12}\%$	$\frac{2}{3}\%$	n
1	0.9975 0623	0.9966 7774	0.9958 5062	0.9950 2488	0.9942 0050	0.9933 7748	1
2	0.9950 1869	0.9933 6652	0.9917 1846	0.9900 7450	0.9884 3463	0.9867 9882	2
3	0.9925 3734	0.9900 6630	0.9876 0345	0.9851 4876	0.9827 0220	0.9802 6373	3
4	0.9900 6219	0.9867 7704	0.9835 0551	0.9802 4752	0.9770 0302	0.9737 7192	4
5	0.9875 9321	0.9834 9871	0.9794 2457	0.9753 7067	0.9713 3688	0.9673 2310	5
6	0.9851 3038	0.9802 3127	0.9753 6057	0.9705 1808	0.9657 0361	0.9609 1699	6
7	0.9826 7370	0.9769 7469	0.9713 1343	0.9656 8963	0.9601 0301	0.9545 5330	7
8	0.9802 2314	0.9737 2893	0.9672 8308	0.9608 8520	0.9545 3489	0.9482 3175	8
9	0.9777 7869	0.9704 9395	0.9632 6946	0.9561 0468	0.9489 9907	0.9419 5207	9
10	0.9753 4034	0.9672 6972	0.9592 7249	0.9513 4794	0.9434 9534	0.9357 1398	10
11	0.9729 0807	0.9640 5620	0.9552 9211	0.9466 1487	0.9380 2354	0.9295 1720	11
12	0.9704 8187	0.9608 5335	0.9513 2824	0.9419 0534	0.9325 8347	0.9233 6145	12
13	0.9680 6171	0.9576 6115	0.9473 8082	0.9372 1924	0.9271 7495	0.9172 4648	13
14	0.9656 4759	0.9544 7955	0.9434 4978	0.9325 5646	0.9217 9779	0.9111 7200	14
15	0.9632 3949	0.9513 0852	0.9395 3505	0.9279 1688	0.9164 5182	0.9051 3775	15
16	0.9608 3740	0.9481 4803	0.9356 3657	0.9233 0037	0.9111 3686	0.8991 4346	16
17	0.9584 4130	0.9449 9803	0.9317 5426	0.9187 0684	0.9058 5272	0.8931 8886	17
18	0.9560 5117	0.9418 5851	0.9278 8806	0.9141 3616	0.9005 9922	0.8872 7371	18
19	0.9536 6700	0.9387 2941	0.9240 3790	0.9095 8822	0.8953 7619	0.8813 9772	19
20	0.9512 8878	0.9356 1071	0.9202 0372	0.9050 6290	0.8901 8346	0.8755 6065	20
21	0.9489 1649	0.9325 0236	0.9163 8544	0.9005 6010	0.8850 2084	0.8697 6224	21
22	0.9465 5011	0.9294 0435	0.9125 8301	0.8960 7971	0.8798 8815	0.8640 0222	22
23	0.9441 8964	0.9263 1663	0.9087 9636	0.8916 2160	0.8747 8524	0.8582 8035	23
24	0.9418 3505	0.9232 3916	0.9050 2542	0.8871 8567	0.8697 1192	0.8525 9638	24
25	0.9394 8634	0.9201 7192	0.9012 7013	0.8827 7181	0.8646 6802	0.8469 5004	25
26	0.9371 4348	0.9171 1487	0.8975 3042	0.8783 7991	0.8596 5338	0.8413 4110	26
27	0.9348 0646	0.9140 6798	0.8938 0623	0.8740 0986	0.8546 6782	0.8357 6931	27
28	0.9324 7527	0.9110 3121	0.8900 9749	0.8696 6155	0.8497 1117	0.8302 3441	28
29	0.9301 4990	0.9080 0453	0.8864 0414	0.8653 3488	0.8447 8327	0.8247 3617	29
30	0.9278 3032	0.9049 8790	0.8827 2611	0.8610 2973	0.8398 8394	0.8192 7434	30
31	0.9255 1653	0.9019 8130	0.8790 6335	0.8567 4600	0.8350 1303	0.8138 4868	31
32	0.9232 0851	0.8989 8468	0.8754 1578	0.8524 8358	0.8301 7037	0.8084 5896	32
33	0.9209 0624	0.8959 9802	0.8717 8335	0.8482 4237	0.8253 5580	0.8031 0492	33
34	0.9186 0972	0.8930 2128	0.8681 6599	0.8440 2226	0.8205 6914	0.7977 8635	34
35	0.9163 1892	0.8900 5444	0.8645 6365	0.8398 2314	0.8158 1025	0.7925 0299	35
36	0.9140 3384	0.8870 9745	0.8609 7624	0.8356 4492	0.8110 7896	0.7872 5463	36
37	0.9117 5445	0.8841 5028	0.8574 0373	0.8314 8748	0.8063 7510	0.7820 4102	37
38	0.9094 8075	0.8812 1290	0.8538 4604	0.8273 5073	0.8016 9853	0.7768 6194	38
39	0.9072 1272	0.8782 8528	0.8503 0311	0.8232 3455	0.7970 4907	0.7717 1716	39
40	0.9049 5034	0.8753 6739	0.8467 7488	0.8191 3886	0.7924 2659	0.7666 0645	40
41	0.9026 9361	0.8724 5920	0.8432 6129	0.8150 6354	0.7878 3091	0.7615 2959	41
42	0.9004 4250	0.8695 6066	0.8397 6228	0.8110 0850	0.7832 6188	0.7564 8635	42
43	0.8981 9701	0.8666 7175	0.8362 7779	0.8069 7363	0.7787 1935	0.7514 7650	43
44	0.8959 5712	0.8637 9245	0.8328 0776	0.8029 5884	0.7742 0316	0.7464 9984	44
45	0.8937 2281	0.8609 2270	0.8293 5212	0.7989 6402	0.7697 1317	0.7415 5613	45
46	0.8914 9407	0.8580 6249	0.8259 1083	0.7949 8907	0.7652 4922	0.7366 4516	46
47	0.8892 7090	0.8552 1179	0.8224 8381	0.7910 3390	0.7608 1115	0.7317 6672	47
48	0.8870 5326	0.8523 7055	0.8190 7102	0.7870 9841	0.7563 9883	0.7269 2058	48
49	0.8848 4116	0.8495 3876	0.8156 7238	0.7831 8250	0.7520 1209	0.7221 0654	49
50	0.8826 3457	0.8467 1637	0.8122 8785	0.7792 8607	0.7476 5079	0.7173 2437	50

TABELLE V. Barwert des Kapitals 1

$$a = v^n = (1+i)^{-n}$$

n	$\frac{1}{4}\%$	$\frac{1}{3}\%$	$\frac{5}{12}\%$	$\frac{1}{2}\%$	$\frac{7}{12}\%$	$\frac{2}{3}\%$	n
51	0.8804 3349	0.8439 0336	0.8089 1736	0.7754 0902	0.7433 1479	0.7125 7388	51
52	0.8782 3790	0.8410 9969	0.8055 6086	0.7715 5127	0.7390 0393	0.7078 5485	52
53	0.8760 4778	0.8383 0534	0.8022 1828	0.7677 1270	0.7347 1808	0.7031 6707	53
54	0.8738 6312	0.8355 2027	0.7988 8957	0.7638 9324	0.7304 5708	0.6985 1033	54
55	0.8716 8391	0.8327 4446	0.7955 7468	0.7600 9277	0.7262 2079	0.6938 8444	55
56	0.8695 1013	0.8299 7787	0.7922 7354	0.7563 1122	0.7220 0907	0.6892 8918	56
57	0.8673 4178	0.8272 2047	0.7889 8610	0.7525 4847	0.7178 2178	0.6847 2435	57
58	0.8651 7883	0.8244 7222	0.7857 1230	0.7488 0445	0.7136 5877	0.6801 8975	58
59	0.8630 2128	0.8217 3311	0.7824 5208	0.7450 7906	0.7095 1990	0.6756 8518	59
60	0.8608 6911	0.8190 0310	0.7792 0539	0.7413 7220	0.7054 0504	0.6712 1044	60
61	0.8587 2230	0.8162 8216	0.7759 7217	0.7376 8378	0.7013 1404	0.6667 6534	61
62	0.8565 8085	0.8135 7026	0.7727 5237	0.7340 1371	0.6972 4677	0.6623 4968	62
63	0.8544 4474	0.8108 6737	0.7695 4593	0.7303 6190	0.6932 0308	0.6579 6326	63
64	0.8523 1395	0.8081 7346	0.7663 5279	0.7267 2826	0.6891 8285	0.6536 0588	64
65	0.8501 8848	0.8054 8850	0.7631 7291	0.7231 1269	0.6851 8593	0.6492 7737	65
66	0.8480 6831	0.8028 1246	0.7600 0621	0.7195 1512	0.6812 1219	0.6449 7752	66
67	0.8459 5343	0.8001 4531	0.7568 5266	0.7159 3544	0.6772 6150	0.6407 0614	67
68	0.8438 4382	0.7974 8702	0.7537 1219	0.7123 7357	0.6733 3372	0.6364 6306	68
69	0.8417 3947	0.7948 3756	0.7505 8476	0.7088 2943	0.6694 2872	0.6322 4807	69
70	0.8396 4037	0.7921 9690	0.7474 7030	0.7053 0291	0.6655 4637	0.6280 6100	70
71	0.8375 4650	0.7895 6502	0.7443 6876	0.7017 9394	0.6616 8653	0.6239 0165	71
72	0.8354 5786	0.7869 4188	0.7412 8009	0.6983 0243	0.6578 4908	0.6197 6985	72
73	0.8333 7442	0.7843 2745	0.7382 0424	0.6948 2829	0.6540 3388	0.6156 6542	73
74	0.8312 9618	0.7817 2171	0.7351 4115	0.6913 7143	0.6502 4081	0.6115 8816	74
75	0.8292 2312	0.7791 2463	0.7320 9078	0.6879 3177	0.6464 6973	0.6075 3791	75
76	0.8271 5523	0.7765 3618	0.7290 5306	0.6845 0923	0.6427 2053	0.6035 1448	76
77	0.8250 9250	0.7739 5632	0.7260 2794	0.6811 0371	0.6389 9307	0.5995 1769	77
78	0.8230 3491	0.7713 8504	0.7230 1537	0.6777 1513	0.6352 8723	0.5955 4738	78
79	0.8209 8246	0.7688 2230	0.7200 1531	0.6743 4342	0.6316 0288	0.5916 0336	79
80	0.8189 3512	0.7662 6807	0.7170 2770	0.6709 8847	0.6279 3990	0.5876 8545	80
81	0.8168 9289	0.7637 2233	0.7140 5248	0.6676 5022	0.6242 9816	0.5837 9350	81
82	0.8148 5575	0.7611 8505	0.7110 8960	0.6643 2858	0.6206 7754	0.5799 2732	82
83	0.8128 2369	0.7586 5619	0.7081 3902	0.6610 2346	0.6170 7792	0.5760 8674	83
84	0.8107 9670	0.7561 3574	0.7052 0069	0.6577 3479	0.6134 9917	0.5722 7159	84
85	0.8087 7476	0.7536 2366	0.7022 7454	0.6544 6248	0.6099 4118	0.5684 8171	85
86	0.8067 5787	0.7511 1993	0.6993 6054	0.6512 0644	0.6064 0382	0.5647 1693	86
87	0.8047 4600	0.7486 2451	0.6964 5863	0.6479 6661	0.6028 8698	0.5609 7709	87
88	0.8027 3915	0.7461 3739	0.6935 6876	0.6447 4290	0.5993 9054	0.5572 6201	88
89	0.8007 3731	0.7436 5853	0.6906 9088	0.6415 3522	0.5959 1437	0.5535 7153	89
90	0.7987 4046	0.7411 8790	0.6878 2495	0.6383 4350	0.5924 5836	0.5499 0549	90
91	0.7967 4859	0.7387 2548	0.6849 7090	0.6351 6766	0.5890 2240	0.5462 6374	91
92	0.7947 6168	0.7362 7125	0.6821 2870	0.6320 0763	0.5856 0636	0.5426 4610	92
93	0.7927 7973	0.7338 2516	0.6792 9829	0.6288 6331	0.5822 1014	0.5390 5241	93
94	0.7908 0273	0.7313 8720	0.6764 7962	0.6257 3464	0.5788 3361	0.5354 8253	94
95	0.7888 3065	0.7289 5735	0.6736 7265	0.6226 2153	0.5754 7666	0.5319 3629	95
96	0.7868 6349	0.7265 3556	0.6708 7733	0.6195 2391	0.5721 3918	0.5284 1353	96
97	0.7849 0124	0.7241 2182	0.6680 9361	0.6164 4170	0.5688 2106	0.5249 1410	97
98	0.7829 4388	0.7217 1610	0.6653 2143	0.6133 7483	0.5655 2218	0.5214 3785	98
99	0.7809 9140	0.7193 1837	0.6625 6076	0.6103 2321	0.5622 4243	0.5179 8462	99
100	0.7790 4379	0.7169 2861	0.6598 1155	0.6072 8678	0.5589 8171	0.5145 5426	100

$$a = v^n = (1+i)^{-n}$$

n	$\frac{1}{4}\%$	$\frac{1}{3}\%$	$\frac{5}{12}\%$	$\frac{1}{2}\%$	$\frac{7}{12}\%$	$\frac{2}{3}\%$	n
101	0.7771 0104	0.7145 4679	0.6570 7374	0.6042 6545	0.5557 3989	0.5111 4661	101
102	0.7751 6313	0.7121 7288	0.6543 4730	0.6012 5915	0.5525 1688	0.5077 6154	102
103	0.7732 3006	0.7098 0686	0.6516 3216	0.5982 6781	0.5493 1255	0.5043 9888	103
104	0.7713 0180	0.7074 4869	0.6489 2829	0.5952 9136	0.5461 2681	0.5010 5849	104
105	0.7693 7836	0.7050 9837	0.6462 3565	0.5923 2971	0.5429 5955	0.4977 4022	105
106	0.7674 5971	0.7027 5585	0.6435 5417	0.5893 8279	0.5398 1065	0.4944 4393	106
107	0.7655 4584	0.7004 2111	0.6408 8382	0.5864 5054	0.5366 8002	0.4911 6946	107
108	0.7636 3675	0.6980 9413	0.6382 2455	0.5835 3288	0.5335 6754	0.4879 1669	108
109	0.7617 3242	0.6957 7488	0.6355 7632	0.5806 2973	0.5304 7312	0.4846 8545	109
110	0.7598 3284	0.6934 6334	0.6329 3907	0.5777 4102	0.5273 9664	0.4814 7561	110
111	0.7579 3799	0.6911 5947	0.6303 1277	0.5748 6669	0.5243 3800	0.4782 8703	111
112	0.7560 4787	0.6888 6326	0.6276 9736	0.5720 0666	0.5212 9710	0.4751 1957	112
113	0.7541 6247	0.6865 7468	0.6250 9281	0.5691 6085	0.5182 7383	0.4719 7308	113
114	0.7522 8176	0.6842 9370	0.6224 9906	0.5663 2921	0.5152 6810	0.4688 4743	114
115	0.7504 0575	0.6820 2030	0.6199 1608	0.5635 1165	0.5122 7980	0.4657 4248	115
116	0.7485 3441	0.6797 5445	0.6173 4381	0.5607 0811	0.5093 0884	0.4626 5809	116
117	0.7466 6774	0.6774 9613	0.6147 8222	0.5579 1852	0.5063 5510	0.4595 9413	117
118	0.7448 0573	0.6752 4531	0.6122 3126	0.5551 4280	0.5034 1849	0.4565 5046	118
119	0.7429 4836	0.6730 0198	0.6096 9088	0.5523 8090	0.5004 9891	0.4535 2695	119
120	0.7410 9562	0.6707 6608	0.6071 6104	0.5496 3273	0.4975 9627	0.4505 2346	120
121	0.7392 4750	0.6685 3763	0.6046 4170	0.5468 9824	0.4947 1046	0.4475 3986	121
122	0.7374 0399	0.6663 1657	0.6021 3281	0.5441 7736	0.4918 4138	0.4445 7602	122
123	0.7355 6508	0.6641 0289	0.5996 3434	0.5414 7001	0.4889 8895	0.4416 3181	123
124	0.7337 3075	0.6618 9657	0.5971 4623	0.5387 7612	0.4861 5305	0.4387 0710	124
125	0.7319 0100	0.6596 9758	0.5946 6844	0.5360 9565	0.4833 3361	0.4358 0175	125
126	0.7300 7581	0.6575 0590	0.5922 0094	0.5334 2850	0.4805 3051	0.4329 1565	126
127	0.7282 5517	0.6553 2149	0.5897 4367	0.5307 7463	0.4777 4367	0.4300 4866	127
128	0.7264 3907	0.6531 4434	0.5872 9660	0.5281 3396	0.4749 7300	0.4272 0065	128
129	0.7246 2750	0.6509 7443	0.5848 5969	0.5255 0643	0.4722 1839	0.4243 7151	129
130	0.7228 2045	0.6488 1172	0.5824 3288	0.5228 9197	0.4694 7976	0.4215 6110	130
131	0.7210 1791	0.6466 5620	0.5800 1615	0.5202 9052	0.4667 5701	0.4187 6930	131
132	0.7192 1986	0.6445 0784	0.5776 0944	0.5177 0201	0.4640 5005	0.4159 9600	132
133	0.7174 2629	0.6423 6662	0.5752 1273	0.5151 2637	0.4613 5879	0.4132 4106	133
134	0.7156 3720	0.6402 3251	0.5728 2595	0.5125 6356	0.4586 8314	0.4105 0436	134
135	0.7138 5257	0.6381 0549	0.5704 4908	0.5100 1349	0.4560 2301	0.4077 8579	135
136	0.7120 7239	0.6359 8554	0.5680 8207	0.5074 7611	0.4533 7830	0.4050 8522	136
137	0.7102 9664	0.6338 7263	0.5657 2488	0.5049 5135	0.4507 4893	0.4024 0254	137
138	0.7085 2533	0.6317 6674	0.5633 7748	0.5024 3916	0.4481 3481	0.3997 3762	138
139	0.7067 5843	0.6296 6785	0.5610 3981	0.4999 3946	0.4455 3585	0.3970 9035	139
140	0.7049 9595	0.6275 7593	0.5587 1185	0.4974 5220	0.4429 5197	0.3944 6061	140
141	0.7032 3785	0.6254 9096	0.5563 9354	0.4949 7731	0.4403 8306	0.3918 4829	141
142	0.7014 8414	0.6234 1292	0.5540 8485	0.4925 1474	0.4378 2906	0.3892 5327	142
143	0.6997 3480	0.6213 4178	0.5517 8574	0.4900 6442	0.4352 8987	0.3866 7543	143
144	0.6979 8983	0.6192 7752	0.5494 9618	0.4876 2628	0.4327 6541	0.3841 1467	144
145	0.6962 4921	0.6172 2012	0.5472 1611	0.4852 0028	0.4302 5558	0.3815 7086	145
146	0.6945 1292	0.6151 6955	0.5449 4550	0.4827 8635	0.4277 6031	0.3790 4390	146
147	0.6927 8097	0.6131 2580	0.5426 8432	0.4803 8443	0.4252 7952	0.3765 3368	147
148	0.6910 5334	0.6110 8884	0.5404 3252	0.4779 9446	0.4228 1311	0.3740 4008	148
149	0.6893 3001	0.6090 5864	0.5381 9006	0.4756 1637	0.4203 6100	0.3715 6299	149
150	0.6876 1098	0.6070 3519	0.5359 5690	0.4732 5012	0.4179 2312	0.3691 0231	150

$$a = v^n = (1+i)^{-n}$$

n	$\frac{3}{4}$%	1%	$1\frac{1}{4}$%	$1\frac{1}{2}$%	$1\frac{3}{4}$%	2%	n
1	0.9925 5583	0.9900 9901	0.9876 5432	0.9852 2167	0.9828 0098	0.9803 9216	1
2	0.9851 6708	0.9802 9605	0.9754 6106	0.9706 6175	0.9658 9777	0.9611 6878	2
3	0.9778 3333	0.9705 9015	0.9634 1833	0.9563 1699	0.9492 8528	0.9423 2233	3
4	0.9705 5417	0.9609 8034	0.9515 2428	0.9421 8423	0.9329 5851	0.9238 4543	4
5	0.9633 2920	0.9514 6569	0.9397 7706	0.9282 6033	0.9169 1254	0.9057 3081	5
6	0.9561 5802	0.9420 4524	0.9281 7488	0.9145 4219	0.9011 4254	0.8879 7138	6
7	0.9490 4022	0.9327 1805	0.9167 1593	0.9010 2679	0.8856 4378	0.8705 6018	7
8	0.9419 7540	0.9234 8322	0.9053 9845	0.8877 1112	0.8704 1157	0.8534 9037	8
9	0.9349 6318	0.9143 3982	0.8942 2069	0.8745 9224	0.8554 4135	0.8367 5527	9
10	0.9280 0315	0.9052 8695	0.8831 8093	0.8616 6723	0.8407 2860	0.8203 4830	10
11	0.9210 9494	0.8963 2372	0.8722 7746	0.8489 3323	0.8262 6889	0.8042 6304	11
12	0.9142 3815	0.8874 4923	0.8615 0860	0.8363 8742	0.8120 5788	0.7884 9318	12
13	0.9074 3241	0.8786 6260	0.8508 7269	0.8240 2702	0.7980 9128	0.7730 3253	13
14	0.9006 7733	0.8699 6297	0.8403 6809	0.8118 4928	0.7843 6490	0.7578 7502	14
15	0.8939 7254	0.8613 4947	0.8299 9318	0.7998 5150	0.7708 7459	0.7430 1473	15
16	0.8873 1766	0.8528 2126	0.8197 4635	0.7880 3104	0.7576 1631	0.7284 4581	16
17	0.8807 1231	0.8443 7749	0.8096 2602	0.7763 8526	0.7445 8605	0.7141 6256	17
18	0.8741 5614	0.8360 1731	0.7996 3064	0.7649 1159	0.7317 7990	0.7001 5937	18
19	0.8676 4878	0.8277 3992	0.7897 5866	0.7536 0747	0.7191 9401	0.6864 3076	19
20	0.8611 8985	0.8195 4447	0.7800 0855	0.7424 7042	0.7068 2458	0.6729 7133	20
21	0.8547 7901	0.8114 3017	0.7703 7881	0.7314 9795	0.6946 6789	0.6597 7582	21
22	0.8484 1589	0.8033 9621	0.7608 6796	0.7206 8763	0.6827 2028	0.6468 3904	22
23	0.8421 0014	0.7954 4179	0.7514 7453	0.7100 3708	0.6709 7817	0.6341 5592	23
24	0.8358 3140	0.7875 6613	0.7421 9707	0.6995 4392	0.6594 3800	0.6217 2149	24
25	0.8296 0933	0.7797 6844	0.7330 3414	0.6892 0583	0.6480 9632	0.6095 3087	25
26	0.8234 3358	0.7720 4796	0.7239 8434	0.6790 2052	0.6369 4970	0.5975 7928	26
27	0.8173 0380	0.7644 0392	0.7150 4626	0.6689 8574	0.6259 9479	0.5858 6204	27
28	0.8112 1966	0.7568 3557	0.7062 1853	0.6590 9925	0.6152 2829	0.5743 7455	28
29	0.8051 8080	0.7493 4215	0.6974 9978	0.6493 5887	0.6046 4697	0.5631 1231	29
30	0.7991 8690	0.7419 2292	0.6888 8867	0.6397 6243	0.5942 4764	0.5520 7089	30
31	0.7932 3762	0.7345 7715	0.6803 8387	0.6303 0781	0.5840 2716	0.5412 4597	31
32	0.7873 3262	0.7273 0411	0.6719 8407	0.6209 9292	0.5739 8247	0.5306 3330	32
33	0.7814 7158	0.7201 0307	0.6636 8797	0.6118 1568	0.5641 1053	0.5202 2873	33
34	0.7756 5418	0.7129 7334	0.6554 9429	0.6027 7407	0.5544 0839	0.5100 2817	34
35	0.7698 8008	0.7059 1420	0.6474 0177	0.5938 6608	0.5448 7311	0.5000 2761	35
36	0.7641 4896	0.6989 2495	0.6394 0916	0.5850 8974	0.5355 0183	0.4902 2315	36
37	0.7584 6051	0.6920 0490	0.6315 1522	0.5764 4309	0.5262 9172	0.4806 1093	37
38	0.7528 1440	0.6851 5337	0.6237 1873	0.5679 2423	0.5172 4002	0.4711 8719	38
39	0.7472 1032	0.6783 6967	0.6160 1850	0.5595 3126	0.5083 4400	0.4619 4822	39
40	0.7416 4796	0.6716 5314	0.6084 1334	0.5512 6232	0.4996 0098	0.4528 9042	40
41	0.7361 2701	0.6650 0311	0.6009 0206	0.5431 1559	0.4910 0834	0.4440 1021	41
42	0.7306 4716	0.6584 1892	0.5934 8352	0.5350 8925	0.4825 6348	0.4353 0413	42
43	0.7252 0809	0.6518 9992	0.5861 5656	0.5271 8153	0.4742 6386	0.4267 6875	43
44	0.7198 0952	0.6454 4546	0.5789 2006	0.5193 9067	0.4661 0699	0.4184 0074	44
45	0.7144 5114	0.6390 5492	0.5717 7290	0.5117 1494	0.4580 9040	0.4101 9680	45
46	0.7091 3264	0.6327 2764	0.5647 1397	0.5041 5265	0.4502 1170	0.4021 5373	46
47	0.7038 5374	0.6264 6301	0.5577 4219	0.4967 0212	0.4424 6850	0.3942 6836	47
48	0.6986 1414	0.6202 6041	0.5508 5349	0.4893 6170	0.4348 5848	0.3865 3761	48
49	0.6934 1353	0.6141 1921	0.5440 5579	0.4821 2975	0.4273 7934	0.3789 5844	49
50	0.6882 5165	0.6080 3882	0.5373 3905	0.4750 0468	0.4200 2883	0.3715 2788	50

TABELLE V. Barwert des Kapitals 1

$$a = v^n = (1+i)^{-n}$$

n	$\frac{3}{4}\%$	1%	$1\frac{1}{4}\%$	$1\frac{1}{2}\%$	$1\frac{3}{4}\%$	2%	n
51	0.6831 2819	0.6020 1864	0.5307 0524	0.4679 8491	0.4128 0475	0.3642 4302	51
52	0.6780 4286	0.5960 5806	0.5241 5332	0.4610 6887	0.4057 0492	0.3571 0100	52
53	0.6729 9540	0.5901 5649	0.5176 8229	0.4542 5505	0.3987 2719	0.3500 9902	53
54	0.6679 8551	0.5843 1336	0.5112 9115	0.4475 4192	0.3918 6947	0.3432 3433	54
55	0.6630 1291	0.5785 2808	0.5049 7892	0.4409 2800	0.3851 2970	0.3365 0425	55
56	0.6580 7733	0.5728 0008	0.4987 4461	0.4344 1182	0.3785 0585	0.3299 0613	56
57	0.6531 7849	0.5671 2879	0.4925 8727	0.4279 9194	0.3719 9592	0.3234 3738	57
58	0.6483 1612	0.5615 1365	0.4865 0594	0.4216 6694	0.3655 9796	0.3170 9547	58
59	0.6434 8995	0.5559 5411	0.4804 9970	0.4154 3541	0.3593 1003	0.3108 7791	59
60	0.6386 9970	0.5504 4962	0.4745 6760	0.4092 9597	0.3531 3025	0.3047 8227	60
61	0.6339 4511	0.5449 9962	0.4687 0874	0.4032 4726	0.3470 5676	0.2988 0614	61
62	0.6292 2592	0.5396 0358	0.4629 2222	0.3972 8794	0.3410 8772	0.2929 4720	62
63	0.6245 4185	0.5342 6097	0.4572 0713	0.3914 1669	0.3352 2135	0.2872 0314	63
64	0.6198 9266	0.5289 7126	0.4515 6259	0.3856 3221	0.3294 5587	0.2815 7170	64
65	0.6152 7807	0.5237 3392	0.4459 8775	0.3799 3321	0.3237 8956	0.2760 5069	65
66	0.6106 9784	0.5185 4844	0.4404 8173	0.3743 1843	0.3182 2069	0.2706 3793	66
67	0.6061 5170	0.5134 1429	0.4350 4368	0.3687 8663	0.3127 4761	0.2653 3130	67
68	0.6016 3940	0.5083 3099	0.4296 7277	0.3633 3658	0.3073 6866	0.2601 2873	68
69	0.5971 6070	0.5032 9801	0.4243 6817	0.3579 6708	0.3020 8222	0.2550 2817	69
70	0.5927 1533	0.4983 1486	0.4191 2905	0.3526 7692	0.2968 8670	0.2500 2761	70
71	0.5883 0306	0.4933 8105	0.4139 5462	0.3474 6495	0.2917 8054	0.2451 2511	71
72	0.5839 2363	0.4884 9609	0.4088 4407	0.3423 3000	0.2867 6221	0.2403 1874	72
73	0.5795 7681	0.4836 5949	0.4037 9661	0.3372 7093	0.2818 3018	0.2356 0661	73
74	0.5752 6234	0.4788 7078	0.3988 1147	0.3322 8663	0.2769 8298	0.2309 8687	74
75	0.5709 7999	0.4741 2949	0.3938 8787	0.3273 7599	0.2722 1914	0.2264 5771	75
76	0.5667 2952	0.4694 3514	0.3890 2506	0.3225 3793	0.2675 3724	0.2220 1737	76
77	0.5625 1069	0.4647 8726	0.3842 2228	0.3177 7136	0.2629 3586	0.2176 6408	77
78	0.5583 2326	0.4601 8541	0.3794 7879	0.3130 7523	0.2584 1362	0.2133 9616	78
79	0.5541 6701	0.4556 2912	0.3747 9387	0.3084 4850	0.2539 6916	0.2092 1192	79
80	0.5500 4170	0.4511 1794	0.3701 6679	0.3038 9015	0.2496 0114	0.2051 0973	80
81	0.5459 4710	0.4466 5142	0.3655 9683	0.2993 9916	0.2453 0825	0.2010 8797	81
82	0.5418 8297	0.4422 2913	0.3610 8329	0.2949 7454	0.2410 8919	0.1971 4507	82
83	0.5378 4911	0.4378 5063	0.3566 2547	0.2906 1531	0.2369 4269	0.1932 7948	83
84	0.5338 4527	0.4335 1547	0.3522 2268	0.2863 2050	0.2328 6751	0.1894 8968	84
85	0.5298 7123	0.4292 2324	0.3478 7426	0.2820 8917	0.2288 6242	0.1857 7420	85
86	0.5259 2678	0.4249 7350	0.3435 7951	0.2779 2036	0.2249 2621	0.1821 3157	86
87	0.5220 1169	0.4207 6585	0.3393 3779	0.2738 1316	0.2210 5770	0.1785 6036	87
88	0.5181 2575	0.4165 9985	0.3351 4843	0.2697 6666	0.2172 5572	0.1750 5918	88
89	0.5142 6873	0.4124 7510	0.3310 1080	0.2657 7997	0.2135 1914	0.1716 2665	89
90	0.5104 4043	0.4083 9119	0.3269 2425	0.2618 5218	0.2098 4682	0.1682 6142	90
91	0.5066 4063	0.4043 4771	0.3228 8814	0.2579 8245	0.2062 3766	0.1649 6217	91
92	0.5028 6911	0.4003 4427	0.3189 0187	0.2541 6990	0.2026 9057	0.1617 2762	92
93	0.4991 2567	0.3963 8046	0.3149 6481	0.2504 1369	0.1992 0450	0.1585 5649	93
94	0.4954 1009	0.3924 5590	0.3110 7636	0.2467 1300	0.1957 7837	0.1554 4754	94
95	0.4917 2217	0.3885 7020	0.3072 3591	0.2430 6699	0.1924 1118	0.1523 9955	95
96	0.4880 6171	0.3847 2297	0.3034 4287	0.2394 7487	0.1891 0190	0.1494 1132	96
97	0.4844 2850	0.3809 1383	0.2996 9666	0.2359 3583	0.1858 4953	0.1464 8169	97
98	0.4808 2233	0.3771 4241	0.2959 9670	0.2324 4909	0.1826 5310	0.1436 0950	98
99	0.4772 4301	0.3734 0832	0.2923 4242	0.2290 1389	0.1795 1165	0.1407 9363	99
100	0.4736 9033	0.3697 1121	0.2887 3326	0.2256 2944	0.1764 2422	0.1380 3297	100

$$a = v^n = (1+i)^{-n}$$

n	$2\frac{1}{2}\%$	3%	$3\frac{1}{2}\%$	4%	$4\frac{1}{2}\%$	5%	n
1	0.9756 0976	0.9708 7379	0.9661 8357	0.9615 3846	0.9569 3780	0.9523 8095	1
2	0.9518 1440	0.9425 9591	0.9335 1070	0.9245 5621	0.9157 2995	0.9070 2948	2
3	0.9285 9941	0.9151 4166	0.9019 4271	0.8889 9636	0.8762 9660	0.8638 3760	3
4	0.9059 5064	0.8884 8705	0.8714 4223	0.8548 0419	0.8385 6134	0.8227 0247	4
5	0.8838 5429	0.8626 0878	0.8419 7317	0.8219 2711	0.8024 5105	0.7835 2617	5
6	0.8622 9687	0.8374 8426	0.8135 0064	0.7903 1453	0.7678 9574	0.7462 1540	6
7	0.8412 6524	0.8130 9151	0.7859 9096	0.7599 1781	0.7348 2846	0.7106 8133	7
8	0.8207 4657	0.7894 0923	0.7594 1156	0.7306 9021	0.7031 8513	0.6768 3936	8
9	0.8007 2836	0.7664 1673	0.7337 3097	0.7025 8674	0.6729 0443	0.6446 0892	9
10	0.7811 9840	0.7440 9391	0.7089 1881	0.6755 6417	0.6439 2768	0.6139 1325	10
11	0.7621 4478	0.7224 2128	0.6849 4571	0.6495 8093	0.6161 9874	0.5846 7929	11
12	0.7435 5589	0.7013 7988	0.6617 8330	0.6245 9705	0.5896 6386	0.5568 3742	12
13	0.7254 2038	0.6809 5134	0.6394 0415	0.6005 7409	0.5642 7164	0.5303 2135	13
14	0.7077 2720	0.6611 1781	0.6177 8179	0.5774 7508	0.5399 7286	0.5050 6795	14
15	0.6904 6556	0.6418 6195	0.5968 9062	0.5552 6450	0.5167 2044	0.4810 1710	15
16	0.6736 2493	0.6231 6694	0.5767 0591	0.5339 0818	0.4944 6932	0.4581 1152	16
17	0.6571 9506	0.6050 1645	0.5572 0378	0.5133 7325	0.4731 7639	0.4362 9669	17
18	0.6411 6591	0.5873 9461	0.5383 6114	0.4936 2812	0.4528 0037	0.4155 2065	18
19	0.6255 2772	0.5702 8603	0.5201 5569	0.4746 4242	0.4333 0179	0.3957 3396	19
20	0.6102 7094	0.5536 7575	0.5025 6588	0.4563 8695	0.4146 4286	0.3768 8948	20
21	0.5953 8629	0.5375 4928	0.4855 7090	0.4388 3360	0.3967 8743	0.3589 4236	21
22	0.5808 6467	0.5218 9250	0.4691 5063	0.4219 5539	0.3797 0089	0.3418 4987	22
23	0.5666 9724	0.5066 9175	0.4532 8563	0.4057 2633	0.3633 5013	0.3255 7131	23
24	0.5528 7535	0.4919 3374	0.4379 5713	0.3901 2147	0.3477 0347	0.3100 6791	24
25	0.5393 9059	0.4776 0557	0.4231 4699	0.3751 1680	0.3327 3060	0.2953 0277	25
26	0.5262 3472	0.4636 9473	0.4088 3767	0.3606 8923	0.3184 0248	0.2812 4073	26
27	0.5133 9973	0.4501 8906	0.3950 1224	0.3468 1657	0.3046 9137	0.2678 4832	27
28	0.5008 7778	0.4370 7675	0.3816 5434	0.3334 7747	0.2915 7069	0.2550 9364	28
29	0.4886 6125	0.4243 4636	0.3687 4815	0.3206 5141	0.2790 1502	0.2429 4632	29
30	0.4767 4269	0.4119 8676	0.3562 7841	0.3083 1867	0.2670 0002	0.2313 7745	30
31	0.4651 1481	0.3999 8715	0.3442 3035	0.2964 6026	0.2555 0241	0.2203 5947	31
32	0.4537 7055	0.3883 3703	0.3325 8971	0.2850 5794	0.2444 9991	0.2098 6617	32
33	0.4427 0298	0.3770 2625	0.3213 4271	0.2740 9417	0.2339 7121	0.1998 7254	33
34	0.4319 0534	0.3660 4490	0.3104 7605	0.2635 5209	0.2238 9589	0.1903 5480	34
35	0.4213 7107	0.3553 8340	0.2999 7686	0.2534 1547	0.2142 5444	0.1812 9029	35
36	0.4110 9372	0.3450 3243	0.2898 3272	0.2436 6872	0.2050 2817	0.1726 5741	36
37	0.4010 6705	0.3349 8294	0.2800 3161	0.2342 9685	0.1961 9921	0.1644 3563	37
38	0.3912 8492	0.3252 2615	0.2705 6194	0.2252 8543	0.1877 5044	0.1566 0536	38
39	0.3817 4139	0.3157 5355	0.2614 1250	0.2166 2061	0.1796 6549	0.1491 4797	39
40	0.3724 3062	0.3065 5684	0.2525 7247	0.2082 8904	0.1719 2870	0.1420 4568	40
41	0.3633 4695	0.2976 2800	0.2440 3137	0.2002 7793	0.1645 2507	0.1352 8160	41
42	0.3544 8483	0.2889 5922	0.2357 7910	0.1925 7493	0.1574 4026	0.1288 3962	42
43	0.3458 3886	0.2805 4294	0.2278 0590	0.1851 6820	0.1506 6054	0.1227 0440	43
44	0.3374 0376	0.2723 7178	0.2201 0231	0.1780 4635	0.1441 7276	0.1168 6133	44
45	0.3291 7440	0.2644 3862	0.2126 5924	0.1711 9841	0.1379 6437	0.1112 9651	45
46	0.3211 4576	0.2567 3653	0.2054 6787	0.1646 1386	0.1320 2332	0.1059 9668	46
47	0.3133 1294	0.2492 5876	0.1985 1968	0.1582 8256	0.1263 3810	0.1009 4921	47
48	0.3056 7116	0.2419 9880	0.1918 0645	0.1521 9476	0.1208 9771	0.0961 4211	48
49	0.2982 1576	0.2349 5029	0.1853 2024	0.1463 4112	0.1156 9158	0.0915 6391	49
50	0.2909 4221	0.2281 0708	0.1790 5337	0.1407 1262	0.1107 0965	0.0872 0373	50

$$a = v^n = (1+i)^{-n}$$

n	$2\frac{1}{2}\%$	3%	$3\frac{1}{2}\%$	4%	$4\frac{1}{2}\%$	5%	n
51	0.2838 4606	0.2214 6318	0.1729 9843	0.1353 0059	0.1059 4225	0.0830 5117	51
52	0.2769 2298	0.2150 1280	0.1671 4824	0.1300 9672	0.1013 8014	0.0790 9635	52
53	0.2701 6876	0.2087 5029	0.1614 9589	0.1250 9300	0.0970 1449	0.0753 2986	53
54	0.2635 7928	0.2026 7019	0.1560 3467	0.1202 8173	0.0928 3683	0.0717 4272	54
55	0.2571 5052	0.1967 6717	0.1507 5814	0.1156 5551	0.0888 3907	0.0683 2640	55
56	0.2508 7855	0.1910 3609	0.1456 6004	0.1112 0722	0.0850 1347	0.0650 7276	56
57	0.2447 5956	0.1854 7193	0.1407 3433	0.1069 3002	0.0813 5260	0.0619 7406	57
58	0.2387 8982	0.1800 6984	0.1359 7520	0.1028 1733	0.0778 4938	0.0590 2291	58
59	0.2329 6568	0.1748 2508	0.1313 7701	0.0988 6282	0.0744 9701	0.0562 1230	59
60	0.2272 8359	0.1697 3309	0.1269 3431	0.0950 6040	0.0712 8901	0.0535 3552	60
61	0.2217 4009	0.1647 8941	0.1226 4184	0.0914 0423	0.0682 1915	0.0509 8621	61
62	0.2163 3179	0.1599 8972	0.1184 9453	0.0878 8868	0.0652 8148	0.0485 5830	62
63	0.2110 5541	0.1553 2982	0.1144 8747	0.0845 0835	0.0624 7032	0.0462 4600	63
64	0.2059 0771	0.1508 0565	0.1106 1591	0.0812 5803	0.0597 8021	0.0440 4381	64
65	0.2008 8557	0.1464 1325	0.1068 7528	0.0781 3272	0.0572 0594	0.0419 4648	65
66	0.1959 8593	0.1421 4879	0.1032 6114	0.0751 2762	0.0547 4253	0.0399 4903	66
67	0.1912 0578	0.1380 0853	0.0997 6922	0.0722 3809	0.0523 8519	0.0380 4670	67
68	0.1865 4223	0.1339 8887	0.0963 9538	0.0694 5970	0.0501 2937	0.0362 3495	68
69	0.1819 9241	0.1300 8628	0.0931 3563	0.0667 8818	0.0479 7069	0.0345 0948	69
70	0.1775 5358	0.1262 9736	0.0899 8612	0.0642 1940	0.0459 0497	0.0328 6617	70
71	0.1732 2300	0.1226 1880	0.0869 4311	0.0617 4942	0.0439 2820	0.0313 0111	71
72	0.1689 9805	0.1190 4737	0.0840 0300	0.0593 7445	0.0420 3655	0.0298 1058	72
73	0.1648 7615	0.1155 7998	0.0811 6232	0.0570 9081	0.0402 2637	0.0283 9103	73
74	0.1608 5478	0.1122 1357	0.0784 1770	0.0548 9501	0.0384 9413	0.0270 3908	74
75	0.1569 3149	0.1089 4521	0.0757 6590	0.0527 8367	0.0368 3649	0.0257 5150	75
76	0.1531 0389	0.1057 7205	0.0732 0376	0.0507 5353	0.0352 5023	0.0245 2524	76
77	0.1493 6965	0.1026 9131	0.0707 2827	0.0488 0147	0.0337 3228	0.0233 5737	77
78	0.1457 2649	0.0997 0030	0.0683 3650	0.0469 2449	0.0322 7969	0.0222 4512	78
79	0.1421 7218	0.0967 9641	0.0660 2560	0.0451 1970	0.0308 8965	0.0211 8582	79
80	0.1387 0457	0.0939 7710	0.0637 9285	0.0433 8433	0.0295 5948	0.0201 7698	80
81	0.1353 2153	0.0912 3990	0.0616 3561	0.0417 1570	0.0282 8658	0.0192 1617	81
82	0.1320 2101	0.0885 8243	0.0595 5131	0.0401 1125	0.0270 6850	0.0183 0111	82
83	0.1288 0098	0.0860 0236	0.0575 3750	0.0385 6851	0.0259 0287	0.0174 2963	83
84	0.1256 5949	0.0834 9743	0.0555 9178	0.0370 8510	0.0247 8744	0.0165 9965	84
85	0.1225 9463	0.0810 6547	0.0537 1187	0.0356 5875	0.0237 2003	0.0158 0919	85
86	0.1196 0452	0.0787 0434	0.0518 9553	0.0342 8726	0.0226 9860	0.0150 5637	86
87	0.1166 8733	0.0764 1198	0.0501 4060	0.0329 6852	0.0217 2115	0.0143 3940	87
88	0.1138 4130	0.0741 8639	0.0484 4503	0.0317 0050	0.0207 8579	0.0136 5657	88
89	0.1110 6468	0.0720 2562	0.0468 0679	0.0304 8125	0.0198 9070	0.0130 0626	89
90	0.1083 5579	0.0699 2779	0.0452 2395	0.0293 0890	0.0190 3417	0.0123 8691	90
91	0.1057 1296	0.0678 9105	0.0436 9464	0.0281 8163	0.0182 1451	0.0117 9706	91
92	0.1031 3460	0.0659 1364	0.0422 1704	0.0270 9772	0.0174 3016	0.0112 3530	92
93	0.1006 1912	0.0639 9383	0.0407 8941	0.0260 5550	0.0166 7958	0.0107 0028	93
94	0.0981 6500	0.0621 2993	0.0394 1006	0.0250 5337	0.0159 6132	0.0101 9074	94
95	0.0957 7073	0.0603 2032	0.0380 7735	0.0240 8978	0.0152 7399	0.0097 0547	95
96	0.0934 3486	0.0585 6342	0.0367 8971	0.0231 6325	0.0146 1626	0.0092 4331	96
97	0.0911 5596	0.0568 5769	0.0355 4562	0.0222 7235	0.0139 8685	0.0088 0315	97
98	0.0889 3264	0.0552 0164	0.0343 4359	0.0214 1572	0.0133 8454	0.0083 8395	98
99	0.0867 6355	0.0535 9383	0.0331 8221	0.0205 9204	0.0128 0817	0.0079 8471	99
100	0.0846 4737	0.0520 3284	0.0320 6011	0.0198 0004	0.0122 5663	0.0076 0449	100

TABELLE V. Barwert des Kapitals 1

$$a = v^n = (1+i)^{-n}$$

n	$5\frac{1}{2}\%$	6%	$6\frac{1}{2}\%$	7%	$7\frac{1}{2}\%$	8%	n
1	0.9478 6730	0.9433 9623	0.9389 6714	0.9345 7944	0.9302 3256	0.9259 2593	1
2	0.8984 5242	0.8899 9644	0.8816 5928	0.8734 3873	0.8653 3261	0.8573 3882	2
3	0.8516 1366	0.8396 1928	0.8278 4909	0.8162 9788	0.8049 6057	0.7938 3224	3
4	0.8072 1674	0.7920 9366	0.7773 2309	0.7628 9521	0.7488 0053	0.7350 2985	4
5	0.7651 3435	0.7472 5817	0.7298 8084	0.7129 8618	0.6965 5863	0.6805 8320	5
6	0.7252 4583	0.7049 6054	0.6853 3412	0.6663 4222	0.6479 6152	0.6301 6963	6
7	0.6874 3681	0.6650 5711	0.6435 0621	0.6227 4974	0.6027 5490	0.5834 9040	7
8	0.6515 9887	0.6274 1237	0.6042 3119	0.5820 0910	0.5607 0223	0.5402 6888	8
9	0.6176 2926	0.5918 9846	0.5673 5323	0.5439 3374	0.5215 8347	0.5002 4897	9
10	0.5854 3058	0.5583 9478	0.5327 2604	0.5083 4929	0.4851 9393	0.4631 9349	10
11	0.5549 1050	0.5267 8753	0.5002 1224	0.4750 9280	0.4513 4319	0.4288 8286	11
12	0.5259 8152	0.4969 6936	0.4696 8285	0.4440 1196	0.4198 5413	0.3971 1376	12
13	0.4985 6068	0.4688 3902	0.4410 1676	0.4149 6445	0.3905 6198	0.3676 9792	13
14	0.4725 6937	0.4423 0096	0.4141 0025	0.3878 1724	0.3633 1347	0.3404 6104	14
15	0.4479 3305	0.4172 6506	0.3888 2652	0.3624 4602	0.3379 6602	0.3152 4170	15
16	0.4245 8109	0.3936 4628	0.3650 9533	0.3387 3460	0.3143 8699	0.2918 9047	16
17	0.4024 4653	0.3713 6442	0.3428 1251	0.3165 7439	0.2924 5302	0.2702 6895	17
18	0.3814 6590	0.3503 4379	0.3218 8969	0.2958 6392	0.2720 4932	0.2502 4903	18
19	0.3615 7906	0.3305 1301	0.3022 4384	0.2765 0833	0.2530 6913	0.2317 1206	19
20	0.3427 2896	0.3118 0473	0.2837 9703	0.2584 1900	0.2354 1315	0.2145 4821	20
21	0.3248 6158	0.2941 5540	0.2664 7608	0.2415 1309	0.2189 8897	0.1986 5575	21
22	0.3079 2567	0.2775 0510	0.2502 1228	0.2257 1317	0.2037 1067	0.1839 4051	22
23	0.2918 7267	0.2617 9726	0.2349 4111	0.2109 4688	0.1894 9830	0.1703 1528	23
24	0.2766 5656	0.2469 7855	0.2206 0198	0.1971 4662	0.1762 7749	0.1576 9934	24
25	0.2622 3370	0.2329 9863	0.2071 3801	0.1842 4918	0.1639 7906	0.1460 1790	25
26	0.2485 6275	0.2198 1003	0.1944 9579	0.1721 9549	0.1525 3866	0.1352 0176	26
27	0.2356 0450	0.2073 6795	0.1826 2515	0.1609 3037	0.1418 9643	0.1251 8682	27
28	0.2233 2181	0.1956 3014	0.1714 7902	0.1504 0221	0.1319 9668	0.1159 1372	28
29	0.2116 7944	0.1845 5674	0.1610 1316	0.1405 6282	0.1227 8761	0.1073 2752	29
30	0.2006 4402	0.1741 1013	0.1511 8607	0.1313 6712	0.1142 2103	0.0993 7733	30
31	0.1901 8390	0.1642 5484	0.1419 5875	0.1227 7301	0.1062 5212	0.0920 1605	31
32	0.1802 6910	0.1549 5740	0.1332 9460	0.1147 4113	0.0988 3918	0.0852 0005	32
33	0.1708 7119	0.1461 8622	0.1251 5925	0.1072 3470	0.0919 4343	0.0788 8893	33
34	0.1619 6321	0.1379 1153	0.1175 2042	0.1002 1934	0.0855 2877	0.0730 4531	34
35	0.1535 1963	0.1301 0522	0.1103 4781	0.0936 6294	0.0795 6164	0.0676 3454	35
36	0.1455 1624	0.1227 4077	0.1036 1297	0.0875 3546	0.0740 1083	0.0626 2458	36
37	0.1379 3008	0.1157 9318	0.0972 8917	0.0818 0884	0.0688 4729	0.0579 8572	37
38	0.1307 3941	0.1092 3885	0.0913 5134	0.0764 5686	0.0640 4399	0.0536 9048	38
39	0.1239 2362	0.1030 5552	0.0857 7590	0.0714 5501	0.0595 7580	0.0497 1341	39
40	0.1174 6314	0.0972 2219	0.0805 4075	0.0667 8038	0.0554 1935	0.0460 3093	40
41	0.1113 3947	0.0917 1905	0.0756 2512	0.0624 1157	0.0515 5288	0.0426 2123	41
42	0.1055 3504	0.0865 2740	0.0710 0950	0.0583 2857	0.0479 5617	0.0394 6411	42
43	0.1000 3322	0.0816 2962	0.0666 7559	0.0545 1268	0.0446 1039	0.0365 4084	43
44	0.0948 1822	0.0770 0908	0.0626 0619	0.0509 4643	0.0414 9804	0.0338 3411	44
45	0.0898 7509	0.0726 5007	0.0587 8515	0.0476 1349	0.0386 0283	0.0313 2788	45
46	0.0851 8965	0.0685 3781	0.0551 9733	0.0444 9859	0.0359 0961	0.0290 0730	46
47	0.0807 4849	0.0646 5831	0.0518 2848	0.0415 8747	0.0334 0428	0.0268 5861	47
48	0.0765 3885	0.0609 9840	0.0486 6524	0.0388 6679	0.0310 7375	0.0248 6908	48
49	0.0725 4867	0.0575 4566	0.0456 9506	0.0363 2410	0.0289 0582	0.0230 2693	49
50	0.0687 6652	0.0542 8836	0.0429 0616	0.0339 4776	0.0268 8913	0.0213 2123	50

TABELLE VI

$(1 + i)^{1/p}$

p	$\frac{1}{4}\%$	$\frac{1}{3}\%$	$\frac{5}{12}\%$	$\frac{1}{2}\%$	$\frac{7}{12}\%$	$\frac{2}{3}\%$	p
2	1.0012 4922	1.0016 6528	1.0020 8117	1.0024 9688	1.0029 1243	1.0033 2780	2
3	1.0008 3264	1.0011 0988	1.0013 8696	1.0016 6390	1.0019 4068	1.0022 1730	3
4	1.0006 2441	1.0008 3229	1.0010 4004	1.0012 4766	1.0014 5515	1.0016 6252	4
6	1.0004 1623	1.0005 5479	1.0006 9324	1.0008 3160	1.0009 6987	1.0011 0804	6
12	1.0002 0809	1.0002 7735	1.0003 4656	1.0004 1571	1.0004 8482	1.0005 5387	12

p	$\frac{3}{4}\%$	1%	$1\frac{1}{4}\%$	$1\frac{1}{2}\%$	$1\frac{3}{4}\%$	2%	p
2	1.0037 4299	1.0049 8756	1.0062 3059	1.0074 7208	1.0087 1205	1.0099 5049	2
3	1.0024 9378	1.0033 2228	1.0041 4943	1.0049 7521	1.0057 9963	1.0066 2271	3
4	1.0018 6975	1.0024 9068	1.0031 1046	1.0037 2909	1.0043 4658	1.0049 6293	4
6	1.0012 4611	1.0016 5976	1.0020 7256	1.0024 8452	1.0028 9562	1.0033 0589	6
12	1.0006 2286	1.0008 2954	1.0010 3575	1.0012 4149	1.0014 4677	1.0016 5158	12

p	$2\frac{1}{2}\%$	3%	$3\frac{1}{2}\%$	4%	$4\frac{1}{2}\%$	5%	p
2	1.0124 2284	1.0148 8916	1.0173 4950	1.0198 0390	1.0222 5242	1.0246 9508	2
3	1.0082 6484	1.0099 0163	1.0115 3314	1.0131 5940	1.0147 8046	1.0163 9636	3
4	1.0061 9225	1.0074 1707	1.0086 3745	1.0098 5341	1.0110 6499	1.0122 7223	4
6	1.0041 2392	1.0049 3862	1.0057 5004	1.0065 5820	1.0073 6312	1.0081 6485	6
12	1.0020 5984	1.0024 6627	1.0028 7090	1.0032 7374	1.0036 7481	1.0040 7412	12

p	$5\frac{1}{2}\%$	6%	$6\frac{1}{2}\%$	7%	$7\frac{1}{2}\%$	8%	p
2	1.0271 3193	1.0295 6301	1.0319 8837	1.0344 0804	1.0368 2207	1.0392 3048	2
3	1.0180 0713	1.0196 1282	1.0212 1347	1.0228 0912	1.0243 9981	1.0259 8557	3
4	1.0134 7517	1.0146 7385	1.0158 6828	1.0170 5853	1.0182 4460	1.0194 2655	4
6	1.0089 6339	1.0097 5879	1.0105 5107	1.0113 4026	1.0121 2638	1.0129 0946	6
12	1.0044 7170	1.0048 6755	1.0052 6169	1.0056 5415	1.0060 4492	1.0064 3403	12

TABELLE VII

$(1 + i)^{-1/p}$

p	$\frac{1}{4}\%$	$\frac{1}{3}\%$	$\frac{5}{12}\%$	$\frac{1}{2}\%$	$\frac{7}{12}\%$	$\frac{2}{3}\%$	p
2	0.9987 5234	0.9983 3749	0.9979 2315	0.9975 0934	0.9970 9603	0.9966 8324	2
3	0.9991 6805	0.9988 9135	0.9986 1496	0.9983 3887	0.9980 6308	0.9977 8760	3
4	0.9993 7597	0.9991 6840	0.9989 6104	0.9987 5389	0.9985 4696	0.9983 4024	4
6	0.9995 8394	0.9994 4552	0.9993 0724	0.9991 6909	0.9990 3107	0.9988 9319	6
12	0.9997 9195	0.9997 2272	0.9996 5356	0.9995 8446	0.9995 1542	0.9994 4644	12

p	$\frac{3}{4}\%$	1%	$1\frac{1}{4}\%$	$1\frac{1}{2}\%$	$1\frac{3}{4}\%$	2%	p
2	0.9962 7096	0.9950 3719	0.9938 0799	0.9925 8333	0.9913 6319	0.9901 4754	2
3	0.9975 1243	0.9966 8872	0.9958 6772	0.9950 4942	0.9942 3381	0.9934 2086	3
4	0.9981 3374	0.9975 1551	0.9968 9919	0.9962 8477	0.9956 7223	0.9950 6158	4
6	0.9987 5544	0.9983 4299	0.9979 3172	0.9975 2164	0.9971 1274	0.9967 0500	6
12	0.9993 7753	0.9991 7115	0.9989 6533	0.9987 6005	0.9985 5532	0.9983 5114	12

p	$2\frac{1}{2}\%$	3%	$3\frac{1}{2}\%$	4%	$4\frac{1}{2}\%$	5%	p
2	0.9877 2960	0.9853 2928	0.9829 4637	0.9805 8068	0.9782 3198	0.9759 0007	2
3	0.9918 0291	0.9901 9545	0.9885 9835	0.9870 1152	0.9854 3482	0.9838 6815	3
4	0.9938 4586	0.9926 3754	0.9914 3652	0.9902 4274	0.9890 5610	0.9878 7655	4
6	0.9958 9302	0.9950 8565	0.9942 8283	0.9934 8453	0.9926 9070	0.9919 0128	6
12	0.9979 4440	0.9975 3980	0.9971 3732	0.9967 3694	0.9963 3865	0.9959 4241	12

p	$5\frac{1}{2}\%$	6%	$6\frac{1}{2}\%$	7%	$7\frac{1}{2}\%$	8%	p
2	0.9735 8477	0.9712 8586	0.9690 0317	0.9667 3649	0.9644 8564	0.9622 5045	2
3	0.9823 1139	0.9807 6444	0.9792 2719	0.9776 9953	0.9761 8136	0.9746 7258	3
4	0.9867 0399	0.9855 3836	0.9843 7958	0.9832 2759	0.9820 8230	0.9809 4365	4
6	0.9911 1623	0.9903 3552	0.9895 5909	0.9887 8690	0.9880 1891	0.9872 5507	6
12	0.9955 4821	0.9951 5603	0.9947 6585	0.9943 7764	0.9939 9140	0.9936 0710	12

TABELLE VIII

$$s_{\overline{\frac{1}{p}|}i} = \frac{(1+i)^{1/p}-1}{i}$$

p	$\frac{1}{4}$%	$\frac{1}{3}$%	$\frac{5}{12}$%	$\frac{1}{2}$%	$\frac{7}{12}$%	$\frac{2}{3}$%	p
2	0.4996 8789	0.4995 8403	0.4994 8025	0.4993 7656	0.4992 7295	0.4991 6943	2
3	0.3330 5594	0.3329 6365	0.3328 7144	0.3327 7932	0.3326 8728	0.3325 9532	3
4	0.2497 6597	0.2496 8811	0.2496 1032	0.2495 3261	0.2494 5498	0.2493 7742	4
6	0.1664 9332	0.1664 3566	0.1663 7805	0.1663 2050	0.1662 6301	0.1662 0558	6
12	0.0832 3800	0.0832 0629	0.0831 7461	0.0831 4297	0.0831 1136	0.0830 7978	12
p	$\frac{3}{4}$%	1%	$1\frac{1}{4}$%	$1\frac{1}{2}$%	$1\frac{3}{4}$%	2%	p
2	0.4990 6600	0.4987 5621	0.4984 4719	0.4981 3893	0.4978 3143	0.4975 2469	2
3	0.3325 0345	0.3322 2835	0.3319 5401	0.3316 8042	0.3314 0758	0.3311 3548	3
4	0.2492 9994	0.2490 6793	0.2488 3660	0.2486 0593	0.2483 7592	0.2481 4658	4
6	0.1661 4821	0.1659 7644	0.1658 0518	0.1656 3445	0.1654 6423	0.1652 9452	6
12	0.0830 4824	0.0829 5381	0.0828 5968	0.0827 6585	0.0826 7231	0.0825 7907	12
p	$2\frac{1}{2}$%	3%	$3\frac{1}{2}$%	4%	$4\frac{1}{2}$%	5%	p
2	0.4969 1346	0.4963 0522	0.4956 9993	0.4950 9757	0.4944 9811	0.4939 0153	2
3	0.3305 9350	0.3300 5447	0.3295 1834	0.3289 8510	0.3284 5470	0.3279 2714	3
4	0.2476 8985	0.2472 3573	0.2467 8417	0.2463 3516	0.2458 8868	0.2454 4469	4
6	0.1649 5662	0.1646 2073	0.1642 8684	0.1639 5492	0.1636 2496	0.1632 9692	6
12	0.0823 9345	0.0822 0899	0.0820 2568	0.0818 4349	0.0816 6243	0.0814 8248	12
p	$5\frac{1}{2}$%	6%	$6\frac{1}{2}$%	7%	$7\frac{1}{2}$%	8%	p
2	0.4933 0780	0.4927 1690	0.4921 2880	0.4915 4348	0.4909 6090	0.4903 8106	2
3	0.3274 0237	0.3268 8037	0.3263 6112	0.3258 4460	0.3253 3076	0.3248 1960	3
4	0.2450 0317	0.2445 6410	0.2441 2746	0.2436 9321	0.2432 6135	0.2428 3184	4
6	0.1629 7080	0.1626 4657	0.1623 2422	0.1620 0372	0.1616 8505	0.1613 6821	6
12	0.0813 0362	0.0811 2584	0.0809 4914	0.0807 7351	0.0805 9892	0.0804 2538	12

TABELLE IX

$$a_{\overline{\frac{1}{p}|}i} = \frac{1-(1+i)^{-1/p}}{i}$$

p	$\frac{1}{4}$%	$\frac{1}{3}$%	$\frac{5}{12}$%	$\frac{1}{2}$%	$\frac{7}{12}$%	$\frac{2}{3}$%	p
2	0.4990 6445	0.4987 5346	0.4984 4291	0.4981 3278	0.4978 2308	0.4975 1381	2
3	0.3327 7886	0.3325 9451	0.3324 1040	0.3322 2653	0.3320 4289	0.3318 5949	3
4	0.2496 1011	0.2494 8047	0.2493 5099	0.2492 2167	0.2490 9251	0.2489 6351	4
6	0.1664 2405	0.1663 4337	0.1662 6279	0.1661 8230	0.1661 0192	0.1660 2162	6
12	0.0832 2068	0.0831 8322	0.0831 4580	0.0831 0842	0.0830 7108	0.0830 3379	12
p	$\frac{3}{4}$%	1%	$1\frac{1}{4}$%	$1\frac{1}{2}$%	$1\frac{3}{4}$%	2%	p
2	0.4972 0496	0.4962 8098	0.4953 6080	0.4944 4440	0.4935 3176	0.4926 2285	2
3	0.3316 7633	0.3311 2825	0.3305 8228	0.3300 3841	0.3294 9662	0.3289 5689	3
4	0.2488 3468	0.2484 4912	0.2480 6500	0.2476 8230	0.2473 0101	0.2469 2113	4
6	0.1659 4143	0.1657 0141	0.1654 6225	0.1652 2395	0.1649 8649	0.1647 4987	6
12	0.0829 9654	0.0828 8506	0.0827 7395	0.0826 6322	0.0825 5287	0.0824 4290	12
p	$2\frac{1}{2}$%	3%	$3\frac{1}{2}$%	4%	$4\frac{1}{2}$%	5%	p
2	0.4908 1613	0.4890 2406	0.4872 4645	0.4854 8311	0.4837 3386	0.4819 9854	2
3	0.3278 8360	0.3268 1843	0.3257 6129	0.3247 1208	0.3236 7070	0.3226 3706	3
4	0.2461 6554	0.2454 1546	0.2446 7084	0.2439 3161	0.2431 9770	0.2424 6905	4
6	0.1642 7915	0.1638 1173	0.1633 4759	0.1628 8668	0.1624 2897	0.1619 7442	6
12	0.0822 2408	0.0820 0674	0.0817 9086	0.0815 7643	0.0813 6344	0.0811 5185	12
p	$5\frac{1}{2}$%	6%	$6\frac{1}{2}$%	7%	$7\frac{1}{2}$%	8%	p
2	0.4802 7696	0.4785 6896	0.4768 7437	0.4751 9301	0.4735 2474	0.4718 6939	2
3	0.3216 1108	0.3205 9265	0.3195 8169	0.3185 7811	0.3175 8183	0.3165 9276	3
4	0.2417 4561	0.2410 2731	0.2403 1409	0.2396 0589	0.2389 0266	0.2382 0435	4
6	0.1615 2300	0.1610 7468	0.1606 2940	0.1601 8715	0.1597 4789	0.1593 1159	6
12	0.0809 4167	0.0807 3287	0.0805 2544	0.0803 1937	0.0801 1463	0.0799 1123	12

TABELLE X

$$\frac{1}{s_{\overline{\frac{1}{p}}|i}} = \frac{i}{(1+i)^{1/p}-1} \qquad \left(\frac{1}{a_{\overline{\frac{1}{p}}|i}} = \frac{1}{s_{\overline{\frac{1}{p}}|i}} + i\right)$$

p	$\frac{1}{4}\%$	$\frac{1}{3}\%$	$\frac{5}{12}\%$	$\frac{1}{2}\%$	$\frac{7}{12}\%$	$\frac{2}{3}\%$	p
2	2.0012 4922	2.0016 6528	2.0020 8117	2.0024 9688	2.0029 1243	2.0033 2780	2
3	3.0024 9861	3.0033 3087	3.0041 6282	3.0049 9446	3.0058 2579	3.0066 5682	3
4	4.0037 4805	4.0049 9653	4.0062 4459	4.0074 9221	4.0087 3940	4.0099 8616	4
6	6.0062 4697	6.0083 2794	6.0104 0824	6.0124 8788	6.0145 6684	6.0166 4513	6
12	12.0137 4380	12.0183 2232	12.0228 9946	12.0274 7524	12.0320 4964	12.0366 2268	12

p	$\frac{3}{4}\%$	1%	$1\frac{1}{4}\%$	$1\frac{1}{2}\%$	$1\frac{3}{4}\%$	2%	p
2	2.0037 4300	2.0049 8756	2.0062 3059	2.0074 7208	2.0087 1205	2.0099 5049	2
3	3.0074 8755	3.0099 7789	3.0124 6549	3.0149 5037	3.0174 3253	3.0199 1199	3
4	4.0112 3249	4.0149 6891	4.0187 0147	4.0224 3021	4.0261 5513	4.0298 7623	4
6	6.0187 2276	6.0249 5163	6.0311 7452	6.0373 9144	6.0436 0242	6.0498 0748	6
12	12.0411 9435	12.0549 0119	12.0685 9580	12.0822 7822	12.0959 4851	12.1096 0670	12

p	$2\frac{1}{2}\%$	3%	$3\frac{1}{2}\%$	4%	$4\frac{1}{2}\%$	5%	p
2	2.0124 2284	2.0148 8916	2.0173 4950	2.0198 0390	2.0222 5241	2.0246 9508	2
3	3.0248 6282	3.0298 0294	3.0347 3244	3.0396 5138	3.0445 5985	3.0494 5791	3
4	4.0373 0709	4.0447 2289	4.0521 2374	4.0595 0975	4.0668 8103	4.0742 3769	4
6	6.0621 9992	6.0745 6894	6.0869 1471	6.0992 3740	6.1115 3716	6.1238 1418	6
12	12.1368 8698	12.1641 1941	12.1913 0434	12.2184 4211	12.2455 3306	12.2725 7753	12

p	$5\frac{1}{2}\%$	6%	$6\frac{1}{2}\%$	7%	$7\frac{1}{2}\%$	8%	p
2	2.0271 3193	2.0295 6301	2.0319 8837	2.0344 0804	2.0368 2207	2.0392 3048	2
3	3.0543 4565	3.0592 2313	3.0640 9043	3.0689 4762	3.0737 9477	3.0786 3195	3
4	4.0815 7981	4.0889 0752	4.0962 2091	4.1035 2009	4.1108 0514	4.1180 7618	4
6	6.1360 6860	6.1483 0059	6.1605 1031	6.1726 9791	6.1848 6355	6.1970 0737	6
12	12.2995 7585	12.3265 2834	12.3534 3533	12.3802 9715	12.4071 1409	12.4338 8648	12

TABELLE XI

$$\frac{i}{j_{(p)}} = \frac{i}{p[(1+i)^{1/p}-1]}$$

p	$\frac{1}{4}\%$	$\frac{1}{3}\%$	$\frac{5}{12}\%$	$\frac{1}{2}\%$	$\frac{7}{12}\%$	$\frac{2}{3}\%$	p
2	1.0006 2461	1.0008 3264	1.0010 4058	1.0012 4844	1.0014 5621	1.0016 6390	2
3	1.0008 3287	1.0011 1029	1.0013 8761	1.0016 6482	1.0019 4193	1.0022 1894	3
4	1.0009 3701	1.0012 4913	1.0015 6115	1.0018 7305	1.0021 8485	1.0024 9654	4
6	1.0010 4116	1.0013 8799	1.0017 3471	1.0020 8131	1.0024 2781	1.0027 7419	6
12	1.0011 4532	1.0015 2686	1.0019 0829	1.0022 8960	1.0026 7080	1.0030 5189	12

p	$\frac{3}{4}\%$	1%	$1\frac{1}{4}\%$	$1\frac{1}{2}\%$	$1\frac{3}{4}\%$	2%	p
2	1.0018 7150	1.0024 9378	1.0031 1529	1.0037 3604	1.0043 5603	1.0049 7525	2
3	1.0024 9585	1.0033 2596	1.0041 5516	1.0049 8346	1.0058 1084	1.0066 3733	3
4	1.0028 0812	1.0037 4223	1.0046 7537	1.0056 0755	1.0065 3878	1.0074 6906	4
6	1.0031 2046	1.0041 5861	1.0051 9575	1.0062 3191	1.0072 6707	1.0083 0125	6
12	1.0034 3286	1.0045 7510	1.0057 1632	1.0068 5652	1.0079 9571	1.0091 3389	12

p	$2\frac{1}{2}\%$	3%	$3\frac{1}{2}\%$	4%	$4\frac{1}{2}\%$	5%	p
2	1.0062 1142	1.0074 4458	1.0086 7475	1.0099 0195	1.0111 2621	1.0123 4754	2
3	1.0082 8761	1.0099 3431	1.0115 7748	1.0132 1713	1.0148 5328	1.0164 8597	3
4	1.0093 2677	1.0111 8072	1.0130 3094	1.0148 7744	1.0167 2026	1.0185 5942	4
6	1.0103 6665	1.0124 2816	1.0144 8578	1.0165 3957	1.0185 8953	1.0206 3570	6
12	1.0114 0725	1.0136 7662	1.0159 4203	1.0182 0351	1.0204 6109	1.0227 1479	12

p	$5\frac{1}{2}\%$	6%	$6\frac{1}{2}\%$	7%	$7\frac{1}{2}\%$	8%	p
2	1.0135 6596	1.0147 8151	1.0159 9419	1.0172 0402	1.0184 1103	1.0196 1524	2
3	1.0181 1522	1.0197 4104	1.0213 6348	1.0229 8254	1.0245 9826	1.0262 1065	3
4	1.0203 9495	1.0222 2688	1.0240 5523	1.0258 8002	1.0277 0129	1.0295 1904	4
6	1.0226 7810	1.0247 1676	1.0267 5172	1.0287 8298	1.0308 1059	1.0328 3456	6
12	1.0249 6465	1.0272 1070	1.0294 5294	1.0316 9143	1.0339 2617	1.0361 5721	12

$$s_{\overline{n}|i} = \frac{(1+i)^n - 1}{i}$$

n	¼%	⅓%	5/12%	½%	7/12%	⅔%	n
1	1.0000 0000	1.0000 0000	1.0000 0000	1.0000 0000	1.0000 0000	1.0000 0000	1
2	2.0025 0000	2.0033 3333	2.0041 6667	2.0050 0000	2.0058 3333	2.0066 6667	2
3	3.0075 0625	3.0100 1111	3.0125 1736	3.0150 2500	3.0175 3403	3.0200 4444	3
4	4.0150 2502	4.0200 4448	4.0250 6952	4.0301 0013	4.0351 3631	4.0401 7807	4
5	5.0250 6258	5.0334 4463	5.0418 4064	5.0502 5063	5.0586 7460	5.0671 1259	5
6	6.0376 2523	6.0502 2278	6.0628 4831	6.0755 0188	6.0881 8354	6.1008 9335	6
7	7.0527 1930	7.0703 9019	7.0881 1018	7.1058 7939	7.1236 9794	7.1415 6597	7
8	8.0703 5110	8.0939 5816	8.1176 4397	8.1414 0879	8.1652 5285	8.1891 7641	8
9	9.0905 2697	9.1209 3802	9.1514 6749	9.1821 1583	9.2128 8349	9.2437 7092	9
10	10.1132 5329	10.1513 4114	10.1895 9860	10.2280 2641	10.2666 2531	10.3053 9606	10
11	11.1385 3642	11.1851 7895	11.2320 5526	11.2791 6654	11.3265 1396	11.3740 9870	11
12	12.1663 8277	12.2224 6288	12.2788 5549	12.3355 6237	12.3925 8529	12.4499 2602	12
13	13.1967 9872	13.2632 0442	13.3300 1739	13.3972 4018	13.4648 7537	13.5329 2553	13
14	14.2297 9072	14.3074 1510	14.3855 5913	14.4642 2639	14.5434 2048	14.6231 4503	14
15	15.2653 6520	15.3551 0648	15.4454 9896	15.5365 4752	15.6282 5710	15.7206 3267	15
16	16.3035 2861	16.4062 9017	16.5098 5520	16.6142 3026	16.7194 2193	16.8254 3688	16
17	17.3442 8743	17.4609 7781	17.5786 4627	17.6973 0141	17.8169 5189	17.9376 0646	17
18	18.3876 4815	18.5191 8107	18.6518 9063	18.7857 8791	18.9208 8411	19.0571 9051	18
19	19.4336 1727	19.5809 1167	19.7296 0684	19.8797 1685	20.0312 5593	20.1842 3844	19
20	20.4822 0131	20.6461 8137	20.8118 1353	20.9791 1544	21.1481 0493	21.3188 0003	20
21	21.5334 0682	21.7150 0198	21.8985 2942	22.0840 1101	22.2714 6887	22.4609 2536	21
22	22.5872 4033	22.7873 8532	22.9897 7330	23.1944 3107	23.4013 8577	23.6106 6487	22
23	23.6437 0843	23.8633 4327	24.0855 6402	24.3104 0322	24.5378 9386	24.7680 6930	23
24	24.7028 1770	24.9428 8775	25.1859 2053	25.4319 5524	25.6810 3157	25.9331 8976	24
25	25.7645 7475	26.0260 3071	26.2908 6187	26.5591 1502	26.8308 3759	27.1060 7769	25
26	26.8289 8619	27.1127 8414	27.4004 0713	27.6919 1059	27.9873 5081	28.2867 8488	26
27	27.8960 5865	28.2031 6009	28.5145 7549	28.8303 7015	29.1506 1035	29.4753 6344	27
28	28.9657 9880	29.2971 7062	29.6333 8622	29.9745 2200	30.3206 5558	30.6718 6587	28
29	30.0382 1330	30.3948 2786	30.7568 5866	31.1243 9461	31.4975 2607	31.8763 4497	29
30	31.1133 0883	31.4961 4395	31.8850 1224	32.2800 1658	32.6812 6164	33.0888 5394	30
31	32.1910 9210	32.6011 3110	33.0178 6646	33.4414 1666	33.8719 0233	34.3094 4630	31
32	33.2715 6983	33.7098 0154	34.1554 4090	34.6086 2375	35.0694 8843	35.5381 7594	32
33	34.3547 4876	34.8221 6754	35.2977 5524	35.7816 6686	36.2740 6045	36.7750 9711	33
34	35.4406 3563	35.9382 4143	36.4448 2922	36.9605 7520	37.4856 5913	38.0202 6443	34
35	36.5292 3722	37.0580 3557	37.5966 8268	38.1453 7807	38.7043 2548	39.2737 3286	35
36	37.6205 6031	38.1815 6236	38.7533 3552	39.3361 0496	39.9301 0071	40.5355 5774	36
37	38.7146 1171	39.3088 3423	39.9148 0775	40.5327 8549	41.1630 2630	41.8057 9479	37
38	39.8113 9824	40.4398 6368	41.0811 1945	41.7354 4942	42.4031 4395	43.0845 0009	38
39	40.9109 2673	41.5746 6322	42.2522 9078	42.9441 2666	43.6504 9562	44.3717 3009	39
40	42.0132 0405	42.7132 4543	43.4283 4199	44.1588 4730	44.9051 2352	45.6675 4163	40
41	43.1182 3706	43.8556 2292	44.6092 9342	45.3796 4153	46.1670 7007	46.9719 9191	41
42	44.2260 3265	45.0018 0833	45.7951 6547	46.6065 3974	47.4363 7798	48.2851 3852	42
43	45.3365 9774	46.1518 1436	46.9859 7866	47.8395 7244	48.7130 9018	49.6070 3944	43
44	46.4499 3923	47.3056 5374	48.1817 5357	49.0787 7030	49.9972 4988	50.9377 5304	44
45	47.5660 6408	48.4633 3925	49.3825 1088	50.3241 6415	51.2889 0050	52.2773 3806	45
46	48.6849 7924	49.6248 8371	50.5882 7134	51.5757 8497	52.5880 8575	53.6258 5365	46
47	49.8066 9169	50.7902 9999	51.7990 5581	52.8336 6390	53.8948 4959	54.9833 5934	47
48	50.9312 0842	51.9596 0099	53.0148 8521	54.0978 3222	55.2092 3621	56.3499 1507	48
49	52.0585 3644	53.1327 9966	54.2357 8056	55.3683 2138	56.5312 9009	57.7255 8117	49
50	53.1886 8278	54.3099 0899	55.4617 6298	56.6451 6299	57.8610 5595	59.1104 1837	50

$$s_{\overline{n}|i} = \frac{(1+i)^n - 1}{i}$$

n	$\frac{1}{4}\%$	$\frac{1}{3}\%$	$\frac{5}{12}\%$	$\frac{1}{2}\%$	$\frac{7}{12}\%$	$\frac{2}{3}\%$	n
51	54.3216 5449	55.4909 4202	56.6928 5366	57.9283 8880	59.1985 7877	60.5044 8783	51
52	55.4574 5862	56.6759 1183	57.9290 7388	59.2180 3075	60.5439 0381	61.9078 5108	52
53	56.5961 0227	57.8648 3154	59.1704 4502	60.5141 2090	61.8970 7659	63.3205 7009	53
54	57.7375 9252	59.0577 1431	60.4169 8854	61.8166 9150	63.2581 4287	64.7427 0722	54
55	58.8819 3650	60.2545 7336	61.6687 2600	63.1257 7496	64.6271 4870	66.1743 2527	55
56	60.0291 4135	61.4554 2194	62.9256 7902	64.4414 0384	66.0041 4040	67.6154 8744	56
57	61.1792 1420	62.6602 7334	64.1878 6935	65.7636 1086	67.3891 6455	69.0662 5736	57
58	62.3321 6223	63.8691 4092	65.4553 1881	67.0924 2891	68.7822 6801	70.5266 9907	58
59	63.4879 9264	65.0820 3806	66.7280 4930	68.4278 9105	70.1834 9791	71.9968 7706	59
60	64.6467 1262	66.2989 7818	68.0060 8284	69.7700 3051	71.5929 0165	73.4768 5625	60
61	65.8083 2940	67.5199 7478	69.2894 4152	71.1188 8066	73.0105 2691	74.9667 0195	61
62	66.9728 5023	68.7450 4136	70.5781 4753	72.4744 7507	74.4364 2165	76.4664 7997	62
63	68.1402 8235	69.9741 9150	71.8722 2314	73.8368 4744	75.8706 3411	77.9762 5650	63
64	69.3106 3306	71.2074 3880	73.1716 9074	75.2060 3168	77.3132 1281	79.4960 9821	64
65	70.4839 0964	72.4447 9693	74.4765 7278	76.5820 6184	78.7642 0655	81.0260 7220	65
66	71.6601 1942	73.6862 7959	75.7868 9183	77.9649 7215	80.2236 6442	82.5662 4601	66
67	72.8392 6971	74.9319 0052	77.1026 7055	79.3547 9701	81.6916 3580	84.1166 8765	67
68	74.0213 6789	76.1816 7352	78.4239 3168	80.7515 7099	83.1681 7034	85.6774 6557	68
69	75.2064 2131	77.4356 1243	79.7506 9806	82.1553 2885	84.6533 1800	87.2486 4867	69
70	76.3944 3736	78.6937 3114	81.0829 9264	83.5661 0549	86.1471 2902	88.8303 0633	70
71	77.5854 2345	79.9560 4358	82.4208 3844	84.9839 3602	87.6496 5394	90.4225 0837	71
72	78.7793 8701	81.2225 6372	83.7642 5860	86.4088 5570	89.1609 4359	92.0253 2510	72
73	79.9763 3548	82.4933 0560	85.1132 7634	87.8408 9998	90.6810 4909	93.6388 2726	73
74	81.1762 7632	83.7682 8329	86.4679 1499	89.2801 0448	92.2100 2188	95.2630 8611	74
75	82.3792 1701	85.0475 1090	87.8281 9797	90.7265 0500	93.7479 1367	96.8981 7335	75
76	83.5851 6505	86.3310 0260	89.1941 4880	92.1801 3752	95.2947 7650	98.5441 6118	76
77	84.7941 2797	87.6187 7261	90.5657 9108	93.6410 3821	96.8506 6270	100.2011 2225	77
78	86.0061 1329	88.9108 3519	91.9431 4855	95.1092 4340	98.4156 2490	101.8691 2973	78
79	87.2211 2857	90.2072 0464	93.3262 4500	96.5847 8962	99.9897 1604	103.5482 5726	79
80	88.4391 8139	91.5078 9532	94.7151 0435	98.0677 1357	101.5729 8939	105.2385 7898	80
81	89.6602 7934	92.8129 2164	96.1097 5062	99.5580 5214	103.1654 9849	106.9401 6950	81
82	90.8844 3004	94.1222 9804	97.5102 0792	101.0558 4240	104.7672 9723	108.6531 0397	82
83	92.1116 4112	95.4360 3904	98.9165 0045	102.5611 2161	106.3784 3980	110.3774 5799	83
84	93.3419 2022	96.7541 5917	100.3286 5253	104.0739 2722	107.9989 8070	112.1133 0771	84
85	94.5752 7502	98.0766 7303	101.7466 8859	105.5942 9685	109.6289 7475	113.8607 2977	85
86	95.8117 1321	99.4035 9527	103.1706 3312	107.1222 6834	111.2684 7710	115.6198 0130	86
87	97.0512 4249	100.7349 4059	104.6005 1076	108.6578 7968	112.9175 4322	117.3905 9997	87
88	98.2938 7060	102.0707 2373	106.0363 4622	110.2011 6908	114.5762 2889	119.1732 0397	88
89	99.5396 0527	103.4109 5947	107.4781 6433	111.7521 7492	116.2445 9022	120.9676 9200	89
90	100.7884 5429	104.7556 6267	108.9259 9002	113.3109 3580	117.9226 8367	122.7741 4328	90
91	102.0404 2542	106.1048 4821	110.3798 4831	114.8774 9048	119.6105 6599	124.5926 3757	91
92	103.2955 2649	107.4585 3104	111.8397 6434	116.4518 7793	121.3082 9429	126.4232 5515	92
93	104.5537 6530	108.8167 2614	113.3057 6336	118.0341 3732	123.0159 2601	128.2660 7685	93
94	105.8151 4972	110.1794 4856	114.7778 7071	119.6243 0800	124.7335 1891	130.1211 8403	94
95	107.0796 8759	111.5467 1339	116.2561 1184	121.2224 2954	126.4611 3110	131.9886 5859	95
96	108.3473 8681	112.9185 3577	117.7405 1230	122.8285 4169	128.1988 2103	133.8685 8298	96
97	109.6182 5528	114.2949 3089	119.2310 9777	124.4426 8440	129.9466 4749	135.7610 4020	97
98	110.8923 0091	115.6759 1399	120.7278 9401	126.0648 9782	131.7046 6960	137.6661 1380	98
99	112.1695 3167	117.0615 0037	122.2309 2690	127.6952 2231	133.4729 4684	139.5838 8790	99
100	113.4499 5550	118.4517 0537	123.7402 2243	129.3336 9842	135.2515 3903	141.5144 4715	100

TABELLE XII. Endwert der Zeitrente 1

$$s_{\overline{n}|i} = \frac{(1+i)^n - 1}{i}$$

n	$\frac{1}{4}$%	$\frac{1}{3}$%	$\frac{5}{12}$%	$\frac{1}{2}$%	$\frac{7}{12}$%	$\frac{2}{3}$%	n
101	114.7335 8038	119.8465 4439	125.2558 0669	130.9803 6692	137.0405 0634	143.4578 7680	101
102	116.0204 1434	121.2460 3287	126.7777 0589	132.6352 6875	138.8399 0929	145.4142 6264	102
103	117.3104 6537	122.6501 8632	128.3059 4633	134.2984 4509	140.6498 0877	147.3836 9106	103
104	118.6037 4153	124.0590 2027	129.8405 5444	135.9699 3732	142.4702 6598	149.3662 4900	104
105	119.9002 5089	125.4725 5034	131.3815 5675	137.6497 8701	144.3013 4253	151.3620 2399	105
106	121.2000 0152	126.8907 9217	132.9289 7990	139.3380 3594	146.1431 0037	153.3711 0415	106
107	122.5030 0152	128.3137 6148	134.4828 5065	141.0347 2612	147.9956 0178	155.3935 7818	107
108	123.8092 5902	129.7414 7402	136.0431 9586	142.7398 9975	149.8589 0946	157.4295 3537	108
109	125.1187 8217	131.1739 4560	137.6100 4251	144.4535 9925	151.7330 8643	159.4790 6560	109
110	126.4315 7913	132.6111 9208	139.1834 1769	146.1758 6725	153.6181 9610	161.5422 5937	110
111	127.7476 5807	134.0532 2939	140.7633 4859	147.9067 4658	155.5143 0225	163.6192 0777	111
112	129.0670 2722	135.5000 7349	142.3498 6255	149.6462 8032	157.4214 6901	165.7100 0249	112
113	130.3896 9479	136.9517 4040	143.9429 8697	151.3945 1172	159.3397 6091	167.8147 3584	113
114	131.7156 6902	138.4082 4620	145.5427 4942	153.1514 8428	161.2692 4285	169.9335 0074	114
115	133.0449 5820	139.8696 0702	147.1491 7754	154.9172 4170	163.2099 8010	172.0663 9075	115
116	134.3775 7059	141.3358 3905	148.7622 9911	156.6918 2791	165.1620 3832	174.2135 0002	116
117	135.7135 1452	142.8069 5851	150.3821 4203	158.4752 8704	167.1254 8354	176.3749 2335	117
118	137.0527 9830	144.2829 8170	152.0087 3429	160.2676 6348	169.1003 8220	178.5507 5618	118
119	138.3954 3030	145.7639 2498	153.6421 0401	162.0690 0180	171.0868 0109	180.7410 9455	119
120	139.7414 1888	147.2498 0473	155.2822 7945	163.8793 4681	173.0848 0743	182.9460 3518	120
121	141.0907 7242	148.7406 3741	156.9292 8894	165.6987 4354	175.0944 6881	185.1656 7542	121
122	142.4434 9935	150.2364 3953	158.5831 6098	167.5272 3726	177.1158 5321	187.4001 1325	122
123	143.7996 0810	151.7372 2766	160.2439 2415	169.3648 7344	179.1490 2902	189.6494 4734	123
124	145.1591 0712	153.2430 1842	161.9116 0717	171.2116 9781	181.1940 6502	191.9137 7699	124
125	146.5220 0489	154.7538 2848	163.5862 3887	173.0677 5630	183.2510 3040	194.1932 0217	125
126	147.8883 0990	156.2696 7458	165.2678 4819	174.9330 9508	185.3199 9475	196.4878 2352	126
127	149.2580 3068	157.7905 7349	166.9564 6423	176.8077 6056	187.4010 2805	198.7977 4234	127
128	150.6311 7575	159.3165 4207	168.6521 1616	178.6917 9936	189.4942 0071	201.1230 6062	128
129	152.0077 5369	160.8475 9721	170.3548 3331	180.5852 5836	191.5995 8355	203.4638 8103	129
130	153.3877 7308	162.3837 5587	172.0646 4512	182.4881 8465	193.7172 4779	205.8203 0690	130
131	154.7712 4251	163.9250 3506	173.7815 8114	184.4006 2557	195.8472 6507	208.1924 4228	131
132	156.1581 7062	165.4714 5184	175.5056 7106	186.3226 2870	197.9897 0745	210.5803 9190	132
133	157.5485 6604	167.0230 2335	177.2369 4469	188.2542 4184	200.1446 4741	212.9842 6117	133
134	158.9424 3746	168.5797 6676	178.9754 3196	190.1955 1305	202.3121 5785	215.4041 5625	134
135	160.3397 9355	170.1416 9931	180.7211 6293	192.1464 9062	204.4923 1210	217.8401 8396	135
136	161.7406 4304	171.7088 3831	182.4741 6777	194.1072 2307	206.6851 8393	220.2924 5185	136
137	163.1449 9464	173.2812 0111	184.2344 7680	196.0777 5919	208.8908 4750	222.7610 6820	137
138	164.5528 5713	174.8588 0511	186.0021 2046	198.0581 4798	211.1093 7744	225.2461 4198	138
139	165.9642 3927	176.4416 6779	187.7771 2929	200.0484 3872	213.3408 4881	227.7477 8293	139
140	167.3791 4987	178.0298 0669	189.5595 3400	202.0486 8092	215.5853 3710	230.2661 0148	140
141	168.7975 9775	179.6232 3937	191.3493 6539	204.0589 2432	217.8429 1823	232.8012 0883	141
142	170.2195 9174	181.2219 8351	193.1466 5441	206.0792 1894	220.1136 6858	235.3532 1688	142
143	171.6451 4072	182.8260 5678	194.9514 3214	208.1096 1504	222.3976 6498	237.9222 3833	143
144	173.0742 5357	184.4354 7697	196.7637 2977	210.1501 6311	224.6949 8470	240.5083 8659	144
145	174.5069 3921	186.0502 6190	198.5835 7865	212.2009 1393	227.0057 0544	243.1117 7583	145
146	175.9432 0655	187.6704 2944	200.4110 1023	214.2619 1850	229.3299 0539	245.7325 2100	146
147	177.3830 6457	189.2959 9753	202.2460 5610	216.3332 2809	231.6676 6317	248.3707 3781	147
148	178.8265 2223	190.9269 8419	204.0887 4800	218.4148 9423	234.0190 5787	251.0265 4273	148
149	180.2735 8854	192.5634 0747	205.9391 1778	220.5069 6870	236.3841 6904	253.7000 5301	149
150	181.7242 7251	194.2052 8550	207.7971 9744	222.6095 0354	238.7630 7670	256.3913 8670	150

TABELLE XII. Endwert der Zeitrente 1

$$s_{\overline{n}|i} = \frac{(1+i)^n - 1}{i}$$

n	$\frac{3}{4}$%	1%	$1\frac{1}{4}$%	$1\frac{1}{2}$%	$1\frac{3}{4}$%	2%	n
1	1.0000 0000	1.0000 0000	1.0000 0000	1.0000 0000	1.0000 0000	1.0000 0000	1
2	2.0075 0000	2.0100 0000	2.0125 0000	2.0150 0000	2.0175 0000	2.0200 0000	2
3	3.0225 5625	3.0301 0000	3.0376 5625	3.0452 2500	3.0528 0625	3.0604 0000	3
4	4.0452 2542	4.0604 0100	4.0756 2695	4.0909 0338	4.1062 3036	4.1216 0800	4
5	5.0755 6461	5.1010 0501	5.1265 7229	5.1522 6693	5.1780 8939	5.2040 4016	5
6	6.1136 3135	6.1520 1506	6.1906 5444	6.2295 5093	6.2687 0596	6.3081 2096	6
7	7.1594 8358	7.2135 3521	7.2680 3762	7.3229 9419	7.3784 0831	7.4342 8338	7
8	8.2131 7971	8.2856 7056	8.3588 8809	8.4328 3911	8.5075 3045	8.5829 6905	8
9	9.2747 7856	9.3685 2727	9.4633 7420	9.5593 3169	9.6564 1224	9.7546 2843	9
10	10.3443 3940	10.4622 1254	10.5816 6637	10.7027 2167	10.8253 9945	10.9497 2100	10
11	11.4219 2194	11.5668 3467	11.7139 3720	11.8632 6249	12.0148 4394	12.1687 1542	11
12	12.5075 8636	12.6825 0301	12.8603 6142	13.0412 1143	13.2251 0371	13.4120 8973	12
13	13.6013 9325	13.8093 2804	14.0211 1594	14.2368 2960	14.4565 4303	14.6803 3152	13
14	14.7034 0370	14.9474 2132	15.1963 7988	15.4503 8205	15.7095 3253	15.9739 3815	14
15	15.8136 7923	16.0968 9554	16.3863 3463	16.6821 3778	16.9844 4935	17.2934 1692	15
16	16.9322 8183	17.2578 6449	17.5911 6382	17.9323 6984	18.2816 7721	18.6392 8525	16
17	18.0592 7394	18.4304 4314	18.8110 5336	19.2013 5539	19.6016 0656	20.0120 7096	17
18	19.1947 1849	19.6147 4757	20.0461 9153	20.4893 7572	20.9446 3468	21.4123 1238	18
19	20.3386 7888	20.8108 9504	21.2967 6893	21.7967 1636	22.3111 6578	22.8405 5863	19
20	21.4912 1897	22.0190 0399	22.5629 7854	23.1236 6710	23.7016 1119	24.2973 6980	20
21	22.6524 0312	23.2391 9403	23.8450 1577	24.4705 2211	25.1163 8938	25.7833 1719	21
22	23.8222 9614	24.4715 8598	25.1430 7847	25.8375 7994	26.5559 2620	27.2989 8354	22
23	25.0009 6336	25.7163 0183	26.4573 6695	27.2251 4364	28.0206 5490	28.8449 6321	23
24	26.1884 7059	26.9734 6485	27.7880 8403	28.6335 2080	29.5110 1637	30.4218 6247	24
25	27.3848 8412	28.2431 9950	29.1354 3508	30.0630 2361	31.0274 5915	32.0302 9972	25
26	28.5902 7075	29.5256 3150	30.4996 2802	31.5139 6896	32.5704 3969	33.6709 0572	26
27	29.8046 9778	30.8208 8781	31.8808 7337	32.9866 7850	34.1404 2238	35.3443 2383	27
28	31.0282 3301	32.1290 9669	33.2793 8429	34.4814 7867	35.7378 7977	37.0512 1031	28
29	32.2609 4476	33.4503 8766	34.6953 7659	35.9987 0085	37.3632 9267	38.7922 3451	29
30	33.5029 0184	34.7848 9153	36.1290 6880	37.5386 8137	39.0171 5029	40.5680 7921	30
31	34.7541 7361	36.1327 4045	37.5806 8216	39.1017 6159	40.6999 5042	42.3794 4079	31
32	36.0148 2991	37.4940 6785	39.0504 4069	40.6882 8801	42.4121 9955	44.2270 2961	32
33	37.2849 4113	38.8690 0853	40.5385 7120	42.2986 1233	44.1544 1305	46.1115 7020	33
34	38.5645 7819	40.2576 9862	42.0453 0334	43.9330 9152	45.9271 1527	48.0338 0160	34
35	39.8538 1253	41.6602 7560	43.5708 6963	45.5920 8789	47.7308 3979	49.9944 7763	35
36	41.1527 1612	43.0768 7836	45.1155 0550	47.2759 6921	49.5661 2949	51.9943 6719	36
37	42.4613 6149	44.5076 4714	46.6794 4932	48.9851 0874	51.4335 3675	54.0342 5453	37
38	43.7798 2170	45.9527 2361	48.2926 4243	50.7198 8538	53.3336 2365	56.1149 3962	38
39	45.1081 7037	47.4122 5085	49.8862 2921	52.4806 8366	55.2669 6206	58.2372 3841	39
40	46.4464 8164	48.8863 7336	51.4895 5708	54.2678 9391	57.2341 3390	60.4019 8318	40
41	47.7948 3026	50.3752 3709	53.1331 7654	56.0819 1232	59.2357 3124	62.6100 2284	41
42	49.1532 9148	51.8789 8946	54.7973 4125	57.9231 4100	61.2723 5654	64.8622 2330	42
43	50.5219 4117	53.3977 7936	56.4823 0801	59.7919 8812	63.3446 2278	67.1594 6777	43
44	51.9008 5573	54.9317 5715	58.1883 3687	61.6888 6794	65.4531 5367	69.5026 5712	44
45	53.2901 1215	56.4810 7472	59.9156 9108	63.6142 0096	67.5985 8386	71.8927 1027	45
46	54.6897 8799	58.0458 8547	61.6646 3721	65.5684 1398	69.7815 5908	74.3305 6447	46
47	56.0999 6140	59.6263 4432	63.4354 4518	67.5519 4018	72.0027 3637	76.8171 7576	47
48	57.5207 1111	61.2226 0777	65.2283 8824	69.5652 1929	74.2627 8425	79.3535 1927	48
49	58.9521 1644	62.8348 3385	67.0437 4310	71.6086 9758	76.5623 8298	81.9405 8966	49
50	60.3942 5732	64.4631 8218	68.8817 8989	73.6828 2804	78.9022 2468	84.5794 0145	50

$$s_{\overline{n}|i} = \frac{(1+i)^n - 1}{i}$$

n	¾%	1%	1¼%	1½%	1¾%	2%	n
51	61.8472 1424	66.1078 1401	70.7428 1226	75.7880 7046	81.2830 1361	87.2709 8948	51
52	63.3110 6835	67.7688 9215	72.6270 9741	77.9248 9152	83.7054 6635	90.0164 0927	52
53	64.7859 0136	69.4465 8107	74.5349 3613	80.0937 6489	86.1703 1201	92.8167 3746	53
54	66.2717 9562	71.1410 4688	76.4666 2283	82.2951 7136	88.6782 9247	95.6730 7221	54
55	67.7688 3409	72.8524 5735	78.4224 5562	84.5295 9893	91.2301 6259	98.5865 3365	55
56	69.2771 0035	74.5809 8192	80.4027 3631	86.7975 4292	93.8266 9043	101.5582 6432	56
57	70.7966 7860	76.3267 9174	82.4077 7052	89.0995 0606	96.4686 5752	104.5894 2961	57
58	72.3276 5369	78.0900 5966	84.4378 6765	91.4359 9865	99.1568 5902	107.6812 1820	58
59	73.8701 1109	79.8709 6025	86.4933 4099	93.8075 3863	101.8921 0405	110.8348 4257	59
60	75.4241 3693	81.6696 6986	88.5745 0776	96.2146 5171	104.6752 1588	114.0515 3942	60
61	76.9898 1795	83.4863 6655	90.6816 8910	98.6578 7149	107.5070 3215	117.3325 7021	61
62	78.5672 4159	85.3212 3022	92.8152 1022	101.1377 3956	110.3884 0522	120.6792 2161	62
63	80.1564 9590	87.1744 4252	94.9754 0034	103.6548 0565	113.3202 0231	124.0928 0604	63
64	81.7576 6962	89.0461 8695	97.1625 9285	106.2096 2774	116.3033 0585	127.5746 6216	64
65	83.3708 5214	90.9366 4882	99.3771 2526	108.8027 7215	119.3386 1370	131.1261 5541	65
66	84.9961 3353	92.8460 1531	101.6193 3933	111.4348 1374	122.4270 3944	134.7486 7852	66
67	86.6336 0453	94.7744 7546	103.8895 8107	114.1063 3594	125.5695 1263	138.4436 5209	67
68	88.2833 5657	96.7222 2021	106.1882 0083	116.8179 3098	128.7669 7910	142.2125 2513	68
69	89.9454 8174	98.6894 4242	108.5155 5334	119.5701 9995	132.0204 0124	146.0567 7563	69
70	91.6200 7285	100.6763 3684	110.8719 9776	122.3637 5295	135.3307 5826	149.9779 1114	70
71	93.3072 2340	102.6831 0021	113.2578 9773	125.1992 0924	138.6990 4653	153.9774 6937	71
72	95.0070 2758	104.7099 3121	115.6736 2145	128.0771 9738	142.1262 7984	158.0570 1875	72
73	96.7195 8028	106.7570 3052	118.1195 4172	130.9983 5534	145.6134 8974	162.2181 5913	73
74	98.4449 7714	108.8246 0083	120.5960 3599	133.9633 3067	149.1617 2581	166.4625 2231	74
75	100.1833 1446	110.9128 4684	123.1034 8644	136.9727 8063	152.7720 5601	170.7917 7276	75
76	101.9346 8932	113.0219 7530	125.6422 8002	140.0273 7234	156.4455 6699	175.2076 0821	76
77	103.6991 9949	115.1521 9506	128.2128 0852	143.1277 8292	160.1833 6441	179.7117 6038	77
78	105.4769 4349	117.3037 1701	130.8154 6863	146.2746 9967	163.9865 7329	184.3059 9558	78
79	107.2680 2056	119.4767 5418	133.4506 6199	149.4688 2016	167.8563 3832	188.9921 1549	79
80	109.0725 3072	121.6715 2172	136.1187 9526	152.7108 5247	171.7938 2424	193.7719 5780	80
81	110.8905 7470	123.8882 3694	138.8202 8020	156.0015 1525	175.8002 1617	198.6473 9696	81
82	112.7222 5401	126.1271 1931	141.5555 3370	159.3415 3798	179.8767 1995	203.6203 4490	82
83	114.5676 7091	128.3883 9050	144.3249 7787	162.7316 6105	184.0245 6255	208.6927 5180	83
84	116.4269 2845	130.6722 7440	147.1290 4010	166.1726 3597	188.2449 9239	213.8666 0683	84
85	118.3001 3041	132.9789 9715	149.9681 5310	169.6652 2551	192.5392 7976	219.1439 3897	85
86	120.1873 8139	135.3087 8712	152.8427 5501	173.2102 0389	196.9087 1716	224.5268 1775	86
87	122.0887 8675	137.6618 7499	155.7532 8945	176.8083 5695	201.3546 1971	230.0173 5411	87
88	124.0044 5265	140.0384 9374	158.7002 0557	180.4604 8230	205.8783 2555	235.6177 0119	88
89	125.9344 8604	142.4388 7868	161.6839 5814	184.1673 8954	210.4811 9625	241.3300 5521	89
90	127.8789 9469	144.8632 6746	164.7050 0762	187.9299 0038	215.1646 1718	247.1566 5632	90
91	129.8380 8715	147.3119 0014	167.7638 2021	191.7488 4889	219.9299 9798	253.0997 8944	91
92	131.8118 7280	149.7850 1914	170.8608 6796	195.6250 8162	224.7787 7295	259.1617 8523	92
93	133.8004 6185	152.2828 6933	173.9966 2881	199.5594 5784	229.7124 0148	265.3450 2094	93
94	135.8039 6531	154.8056 9803	177.1715 8667	203.5528 4971	234.7323 6850	271.6519 2135	94
95	137.8224 9505	157.3537 5501	180.3862 3151	207.6061 4246	239.8401 8495	278.0849 5978	95
96	139.8561 6377	159.9272 9256	183.6410 5940	211.7202 3459	245.0373 8819	284.6466 5898	96
97	141.9050 8499	162.5265 6548	186.9365 7264	215.8960 3811	250.3255 4248	291.3395 9216	97
98	143.9693 7313	165.1518 3114	190.2732 7980	220.1344 7868	255.7062 3947	298.1663 8400	98
99	146.0491 4343	167.8033 4945	193.6516 9580	224.4364 9586	261.1810 9866	305.1297 1168	99
100	148.1445 1201	170.4813 8294	197.0723 4200	228.8030 4330	266.7517 6789	312.2323 0591	100

$$s_{\overline{n}|i} = \frac{(1+i)^n - 1}{i}$$

n	2½%	3%	3½%	4%	4½%	5%	n
1	1.0000 0000	1.0000 0000	1.0000 0000	1.0000 0000	1.0000 0000	1.0000 0000	1
2	2.0250 0000	2.0300 0000	2.0350 0000	2.0400 0000	2.0450 0000	2.0500 0000	2
3	3.0756 2500	3.0909 0000	3.1062 2500	3.1216 0000	3.1370 2500	3.1525 0000	3
4	4.1525 1563	4.1836 2700	4.2149 4288	4.2464 6400	4.2781 9113	4.3101 2500	4
5	5.2563 2852	5.3091 3581	5.3624 6588	5.4163 2256	5.4707 0973	5.5256 3125	5
6	6.3877 3673	6.4684 0988	6.5501 5218	6.6329 7546	6.7168 9166	6.8019 1281	6
7	7.5474 3015	7.6624 6218	7.7794 0751	7.8982 9448	8.0191 5179	8.1420 0845	7
8	8.7361 1590	8.8923 3605	9.0516 8677	9.2142 2626	9.3800 1362	9.5491 0888	8
9	9.9545 1880	10.1591 0613	10.3684 9581	10.5827 9531	10.8021 1423	11.0265 6432	9
10	11.2033 8177	11.4638 7931	11.7313 9316	12.0061 0712	12.2882 0937	12.5778 9254	10
11	12.4834 6631	12.8077 9569	13.1419 9192	13.4863 5141	13.8411 7879	14.2067 8716	11
12	13.7955 5297	14.1920 2956	14.6019 6164	15.0258 0546	15.4640 3184	15.9171 2652	12
13	15.1404 4179	15.6177 9045	16.1130 3030	16.6268 3768	17.1599 1327	17.7129 8285	13
14	16.5189 5284	17.0863 2416	17.6769 8636	18.2919 1119	18.9321 0937	19.5986 3199	14
15	17.9319 2666	18.5989 1389	19.2956 8088	20.0235 8764	20.7840 5429	21.5785 6359	15
16	19.3802 2483	20.1568 8130	20.9710 2971	21.8245 3114	22.7193 3673	23.6574 9177	16
17	20.8647 3045	21.7615 8774	22.7050 1575	23.6975 1239	24.7417 0689	25.8403 6636	17
18	22.3863 4871	23.4144 3537	24.4996 9130	25.6454 1288	26.8550 8370	28.1323 8467	18
19	23.9460 0743	25.1168 6844	26.3571 8050	27.6712 2940	29.0635 6246	30.5390 0391	19
20	25.5446 5761	26.8703 7449	28.2796 8181	29.7780 7858	31.3714 2277	33.0659 5410	20
21	27.1832 7405	28.6764 8572	30.2694 7068	31.9692 0172	33.7831 3680	35.7192 5181	21
22	28.8628 5590	30.5367 8030	32.3289 0215	34.2479 6979	36.3033 7795	38.5052 1440	22
23	30.5844 2730	32.4528 8370	34.4604 1373	36.6178 8858	38.9370 2996	41.4304 7512	23
24	32.3490 3798	34.4264 7022	36.6665 2821	39.0826 0412	41.6891 9631	44.5019 9887	24
25	34.1577 6393	36.4592 6432	38.9498 5669	41.6459 0829	44.5652 1015	47.7270 9882	25
26	36.0117 0803	38.5530 4225	41.3131 0168	44.3117 4462	47.5706 4460	51.1134 5376	26
27	37.9120 0073	40.7096 3352	43.7590 6024	47.0842 1440	50.7113 2361	54.6691 2645	27
28	39.8598 0075	42.9309 2252	46.2906 2734	49.9675 8298	53.9933 3317	58.4025 8277	28
29	41.8562 9577	45.2188 5020	48.9107 9930	52.9662 8630	57.4230 3316	62.3227 1191	29
30	43.9027 0316	47.5754 1571	51.6226 7728	56.0849 3775	61.0070 6966	66.4388 4750	30
31	46.0002 7074	50.0026 7818	54.4294 7098	59.3283 3526	64.7523 8779	70.7607 8988	31
32	48.1502 7751	52.5027 5852	57.3345 0247	62.7014 6867	68.6662 4524	75.2988 2937	32
33	50.3540 3445	55.0778 4128	60.3412 1005	66.2095 2742	72.7562 2628	80.0637 7084	33
34	52.6128 8531	57.7301 7652	63.4531 5240	69.8579 0851	77.0302 5646	85.0669 5938	34
35	54.9282 0744	60.4620 8181	66.6740 1274	73.6522 2486	81.4966 1800	90.3203 0735	35
36	57.3014 1263	63.2759 4427	70.0076 0318	77.5983 1385	86.1639 6581	95.8363 2272	36
37	59.7339 4794	66.1742 2259	73.4578 6930	81.7022 4640	91.0413 4427	101.6281 3886	37
38	62.2272 9664	69.1594 4927	77.0288 9472	85.9703 3626	96.1382 0476	107.7095 4580	38
39	64.7829 7906	72.2342 3275	80.7249 0604	90.4091 4971	101.4644 2398	114.0950 2309	39
40	67.4025 5354	75.4012 5973	84.5502 7775	95.0255 1570	107.0303 2306	120.7997 7424	40
41	70.0876 1737	78.6632 9753	88.5095 3747	99.8265 3633	112.8466 8760	127.8397 6295	41
42	72.8398 0781	82.0231 9645	92.6073 7128	104.8195 9778	118.9247 8854	135.2317 5110	42
43	75.6608 0300	85.4838 9234	96.8486 2928	110.0123 8169	125.2764 0402	142.9933 3866	43
44	78.5523 2308	89.0484 0911	101.2383 3130	115.4128 7696	131.9138 4220	151.1430 0559	44
45	81.5161 3116	92.7198 6139	105.7816 7290	121.0293 9204	138.8499 6510	159.7001 5587	45
46	84.5540 3443	96.5014 5723	110.4840 3145	126.8705 6772	146.0982 1353	168.6851 6366	46
47	87.6678 8530	100.3965 0095	115.3509 7255	132.9453 9043	153.6726 3314	178.1194 2185	47
48	90.8595 8243	104.4083 9598	120.3882 5659	139.2632 0604	161.5879 0163	188.0253 9294	48
49	94.1310 7199	108.5406 4785	125.6018 4557	145.8337 3429	169.8593 5720	198.4266 6259	49
50	97.4843 4879	112.7968 6729	130.9979 1016	152.6670 8366	178.5030 2828	209.3479 9572	50

TABELLE XII. Endwert der Zeitrente 1

$$s_{\overline{n}|i} = \frac{(1+i)^n - 1}{i}$$

n	$2\frac{1}{2}\%$	3%	$3\frac{1}{2}\%$	4%	$4\frac{1}{2}\%$	5%	n
51	100.9214 5751	117.1807 7331	136.5828 3702	159.7737 6700	187.5356 6455	220.8153 9550	51
52	104.4444 9395	121.6961 9651	142.3632 3631	167.1647 1768	196.9747 6946	232.8561 6528	52
53	108.0556 0629	126.3470 8240	148.3459 4958	174.8513 0639	206.8386 3408	245.4989 7354	53
54	111.7569 9645	131.1374 9488	154.5380 5782	182.8453 5865	217.1463 7262	258.7739 2222	54
55	115.5509 2136	136.0716 1972	160.9468 8984	191.1591 7299	227.9179 5938	272.7126 1833	55
56	119.4396 9440	141.1537 6831	167.5800 3099	199.8055 3991	239.1742 6756	287.3482 4924	56
57	123.4256 8676	146.3883 8136	174.4453 3207	208.7977 6151	250.9371 0960	302.7156 6171	57
58	127.5113 2893	151.7800 3280	181.5509 1869	218.1496 7197	263.2292 7953	318.8514 4479	58
59	131.6991 1215	157.3334 3379	188.9052 0085	227.8756 5885	276.0745 9711	335.7940 1703	59
60	135.9915 8995	163.0534 3680	196.5168 8288	237.9906 8520	289.4979 5398	353.5837 1788	60
61	140.3913 7970	168.9450 3991	204.3949 7378	248.5103 1261	303.5253 6190	372.2629 0378	61
62	144.9011 6419	175.0133 9110	212.5487 9786	259.4507 2511	318.1840 0319	391.8760 4897	62
63	149.5236 9330	181.2637 9284	220.9880 0579	270.8287 5412	333.5022 8333	412.4698 5141	63
64	154.2617 8563	187.7017 0662	229.7225 8599	282.6619 0428	349.5098 8608	434.0933 4398	64
65	159.1183 3027	194.3327 5782	238.7628 7650	294.9683 8045	366.2378 3096	456.7980 1118	65
66	164.0962 8853	201.1627 4055	248.1195 7718	307.7671 1567	383.7185 3335	480.6379 1174	66
67	169.1986 9574	208.1976 2277	257.8037 6238	321.0778 0030	401.9858 6735	505.6698 0733	67
68	174.4286 6314	215.4435 5145	267.8268 9406	334.9209 1231	421.0752 3138	531.9532 9770	68
69	179.7893 7971	222.9068 5800	278.2008 3535	349.3177 4880	441.0236 1679	559.5509 6258	69
70	185.2841 1421	230.5940 6374	288.9378 6459	364.2904 5876	461.8696 7955	588.5285 1071	70
71	190.9162 1706	238.5118 8565	300.0506 8985	379.8620 7711	483.6538 1513	618.9549 3625	71
72	196.6891 2249	246.6672 4222	311.5524 6400	396.0565 6019	506.4182 3681	650.9026 8306	72
73	202.6063 5055	255.0672 5949	323.4568 0024	412.8988 2260	530.2070 5747	684.4478 1721	73
74	208.6715 0931	263.7192 7727	335.7777 8824	430.4147 7550	555.0663 7505	719.6702 0807	74
75	214.8882 9705	272.6308 5559	348.5300 1083	448.6313 6652	581.0443 6193	756.6537 1848	75
76	221.2605 0447	281.8097 8126	361.7285 6121	467.5766 2118	608.1913 5822	795.4864 0440	76
77	227.7920 1709	291.2640 7469	375.3890 6085	487.2796 8603	636.5599 6934	836.2607 2462	77
78	234.4868 1751	301.0019 9693	389.5276 7798	507.7708 7347	666.2051 6796	879.0737 6085	78
79	241.3489 8795	311.0320 5684	404.1611 4671	529.0817 0841	697.1844 0052	924.0274 4889	79
80	248.3827 1265	321.3630 1855	419.3067 8685	551.2449 7675	729.5576 9854	971.2288 2134	80
81	255.5922 8047	332.0039 0910	434.9825 2439	574.2947 7582	763.3877 9497	1020.7902 6240	81
82	262.9820 8748	342.9640 2638	451.2069 1274	598.2665 6685	798.7402 4575	1072.8297 7552	82
83	270.5566 3966	354.2529 4717	467.9991 5469	623.1972 2952	835.6835 5680	1127.4712 6430	83
84	278.3205 5566	365.8805 3558	485.3791 2510	649.1251 1870	874.2893 1686	1184.8448 2752	84
85	286.2785 6955	377.8569 5165	503.3673 9448	676.0901 2345	914.6323 3612	1245.0870 6889	85
86	294.4355 3379	390.1926 6020	521.9852 5329	704.1337 2839	956.7907 9125	1308.3414 2234	86
87	302.7964 2213	402.8984 4001	541.2547 3715	733.2990 7753	1000.8463 7685	1374.7584 9345	87
88	311.3663 3268	415.9853 9321	561.1986 5295	763.6310 4063	1046.8844 6381	1444.4964 1812	88
89	320.1504 9100	429.4649 5500	581.8406 0581	795.1762 8225	1094.9942 6468	1517.7212 3903	89
90	329.1542 5328	443.3489 0365	603.2050 2701	827.9833 3354	1145.2690 0659	1594.6073 0098	90
91	338.3831 0961	457.6493 7076	625.3172 0295	862.1026 6688	1197.8061 1189	1675.3376 6603	91
92	347.8426 8735	472.3788 5189	648.2033 0506	897.5867 7356	1252.7073 8692	1760.1045 4933	92
93	357.5387 5453	487.5502 1744	671.8904 2073	934.4902 4450	1310.0792 1933	1849.1097 7680	93
94	367.4772 2339	503.1767 2397	696.4065 8546	972.8698 5428	1370.0327 8420	1942.5652 6564	94
95	377.6641 5398	519.2720 2568	721.7808 1595	1012.7846 4845	1432.6842 5949	2040.6935 2892	95
96	388.1057 5783	535.8501 8645	748.0431 4451	1054.2960 3439	1498.1550 5117	2143.7282 0537	96
97	398.8084 0177	552.9256 9205	775.2246 5457	1097.4678 7577	1566.5720 2847	2251.9146 1564	97
98	409.7786 1182	570.5134 6281	803.3575 1748	1142.3665 9080	1638.0677 6976	2365.5103 4642	98
99	421.0230 7711	588.6288 6669	832.4750 3059	1189.0612 5443	1712.7808 1939	2484.7858 6374	99
100	432.5486 5404	607.2877 3270	862.6116 5666	1237.6237 0461	1790.8559 5627	2610.0251 5693	100

TABELLE XII. Endwert der Zeitrente 1

$$s_{\overline{n}|i} = \frac{(1+i)^n - 1}{i}$$

n	$5\frac{1}{2}\%$	6%	$6\frac{1}{2}\%$	7%	$7\frac{1}{2}\%$	8%	n
1	1.0000 0000	1.0000 0000	1.0000 0000	1.0000 0000	1.0000 0000	1.0000 0000	1
2	2.0550 0000	2.0600 0000	2.0650 0000	2.0700 0000	2.0750 0000	2.0800 0000	2
3	3.1680 2500	3.1836 0000	3.1992 2500	3.2149 0000	3.2306 2500	3.2464 0000	3
4	4.3422 6638	4.3746 1600	4.4071 7463	4.4399 4300	4.4729 2188	4.5061 1200	4
5	5.5810 9103	5.6370 9296	5.6936 4098	5.7507 3901	5.8083 9102	5.8666 0096	5
6	6.8880 5103	6.9753 1854	7.0637 2764	7.1532 9074	7.2440 2034	7.3359 2904	6
7	8.2668 9384	8.3938 3765	8.5228 6994	8.6540 2109	8.7873 2187	8.9228 0336	7
8	9.7215 7300	9.8974 6791	10.0768 5648	10.2598 0257	10.4463 7101	10.6366 2763	8
9	11.2562 5951	11.4913 1598	11.7318 5215	11.9779 8875	12.2298 4883	12.4875 5784	9
10	12.8753 5379	13.1807 9494	13.4944 2254	13.8164 4796	14.1470 8750	14.4865 6247	10
11	14.5834 9825	14.9716 4264	15.3715 6001	15.7835 9932	16.2081 1906	16.6454 8746	11
12	16.3855 9065	16.8699 4120	17.3707 1141	17.8884 5127	18.4237 2799	18.9771 2646	12
13	18.2867 9814	18.8821 3767	19.4998 0765	20.1406 4286	20.8055 0759	21.4952 9658	13
14	20.2925 7203	21.0150 6593	21.7672 9515	22.5504 8786	23.3659 2066	24.2149 2030	14
15	22.4086 6350	23.2759 6988	24.1821 6933	25.1290 2201	26.1183 6470	27.1521 1393	15
16	24.6411 3999	25.6725 2808	26.7540 1034	27.8880 5355	29.0772 4206	30.3242 8304	16
17	26.9964 0269	28.2128 7976	29.4930 2101	30.8402 1730	32.2580 3521	33.7502 2569	17
18	29.4812 0483	30.9056 5255	32.4100 6738	33.9990 3251	35.6773 8785	37.4502 4374	18
19	32.1026 7110	33.7599 9170	35.5167 2176	37.3789 6479	39.3531 9194	41.4462 6324	19
20	34.8683 1801	36.7855 9120	38.8253 0867	40.9954 9232	43.3046 8134	45.7619 6430	20
21	37.7860 7550	39.9927 2668	42.3489 5373	44.8651 7678	47.5525 3244	50.4229 2144	21
22	40.8643 0965	43.3922 9028	46.1016 3573	49.0057 3916	52.1189 7237	55.4567 5516	22
23	44.1118 4669	46.9958 2769	50.0982 4205	53.4361 4090	57.0278 9530	60.8932 9557	23
24	47.5379 9825	50.8155 7735	54.3546 2778	58.1766 7076	62.3049 8744	66.7647 5922	24
25	51.1525 8816	54.8645 1200	58.8876 7859	63.2490 3772	67.9778 6150	73.1059 3995	25
26	54.9659 8051	59.1563 8272	63.7153 7769	68.6764 7036	74.0762 0112	79.9544 1515	26
27	58.9891 0943	63.7057 6568	68.8568 7725	74.4838 2328	80.6319 1620	87.3507 6836	27
28	63.2335 1045	68.5281 1162	74.3325 7427	80.6976 9091	87.6793 0991	95.3388 2983	28
29	67.7113 5353	73.6397 9832	80.1641 9159	87.3465 2927	95.2552 5816	103.9659 3622	29
30	72.4354 7797	79.0581 8622	86.3748 6405	94.4607 8632	103.3994 0252	113.2832 1111	30
31	77.4194 2926	84.8016 7739	92.9892 3021	102.0730 4137	112.1543 5771	123.3458 6800	31
32	82.6774 9787	90.8897 7803	100.0335 3017	110.2181 5426	121.5659 3454	134.2135 3744	32
33	88.2247 6025	97.3431 6471	107.5357 0963	118.9334 2506	131.6833 7963	145.9506 2044	33
34	94.0771 2207	104.1837 5460	115.5255 3076	128.2587 6481	142.5596 3310	158.6266 7007	34
35	100.2513 6378	111.4347 7987	124.0346 9026	138.2368 7835	154.2516 0558	172.3168 0368	35
36	106.7651 8879	119.1208 6666	133.0969 4513	148.9134 5984	166.8204 7600	187.1021 4797	36
37	113.6372 7417	127.2681 1866	142.7482 4656	160.3374 0202	180.3320 1170	203.0703 1981	37
38	120.8873 2425	135.9042 0578	153.0268 8259	172.5610 2017	194.8569 1258	220.3159 4540	38
39	128.5361 2708	145.0584 5813	163.9736 2996	185.6402 9158	210.4711 8102	238.9412 2103	39
40	136.6056 1407	154.7619 6562	175.6319 1590	199.6351 1199	227.2565 1960	259.0565 1871	40
41	145.1189 2285	165.0476 8356	188.0479 9044	214.6095 6983	245.3007 5857	280.7810.4021	41
42	154.1004 6360	175.9505 4457	201.2711 0981	230.6322 3972	264.6983 1546	304.2435 2342	42
43	163.5759 8910	187.5075 7724	215.3537 3195	247.7764 9650	285.5506 8912	329.5830 0530	43
44	173.5726 6850	199.7580 3188	230.3517 2453	266.1208 5125	307.9669 9080	356.9496 4572	44
45	184.1191 6527	212.7435 1379	246.3245 8662	285.7493 1084	332.0645 1511	386.5056 1738	45
46	195.2457 1936	226.5081 2462	263.3356 8475	306.7517 6260	357.9693 5375	418.4260 6677	46
47	206.9842 3392	241.0986 1210	281.4525 0426	329.2243 8598	385.8170 5528	452.9001 5211	47
48	219.3683 6679	256.5645 2882	300.7469 1704	353.2700 9300	415.7533 3442	490.1321 6428	48
49	232.4336 2696	272.9584 0055	321.2954 6665	378.9989.9951	447.9348 3451	530.3427 3742	49
50	246.2174 7645	290.3359 0458	343.1796 7198	406.5289 2947	482.5299 4709	573.7701 5642	50

$$a_{\overline{n}|i} = \frac{1-(1+i)^{-n}}{i}$$

n	$\frac{1}{4}\%$	$\frac{1}{3}\%$	$\frac{5}{12}\%$	$\frac{1}{2}\%$	$\frac{7}{12}\%$	$\frac{2}{3}\%$	n
1	0.9975 0623	0.9966 7774	0.9958 5062	0.9950 2488	0.9942 0050	0.9933 7748	1
2	1.9925 2492	1.9900 4426	1.9875 6908	1.9850 9938	1.9826 3513	1.9801 7631	2
3	2.9850 6227	2.9801 1056	2.9751 7253	2.9702 4814	2.9653 3732	2.9604 4004	3
4	3.9751 2446	3.9668 8760	3.9586 7804	3.9504 9566	3.9423 4034	3.9342 1196	4
5	4.9627 1766	4.9503 8631	4.9381 0261	4.9258 6633	4.9136 7722	4.9015 3506	5
6	5.9478 4804	5.9306 1759	5.9134 6318	5.8963 8441	5.8793 8083	5.8624 5205	6
7	6.9305 2174	6.9075 9228	6.8847 7661	6.8620 7404	6.8394 8384	6.8170 0535	7
8	7.9107 4487	7.8813 2121	7.8520 5970	7.8229 5924	7.7940 1874	7.7652 3710	8
9	8.8885 2357	8.8518 1516	8.8153 2916	8.7790 6392	8.7430 1780	8.7071 8917	9
10	9.8638 6391	9.8190 8487	9.7746 0165	9.7304 1186	9.6865 1314	9.6429 0315	10
11	10.8367 7198	10.7831 4107	10.7298 9376	10.6770 2673	10.6245 3667	10.5724 2035	11
12	11.8072 5384	11.7439 9442	11.6812 2200	11.6189 3207	11.5571 2014	11.4957 8180	12
13	12.7753 1555	12.7016 5557	12.6286 0283	12.5561 5131	12.4842 9509	12.4130 2828	13
14	13.7409 6314	13.6561 3512	13.5720 5261	13.4887 0777	13.4060 9288	13.3242 0028	14
15	14.7042 0264	14.6074 4364	14.5115 8766	14.4166 2465	14.3225 4470	14.2293 3802	15
16	15.6650 4004	15.5555 9167	15.4472 2422	15.3399 2502	15.2336 8156	15.1284 8148	16
17	16.6234 8133	16.5005 8970	16.3789 7848	16.2586 3186	16.1395 3427	16.0216 7035	17
18	17.5795 3250	17.4424 4821	17.3068 6654	17.1727 6802	17.0401 3350	16.9089 4405	18
19	18.5331 9950	18.3811 7762	18.2309 0443	18.0823 5624	17.9355 0969	17.7903 4177	19
20	19.4844 8828	19.3167 8832	19.1511 0815	18.9874 1915	18.8256 9315	18.6659 0242	20
21	20.4334 0477	20.2492 9069	20.0674 9359	19.8879 7925	19.7107 1398	19.5356 6466	21
22	21.3799 5488	21.1786 9504	20.9800 7661	20.7840 5896	20.5906 0213	20.3996 6688	22
23	22.3241 4452	22.1050 1167	21.8888 7297	21.6756 8055	21.4653 8738	21.2579 4723	23
24	23.2659 7957	23.0282 5083	22.7938 9839	22.5628 6622	22.3350 9930	22.1105 4361	24
25	24.2054 6591	23.9484 2275	23.6951 6853	23.4456 3803	23.1997 6732	22.9574 9365	25
26	25.1426 0939	24.8655 3763	24.5926 9895	24.3240 1794	24.0594 2070	23.7988 3475	26
27	26.0774 1585	25.7796 0561	25.4865 0517	25.1980 2780	24.9140 8852	24.6346 0406	27
28	27.0098 9112	26.6906 3682	26.3766 0266	26.0676 8936	25.7637 9968	25.4648 3847	28
29	27.9400 4102	27.5986 4135	27.2630 0680	26.9330 2423	26.6085 8295	26.2895 7464	29
30	28.8678 7134	28.5036 2925	28.1457 3291	27.7940 5397	27.4484 6689	27.1088 4898	30
31	29.7933 8787	29.4056 1055	29.0247 9626	28.6507 9997	28.2834 7993	27.9226 9766	31
32	30.7165 9638	30.3045 9523	29.9002 1205	29.5032 8355	29.1136 5030	28.7311 5662	32
33	31.6375 0262	31.2005 9325	30.7719 9540	30.3515 2592	29.9390 0610	29.5342 6154	33
34	32.5561 1234	32.0936 1454	31.6401 6139	31.1955 4818	30.7595 7524	30.3320 4789	34
35	33.4724 3126	32.9836 6898	32.5047 2504	32.0353 7132	31.5753 8549	31.1245 5088	35
36	34.3864 6510	33.8707 6642	33.3657 0128	32.8710 1624	32.3864 6445	31.9118 0551	36
37	35.2982 1955	34.7549 1670	34.2231 0501	33.7025 0372	33.1928 3955	32.6938 4653	37
38	36.2077 0030	35.6361 2960	35.0769 5105	34.5298 5445	33.9945 3808	33.4707 0848	38
39	37.1149 1302	36.5144 1488	35.9272 5416	35.3530 8900	34.7915 8716	34.2424 2564	39
40	38.0198 6336	37.3897 8228	36.7740 2904	36.1722 2786	35.5840 1374	35.0090 3209	40
41	38.9225 5697	38.2622 4147	37.6172 9033	36.9872 9141	36.3718 4465	35.7705 6168	41
42	39.8229 9947	39.1318 0213	38.4570 5261	37.7982 9991	37.1551 0653	36.5270 4803	42
43	40.7211 9648	39.9984 7388	39.2933 3040	38.6052 7354	37.9338 2588	37.2785 2453	43
44	41.6171 5359	40.8622 6633	40.1261 3816	39.4082 3238	38.7080 2904	38.0250 2437	44
45	42.5108 7640	41.7231 8903	40.9554 9028	40.2071 9640	39.4777 4221	38.7665 8050	45
46	43.4023 7047	42.5812 5153	41.7814 0111	41.0021 8547	40.2429 9143	39.5032 2566	46
47	44.2916 4137	43.4364 6332	42.6038 8492	41.7932 1937	41.0038 0258	40.2349 9238	47
48	45.1786 9463	44.2888 3387	43.4229 5594	42.5803 1778	41.7602 0141	40.9619 1296	48
49	46.0635 3580	45.1383 7263	44.2386 2832	43.3635 0028	42.5122 1349	41.6840 1949	49
50	46.9461 7037	45.9850 8900	45.0509 1617	44.1427 8635	43.2598 6428	42.4013 4387	50

$$a_{\overline{n}|i} = \frac{1-(1+i)^{-n}}{i}$$

n	$\frac{1}{4}\%$	$\frac{1}{3}\%$	$\frac{5}{12}\%$	$\frac{1}{2}\%$	$\frac{7}{12}\%$	$\frac{2}{3}\%$	n
51	47.8266 0386	46.8289 9236	45.8598 3353	44.9181 9537	44.0031 7907	43.1139 1775	51
52	48.7048 4176	47.6700 9205	46.6653 9439	45.6897 4664	44.7421 8301	43.8217 7260	52
53	49.5808 8953	48.5083 9739	47.4676 1267	46.4574 5934	45.4769 0108	44.5249 3967	53
54	50.4547 5265	49.3439 1767	48.2665 0224	47.2213 5258	46.2073 5816	45.2234 5000	54
55	51.3264 3656	50.1766 6213	49.0620 7692	47.9814 4535	46.9335 7895	45.9173 3444	55
56	52.1959 4669	51.0066 3999	49.8543 5046	48.7377 5657	47.6555 8802	46.6066 2362	56
57	53.0632 8847	51.8338 6046	50.6433 3656	49.4903 0505	48.3734 0980	47.2913 4796	57
58	53.9284 6730	52.6583 3268	51.4290 4885	50.2391 0950	49.0870 6856	47.9715 3771	58
59	54.7914 8858	53.4800 6580	52.2115 0093	50.9841 8855	49.7965 8846	48.6472 2289	59
60	55.6523 5769	54.2990 6890	52.9907 0632	51.7255 6075	50.5019 9350	49.3184 3334	60
61	56.5110 7999	55.1153 5106	53.7666 7850	52.4632 4453	51.2033 0754	49.9851 9868	61
62	57.3676 6083	55.9289 2133	54.5394 3087	53.1972 5824	51.9005 5431	50.6475 4836	62
63	58.2221 0557	56.7397 8870	55.3089 7680	53.9276 2014	52.5937 5739	51.3055 1161	63
64	59.0744 1952	57.5479 6216	56.0753 2959	54.6543 4839	53.2829 4024	51.9591 1749	64
65	59.9246 0800	58.3534 5065	56.8385 0250	55.3774 6109	53.9681 2617	52.6083 9486	65
66	60.7726 7631	59.1562 6311	57.5985 0871	56.0969 7621	54.6493 3836	53.2533 7238	66
67	61.6186 2974	59.9564 0842	58.3553 6137	56.8129 1165	55.3265 9986	53.8940 7852	67
68	62.4624 7355	60.7538 9543	59.1090 7357	57.5252 8522	55.9999 3358	54.5305 4158	68
69	63.3042 1302	61.5487 3299	59.8596 5832	58.2341 1465	56.6693 6230	55.1627 8965	69
70	64.1438 5339	62.3409 2989	60.6071 2862	58.9394 1756	57.3349 0867	55.7908 5064	70
71	64.9813 9989	63.1304 9490	61.3514 9738	59.6412 1151	57.9965 9520	56.4147 5230	71
72	65.8168 5774	63.9174 3678	62.0927 7748	60.3395 1394	58.6544 4427	57.0345 2215	72
73	66.6502 3216	64.7017 6424	62.8309 8172	61.0343 4222	59.3084 7815	57.6501 8756	73
74	67.4815 2834	65.4834 8595	63.5661 2287	61.7257 1366	59.9587 1896	58.2617 7573	74
75	68.3107 5146	66.2626 1058	64.2982 1365	62.4136 4543	60.6051 8869	58.8693 1363	75
76	69.1379 0670	67.0391 4676	65.0272 6670	63.0981 5466	61.2479 0922	59.4728 2811	76
77	69.9629 9920	67.8131 0308	65.7532 9464	63.7792 5836	61.8869 0229	60.0723 4581	77
78	70.7860 3411	68.5844 8812	66.4763 1002	64.4569 7350	62.5221 8952	60.6678 9319	78
79	71.6070 1657	69.3533 1042	67.1963 2533	65.1313 1691	63.1537 9239	61.2594 9654	79
80	72.4259 5169	70.1195 7849	67.9133 5303	65.8023 0538	63.7817 3229	61.8471 8200	80
81	73.2428 4458	70.8833 0082	68.6274 0550	66.4699 5561	64.4060 3044	62.4309 7549	81
82	74.0577 0033	71.6444 8587	69.3384 9511	67.1342 8419	65.0267 0798	63.0109 0281	82
83	74.8705 2402	72.4031 4206	70.0466 3413	67.7953 0765	65.6437 8590	63.5869 8954	83
84	75.6813 2072	73.1592 7780	70.7518 3482	68.4530 4244	66.2572 8507	64.1592 6114	84
85	76.4900 9548	73.9129 0146	71.4541 0936	69.1075 0491	66.8672 2625	64.7277 4285	85
86	77.2968 5335	74.6640 2139	72.1534 6991	69.7587 1135	67.4736 3007	65.2924 5979	86
87	78.1015 9935	75.4126 4591	72.8499 2854	70.4066 7796	68.0765 1706	65.8534 3687	87
88	78.9043 3850	76.1587 8330	73.5434 9730	71.0514 2086	68.6759 0759	66.4106 9888	88
89	79.7050 7581	76.9024 4182	74.2341 8818	71.6929 5608	69.2718 2197	66.9642 7041	89
90	80.5038 1627	77.6436 2972	74.9220 1313	72.3312 9958	69.8642 8033	67.5141 7591	90
91	81.3005 6486	78.3823 5521	75.6069 8403	72.9664 6725	70.4533 0273	68.0604 3964	91
92	82.0953 2654	79.1186 2645	76.2891 1272	73.5984 7487	71.0389 0910	68.6030 8574	92
93	82.8881 0628	79.8524 5161	76.9684 1101	74.2273 3818	71.6211 1923	69.1421 3815	93
94	83.6789 0900	80.5838 3882	77.6448 9063	74.8530 7282	72.1999 5284	69.6776 2068	94
95	84.4677 3966	81.3127 9616	78.3185 6329	75.4756 9434	72.7754 2950	70.2095 5696	95
96	85.2546 0315	82.0393 3172	78.9894 4062	76.0952 1825	73.3475 6869	70.7379 7049	96
97	86.0395 0439	82.7634 5355	79.6575 3422	76.7116 5995	73.9163 8975	71.2628 8460	97
98	86.8224 4827	83.4851 6965	80.3228 5566	77.3250 3478	74.4819 1193	71.7843 2245	98
99	87.6034 3967	84.2044 8802	80.9854 1642	77.9353 5799	75.0441 5436	72.3023 0707	99
100	88.3824 8346	84.9214 1663	81.6452 2797	78.5426 4477	75.6031 3606	72.8168 6132	100

TABELLE XIII. Barwert der Zeitrente 1

$$a_{\overline{n}|i} = \frac{1-(1+i)^{-n}}{i}$$

n	$\frac{1}{4}\%$	$\frac{1}{3}\%$	$\frac{5}{12}\%$	$\frac{1}{2}\%$	$\frac{7}{12}\%$	$\frac{2}{3}\%$	n
101	89.1595 8450	85.6359 6342	82.3023 0172	79.1469 1021	76.1588 7596	73.3280 0794	101
102	89.9347 4763	86.3481 3630	82.9566 4901	79.7481 6937	76.7113 9283	73.8357 6948	102
103	90.7079 7768	87.0579 4315	83.6082 8117	80.3464 3718	77.2607 0538	74.3401 6835	103
104	91.4792 7948	87.7653 9185	84.2572 0947	80.9417 2854	77.8068 3219	74.8412 2684	104
105	92.2486 5784	88.4704 9021	84.9034 4511	81.5340 5825	78.3497 9174	75.3389 6706	105
106	93.0161 1755	89.1732 4606	85.5469 9928	82.1234 4104	78.8896 0240	75.8334 1099	106
107	93.7816 6339	89.8736 6717	86.1878 8310	82.7098 9158	79.4262 8241	76.3245 8045	107
108	94.5453 0014	90.5717 6130	86.8261 0765	83.2934 2446	79.9598 4996	76.8124 9714	108
109	95.3070 3256	91.2675 3618	87.4616 8397	83.8740 5419	80.4903 2307	77.2971 8259	109
110	96.0668 6539	91.9609 9951	88.0946 2304	84.4517 9522	81.0177 1971	77.7786 5820	110
111	96.8248 0338	92.6521 5898	88.7249 3581	85.0266 6191	81.5420 5770	78.2569 4523	111
112	97.5808 5126	93.3410 2224	89.3526 3317	85.5986 6856	82.0633 5480	78.7320 6480	112
113	98.3350 1372	94.0275 9692	89.9777 2598	86.1678 2942	82.5816 2863	79.2040 3788	113
114	99.0872 9548	94.7118 9062	90.6002 2504	86.7341 5862	83.0968 9674	79.6728 8531	114
115	99.8377 0123	95.3939 1092	91.2201 4112	87.2976 7027	83.6091 7654	80.1386 2779	115
116	100.5862 3564	96.0736 6536	91.8374 8493	87.8583 7838	84.1184 8537	80.6012 8589	116
117	101.3329 0338	96.7511 6149	92.4522 6715	88.4162 9690	84.6248 4047	81.0608 8002	117
118	102.0777 0911	97.4264 0680	93.0644 9841	88.9714 3970	85.1282 5896	81.5174 3048	118
119	102.8206 5747	98.0994 0877	93.6741 8929	89.5238 2059	85.6287 5787	81.9709 5743	119
120	103.5617 5308	98.7701 7486	94.2813 5033	90.0734 5333	86.1263 5414	82.4214 8089	120
121	104.3010 0058	99.4387 1248	94.8859 9203	90.6203 5157	86.6210 6460	82.8690 2076	121
122	105.0384 0457	100.1050 2905	95.4881 2484	91.1645 2892	87.1129 0598	83.3135 9678	122
123	105.7739 6965	100.7691 3195	96.0877 5918	91.7059 9893	87.6018 9493	83.7552 2859	123
124	106.5077 0040	101.4310 2852	96.6849 0541	92.2447 7505	88.0880 4798	84.1939 3568	124
125	107.2396 0139	102.0907 2610	97.2795 7385	92.7808 7070	88.5713 8159	84.6297 3743	125
126	107.9696 7720	102.7482 3199	97.8717 7479	93.3142 9921	89.0519 1210	85.0626 5308	126
127	108.6979 3237	103.4035 5348	98.4615 1846	93.8450 7384	89.5296 5577	85.4927 0173	127
128	109.4243 7144	104.0566 9782	99.0488 1506	94.3732 0780	90.0046 2877	85.9199 0238	128
129	110.1489 9894	104.7076 7225	99.6336 7475	94.8987 1423	90.4768 4716	86.3442 7389	129
130	110.8718 1939	105.3564 8397	100.2161 0764	95.4216 0619	90.9463 2692	86.7658 3499	130
131	111.5928 3730	106.0031 4016	100.7961 2379	95.9418 9671	91.4130 8393	87.1846 0430	131
132	112.3120 5716	106.6476 4800	101.3737 3323	96.4595 9872	91.8771 3399	87.6006 0029	132
133	113.0294 8345	107.2900 1462	101.9489 4596	96.9747 2509	92.3384 9278	88.0138 4135	133
134	113.7451 2065	107.9302 4713	102.5217 7191	97.4872 8865	92.7971 7592	88.4243 4571	134
135	114.4589 7321	108.5683 5262	103.0922 2099	97.9973 0214	93.2531 9893	88.8321 3150	135
136	115.1710 4560	109.2043 3816	103.6603 0306	98.5047 7825	93.7065 7722	89.2372 1673	136
137	115.8813 4224	109.8382 1079	104.2260 2794	99.0097 2960	94.1573 2616	89.6396 1926	137
138	116.5898 6758	110.4699 7754	104.7894 0542	99.5121 6876	94.6054 6097	90.0393 5688	138
139	117.2966 2601	111.0996 4538	105.3504 4523	100.0121 0821	95.0509 9682	90.4364 4724	139
140	118.0016 2196	111.7272 2131	105.9091 5708	100.5095 6041	95.4939 4878	90.8309 0785	140
141	118.7048 5981	112.3527 1227	106.4655 5061	101.0045 3772	95.9343 3185	91.2227 5614	141
142	119.4063 4395	112.9761 2519	107.0196 3547	101.4970 5246	96.3721 6091	91.6120 0941	142
143	120.1060 7875	113.5974 6696	107.5714 2121	101.9871 1688	96.8074 5078	91.9986 8485	143
144	120.8040 6858	114.2167 4448	108.1209 1739	102.4747 4316	97.2402 1619	92.3827 9952	144
145	121.5003 1778	114.8339 6460	108.6681 3350	102.9599 4344	97.6704 7177	92.7643 7038	145
146	122.1948 3071	115.4491 3415	109.2130 7900	103.4427 2979	98.0982 3208	93.1434 1429	146
147	122.8876 1168	116.0622 5995	109.7557 6332	103.9231 1422	98.5235 1160	93.5199 4797	147
148	123.5786 6502	116.6733 4879	110.2961 9584	104.4011 0868	98.9463 2470	93.8939 8805	148
149	124.2679 9503	117.2824 0743	110.8343 8590	104.8767 2506	99.3666 8570	94.2655 5104	149
150	124.9556 0601	117.8894 4262	111.3703 4280	105.3499 7518	99.7846 0882	94.6346 5335	150

TABELLE XIII. Barwert der Zeitrente 1

$$a_{\overline{n}|i} = \frac{1-(1+i)^{-n}}{i}$$

n	$\frac{3}{4}\%$	1%	$1\frac{1}{4}\%$	$1\frac{1}{2}\%$	$1\frac{3}{4}\%$	2%	n
1	0.9925 5583	0.9900 9901	0.9876 5432	0.9852 2167	0.9828 0098	0.9803 9216	1
2	1.9777 2291	1.9703 9506	1.9631 1538	1.9558 8342	1.9486 9875	1.9415 6094	2
3	2.9555 5624	2.9409 8521	2.9265 3371	2.9122 0042	2.8979 8403	2.8838 8327	3
4	3.9261 1041	3.9019 6555	3.8780 5798	3.8543 8465	3.8309 4254	3.8077 2870	4
5	4.8894 3961	4.8534 3124	4.8178 3504	4.7826 4497	4.7478 5508	4.7134 5951	5
6	5.8455 9763	5.7954 7647	5.7460 0992	5.6971 8717	5.6489 9762	5.6014 3089	6
7	6.7946 3785	6.7281 9453	6.6627 2585	6.5982 1396	6.5346 4139	6.4719 9107	7
8	7.7366 1325	7.6516 7775	7.5681 2429	7.4859 2508	7.4050 5297	7.3254 8144	8
9	8.6715 7642	8.5660 1758	8.4623 4498	8.3605 1732	8.2604 9432	8.1622 3671	9
10	9.5995 7958	9.4713 0453	9.3455 2591	9.2221 8455	9.1012 2291	8.9825 8501	10
11	10.5206 7452	10.3676 2825	10.2178 0337	10.0711 1779	9.9274 9181	9.7868 4805	11
12	11.4349 1267	11.2550 7747	11.0793 1197	10.9075 0521	10.7395 4969	10.5753 4122	12
13	12.3423 4508	12.1337 4007	11.9301 8466	11.7315 3222	11.5376 4097	11.3483 7375	13
14	13.2430 2242	13.0037 0304	12.7705 5275	12.5433 8150	12.3220 0587	12.1062 4877	14
15	14.1369 9495	13.8650 5252	13.6005 4592	13.3432 3301	13.0928 8046	12.8492 6350	15
16	15.0243 1261	14.7178 7378	14.4202 9227	14.1312 6405	13.8504 9677	13.5777 0931	16
17	15.9050 2492	15.5622 5127	15.2299 1829	14.9076 4931	14.5950 8282	14.2918 7188	17
18	16.7791 8107	16.3982 6858	16.0295 4893	15.6725 6089	15.3268 6272	14.9920 3125	18
19	17.6468 2984	17.2260 0850	16.8193 0759	16.4261 6837	16.0460 5673	15.6784 6201	19
20	18.5080 1969	18.0455 5297	17.5993 1613	17.1686 3879	16.7528 8130	16.3514 3334	20
21	19.3627 9870	18.8569 8313	18.3696 9495	17.9001 3673	17.4475 4919	17.0112 0916	21
22	20.2112 1459	19.6603 7934	19.1305 6291	18.6208 2437	18.1302 6948	17.6580 4820	22
23	21.0533 1473	20.4558 2113	19.8820 3744	19.3308 6145	18.8012 4764	18.2922 0412	23
24	21.8891 4614	21.2433 8726	20.6242 3451	20.0304 0537	19.4606 8565	18.9139 2560	24
25	22.7187 5547	22.0231 5570	21.3572 6865	20.7196 1120	20.1087 8196	19.5234 5647	25
26	23.5421 8905	22.7952 0366	22.0812 5299	21.3986 3172	20.7457 3166	20.1210 3576	26
27	24.3594 9286	23.5596 0759	22.7962 9925	22.0676 1746	21.3717 2644	20.7068 9780	27
28	25.1707 1251	24.3164 4316	23.5025 1778	22.7267 1671	21.9869 5474	21.2812 7236	28
29	25.9758 9331	25.0657 8530	24.2000 1756	23.3760 7558	22.5916 0171	21.8443 8466	29
30	26.7750 8021	25.8077 0822	24.8889 0623	24.0158 3801	23.1858 4934	22.3964 5555	30
31	27.5683 1783	26.5422 8537	25.5692 9010	24.6461 4582	23.7698 7650	22.9377 0152	31
32	28.3556 5045	27.2695 8947	26.2412 7418	25.2671 3874	24.3438 5897	23.4683 3482	32
33	29.1371 2203	27.9896 9255	26.9049 6215	25.8789 5442	24.9079 6951	23.9885 6355	33
34	29.9127 7621	28.7026 6589	27.5604 5644	26.4817 2849	25.4623 7789	24.4985 9172	34
35	30.6826 5629	29.4085 8009	28.2078 5822	27.0755 9458	26.0072 5100	24.9986 1933	35
36	31.4468 0525	30.1075 0504	28.8472 6737	27.6606 8431	26.5427 5283	25.4888 4248	36
37	32.2052 6576	30.7995 0994	29.4787 8259	28.2371 2740	27.0690 4455	25.9694 5341	37
38	32.9580 8016	31.4846 6330	30.1025 0133	28.8050 5163	27.5862 8457	26.4406 4060	38
39	33.7052 9048	32.1630 3298	30.7185 1983	29.3645 8288	28.0946 2857	26.9025 8883	39
40	34.4469 3844	32.8346 8611	31.3269 3316	29.9158 4520	28.5942 2955	27.3554 7924	40
41	35.1830 6545	33.4996 8922	31.9278 3522	30.4589 6079	29.0852 3789	27.7994 8945	41
42	35.9137 1260	34.1581 0814	32.5213 1874	30.9940 5004	29.5678 0136	28.2347 9358	42
43	36.6389 2070	34.8100 0806	33.1074 7530	31.5212 3157	30.0420 6522	28.6615 6233	43
44	37.3587 3022	35.4554 5352	33.6863 9536	32.0406 2223	30.5081 7221	29.0799 6307	44
45	38.0731 8136	36.0945 0844	34.2581 6825	32.5523 3718	30.9662 6261	29.4901 5987	45
46	38.7823 1401	36.7272 3608	34.8228 8222	33.0564 8983	31.4164 7431	29.8923 1360	46
47	39.4861 6775	37.3536 9909	35.3806 2442	33.5531 9195	31.8589 4281	30.2865 8196	47
48	40.1847 8189	37.9739 5949	35.9314 8091	34.0425 5365	32.2938 0129	30.6731 1957	48
49	40.8781 9542	38.5880 7871	36.4755 3670	34.5246 8339	32.7211 8063	31.0520 7801	49
50	41.5664 4707	39.1961 1753	37.0128 7575	34.9996 8807	33.1412 0946	31.4236 0589	50

$$a_{\overline{n}|i} = \frac{1-(1+i)^{-n}}{i}$$

n	$\frac{3}{4}\%$	1%	$1\frac{1}{4}\%$	$1\frac{1}{2}\%$	$1\frac{3}{4}\%$	2%	n
51	42.2495 7525	39.7981 3617	37.5435 8099	35.4676 7298	33.5540 1421	31.7878 4892	51
52	42.9276 1812	40.3941 9423	38.0677 3431	35.9287 4185	33.9597 1913	32.1449 4992	52
53	43.6006 1351	40.9843 5072	38.5854 1660	36.3829 9690	34.3584 4632	32.4950 4894	53
54	44.2685 9902	41.5686 6408	39.0967 0776	36.8305 3882	34.7503 1579	32.8382 8327	54
55	44.9316 1193	42.1471 9216	39.6016 8667	37.2714 6681	35.1354 4550	33.1747 8752	55
56	45.5896 8926	42.7199 9224	40.1004 3128	37.7058 7863	35.5139 5135	33.5046 9365	56
57	46.2428 6776	43.2871 2102	40.5930 1855	38.1338 7058	35.8859 4727	33.8281 3103	57
58	46.8911 8388	43.8486 3468	41.0795 2449	38.5555 3751	36.2515 4523	34.1452 2650	58
59	47.5346 7382	44.4045 8879	41.5600 2419	38.9709 7292	36.6108 5526	34.4561 0441	59
60	48.1733 7352	44.9550 3841	42.0345 9179	39.3802 6889	36.9639 8552	34.7608 8668	60
61	48.8073 1863	45.5000 3803	42.5033 0054	39.7835 1614	37.3110 4228	35.0596 9282	61
62	49.4365 4455	46.0396 4161	42.9662 2275	40.1808 0408	37.6521 3000	35.3526 4002	62
63	50.0610 8640	46.5739 0258	43.4234 2988	40.5722 2077	37.9873 5135	35.6398 4316	63
64	50.6809 7906	47.1028 7385	43.8749 9247	40.9578 5298	38.3168 0723	35.9214 1486	64
65	51.2962 5713	47.6266 0777	44.3209 8022	41.3377 8618	38.6405 9678	36.1974 6555	65
66	51.9069 5497	48.1451 5621	44.7614 6195	41.7121 0461	38.9588 1748	36.4681 0348	66
67	52.5131 0667	48.6585 7050	45.1965 0563	42.0808 9125	39.2715 6509	36.7334 3478	67
68	53.1147 4607	49.1669 0149	45.6261 7840	42.4442 2783	39.5789 3375	36.9935 6351	68
69	53.7119 0677	49.6701 9949	46.0505 4656	42.8021 9490	39.8810 1597	37.2485 9168	69
70	54.3046 2210	50.1685 1435	46.4696 7562	43.1548 7183	40.1779 0267	37.4986 1929	70
71	54.8929 2516	50.6618 9539	46.8836 3024	43.5023 3678	40.4696 8321	37.7437 4441	71
72	55.4768 4880	51.1503 9148	47.2924 7431	43.8446 6677	40.7564 4542	37.9840 6314	72
73	56.0564 2561	51.6340 5097	47.6962 7093	44.1819 3771	41.0382 7560	38.2196 6975	73
74	56.6316 8795	52.1129 2175	48.0950 8240	44.5142 2434	41.3152 5857	38.4506 5662	74
75	57.2026 6794	52.5870 5124	48.4889 7027	44.8416 0034	41.5874 7771	38.6771 1433	75
76	57.7693 9746	53.0564 8638	48.8779 9533	45.1641 3826	41.8550 1495	38.8991 3170	76
77	58.3319 0815	53.5212 7364	49.2622 1761	45.4819 0962	42.1179 5081	39.1167 9578	77
78	58.8902 3141	53.9814 5905	49.6416 9640	45.7949 8485	42.3763 6443	39.3301 9194	78
79	59.4443 9842	54.4370 8817	50.0164 9027	46.1034 3335	42.6303 3359	39.5394 0386	79
80	59.9944 4012	54.8882 0611	50.3866 5706	46.4073 2349	42.8799 3474	39.7445 1359	80
81	60.5403 8722	55.3348 5753	50.7522 5389	46.7067 2265	43.1252 4298	39.9456 0156	81
82	61.0822 7019	55.7770 8666	51.1133 3717	47.0016 9720	43.3663 3217	40.1427 4663	82
83	61.6201 1930	56.2149 3729	51.4699 6264	47.2923 1251	43.6032 7486	40.3360 2611	83
84	62.1539 6456	56.6484 5276	51.8221 8532	47.5786 3301	43.8361 4237	40.5255 1579	84
85	62.6838 3579	57.0776 7600	52.1700 5958	47.8607 2218	44.0650 0479	40.7112 8999	85
86	63.2097 6257	57.5026 4951	52.5136 3909	48.1386 4254	44.2899 3099	40.8934 2156	86
87	63.7317 7427	57.9234 1535	52.8529 7688	48.4124 5571	44.5109 8869	41.0719 8192	87
88	64.2499 0002	58.3400 1520	53.1881 2531	48.6822 2237	44.7282 4441	41.2470 4110	88
89	64.7641 6875	58.7524 9030	53.5191 3611	48.9480 0234	44.9417 6355	41.4186 6774	89
90	65.2746 0918	59.1608 8148	53.8460 6035	49.2098 5452	45.1516 1037	41.5869 2916	90
91	65.7812 4981	59.5652 2919	54.1689 4850	49.4678 3696	45.3578 4803	41.7518 9133	91
92	66.2841 1892	59.9655 7346	54.4878 5037	49.7220 0686	45.5605 3860	41.9136 1895	92
93	66.7832 4458	60.3619 5392	54.8028 1518	49.9724 2055	45.7597 4310	42.0721 7545	93
94	67.2786 5467	60.7544 0982	55.1138 9154	50.2191 3355	45.9555 2147	42.2276 2299	94
95	67.7703 7685	61.1429 8002	55.4211 2744	50.4622 0054	46.1479 3265	42.3800 2254	95
96	68.2584 3856	61.5277 0299	55.7245 7031	50.7016 7541	46.3370 3455	42.5294 3386	96
97	68.7428 6705	61.9086 1682	56.0242 6698	50.9376 1124	46.5228 8408	42.6759 1555	97
98	69.2236 8938	62.2857 5923	56.3202 6368	51.1700 6034	46.7055 3718	42.8195 2505	98
99	69.7009 3239	62.6591 6755	56.6126 0610	51.3990 7422	46.8850 4882	42.9603 1867	99
100	70.1746 2272	63.0288 7877	56.9013 3936	51.6247 0367	47.0614 7304	43.0983 5164	100

TABELLE XIII. Barwert der Zeitrente 1

$$a_{\overline{n}|i} = \frac{1-(1+i)^{-n}}{i}$$

n	2½%	3%	3½%	4%	4½%	5%	n
1	0.9756 0976	0.9708 7379	0.9661 8357	0.9615 3846	0.9569 3780	0.9523 8095	1
2	1.9274 2415	1.9134 6970	1.8996 9428	1.8860 9467	1.8726 6775	1.8594 1043	2
3	2.8560 2356	2.8286 1135	2.8016 3698	2.7750 9103	2.7489 6435	2.7232 4803	3
4	3.7619 7421	3.7170 9840	3.6730 7921	3.6298 9522	3.5875 2570	3.5459 5050	4
5	4.6458 2850	4.5797 0719	4.5150 5238	4.4518 2233	4.3899 7674	4.3294 7667	5
6	5.5081 2536	5.4171 9144	5.3285 5302	5.2421 3686	5.1578 7248	5.0756 9207	6
7	6.3493 9060	6.2302 8296	6.1145 4398	6.0020 5467	5.8927 0094	5.7863 7340	7
8	7.1701 3717	7.0196 9219	6.8739 5554	6.7327 4487	6.5958 8607	6.4632 1276	8
9	7.9708 6553	7.7861 0892	7.6076 8651	7.4353 3161	7.2687 9050	7.1078 2168	9
10	8.7520 6393	8.5302 0284	8.3166 0532	8.1108 9578	7.9127 1818	7.7217 3493	10
11	9.5142 0871	9.2526 2411	9.0015 5104	8.7604 7671	8.5289 1692	8.3064 1422	11
12	10.2577 6460	9.9540 0399	9.6633 3433	9.3850 7376	9.1185 8078	8.8632 5164	12
13	10.9831 8497	10.6349 5533	10.3027 3849	9.9856 4785	9.6828 5242	9.3935 7299	13
14	11.6909 1217	11.2960 7314	10.9205 2028	10.5631 2293	10.2228 2528	9.8986 4094	14
15	12.3813 7773	11.9379 3509	11.5174 1090	11.1183 8743	10.7395 4573	10.3796 5804	15
16	13.0550 0266	12.5611 0203	12.0941 1681	11.6522 9561	11.2340 1505	10.8377 6956	16
17	13.7121 9772	13.1661 1847	12.6513 2059	12.1656 6885	11.7071 9143	11.2740 6625	17
18	14.3533 6363	13.7535 1308	13.1896 8173	12.6592 9697	12.1599 9180	11.6895 8690	18
19	14.9788 9134	14.3237 9911	13.7098 3742	13.1339 3940	12.5932 9359	12.0853 2086	19
20	15.5891 6229	14.8774 7486	14.2124 0330	13.5903 2634	13.0079 3645	12.4622 1034	20
21	16.1845 4857	15.4150 2414	14.6979 7420	14.0291 5995	13.4047 2388	12.8211 5271	21
22	16.7654 1324	15.9369 1664	15.1671 2484	14.4511 1533	13.7844 2476	13.1630 0258	22
23	17.3321 1048	16.4436 0839	15.6204 1047	14.8568 4167	14.1477 7489	13.4885 7388	23
24	17.8849 8583	16.9355 4212	16.0583 6760	15.2469 6314	14.4954 7837	13.7986 4179	24
25	18.4243 7642	17.4131 4769	16.4815 1459	15.6220 7994	14.8282 0896	14.0939 4457	25
26	18.9506 1114	17.8768 4242	16.8903 5226	15.9827 6918	15.1466 1145	14.3751 8530	26
27	19.4640 1087	18.3270 3147	17.2853 6451	16.3295 8575	15.4513 0282	14.6430 3362	27
28	19.9648 8866	18.7641 0823	17.6670 1885	16.6630 6322	15.7428 7351	14.8981 2726	28
29	20.4535 4991	19.1884 5459	18.0357 6700	16.9837 1463	16.0218 8853	15.1410 7358	29
30	20.9302 9259	19.6004 4135	18.3920 4541	17.2920 3330	16.2888 8854	15.3724 5103	30
31	21.3954 0741	20.0004 2849	18.7362 7576	17.5884 9356	16.5443 9095	15.5928 1050	31
32	21.8491 7796	20.3887 6553	19.0688 6547	17.8735 5150	16.7888 9086	15.8026 7667	32
33	22.2918 8094	20.7657 9178	19.3902 0818	18.1476 4567	17.0228 6207	16.0025 4921	33
34	22.7237 8628	21.1318 3668	19.7006 8423	18.4111 9776	17.2467 5796	16.1929 0401	34
35	23.1451 5734	21.4872 2007	20.0006 6110	18.6646 1323	17.4610 1240	16.3741 9429	35
36	23.5562 5107	21.8322 5250	20.2904 9381	18.9082 8195	17.6660 4058	16.5468 5171	36
37	23.9573 1812	22.1672 3544	20.5705 2542	19.1425 7880	17.8622 3979	16.7112 8734	37
38	24.3486 0304	22.4924 6159	20.8410 8736	19.3678 6423	18.0499 9023	16.8678 9271	38
39	24.7303 4443	22.8082 1513	21.1024 9987	19.5844 8484	18.2296 5572	17.0170 4067	39
40	25.1027 7505	23.1147 7197	21.3550 7234	19.7927 7388	18.4015 8442	17.1590 8635	40
41	25.4661 2200	23.4123 9997	21.5991 0371	19.9930 5181	18.5661 0949	17.2943 6796	41
42	25.8206 0683	23.7013 5920	21.8348 8281	20.1856 2674	18.7235 4975	17.4232 0758	42
43	26.1664 4569	23.9819 0213	22.0626 8870	20.3707 9494	18.8742 1029	17.5459 1198	43
44	26.5038 4945	24.2542 7392	22.2827 9102	20.5488 4129	19.0183 8305	17.6627 7331	44
45	26.8330 2386	24.5187 1254	22.4954 5026	20.7200 3970	19.1563 4742	17.7740 6982	45
46	27.1541 6962	24.7754 4907	22.7009 1813	20.8846 5356	19.2883 7074	17.8800 6650	46
47	27.4674 8255	25.0247 0783	22.8994 3780	21.0429 3612	19.4147 0884	17.9810 1571	47
48	27.7731 5371	25.2667 0664	23.0912 4425	21.1951 3088	19.5356 0654	18.0771 5782	48
49	28.0713 6947	25.5016 5693	23.2765 6450	21.3414 7200	19.6512 9813	18.1687 2173	49
50	28.3623 1168	25.7297 6401	23.4556 1787	21.4821 8462	19.7620 0778	18.2559 2546	50

$$a_{\overline{n}|i} = \frac{1-(1+i)^{-n}}{i}$$

n	2½%	3%	3½%	4%	4½%	5%	n
51	28.6461 5774	25.9512 2719	23.6286 1630	21.6174 8521	19.8679 5003	18.3389 7663	51
52	28.9230 8072	26.1662 3999	23.7957 6454	21.7475 8193	19.9693 3017	18.4180 7298	52
53	29.1932 4948	26.3749 9028	23.9572 6043	21.8726 7493	20.0663 4466	18.4934 0284	53
54	29.4568 2876	26.5776 6047	24.1132 9510	21.9929 5667	20.1591 8149	18.5651 4556	54
55	29.7139 7928	26.7744 2764	24.2640 5323	22.1086 1218	20.2480 2057	18.6334 7196	55
56	29.9648 5784	26.9654 6373	24.4097 1327	22.2189 1940	20.3330 3404	18.6985 4473	56
57	30.2096 1740	27.1509 3566	24.5504 4760	22.3267 4943	20.4143 8664	18.7605 1879	57
58	30.4484 0722	27.3310 0549	24.6864 2281	22.4295 6676	20.4922 3602	18.8195 4170	58
59	30.6813 7290	27.5058 3058	24.8177 9981	22.5284 2957	20.5667 3303	18.8757 5400	59
60	30.9086 5649	27.6755 6367	24.9447 3412	22.6234 8997	20.6380 2204	18.9292 8953	60
61	31.1303 9657	27.8403 5307	25.0673 7596	22.7148 9421	20.7062 4118	18.9802 7574	61
62	31.3467 2836	28.0003 4279	25.1858 7049	22.8027 8289	20.7715 2266	19.0288 3404	62
63	31.5577 8377	28.1556 7261	25.3003 5796	22.8872 9124	20.8339 9298	19.0750 8003	63
64	31.7636 9148	28.3064 7826	25.4109 7388	22.9685 4927	20.8937 7319	19.1191 2384	64
65	31.9645 7705	28.4528 9152	25.5178 4916	23.0466 8199	20.9509 7913	19.1610 7033	65
66	32.1605 6298	28.5950 4031	25.6211 1030	23.1218 0961	21.0057 2165	19.2010 1936	66
67	32.3517 6876	28.7330 4884	25.7208 7951	23.1940 4770	21.0581 0684	19.2390 6606	67
68	32.5383 1099	28.8670 3771	25.8172 7489	23.2635 0740	21.1082 3621	19.2753 0101	68
69	32.7203 0340	28.9971 2399	25.9104 1052	23.3302 9558	21.1562 0690	19.3098 1048	69
70	32.8978 5698	29.1234 2135	26.0003 9664	23.3945 1498	21.2021 1187	19.3426 7665	70
71	33.0710 7998	29.2460 4015	26.0873 3975	23.4562 6440	21.2460 4007	19.3739 7776	71
72	33.2400 7803	29.3650 8752	26.1713 4275	23.5156 3885	21.2880 7662	19.4037 8834	72
73	33.4049 5417	29.4806 6750	26.2525 0508	23.5727 2966	21.3283 0298	19.4321 7937	73
74	33.5658 0895	29.5928 8107	26.3309 2278	23.6276 2468	21.3667 9711	19.4592 1845	74
75	33.7227 4044	29.7018 2628	26.4066 8868	23.6804 0834	21.4036 3360	19.4849 6995	75
76	33.8758 4433	29.8075 9833	26.4798 9244	23.7311 6187	21.4388 8383	19.5094 9519	76
77	34.0252 1398	29.9102 8964	26.5506 2072	23.7799 6333	21.4726 1611	19.5328 5257	77
78	34.1709 4047	30.0099 8994	26.6189 5721	23.8268 8782	21.5048 9579	19.5550 9768	78
79	34.3131 1265	30.1067 8635	26.6849 8281	23.8720 0752	21.5357 8545	19.5762 8351	79
80	34.4518 1722	30.2007 6345	26.7487 7567	23.9153 9185	21.5653 4493	19.5964 6048	80
81	34.5871 3875	30.2920 0335	26.8104 1127	23.9571 0754	21.5936 3151	19.6156 7665	81
82	34.7191 5976	30.3805 8577	26.8699 6258	23.9972 1879	21.6207 0001	19.6339 7776	82
83	34.8479 6074	30.4665 8813	26.9275 0008	24.0357 8730	21.6466 0288	19.6514 0739	83
84	34.9736 2023	30.5500 8556	26.9830 9186	24.0728 7240	21.6713 9032	19.6680 0704	84
85	35.0962 1486	30.6311 5103	27.0368 0373	24.1085 3116	21.6951 1035	19.6838 1623	85
86	35.2158 1938	30.7098 5537	27.0886 9926	24.1428 1842	21.7178 0895	19.6988 7260	86
87	35.3325 0671	30.7862 6735	27.1388 3986	24.1757 8694	21.7395 3009	19.7132 1200	87
88	35.4463 4801	30.8604 5374	27.1872 8489	24.2074 8745	21.7603 1588	19.7268 6857	88
89	35.5574 1269	30.9324 7936	27.2340 9168	24.2379 6870	21.7802 0658	19.7398 7483	89
90	35.6657 6848	31.0024 0714	27.2793 1564	24.2672 7759	21.7992 4075	19.7522 6174	90
91	35.7714 8144	31.0702 9820	27.3230 1028	24.2954 5923	21.8174 5526	19.7640 5880	91
92	35.8746 1604	31.1362 1184	27.3652 2732	24.3225 5695	21.8348 8542	19.7752 9410	92
93	35.9752 3516	31.2002 0567	27.4060 1673	24.3486 1245	21.8515 6499	19.7859 9438	93
94	36.0734 0016	31.2623 3560	27.4454 2680	24.3736 6582	21.8675 2631	19.7961 8512	94
95	36.1691 7089	31.3226 5592	27.4835 0415	24.3977 5559	21.8828 0030	19.8058 9059	95
96	36.2626 0574	31.3812 1934	27.5202 9387	24.4209 1884	21.8974 1655	19.8151 3390	96
97	36.3537 6170	31.4380 7703	27.5558 3948	24.4431 9119	21.9114 0340	19.8239 3705	97
98	36.4426 9434	31.4932 7867	27.5901 8308	24.4646 0692	21.9247 8794	19.8323 2100	98
99	36.5294 5790	31.5468 7250	27.6233 6529	24.4851 9896	21.9375 9612	19.8403 0571	99
100	36.6141 0526	31.5989 0534	27.6554 2540	24.5049 9900	21.9498 5274	19.8479 1020	100

$$a_{\overline{n}|i} = \frac{1-(1+i)^{-n}}{i}$$

n	$5\frac{1}{2}\%$	6%	$6\frac{1}{2}\%$	7%	$7\frac{1}{2}\%$	8%	n
1	0.9478 6730	0.9433 9623	0.9389 6714	0.9345 7944	0.9302 3256	0.9259 2593	1
2	1.8463 1971	1.8333 9267	1.8206 2642	1.8080 1817	1.7955 6517	1.7832 6475	2
3	2.6979 3338	2.6730 1195	2.6484 7551	2.6243 1604	2.6005 2574	2.5770 9699	3
4	3.5051 5012	3.4651 0561	3.4257 9860	3.3872 1126	3.3493 2627	3.3121 2684	4
5	4.2702 8448	4.2123 6379	4.1556 7944	4.1001 9744	4.0458 8490	3.9927 1004	5
6	4.9955 3031	4.9173 2433	4.8410 1356	4.7665 3966	4.6938 4642	4.6228 7966	6
7	5.6829 6712	5.5823 8144	5.4845 1977	5.3892 8940	5.2966 0132	5.2063 7006	7
8	6.3345 6599	6.2097 9381	6.0887 5096	5.9712 9851	5.8573 0355	5.7466 3894	8
9	6.9521 9525	6.8016 9227	6.6561 0419	6.5152 3225	6.3788 8703	6.2468 8791	9
10	7.5376 2583	7.3600 8705	7.1888 3022	7.0235 8154	6.8640 8096	6.7100 8140	10
11	8.0925 3633	7.8868 7458	7.6890 4246	7.4986 7434	7.3154 2415	7.1389 6426	11
12	8.6185 1785	8.3838 4394	8.1587 2532	7.9426 8630	7.7352 7827	7.5360 7802	12
13	9.1170 7853	8.8526 8296	8.5997 4208	8.3576 5074	8.1258 4026	7.9037 7594	13
14	9.5896 4790	9.2949 8393	9.0138 4233	8.7454 6799	8.4891 5373	8.2442 3698	14
15	10.0375 8094	9.7122 4899	9.4026 6885	9.1079 1401	8.8271 1974	8.5594 7869	15
16	10.4621 6203	10.1058 9527	9.7677 6418	9.4466 4860	9.1415 0674	8.8513 6916	16
17	10.8646 0856	10.4772 5969	10.1105 7670	9.7632 2299	9.4339 5976	9.1216 3811	17
18	11.2460 7447	10.8276 0348	10.4324 6638	10.0590 8691	9.7060 0908	9.3718 8714	18
19	11.6076 5352	11.1581 1649	10.7347 1022	10.3355 9524	9.9590 7821	9.6035 9920	19
20	11.9503 8248	11.4699 2122	11.0185 0725	10.5940 1425	10.1944 9136	9.8181 4741	20
21	12.2752 4406	11.7640 7662	11.2849 8333	10.8355 2733	10.4134 8033	10.0168 0316	21
22	12.5831 6973	12.0415 8172	11.5351 9562	11.0612 4050	10.6171 9101	10.2007 4366	22
23	12.8750 4239	12.3033 7898	11.7701 3673	11.2721 8738	10.8066 8931	10.3710 5895	23
24	13.1516 9895	12.5503 5753	11.9907 3871	11.4693 3400	10.9829 6680	10.5287 5828	24
25	13.4139 3266	12.7833 5616	12.1978 7673	11.6535 8318	11.1469 4586	10.6747 7619	25
26	13.6624 9541	13.0031 6619	12.3923 7251	11.8257 7867	11.2994 8452	10.8099 7795	26
27	13.8980 9991	13.2105 3414	12.5749 9766	11.9867 0904	11.4413 8095	10.9351 6477	27
28	14.1214 2172	13.4061 6428	12.7464 7668	12.1371 1125	11.5733 7763	11.0510 7849	28
29	14.3331 0116	13.5907 2102	12.9074 8984	12.2776 7407	11.6961 6524	11.1584 0601	29
30	14.5337 4517	13.7648 3115	13.0586 7591	12.4090 4118	11.8103 8627	11.2577 8334	30
31	14.7239 2907	13.9290 8599	13.2006 3465	12.5318 1419	11.9166 3839	11.3497 9939	31
32	14.9041 9817	14.0840 4339	13.3339 2925	12.6465 5532	12.0154 7757	11.4349 9944	32
33	15.0750 6936	14.2302 2961	13.4590 8850	12.7537 9002	12.1074 2099	11.5138 8837	33
34	15.2370 3257	14.3681 4114	13.5766 0892	12.8540 0936	12.1929 4976	11.5869 3367	34
35	15.3905 5220	14.4982 4636	13.6869 5673	12.9476 7230	12.2725 1141	11.6545 6822	35
36	15.5360 6843	14.6209 8713	13.7905 6970	13.0352 0776	12.3465 2224	11.7171 9279	36
37	15.6739 9851	14.7367 8031	13.8878 5887	13.1170 1660	12.4153 6952	11.7751 7851	37
38	15.8047 3793	14.8460 1916	13.9792 1021	13.1934 7345	12.4794 1351	11.8288 6899	38
39	15.9286 6154	14.9490 7468	14.0649 8611	13.2649 2846	12.5389 8931	11.8785 8240	39
40	16.0461 2469	15.0462 9687	14.1455 2687	13.3317 0884	12.5944 0866	11.9246 1333	40
41	16.1574 6416	15.1380 1592	14.2211 5199	13.3941 2041	12.6459 6155	11.9672 3457	41
42	16.2629 9920	15.2245 4332	14.2921 6149	13.4524 4898	12.6939 1772	12.0066 9867	42
43	16.3630 3242	15.3061 7294	14.3588 3708	13.5069 6167	12.7385 2811	12.0432 3951	43
44	16.4578 5063	15.3831 8202	14.4214 4327	13.5579 0810	12.7800 2615	12.0770 7362	44
45	16.5477 2572	15.4558 3209	14.4802 2842	13.6055 2159	12.8186 2898	12.1084 0150	45
46	16.6329 1537	15.5243 6990	14.5354 2575	13.6500 2018	12.8545 3858	12.1374 0880	46
47	16.7136 6386	15.5890 2821	14.5872 5422	13.6916 0764	12.8879 4287	12.1642 6741	47
48	16.7902 0271	15.6500 2661	14.6359 1946	13.7304 7443	12.9190 1662	12.1891 3649	48
49	16.8627 5139	15.7075 7227	14.6816 1451	13.7667 9853	12.9479 2244	12.2121 6341	49
50	16.9315 1790	15.7618 6064	14.7245 2067	13.8007 4629	12.9748 1157	12.2334 8464	50

TABELLE XIV. Zeitrente mit Endwert 1

$$\frac{1}{s_{\overline{n}|i}} = \frac{i}{(1+i)^n - 1} \qquad \left(\frac{1}{a_{\overline{n}|i}} = \frac{1}{s_{\overline{n}|i}} + i\right)$$

n	$\frac{1}{4}$%	$\frac{1}{3}$%	$\frac{5}{12}$%	$\frac{1}{2}$%	$\frac{7}{12}$%	$\frac{2}{3}$%	n
1	1.0000 0000	1.0000 0000	1.0000 0000	1.0000 0000	1.0000 0000	1.0000 0000	1
2	0.4993 7578	0.4991 6805	0.4989 6050	0.4987 5312	0.4985 4591	0.4983 3887	2
3	0.3325 0139	0.3322 2469	0.3319 4829	0.3316 7221	0.3313 9643	0.3311 2095	3
4	0.2490 6445	0.2487 5347	0.2484 4291	0.2481 3279	0.2478 2310	0.2475 1384	4
5	0.1990 0250	0.1986 7110	0.1983 4026	0.1980 0997	0.1976 8024	0.1973 5105	5
6	0.1656 2803	0.1652 8317	0.1649 3898	0.1645 9546	0.1642 5260	0.1639 1042	6
7	0.1417 8928	0.1414 3491	0.1410 8133	0.1407 2854	0.1403 7653	0.1400 2531	7
8	0.1239 1035	0.1235 4895	0.1231 8845	0.1228 2886	0.1224 7018	0.1221 1240	8
9	0.1100 0462	0.1096 3785	0.1092 7209	0.1089 0736	0.1085 4365	0.1081 8096	9
10	0.0988 8015	0.0985 0915	0.0981 3929	0.0977 7057	0.0974 0299	0.0970 3654	10
11	0.0897 7840	0.0894 0402	0.0890 3090	0.0886 5903	0.0882 8842	0.0879 1905	11
12	0.0821 9370	0.0818 1657	0.0814 4082	0.0810 6643	0.0806 9341	0.0803 2176	12
13	0.0757 7595	0.0753 9656	0.0750 1866	0.0746 4224	0.0742 6730	0.0738 9385	13
14	0.0702 7510	0.0698 9383	0.0695 1416	0.0691 3609	0.0687 5962	0.0638 8474	14
15	0.0655 0777	0.0651 2491	0.0647 4378	0.0643 6436	0.0639 8666	0.0636 1067	15
16	0.0613 3642	0.0609 5223	0.0605 6988	0.0601 8937	0.0598 1068	0.0594 3382	16
17	0.0576 5587	0.0572 7056	0.0568 8720	0.0565 0579	0.0561 2632	0.0557 4880	17
18	0.0543 8433	0.0539 9807	0.0536 1387	0.0532 3173	0.0528 5165	0.0524 7363	18
19	0.0514 5722	0.0510 7015	0.0506 8525	0.0503 0253	0.0499 2198	0.0495 4361	19
20	0.0488 2288	0.0484 3511	0.0480 4963	0.0476 6645	0.0472 8556	0.0469 0696	20
21	0.0464 3947	0.0460 5111	0.0456 6517	0.0452 8163	0.0449 0050	0.0445 2176	21
22	0.0442 7278	0.0438 8393	0.0434 9760	0.0431 1380	0.0427 3251	0.0423 5374	22
23	0.0422 9455	0.0419 0528	0.0415 1865	0.0411 3465	0.0407 5329	0.0403 7456	23
24	0.0404 8121	0.0400 9159	0.0397 0472	0.0393 2061	0.0389 3925	0.0385 6062	24
25	0.0388 1298	0.0384 2307	0.0380 3603	0.0376 5186	0.0372 7055	0.0368 9210	25
26	0.0372 7312	0.0368 8297	0.0364 9581	0.0361 1163	0.0357 3043	0.0353 5220	26
27	0.0358 4736	0.0354 5702	0.0350 6978	0.0346 8565	0.0343 0460	0.0339 2664	27
28	0.0345 2347	0.0341 3299	0.0337 4572	0.0333 6167	0.0329 8082	0.0326 0317	28
29	0.0332 9093	0.0329 0033	0.0325 1307	0.0321 2914	0.0317 4853	0.0313 7123	29
30	0.0321 4059	0.0317 4992	0.0313 6270	0.0309 7892	0.0305 9857	0.0302 2166	30
31	0.0310 6449	0.0306 7378	0.0302 8663	0.0299 0304	0.0295 2299	0.0291 4649	31
32	0.0300 5569	0.0296 6496	0.0292 7791	0.0288 9453	0.0285 1482	0.0281 3875	32
33	0.0291 0806	0.0287 1734	0.0283 3041	0.0279 4727	0.0275 6791	0.0271 9231	33
34	0.0282 1620	0.0278 2551	0.0274 3873	0.0270 5586	0.0266 7687	0.0263 0176	34
35	0.0273 7533	0.0269 8470	0.0265 9809	0.0262 1550	0.0258 3691	0.0254 6231	35
36	0.0265 8121	0.0261 9065	0.0258 0423	0.0254 2194	0.0250 4376	0.0246 6970	36
37	0.0258 3004	0.0254 3957	0.0250 5336	0.0246 7139	0.0242 9365	0.0239 2013	37
38	0.0251 1843	0.0247 2808	0.0243 4208	0.0239 6045	0.0235 8316	0.0232 1020	38
39	0.0244 4335	0.0240 5311	0.0236 6736	0.0232 8607	0.0229 0925	0.0225 3687	39
40	0.0238 0204	0.0234 1194	0.0230 2644	0.0226 4552	0.0222 6917	0.0218 9739	40
41	0.0231 9204	0.0228 0209	0.0224 1685	0.0220 3631	0.0216 6046	0.0212 8928	41
42	0.0226 1112	0.0222 2133	0.0218 3637	0.0214 5622	0.0210 8087	0.0207 1031	42
43	0.0220 5724	0.0216 6762	0.0212 8295	0.0209 0320	0.0205 2836	0.0201 5843	43
44	0.0215 2855	0.0211 3912	0.0207 5474	0.0203 7541	0.0200 0110	0.0196 3180	44
45	0.0210 2339	0.0206 3415	0.0202 5008	0.0198 7117	0.0194 9740	0.0191 2875	45
46	0.0205 4022	0.0201 5118	0.0197 6743	0.0193 8894	0.0190 1571	0.0186 4772	46
47	0.0200 7762	0.0196 8880	0.0193 0537	0.0189 2733	0.0185 5465	0.0181 8732	47
48	0.0196 3433	0.0192 4572	0.0188 6263	0.0184 8503	0.0181 1291	0.0177 4626	48
49	0.0192 0915	0.0188 2077	0.0184 3801	0.0180 6087	0.0176 8932	0.0173 2334	49
50	0.0188 0099	0.0184 1285	0.0180 3044	0.0176 5376	0.0172 8278	0.0169 1749	50

TABELLE XIV. Zeitrente mit Endwert 1

$$\frac{1}{s_{\overline{n}|i}} = \frac{i}{(1+i)^n - 1} \qquad \left(\frac{1}{a_{\overline{n}|i}} = \frac{1}{s_{\overline{n}|i}} + i\right)$$

n	$\frac{1}{4}\%$	$\frac{1}{3}\%$	$\frac{5}{12}\%$	$\frac{1}{2}\%$	$\frac{7}{12}\%$	$\frac{2}{3}\%$	n
51	0.0184 0886	0.0180 2096	0.0176 3891	0.0172 6269	0.0168 9230	0.0165 2770	51
52	0.0180 3184	0.0176 4418	0.0172 6249	0.0168 8675	0.0165 1694	0.0161 5304	52
53	0.0176 6906	0.0172 8165	0.0169 0033	0.0165 2507	0.0161 5585	0.0157 9266	53
54	0.0173 1974	0.0169 3259	0.0165 5164	0.0161 7686	0.0158 0824	0.0154 4576	54
55	0.0169 8314	0.0165 9625	0.0162 1567	0.0158 4139	0.0154 7337	0.0151 1160	55
56	0.0166 5858	0.0162 7196	0.0158 9176	0.0155 1797	0.0151 5056	0.0147 8951	56
57	0.0163 4542	0.0159 5907	0.0155 7927	0.0152 0598	0.0148 3918	0.0144 7885	57
58	0.0160 4308	0.0156 5701	0.0152 7760	0.0149 0481	0.0145 3863	0.0141 7903	58
59	0.0157 5101	0.0153 6522	0.0149 8620	0.0146 1392	0.0142 4836	0.0138 8949	59
60	0.0154 6869	0.0150 8319	0.0147 0457	0.0143 3280	0.0139 6787	0.0136 0973	60
61	0.0151 9564	0.0148 1043	0.0144 3221	0.0140 6096	0.0136 9666	0.0133 3926	61
62	0.0149 3142	0.0145 4650	0.0141 6869	0.0137 9796	0.0134 3428	0.0130 7763	62
63	0.0146 7561	0.0142 9098	0.0139 1358	0.0135 4337	0.0131 8033	0.0128 2442	63
64	0.0144 2780	0.0140 4348	0.0136 6649	0.0132 9681	0.0129 3440	0.0125 7923	64
65	0.0141 8764	0.0138 0361	0.0134 2704	0.0130 5789	0.0126 9612	0.0123 4171	65
66	0.0139 5476	0.0135 7105	0.0131 9489	0.0128 2627	0.0124 6515	0.0121 1149	66
67	0.0137 2886	0.0133 4545	0.0129 6972	0.0126 0163	0.0122 4116	0.0118 8825	67
68	0.0135 0961	0.0131 2652	0.0127 5121	0.0123 8366	0.0120 2383	0.0116 7168	68
69	0.0132 9674	0.0129 1395	0.0125 3908	0.0121 7206	0.0118 1289	0.0114 6150	69
70	0.0130 8996	0.0127 0749	0.0123 3304	0.0119 6657	0.0116 0805	0.0112 5742	70
71	0.0128 8902	0.0125 0687	0.0121 3285	0.0117 6693	0.0114 0906	0.0110 5919	71
72	0.0126 9368	0.0123 1185	0.0119 3827	0.0115 7289	0.0112 1567	0.0108 6657	72
73	0.0125 0370	0.0121 2220	0.0117 4905	0.0113 8422	0.0110 2766	0.0106 7933	73
74	0.0123 1887	0.0119 3769	0.0115 6498	0.0112 0070	0.0108 4481	0.0104 9725	74
75	0.0121 3898	0.0117 5813	0.0113 8586	0.0110 2214	0.0106 6690	0.0103 2011	75
76	0.0119 6385	0.0115 8332	0.0112 1150	0.0108 4832	0.0104 9375	0.0101 4773	76
77	0.0117 9327	0.0114 1308	0.0110 4170	0.0106 7908	0.0103 2517	0.0099 7993	77
78	0.0116 2708	0.0112 4722	0.0108 7629	0.0105 1423	0.0101 6099	0.0098 1652	78
79	0.0114 6511	0.0110 8559	0.0107 1510	0.0103 5360	0.0100 0103	0.0096 5733	79
80	0.0113 0721	0.0109 2802	0.0105 5798	0.0101 9704	0.0098 4514	0.0095 0222	80
81	0.0111 5321	0.0107 7436	0.0104 0477	0.0100 4439	0.0096 9316	0.0093 5102	81
82	0.0110 0298	0.0106 2447	0.0102 5534	0.0098 9552	0.0095 4496	0.0092 0360	82
83	0.0108 5639	0.0104 7822	0.0101 0954	0.0097 5028	0.0094 0040	0.0090 5982	83
84	0.0107 1330	0.0103 3547	0.0099 6724	0.0096 0855	0.0092 5935	0.0089 1955	84
85	0.0105 7359	0.0101 9610	0.0098 2833	0.0094 7021	0.0091 2168	0.0087 8266	85
86	0.0104 3714	0.0100 6000	0.0096 9268	0.0093 3513	0.0089 8727	0.0086 4904	86
87	0.0103 0384	0.0099 2704	0.0095 6018	0.0092 0320	0.0088 5602	0.0085 1857	87
88	0.0101 7357	0.0097 9713	0.0094 3073	0.0090 7431	0.0087 2781	0.0083 9115	88
89	0.0100 4625	0.0096 7015	0.0093 0422	0.0089 4837	0.0086 0255	0.0082 6667	89
90	0.0099 2177	0.0095 4602	0.0091 8055	0.0088 2527	0.0084 8013	0.0081 4504	90
91	0.0098 0004	0.0094 2464	0.0090 5962	0.0087 0493	0.0083 6047	0.0080 2616	91
92	0.0096 8096	0.0093 0592	0.0089 4136	0.0085 8724	0.0082 4346	0.0079 0994	92
93	0.0095 6446	0.0091 8976	0.0088 2568	0.0084 7213	0.0081 2903	0.0077 9629	93
94	0.0094 5044	0.0090 7610	0.0087 1248	0.0083 5950	0.0080 1709	0.0076 8514	94
95	0.0093 3884	0.0089 6485	0.0086 0170	0.0082 4930	0.0079 0757	0.0075 7641	95
96	0.0092 2957	0.0088 5594	0.0084 9325	0.0081 4143	0.0078 0038	0.0074 7001	96
97	0.0091 2257	0.0087 4929	0.0083 8707	0.0080 3583	0.0076 9547	0.0073 6588	97
98	0.0090 1776	0.0086 4484	0.0082 8309	0.0079 3242	0.0075 9275	0.0072 6394	98
99	0.0089 1508	0.0085 4252	0.0081 8124	0.0078 3115	0.0074 9216	0.0071 6415	99
100	0.0088 1446	0.0084 4226	0.0080 8145	0.0077 3194	0.0073 9363	0.0070 6642	100

$$\frac{1}{s_{\overline{n}|i}} = \frac{i}{(1+i)^n - 1} \qquad \left(\frac{1}{a_{\overline{n}|i}} = \frac{1}{s_{\overline{n}|i}} + i\right)$$

n	$\frac{1}{4}\%$	$\frac{1}{3}\%$	$\frac{5}{12}\%$	$\frac{1}{2}\%$	$\frac{7}{12}\%$	$\frac{2}{3}\%$	n
101	0.0087 1584	0.0083 4400	0.0079 8366	0.0076 3473	0.0072 9711	0.0069 7069	101
102	0.0086 1917	0.0082 4769	0.0078 8782	0.0075 3947	0.0072 0254	0.0068 7690	102
103	0.0085 2439	0.0081 5327	0.0077 9387	0.0074 4610	0.0071 0986	0.0067 8501	103
104	0.0084 3144	0.0080 6068	0.0077 0175	0.0073 5457	0.0070 1901	0.0066 9495	104
105	0.0083 4027	0.0079 6987	0.0076 1142	0.0072 6481	0.0069 2994	0.0066 0668	105
106	0.0082 5082	0.0078 8079	0.0075 2281	0.0071 7679	0.0068 4261	0.0065 2013	106
107	0.0081 6307	0.0077 9340	0.0074 3589	0.0070 9045	0.0067 5696	0.0064 3527	107
108	0.0080 7694	0.0077 0764	0.0073 5061	0.0070 0575	0.0066 7294	0.0063 5205	108
109	0.0079 9241	0.0076 2347	0.0072 6691	0.0069 2264	0.0065 9052	0.0062 7042	109
110	0.0079 0942	0.0075 4084	0.0071 8476	0.0068 4107	0.0065 0965	0.0061 9033	110
111	0.0078 2793	0.0074 5972	0.0071 0412	0.0067 6102	0.0064 3028	0.0061 1175	111
112	0.0077 4791	0.0073 8007	0.0070 2495	0.0066 8242	0.0063 5237	0.0060 3464	112
113	0.0076 6932	0.0073 0184	0.0069 4720	0.0066 0526	0.0062 7590	0.0059 5895	113
114	0.0075 9211	0.0072 2500	0.0068 7083	0.0065 2948	0.0062 0081	0.0058 8465	114
115	0.0075 1626	0.0071 4952	0.0067 9582	0.0064 5506	0.0061 2708	0.0058 1171	115
116	0.0074 4172	0.0070 7535	0.0067 2213	0.0063 8195	0.0060 5466	0.0057 4008	116
117	0.0073 6846	0.0070 0246	0.0066 4973	0.0063 1013	0.0059 8353	0.0056 6974	117
118	0.0072 9646	0.0069 3082	0.0065 7857	0.0062 3956	0.0059 1365	0.0056 0065	118
119	0.0072 2567	0.0068 6041	0.0065 0863	0.0061 7021	0.0058 4499	0.0055 3278	119
120	0.0071 5607	0.0067 9118	0.0064 3988	0.0061 0205	0.0057 7751	0.0054 6609	120
121	0.0070 8764	0.0067 2311	0.0063 7230	0.0060 3505	0.0057 1120	0.0054 0057	121
122	0.0070 2033	0.0066 5617	0.0063 0584	0.0059 6918	0.0056 4602	0.0053 3618	122
123	0.0069 5412	0.0065 9034	0.0062 4049	0.0059 0441	0.0055 8194	0.0052 7289	123
124	0.0068 8899	0.0065 2558	0.0061 7621	0.0058 4072	0.0055 1894	0.0052 1067	124
125	0.0068 2491	0.0064 6188	0.0061 1298	0.0057 7808	0.0054 5700	0.0051 4951	125
126	0.0067 6186	0.0063 9919	0.0060 5078	0.0057 1647	0.0053 9607	0.0050 8937	126
127	0.0066 9981	0.0063 3751	0.0059 8959	0.0056 5586	0.0053 3615	0.0050 3024	127
128	0.0066 3873	0.0062 7681	0.0059 2937	0.0055 9623	0.0052 7721	0.0049 7208	128
129	0.0065 7861	0.0062 1707	0.0058 7010	0.0055 3755	0.0052 1922	0.0049 1488	129
130	0.0065 1942	0.0061 5825	0.0058 1177	0.0054 7981	0.0051 6216	0.0048 5861	130
131	0.0064 6115	0.0061 0035	0.0057 5435	0.0054 2298	0.0051 0602	0.0048 0325	131
132	0.0064 0376	0.0060 4334	0.0056 9782	0.0053 6703	0.0050 5077	0.0047 4878	132
133	0.0063 4725	0.0059 8720	0.0056 4216	0.0053 1197	0.0049 9639	0.0046 9518	133
134	0.0062 9159	0.0059 3191	0.0055 8736	0.0052 5775	0.0049 4286	0.0046 4244	134
135	0.0062 3675	0.0058 7745	0.0055 3339	0.0052 0436	0.0048 9016	0.0045 9052	135
136	0.0061 8274	0.0058 2381	0.0054 8023	0.0051 5179	0.0048 3828	0.0045 3942	136
137	0.0061 2952	0.0057 7097	0.0054 2787	0.0051 0002	0.0047 8719	0.0044 8911	137
138	0.0060 7707	0.0057 1890	0.0053 7628	0.0050 4902	0.0047 3688	0.0044 3959	138
139	0.0060 2539	0.0056 6760	0.0053 2546	0.0049 9879	0.0046 8733	0.0043 9082	139
140	0.0059 7446	0.0056 1704	0.0052 7539	0.0049 4930	0.0046 3853	0.0043 4280	140
141	0.0059 2425	0.0055 6721	0.0052 2604	0.0049 0055	0.0045 9046	0.0042 9551	141
142	0.0058 7476	0.0055 1809	0.0051 7741	0.0048 5250	0.0045 4311	0.0042 4893	142
143	0.0058 2597	0.0054 6968	0.0051 2948	0.0048 0516	0.0044 9645	0.0042 0305	143
144	0.0057 7787	0.0054 2195	0.0050 8224	0.0047 5850	0.0044 5048	0.0041 5786	144
145	0.0057 3043	0.0053 7489	0.0050 3566	0.0047 1252	0.0044 0518	0.0041 1333	145
146	0.0056 8365	0.0053 2849	0.0049 8975	0.0046 6718	0.0043 6053	0.0040 6947	146
147	0.0056 3752	0.0052 8273	0.0049 4447	0.0046 2250	0.0043 1653	0.0040 2624	147
148	0.0055 9201	0.0052 3760	0.0048 9983	0.0045 7844	0.0042 7316	0.0039 8364	148
149	0.0055 4712	0.0051 9309	0.0048 5580	0.0045 3500	0.0042 3040	0.0039 4166	149
150	0.0055 0284	0.0051 4919	0.0048 1238	0.0044 9217	0.0041 8825	0.0039 0029	150

TABELLE XIV. Zeitrente mit Endwert 1

$$\frac{1}{s_{\overline{n}|i}} = \frac{i}{(1+i)^n - 1} \qquad \left(\frac{1}{a_{\overline{n}|i}} = \frac{1}{s_{\overline{n}|i}} + i\right)$$

n	$\frac{3}{4}\%$	1%	$1\frac{1}{4}\%$	$1\frac{1}{2}\%$	$1\frac{3}{4}\%$	2%	n
1	1.0000 0000	1.0000 0000	1.0000 0000	1.0000 0000	1.0000 0000	1.0000 0000	1
2	0.4981 3200	0.4975 1244	0.4968 9441	0.4962 7792	0.4956 6295	0.4950 4950	2
3	0.3308 4579	0.3300 2211	0.3292 0117	0.3283 8296	0.3275 6746	0.3267 5467	3
4	0.2472 0501	0.2462 8109	0.2453 6102	0.2444 4479	0.2435 3237	0.2426 2375	4
5	0.1970 2242	0.1960 3980	0.1950 6211	0.1940 8932	0.1931 2142	0.1921 5839	5
6	0.1635 6891	0.1625 4837	0.1615 3381	0.1605 2521	0.1595 2256	0.1585 2581	6
7	0.1396 7488	0.1386 2828	0.1375 8872	0.1365 5616	0.1355 3059	0.1345 1196	7
8	0.1217 5552	0.1206 9029	0.1196 3314	0.1185 8402	0.1175 4292	0.1165 0980	8
9	0.1078 1929	0.1067 4036	0.1056 7055	0.1046 0982	0.1035 5813	0.1025 1544	9
10	0.0966 7123	0.0955 8208	0.0945 0307	0.0934 3418	0.0923 7534	0.0913 2653	10
11	0.0875 5094	0.0864 5408	0.0853 6839	0.0842 9384	0.0832 3038	0.0821 7794	11
12	0.0799 5148	0.0788 4879	0.0777 5831	0.0766 7999	0.0756 1377	0.0745 5960	12
13	0.0735 2188	0.0724 1482	0.0713 2100	0.0702 4036	0.0691 7283	0.0681 1835	13
14	0.0680 1146	0.0669 0117	0.0658 0515	0.0647 2332	0.0636 5562	0.0626 0197	14
15	0.0632 3639	0.0621 2378	0.0610 2646	0.0599 4436	0.0588 7739	0.0578 2547	15
16	0.0590 5879	0.0579 4460	0.0568 4672	0.0557 6508	0.0546 9958	0.0536 5013	16
17	0.0553 7321	0.0542 5806	0.0531 6023	0.0520 7966	0.0510 1623	0.0499 6984	17
18	0.0520 9766	0.0509 8205	0.0498 8479	0.0488 0578	0.0477 4492	0.0467 0210	18
19	0.0491 6740	0.0480 5175	0.0469 5548	0.0458 7847	0.0448 2061	0.0437 8177	19
20	0.0465 3063	0.0454 1531	0.0443 2039	0.0432 4574	0.0421 9122	0.0411 5672	20
21	0.0441 4543	0.0430 3075	0.0419 3749	0.0408 6550	0.0398 1464	0.0387 8477	21
22	0.0419 7748	0.0408 6372	0.0397 7238	0.0387 0332	0.0376 5638	0.0366 3140	22
23	0.0399 9846	0.0388 8584	0.0377 9666	0.0367 3075	0.0356 8796	0.0346 6810	23
24	0.0381 8474	0.0370 7347	0.0359 8665	0.0349 2410	0.0338 8565	0.0328 7110	24
25	0.0365 1650	0.0354 0675	0.0343 2247	0.0332 6345	0.0322 2952	0.0312 2044	25
26	0.0349 7693	0.0338 6888	0.0327 8729	0.0317 3196	0.0307 0269	0.0296 9923	26
27	0.0335 5176	0.0324 4553	0.0313 6677	0.0303 1527	0.0292 9079	0.0282 9309	27
28	0.0322 2871	0.0311 2444	0.0300 4863	0.0290 0108	0.0279 8151	0.0269 8967	28
29	0.0309 9723	0.0298 9502	0.0288 2228	0.0277 7878	0.0267 6424	0.0257 7836	29
30	0.0298 4816	0.0287 4811	0.0276 7854	0.0266 3919	0.0256 2975	0.0246 4992	30
31	0.0287 7352	0.0276 7573	0.0266 0942	0.0255 7430	0.0245 7005	0.0235 9635	31
32	0.0277 6634	0.0266 7089	0.0256 0791	0.0245 7710	0.0235 7812	0.0226 1061	32
33	0.0268 2048	0.0257 2744	0.0246 6786	0.0236 4144	0.0226 4779	0.0216 8653	33
34	0.0259 3053	0.0248 3997	0.0237 8387	0.0227 6189	0.0217 7363	0.0208 1867	34
35	0.0250 9170	0.0240 0368	0.0229 5111	0.0219 3363	0.0209 5082	0.0200 0221	35
36	0.0242 9973	0.0232 1431	0.0221 6533	0.0211 5240	0.0201 7507	0.0192 3285	36
37	0.0235 5082	0.0224 6805	0.0214 2270	0.0204 1437	0.0194 4257	0.0185 0678	37
38	0.0228 4157	0.0217 6150	0.0207 1983	0.0197 1613	0.0187 4990	0.0178 2057	38
39	0.0221 6893	0.0210 9160	0.0200 5365	0.0190 5463	0.0180 9399	0.0171 7114	39
40	0.0215 3016	0.0204 5560	0.0194 2141	0.0184 2710	0.0174 7209	0.0165 5575	40
41	0.0209 2276	0.0198 5102	0.0188 2063	0.0178 3106	0.0168 8170	0.0159 7188	41
42	0.0203 4452	0.0192 7563	0.0182 4906	0.0172 6426	0.0163 2057	0.0154 1729	42
43	0.0197 9338	0.0187 2737	0.0177 0466	0.0167 2465	0.0157 8666	0.0148 8993	43
44	0.0192 6751	0.0182 0441	0.0171 8557	0.0162 1038	0.0152 7810	0.0143 8794	44
45	0.0187 6521	0.0177 0505	0.0166 9012	0.0157 1976	0.0147 9321	0.0139 0962	45
46	0.0182 8495	0.0172 2775	0.0162 1675	0.0152 5125	0.0143 3043	0.0134 5342	46
47	0.0178 2532	0.0167 7111	0.0157 6406	0.0148 0342	0.0138 8836	0.0130 1792	47
48	0.0173 8504	0.0163 3384	0.0153 3075	0.0143 7500	0.0134 6569	0.0126 0184	48
49	0.0169 6292	0.0159 1474	0.0149 1563	0.0139 6478	0.0130 6124	0.0122 0396	49
50	0.0165 5787	0.0155 1273	0.0145 1763	0.0135 7168	0.0126 7391	0.0118 2321	50

TABELLE XIV. Zeitrente mit Endwert 1

$$\frac{1}{s_{\overline{n}|i}} = \frac{i}{(1+i)^n - 1} \qquad \left(\frac{1}{a_{\overline{n}|i}} = \frac{1}{s_{\overline{n}|i}} + i\right)$$

n	$\frac{3}{4}\%$	1%	$1\frac{1}{4}\%$	$1\frac{1}{2}\%$	$1\frac{3}{4}\%$	2%	n
51	0.0161 6888	0.0151 2680	0.0141 3571	0.0131 9469	0.0123 0269	0.0114 5856	51
52	0.0157 9503	0.0147 5603	0.0137 6897	0.0128 3287	0.0119 4665	0.0111 0909	52
53	0.0154 3546	0.0143 9956	0.0134 1653	0.0124 8537	0.0116 0492	0.0107 7392	53
54	0.0150 8938	0.0140 5658	0.0130 7760	0.0121 5138	0.0112 7672	0.0104 5226	54
55	0.0147 5605	0.0137 2637	0.0127 5145	0.0118 3018	0.0109 6129	0.0101 4337	55
56	0.0144 3478	0.0134 0824	0.0124 3739	0.0115 2106	0.0106 5795	0.0098 4656	56
57	0.0141 2496	0.0131 0156	0.0121 3478	0.0112 2341	0.0103 6606	0.0095 6120	57
58	0.0138 2597	0.0128 0573	0.0118 4303	0.0109 3661	0.0100 8503	0.0092 8667	58
59	0.0135 3727	0.0125 2020	0.0115 6158	0.0106 6012	0.0098 1430	0.0090 2243	59
60	0.0132 5836	0.0122 4445	0.0112 8993	0.0103 9343	0.0095 5336	0.0087 6797	60
61	0.0129 8873	0.0119 7800	0.0110 2758	0.0101 3604	0.0093 0172	0.0085 2278	61
62	0.0127 2795	0.0117 2041	0.0107 7410	0.0098 8751	0.0090 5892	0.0082 8643	62
63	0.0124 7560	0.0114 7125	0.0105 2904	0.0096 4741	0.0088 2455	0.0080 5848	63
64	0.0122 3127	0.0112 3013	0.0102 9203	0.0094 1534	0.0085 9821	0.0078 3855	64
65	0.0119 9460	0.0109 9667	0.0100 6268	0.0091 9094	0.0083 7952	0.0076 2624	65
66	0.0117 6524	0.0107 7052	0.0098 4065	0.0089 7386	0.0081 6813	0.0074 2122	66
67	0.0115 4286	0.0105 5136	0.0096 2560	0.0087 6376	0.0079 6372	0.0072 2316	67
68	0.0113 2716	0.0103 3889	0.0094 1724	0.0085 6033	0.0077 6597	0.0070 3173	68
69	0.0111 1785	0.0101 3280	0.0092 1527	0.0083 6329	0.0075 7459	0.0068 4665	69
70	0.0109 1464	0.0099 3282	0.0090 1941	0.0081 7235	0.0073 8930	0.0066 6765	70
71	0.0107 1728	0.0097 3870	0.0088 2941	0.0079 8727	0.0072 0985	0.0064 9446	71
72	0.0105 2554	0.0095 5019	0.0086 4501	0.0078 0779	0.0070 3600	0.0063 2683	72
73	0.0103 3917	0.0093 6706	0.0084 6600	0.0076 3368	0.0068 6750	0.0061 6454	73
74	0.0101 5796	0.0091 8910	0.0082 9215	0.0074 6473	0.0067 0413	0.0060 0736	74
75	0.0099 8170	0.0090 1609	0.0081 2325	0.0073 0072	0.0065 4570	0.0058 5508	75
76	0.0098 1020	0.0088 4784	0.0079 5910	0.0071 4146	0.0063 9200	0.0057 0751	76
77	0.0096 4328	0.0086 8416	0.0077 9953	0.0069 8676	0.0062 4285	0.0055 6447	77
78	0.0094 8074	0.0085 2488	0.0076 4436	0.0068 3645	0.0060 9806	0.0054 2576	78
79	0.0093 2244	0.0083 6983	0.0074 9341	0.0066 9036	0.0059 5748	0.0052 9123	79
80	0.0091 6821	0.0082 1885	0.0073 4652	0.0065 4832	0.0058 2093	0.0051 6071	80
81	0.0090 1790	0.0080 7179	0.0072 0356	0.0064 1019	0.0056 8828	0.0050 3405	81
82	0.0088 7136	0.0079 2851	0.0070 6437	0.0062 7583	0.0055 5936	0.0049 1110	82
83	0.0087 2847	0.0077 8887	0.0069 2881	0.0061 4509	0.0054 3406	0.0047 9173	83
84	0.0085 8908	0.0076 5273	0.0067 9675	0.0060 1784	0.0053 1223	0.0046 7581	84
85	0.0084 5308	0.0075 1998	0.0066 6808	0.0058 9396	0.0051 9375	0.0045 6321	85
86	0.0083 2034	0.0073 9050	0.0065 4267	0.0057 7333	0.0050 7850	0.0044 5381	86
87	0.0081 9076	0.0072 6418	0.0064 2041	0.0056 5584	0.0049 6636	0.0043 4750	87
88	0.0080 6423	0.0071 4089	0.0063 0119	0.0055 4138	0.0048 5724	0.0042 4416	88
89	0.0079 4064	0.0070 2056	0.0061 8491	0.0054 2984	0.0047 5102	0.0041 4370	89
90	0.0078 1989	0.0069 0306	0.0060 7146	0.0053 2113	0.0046 4760	0.0040 4602	90
91	0.0077 0190	0.0067 8832	0.0059 6076	0.0052 1516	0.0045 4690	0.0039 5101	91
92	0.0075 8657	0.0066 7624	0.0058 5272	0.0051 1182	0.0044 4882	0.0038 5859	92
93	0.0074 7382	0.0065 6673	0.0057 4724	0.0050 1104	0.0043 5327	0.0037 6868	93
94	0.0073 6356	0.0064 5971	0.0056 4425	0.0049 1273	0.0042 6017	0.0036 8118	94
95	0.0072 5571	0.0063 5511	0.0055 4366	0.0048 1681	0.0041 6944	0.0035 9602	95
96	0.0071 5020	0.0062 5284	0.0054 4541	0.0047 2321	0.0040 8101	0.0035 1313	96
97	0.0070 4696	0.0061 5284	0.0053 4941	0.0046 3186	0.0039 9480	0.0034 3242	97
98	0.0069 4592	0.0060 5503	0.0052 5560	0.0045 4268	0.0039 1074	0.0033 5383	98
99	0.0068 4701	0.0059 5936	0.0051 6391	0.0044 5560	0.0038 2876	0.0032 7729	99
100	0.0067 5017	0.0058 6574	0.0050 7428	0.0043 7057	0.0037 4880	0.0032 0274	100

TABELLE XIV. Zeitrente mit Endwert 1

$$\frac{1}{s_{\overline{n}|i}} = \frac{i}{(1+i)^n - 1} \qquad \left(\frac{1}{a_{\overline{n}|i}} = \frac{1}{s_{\overline{n}|i}} + i\right)$$

n	$2\frac{1}{2}\%$	3%	$3\frac{1}{2}\%$	4%	$4\frac{1}{2}\%$	5%	n
1	1.0000 0000	1.0000 0000	1.0000 0000	1.0000 0000	1.0000 0000	1.0000 0000	1
2	0.4938 2716	0.4926 1084	0.4914 0049	0.4901 9608	0.4889 9756	0.4878 0488	2
3	0.3251 3717	0.3235 3036	0.3219 3418	0.3203 4854	0.3187 7336	0.3172 0856	3
4	0.2408 1788	0.2390 2705	0.2372 5114	0.2354 9005	0.2337 4365	0.2320 1183	4
5	0.1902 4686	0.1883 5457	0.1864 8137	0.1846 2711	0.1827 9164	0.1809 7480	5
6	0.1565 4997	0.1545 9750	0.1526 6821	0.1507 6190	0.1488 7839	0.1470 1747	6
7	0.1324 9543	0.1305 0635	0.1285 4449	0.1266 0961	0.1247 0147	0.1228 1982	7
8	0.1144 6735	0.1124 5639	0.1104 7665	0.1085 2783	0.1066 0965	0.1047 2181	8
9	0.1004 5689	0.0984 3386	0.0964 4601	0.0944 9299	0.0925 7447	0.0906 9008	9
10	0.0892 5876	0.0872 3051	0.0852 4137	0.0832 9094	0.0813 7882	0.0795 0457	10
11	0.0801 0596	0.0780 7745	0.0760 9197	0.0741 4904	0.0722 4818	0.0703 8889	11
12	0.0724 8713	0.0704 6209	0.0684 8395	0.0665 5217	0.0646 6619	0.0628 2541	12
13	0.0660 4827	0.0640 2954	0.0620 6157	0.0601 4373	0.0582 7535	0.0564 5577	13
14	0.0605 3652	0.0585 2634	0.0565 7073	0.0546 6897	0.0528 2032	0.0510 2397	14
15	0.0557 6646	0.0537 6658	0.0518 2507	0.0499 4110	0.0481 1381	0.0463 4229	15
16	0.0515 9899	0.0496 1085	0.0476 8483	0.0458 2000	0.0440 1537	0.0422 6991	16
17	0.0479 2777	0.0459 5253	0.0440 4313	0.0421 9852	0.0404 1758	0.0386 9914	17
18	0.0446 7008	0.0427 0870	0.0408 1684	0.0389 9333	0.0372 3690	0.0355 4622	18
19	0.0417 6062	0.0398 1388	0.0379 4033	0.0361 3862	0.0344 0734	0.0327 4501	19
20	0.0391 4713	0.0372 1571	0.0353 6108	0.0335 8175	0.0318 7614	0.0302 4259	20
21	0.0367 8733	0.0348 7178	0.0330 3659	0.0312 8011	0.0296 0057	0.0279 9611	21
22	0.0346 4661	0.0327 4739	0.0309 3207	0.0291 9881	0.0275 4565	0.0259 7051	22
23	0.0326 9638	0.0308 1390	0.0290 1880	0.0273 0906	0.0256 8249	0.0241 3682	23
24	0.0309 1282	0.0290 4742	0.0272 7283	0.0255 8683	0.0239 8703	0.0224 7090	24
25	0.0292 7592	0.0274 2787	0.0256 7404	0.0240 1196	0.0224 3903	0.0209 5246	25
26	0.0277 6875	0.0259 3829	0.0242 0540	0.0225 6738	0.0210 2137	0.0195 6432	26
27	0.0263 7687	0.0245 6421	0.0228 5241	0.0212 3854	0.0197 1946	0.0182 9186	27
28	0.0250 8793	0.0232 9323	0.0216 0265	0.0200 1298	0.0185 2081	0.0171 2253	28
29	0.0238 9127	0.0221 1467	0.0204 4538	0.0188 7993	0.0174 1461	0.0160 4551	29
30	0.0227 7764	0.0210 1926	0.0193 7133	0.0178 3010	0.0163 9154	0.0150 5144	30
31	0.0217 3900	0.0199 9893	0.0183 7240	0.0168 5535	0.0154 4345	0.0141 3212	31
32	0.0207 6831	0.0190 4662	0.0174 4150	0.0159 4859	0.0145 6320	0.0132 8042	32
33	0.0198 5938	0.0181 5612	0.0165 7242	0.0151 0357	0.0137 4453	0.0124 9004	33
34	0.0190 0675	0.0173 2196	0.0157 5966	0.0143 1477	0.0129 8191	0.0117 5545	34
35	0.0182 0558	0.0165 3929	0.0149 9835	0.0135 7732	0.0122 7045	0.0110 7171	35
36	0.0174 5158	0.0158 0379	0.0142 8416	0.0128 8688	0.0116 0578	0.0104 3446	36
37	0.0167 4090	0.0151 1162	0.0136 1325	0.0122 3957	0.0109 8402	0.0098 3979	37
38	0.0160 7012	0.0144 5934	0.0129 8214	0.0116 3192	0.0104 0169	0.0092 8423	38
39	0.0154 3615	0.0138 4385	0.0123 8775	0.0110 6083	0.0098 5567	0.0087 6462	39
40	0.0148 3623	0.0132 6238	0.0118 2728	0.0105 2349	0.0093 4315	0.0082 7816	40
41	0.0142 6786	0.0127 1241	0.0112 9822	0.0100 1738	0.0088 6158	0.0078 2229	41
42	0.0137 2876	0.0121 9167	0.0107 9828	0.0095 4020	0.0084 0868	0.0073 9471	42
43	0.0132 1688	0.0116 9811	0.0103 2539	0.0090 8989	0.0079 8235	0.0069 9333	43
44	0.0127 3037	0.0112 2985	0.0098 7768	0.0086 6454	0.0075 8071	0.0066 1625	44
45	0.0122 6751	0.0107 8518	0.0094 5343	0.0082 6246	0.0072 0202	0.0062 6173	45
46	0.0118 2676	0.0103 6254	0.0090 5108	0.0078 8205	0.0068 4471	0.0059 2820	46
47	0.0114 0669	0.0099 6051	0.0086 6919	0.0075 2189	0.0065 0734	0.0056 1421	47
48	0.0110 0599	0.0095 7777	0.0083 0646	0.0071 8065	0.0061 8858	0.0053 1843	48
49	0.0106 2348	0.0092 1314	0.0079 6167	0.0068 5712	0.0058 8722	0.0050 3965	49
50	0.0102 5806	0.0088 6549	0.0076 3371	0.0065 5020	0.0056 0215	0.0047 7674	50

TABELLE XIV. Zeitrente mit Endwert 1

$$\frac{1}{s_{\overline{n}|i}} = \frac{i}{(1+i)^n - 1} \qquad \left(\frac{1}{a_{\overline{n}|i}} = \frac{1}{s_{\overline{n}|i}} + i\right)$$

n	$2\frac{1}{2}\%$	3%	$3\frac{1}{2}\%$	4%	$4\frac{1}{2}\%$	5%	n
51	0.0099 0870	0.0085 3382	0.0073 2156	0.0062 5885	0.0053 3232	0.0045 2867	51
52	0.0095 7446	0.0082 1718	0.0070 2429	0.0059 8212	0.0050 7679	0.0042 9450	52
53	0.0092 5449	0.0079 1471	0.0067 4100	0.0057 1915	0.0048 3469	0.0040 7334	53
54	0.0089 4799	0.0076 2558	0.0064 7090	0.0054 6910	0.0046 0519	0.0038 6438	54
55	0.0086 5419	0.0073 4907	0.0062 1323	0.0052 3124	0.0043 8754	0.0036 6686	55
56	0.0083 7243	0.0070 8447	0.0059 6730	0.0050 0487	0.0041 8105	0.0034 8010	56
57	0.0081 0204	0.0068 3114	0.0057 3245	0.0047 8932	0.0039 8506	0.0033 0343	57
58	0.0078 4244	0.0065 8848	0.0055 0810	0.0045 8401	0.0037 9897	0.0031 3626	58
59	0.0075 9307	0.0063 5593	0.0052 9366	0.0043 8836	0.0036 2221	0.0029 7802	59
60	0.0073 5340	0.0061 3296	0.0050 8862	0.0042 0185	0.0034 5426	0.0028 2818	60
61	0.0071 2294	0.0059 1908	0.0048 9249	0.0040 2398	0.0032 9462	0.0026 8627	61
62	0.0069 0126	0.0057 1385	0.0047 0480	0.0038 5430	0.0031 4284	0.0025 5183	62
63	0.0066 8790	0.0055 1682	0.0045 2513	0.0036 9237	0.0029 9848	0.0024 2442	63
64	0.0064 8249	0.0053 2760	0.0043 5308	0.0035 3780	0.0028 6115	0.0023 0365	64
65	0.0062 8463	0.0051 4581	0.0041 8826	0.0033 9019	0.0027 3047	0.0021 8915	65
66	0.0060 9398	0.0049 7110	0.0040 3031	0.0032 4921	0.0026 0608	0.0020 8057	66
67	0.0059 1021	0.0048 0313	0.0038 7892	0.0031 1451	0.0024 8765	0.0019 7758	67
68	0.0057 3300	0.0046 4159	0.0037 3375	0.0029 8578	0.0023 7487	0.0018 7986	68
69	0.0055 6206	0.0044 8618	0.0035 9453	0.0028 6272	0.0022 6745	0.0017 8715	69
70	0.0053 9712	0.0043 3663	0.0034 6095	0.0027 4506	0.0021 6511	0.0016 9915	70
71	0.0052 3790	0.0041 9266	0.0033 3277	0.0026 3253	0.0020 6759	0.0016 1563	71
72	0.0050 8417	0.0040 5404	0.0032 0973	0.0025 2489	0.0019 7465	0.0015 3633	72
73	0.0049 3568	0.0039 2053	0.0030 9160	0.0024 2190	0.0018 8606	0.0014 6103	73
74	0.0047 9222	0.0037 9191	0.0029 7816	0.0023 2334	0.0018 0159	0.0013 8953	74
75	0.0046 5358	0.0036 6796	0.0028 6919	0.0022 2900	0.0017 2104	0.0013 2161	75
76	0.0045 1956	0.0035 4849	0.0027 6450	0.0021 3869	0.0016 4422	0.0012 5709	76
77	0.0043 8997	0.0034 3331	0.0026 6390	0.0020 5221	0.0015 7094	0.0011 9580	77
78	0.0042 6463	0.0033 2224	0.0025 6721	0.0019 6939	0.0015 0104	0.0011 3756	78
79	0.0041 4338	0.0032 1510	0.0024 7426	0.0018 9007	0.0014 3434	0.0010 8222	79
80	0.0040 2605	0.0031 1175	0.0023 8489	0.0018 1408	0.0013 7069	0.0010 2962	80
81	0.0039 1248	0.0030 1201	0.0022 9894	0.0017 4127	0.0013 0995	0.0009 7963	81
82	0.0038 0254	0.0029 1576	0.0022 1628	0.0016 7150	0.0012 5197	0.0009 3211	82
83	0.0036 9608	0.0028 2284	0.0021 3676	0.0016 0463	0.0011 9663	0.0008 8694	83
84	0.0035 9298	0.0027 3313	0.0020 6025	0.0015 4054	0.0011 4379	0.0008 4399	84
85	0.0034 9310	0.0026 4650	0.0019 8662	0.0014 7909	0.0010 9334	0.0008 0316	85
86	0.0033 9633	0.0025 6284	0.0019 1576	0.0014 2018	0.0010 4516	0.0007 6433	86
87	0.0033 0255	0.0024 8202	0.0018 4756	0.0013 6370	0.0009 9915	0.0007 2740	87
88	0.0032 1165	0.0024 0393	0.0017 8190	0.0013 0953	0.0009 5522	0.0006 9228	88
89	0.0031 2353	0.0023 2848	0.0017 1868	0.0012 5758	0.0009 1325	0.0006 5888	89
90	0.0030 3809	0.0022 5556	0.0016 5781	0.0012 0775	0.0008 7316	0.0006 2711	90
91	0.0029 5523	0.0021 8508	0.0015 9919	0.0011 5995	0.0008 3486	0.0005 9689	91
92	0.0028 7486	0.0021 1694	0.0015 4273	0.0011 1410	0.0007 9827	0.0005 6815	92
93	0.0027 9690	0.0020 5107	0.0014 8834	0.0010 7010	0.0007 6331	0.0005 4080	93
94	0.0027 2126	0.0019 8737	0.0014 3594	0.0010 2789	0.0007 2991	0.0005 1478	94
95	0.0026 4786	0.0019 2577	0.0013 8546	0.0009 8738	0.0006 9799	0.0004 9003	95
96	0.0025 7662	0.0018 6619	0.0013 3682	0.0009 4850	0.0006 6749	0.0004 6648	96
97	0.0025 0747	0.0018 0856	0.0012 8995	0.0009 1119	0.0006 3834	0.0004 4407	97
98	0.0024 4034	0.0017 5281	0.0012 4478	0.0008 7538	0.0006 1048	0.0004 2274	98
99	0.0023 7517	0.0016 9886	0.0012 0124	0.0008 4100	0.0005 8385	0.0004 0245	99
100	0.0023 1188	0.0016 4667	0.0011 5927	0.0008 0800	0.0005 5839	0.0003 8314	100

TABELLE XIV. Zeitrente mit Endwert 1

$$\frac{1}{s_{\overline{n}|i}} = \frac{i}{(1+i)^n - 1} \qquad \left(\frac{1}{a_{\overline{n}|i}} = \frac{1}{s_{\overline{n}|i}} + i\right)$$

n	5½%	6%	6½%	7%	7½%	8%	n
1	1.0000 0000	1.0000 0000	1.0000 0000	1.0000 0000	1.0000 0000	1.0000 0000	1
2	0.4866 1800	0.4854 3689	0.4842 6150	0.4830 9179	0.4819 2771	0.4807 6923	2
3	0.3156 5407	0.3141 0981	0.3125 7570	0.3110 5167	0.3095 3763	0.3080 3351	3
4	0.2302 9449	0.2285 9149	0.2269 0274	0.2252 2812	0.2235 6751	0.2219 2080	4
5	0.1791 7644	0.1773 9640	0.1756 3454	0.1738 9069	0.1721 6472	0.1704 5645	5
6	0.1451 7895	0.1433 6263	0.1415 6831	0.1397 9580	0.1380 4489	0.1363 1539	6
7	0.1209 6442	0.1191 3502	0.1173 3137	0.1155 5322	0.1138 0032	0.1120 7240	7
8	0.1028 6401	0.1010 3594	0.0992 3730	0.0974 6776	0.0957 2702	0.0940 1476	8
9	0.0888 3946	0.0870 2224	0.0852 3803	0.0834 8647	0.0817 6716	0.0800 7971	9
10	0.0776 6777	0.0758 6796	0.0741 0469	0.0723 7750	0.0706 8593	0.0690 2949	10
11	0.0685 7065	0.0667 9294	0.0650 5521	0.0633 5690	0.0616 9747	0.0600 7634	11
12	0.0610 2923	0.0592 7703	0.0575 6817	0.0559 0199	0.0542 7783	0.0526 9502	12
13	0.0546 8426	0.0529 6011	0.0512 8256	0.0496 5085	0.0480 6420	0.0465 2181	13
14	0.0492 7912	0.0475 8491	0.0459 4048	0.0443 4494	0.0427 9737	0.0412 9685	14
15	0.0446 2560	0.0429 6276	0.0413 5278	0.0397 9462	0.0382 8724	0.0368 2954	15
16	0.0405 8254	0.0389 5214	0.0373 7757	0.0358 5765	0.0343 9116	0.0329 7687	16
17	0.0370 4197	0.0354 4480	0.0339 0633	0.0324 2519	0.0310 0003	0.0296 2943	17
18	0.0339 1992	0.0323 5654	0.0308 5461	0.0294 1260	0.0280 2896	0.0267 0210	18
19	0.0311 5006	0.0296 2086	0.0281 5575	0.0267 5301	0.0254 1090	0.0241 2763	19
20	0.0286 7933	0.0271 8456	0.0257 5640	0.0243 9293	0.0230 9219	0.0218 5221	20
21	0.0264 6478	0.0250 0455	0.0236 1333	0.0222 8900	0.0210 2937	0.0198 3225	21
22	0.0244 7123	0.0230 4557	0.0216 9120	0.0204 0577	0.0191 8687	0.0180 3207	22
23	0.0226 6965	0.0212 7848	0.0199 6078	0.0187 1393	0.0175 3528	0.0164 2217	23
24	0.0210 3580	0.0196 7900	0.0183 9770	0.0171 8902	0.0160 5008	0.0149 7796	24
25	0.0195 4935	0.0182 2672	0.0169 8148	0.0158 1052	0.0147 1067	0.0136 7878	25
26	0.0181 9307	0.0169 0435	0.0156 9480	0.0145 6103	0.0134 9961	0.0125 0713	26
27	0.0169 5228	0.0156 9717	0.0145 2288	0.0134 2573	0.0124 0204	0.0114 4810	27
28	0.0158 1440	0.0145 9255	0.0134 5305	0.0123 9193	0.0114 0520	0.0104 8891	28
29	0.0147 6857	0.0135 7961	0.0124 7440	0.0114 4865	0.0104 9811	0.0096 1654	29
30	0.0138 0539	0.0126 4891	0.0115 7744	0.0105 8640	0.0096 7124	0.0088 2743	30
31	0.0129 1665	0.0117 9222	0.0107 5393	0.0097 9691	0.0089 1628	0.0081 0728	31
32	0.0120 9519	0.0110 0234	0.0099 9665	0.0090 7292	0.0082 2599	0.0074 5081	32
33	0.0113 3469	0.0102 7293	0.0092 9924	0.0084 0807	0.0075 9397	0.0068 5163	33
34	0.0106 2958	0.0095 9843	0.0086 5610	0.0077 9674	0.0070 1461	0.0063 0411	34
35	0.0099 7493	0.0089 7386	0.0080 6226	0.0072 3396	0.0064 8291	0.0058 0326	35
36	0.0093 6635	0.0083 9483	0.0075 1332	0.0067 1531	0.0059 9447	0.0053 4467	36
37	0.0087 9993	0.0078 5743	0.0070 0534	0.0062 3685	0.0055 4533	0.0049 2440	37
38	0.0082 7217	0.0073 5812	0.0065 3480	0.0057 9505	0.0051 3197	0.0045 3894	38
39	0.0077 7991	0.0068 9377	0.0060 9854	0.0053 8676	0.0047 5124	0.0041 8513	39
40	0.0073 2034	0.0064 6154	0.0056 9373	0.0050 0914	0.0044 0031	0.0038 6016	40
41	0.0068 9090	0.0060 5886	0.0053 1779	0.0046 5962	0.0040 7663	0.0035 6149	41
42	0.0064 8927	0.0056 8342	0.0049 6842	0.0043 3591	0.0037 7789	0.0032 8684	42
43	0.0061 1337	0.0053 3312	0.0046 4352	0.0040 3590	0.0035 0201	0.0030 3414	43
44	0.0057 6128	0.0050 0606	0.0043 4119	0.0037 5769	0.0032 4710	0.0028 0152	44
45	0.0054 3127	0.0047 0050	0.0040 5968	0.0034 9957	0.0030 1146	0.0025 8728	45
46	0.0051 2175	0.0044 1485	0.0037 9743	0.0032 5996	0.0027 9354	0.0023 8991	46
47	0.0048 3129	0.0041 4768	0.0035 5300	0.0030 3744	0.0025 9190	0.0022 0799	47
48	0.0045 5854	0.0038 9765	0.0033 2505	0.0028 3070	0.0024 0527	0.0020 4027	48
49	0.0043 0230	0.0036 6356	0.0031 1240	0.0026 3853	0.0022 3247	0.0018 8557	49
50	0.0040 6145	0.0034 4429	0.0029 1393	0.0024 5985	0.0020 7241	0.0017 4286	50

Alter x	Anzahl der Lebenden des erreichten Alters x	Anzahl der Toten zwischen den Altern x und $x+1$	D_x	N_x	M_x	Alter x
0	1 023 102	23 102				
1	1 000 000	5 770	975 609.76	30 351 127.80	235 338.3473	1
2	994 230	4 116	946 322.43	29 375 518.04	229 846.3782	2
3	990 114	3 347	919 419.28	28 429 195.61	226 024.2630	3
4	986 767	2 950	893 962.20	27 509 776.33	222 992.0462	4
5	983 817	2 715	869 550.88	26 615 814.13	220 384.6760	**5**
6	981 102	2 561	846 001.18	25 746 263.25	218 043.5400	6
7	978 541	2 417	823 212.53	24 900 262.07	215 889.0597	7
8	976 124	2 255	801 150.42	24 077 049.54	213 905.3152	8
9	973 869	2 065	779 804.53	23 275 899.12	212 099.6727	9
10	971 804	1 914	759 171.73	22 496 094.59	210 486.4980	**10**
11	969 890	1 852	739 196.60	21 736 922.86	209 027.7529	11
12	968 038	1 859	719 790.36	20 997 726.26	207 650.6874	12
13	966 179	1 913	700 885.94	20 277 935.90	206 302.1309	13
14	964 266	1 996	682 437.28	19 577 049.96	204 948.2488	14
15	962 270	2 069	664 414.29	18 894 612.68	203 570.0795	**15**
16	960 201	2 103	646 815.33	18 230 198.39	202 176.3495	16
17	958 098	2 156	629 657.27	17 583 383.06	200 794.2683	17
18	955 942	2 199	612 917.42	16 953 725.79	199 411.9146	18
19	953 743	2 260	596 592.68	16 340 808.37	198 036.3791	19
20	951 483	2 312	580 662.42	15 744 215.69	196 657.1668	**20**
21	949 171	2 382	565 123.40	15 163 553.27	195 280.6337	21
22	946 789	2 452	549 956.28	14 598 429.87	193 897.0141	22
23	944 337	2 531	535 153.17	14 048 473.59	192 507.4725	23
24	941 806	2 609	520 701.32	13 513 320.42	191 108.1450	24
25	939 197	2 705	506 594.02	12 992 619.10	189 700.8750	**25**
26	936 492	2 800	492 814.61	12 486 025.08	188 277.4101	26
27	933 692	2 904	479 357.22	11 993 210.47	186 839.8909	27
28	930 788	3 025	466 211.03	11 513 853.25	185 385.3418	28
29	927 763	3 154	453 361.83	11 047 642.22	183 907.1415	29
30	924 609	3 292	440 800.58	10 594 280.39	182 403.4951	**30**
31	921 317	3 437	428 518.18	10 153 479.81	180 872.3371	31
32	917 880	3 598	416 506.91	9 724 961.63	179 312.7277	32
33	914 282	3 767	404 755.37	9 308 454.72	177 719.8824	33
34	910 515	3 961	393 256.29	8 903 699.35	176 092.8950	34
35	906 554	4 161	381 995.63	8 510 443.06	174 423.8442	**35**
36	902 393	4 386	370 968.10	8 128 447.43	172 713.2832	36
37	898 007	4 625	360 161.02	7 757 479.33	170 954.2031	37
38	893 382	4 878	349 566.90	7 397 318.31	169 144.5103	38
39	888 504	5 162	339 178.75	7 047 751.41	167 282.3758	39
40	883 342	5 459	328 983.61	6 708 572.66	165 359.8889	**40**
41	877 883	5 785	318 976.11	6 379 589.05	163 376.3779	41
42	872 098	6 131	309 145.51	6 060 612.94	161 325.6832	42
43	865 967	6 503	299 485.04	5 751 467.43	159 205.3451	43
44	859 464	6 910	289 986.39	5 451 982.39	157 011.2084	44
45	852 554	7 340	280 638.95	5 161 996.00	154 736.6133	**45**
46	845 214	7 801	271 436.89	4 881 357.05	152 379.4034	46
47	837 413	8 299	262 372.33	4 609 920.16	149 935.2492	47
48	829 114	8 822	253 436.24	4 347 547.83	147 398.4842	48
49	820 292	9 392	244 624.00	4 094 111.59	144 767.6248	49

Alter x	Anzahl der Lebenden des erreichten Alters x	Anzahl der Toten zwischen den Altern x und $x+1$	D_x	N_x	M_x	Alter x
50	810 900	9 990	235 925.04	3 849 487.59	142 035.0956	**50**
51	800 910	10 628	227 335.15	3 613 562.55	139 199.4735	51
52	790 282	11 301	218 847.25	3 386 227.40	136 256.3361	52
53	778 981	12 020	210 456.33	3 167 380.15	133 203.1589	53
54	766 961	12 770	202 155.03	2 956 923.82	130 034.9360	54
55	754 191	13 560	193 940.61	2 754 768.79	126 751.1239	**55**
56	740 631	14 390	185 808.43	2 560 828.18	123 349.2108	56
57	726 241	15 251	177 754.43	2 375 019.75	119 827.1207	57
58	710 990	16 147	169 777.17	2 197 265.32	116 185.3372	58
59	694 843	17 072	161 874.57	2 027 488.15	112 423.6404	59
60	677 771	18 022	154 046.23	1 865 613.58	108 543.4550	**60**
61	659 749	18 988	146 292.80	1 711 567.35	104 547.2551	61
62	640 761	19 979	138 616.97	1 565 274.55	100 439.5471	62
63	620 782	20 958	131 019.40	1 426 657.58	96 222.8711	63
64	599 824	21 942	123 508.39	1 295 638.18	91 907.4573	64
65	577 882	22 907	116 088.15	1 172 129.79	87 499.6261	**65**
66	554 975	23 842	108 767.29	1 056 041.64	83 010.1764	66
67	531 133	24 730	101 555.70	947 274.35	78 451.4482	67
68	506 403	25 553	94 465.545	845 718.651	73 838.2589	68
69	480 850	26 302	87 511.050	751 253.106	69 187.8068	69
70	454 548	26 955	80 706.625	663 742.056	64 517.7925	**70**
71	427 593	27 481	74 068.942	583 035.431	59 848.5665	71
72	400 112	27 872	67 618.148	508 966.489	55 204.3311	72
73	372 240	28 104	61 373.498	441 348.341	50 608.9030	73
74	344 136	28 154	55 355.921	379 974.843	46 088.2403	74
75	315 982	28 009	49 587.526	324 618.922	41 669.9911	**75**
76	287 973	27 651	44 089.787	275 031.396	37 381.7042	76
77	260 322	27 071	38 884.206	230 941.609	33 251.4840	77
78	233 251	26 262	33 990.850	192 057.403	29 306.5222	78
79	206 989	25 224	29 428.077	158 066.553	25 572.7964	79
80	181 765	23 966	25 211.636	128 638.476	22 074.1123	**80**
81	157 799	22 502	21 353.602	103 426.840	18 830.9965	81
82	135 297	20 857	17 862.047	82 073.238	15 860.2597	82
83	114 440	19 062	14 739.984	64 211.191	13 173.8577	83
84	95 378	17 157	11 985.151	49 471.207	10 778.5365	84
85	78 221	15 185	9 589.4746	37 486.0561	8 675.1804	**85**
86	63 036	13 198	7 539.3905	27 896.5815	6 858.9858	86
87	49 838	11 245	5 815.4632	20 357.1910	5 318.9464	87
88	38 593	9 378	4 393.4773	14 541.7278	4 038.8010	88
89	29 215	7 638	3 244.7546	10 148.2505	2 997.2364	89
90	21 577	6 063	2 337.9929	6 903.4959	2 169.6149	**90**
91	15 514	4 681	1 640.0309	4 565.5030	1 528.6772	91
92	10 833	3 506	1 117.2571	2 925.4721	1 045.9042	92
93	7 327	2 540	737.2363	1 808.2150	693.1335	93
94	4 787	1 776	469.9158	1 070.9787	443.7944	94
95	3 011	1 193	288.3657	601.0629	273.7056	**95**
96	1 818	813	169.8646	312.6972	162.2378	96
97	1 005	551	91.6117	142.8326	88.1280	97
98	454	329	40.3755	51.2209	39.1261	98
99	125	125	10.8454	10.8454	10.5810	99

Sachverzeichnis